Andreas Kraft, Mark Weißhaupt (Hg.)

Generationen:
Erfahrung – Erzählung – Identität

Historische Kulturwissenschaft · Band 14

Neben Strukturen und Ereignissen rücken in den kulturwissenschaftlich orientierten Geistes- und Sozialwissenschaften Diskurse, Kommunikationsprozesse, Rituale, Symbole und Medien als Ebenen und Prozessoren von (Selbst-) Beobachtungs- und Wahrnehmungsprozessen in das Blickfeld der Forschung. Aus dieser thematischen Öffnung ergeben sich neue Möglichkeiten des methodischen und theoretischen Austausches zwischen den unterschiedlichen Fächern.

Die Reihe HISTORISCHE KULTURWISSENSCHAFT versammelt vor diesem Hintergrund Monographien und Sammelbände aus allen Disziplinen, die eine kulturwissenschaftliche, disziplinübergreifende Fragestellung verfolgen und ihren Gegenstand in einer methodisch orientierten, historischen Perspektive bearbeiten.

Andreas Kraft,
Mark Weißhaupt (Hg.)

Generationen:
Erfahrung – Erzählung – Identität

UVK Verlagsgesellschaft mbH

Bibliografische Information der Deutschen Nationalbibliothek
Die Deutsche Nationalbibliothek verzeichnet diese Publikation in der Deutschen Nationalbibliografie; detaillierte bibliografische Daten sind im Internet über http://dnb.d-nb.de abrufbar.

ISSN 1613-6624
ISBN 978-3-86764-190-6

Einbandgestaltung: Susanne Fuellhaas, Konstanz
Einbandmotive: © dpa Picture-Alliance GmbH
Satz und Layout: Silvia Teutul, Konstanz
Printed in Germany

Diese Arbeit ist im KFK/Sonderforschungsbereich 485 »Norm und Symbol. Die kulturelle Dimension sozialer und politischer Integration«, Konstanz, entstanden und wurde auf dessen Veranlassung und unter Verwendung der ihm von der Deutschen Forschungsgemeinschaft zur Verfügung gestellten Mittel gedruckt.

Gedruckt auf alterungsbeständigem Papier

UVK Verlagsgesellschaft mbH
Schützenstr. 24 · D-78462 Konstanz
Tel. 07531-9053-0 · Fax 07531-9053-98
www.uvk.de

Andreas Kraft,
Mark Weißhaupt (Hg.)

Generationen:
Erfahrung – Erzählung – Identität

UVK Verlagsgesellschaft mbH

Bibliografische Information der Deutschen Nationalbibliothek
Die Deutsche Nationalbibliothek verzeichnet diese Publikation in der Deutschen Nationalbibliografie; detaillierte bibliografische Daten sind im Internet über http://dnb.d-nb.de abrufbar.

ISSN 1613-6624
ISBN 978-3-86764-190-6

Einbandgestaltung: Susanne Fuellhaas, Konstanz
Einbandmotive: © dpa Picture-Alliance GmbH
Satz und Layout: Silvia Teutul, Konstanz
Printed in Germany

Diese Arbeit ist im KFK/Sonderforschungsbereich 485 »Norm und Symbol. Die kulturelle Dimension sozialer und politischer Integration«, Konstanz, entstanden und wurde auf dessen Veranlassung und unter Verwendung der ihm von der Deutschen Forschungsgemeinschaft zur Verfügung gestellten Mittel gedruckt.

Gedruckt auf alterungsbeständigem Papier

UVK Verlagsgesellschaft mbH
Schützenstr. 24 · D-78462 Konstanz
Tel. 07531-9053-0 · Fax 07531-9053-98
www.uvk.de

Inhaltsverzeichnis

Vorwort der Herausgeber und abstracts zu den Beiträgen

In den letzten Jahren ist dort, wo es um die Beschreibung von gesellschaftlichen Konflikten und sozialem Wandel geht, der Begriff der Generation in aller Munde. In jenen Wissenschaften, die sich den gesellschaftlichen Zuständen und Entwicklungen widmen, in Massenmedien wie dem Fernsehen, aber auch im Feuilleton und der Belletristik wird ausgiebig vom Begriff der Generation Gebrauch gemacht.

Wer hier von Generationen spricht, und nicht die genealogische Bedeutung des Begriffs - im weitesten Sinne die der Herkunft [1] - im Auge hat, bestimmt entweder als außenstehender Beobachter gesellschaftliche Gruppen, die zumeist auch Altersgruppen sind, nach gewissen Kriterien. Oder er nimmt eine Position ein, in der er sich selbst, oft mit einer gewissen Emphase als Teil einer Generation bestimmt - wie etwa in der autobiographischen 68er Literatur der Jahre 2008 (z. B. Götz Aly „Unser Kampf", Peter Schneider „Rebellion und Wahn", Rainer Langhans, „Ich bin's. Die ersten 68 Jahre"). Diese Verwendung des Begriffs Generation zwischen Selbstverortung und Fremdbeschreibung spielt nun auch und gerade in jenen gesellschaftlichen Diskussionen eine Rolle, die Teil politisch-sozialer Auseinandersetzungen um Verantwortung, Schuld und Erbschaft sind. Dies lenkt die Aufmerksamkeit auf die diskursiven Prozesse und rhetorischen Mittel, bei denen der Begriff der Generation in gesellschaftlichen Debatten und bei der Verortung von individueller Identität in kollektiven Horizonten genutzt wird. Zugleich stellt sich die Frage nach den Gründen der Attraktivität dieses Deutungsschemas. Welche Funktionen erfüllt der Generationenbegriff, welche historischen, welche gesellschaftlichen Umstände lassen für viele die Unterscheidung von Generationen ebenso plausibel erscheinen wie die Unterscheidung von Schichten oder Milieus?

Der vorliegende Band mit Aufsätzen zum Thema der Generationen ist das Ergebnis der Arbeit einer interdisziplinär ausgerichteten Gruppe von Forschern, die sich dem Wandel der Generationenverhältnisse insbeson-

---

1 Auf das Vergessen dieser frühen Mitbedeutung des Wortes hat insbesondere Weigel (Weigel, Sigrid: *Genea-Logik. Generation, Tradition und Evolution zwischen Kultur- und Naturwissenschaften.* Fink, München, 2006) hingewiesen, hierzu auch Kraft/ Weißhaupt in diesem Band.

dere in Deutschland in der Zeit nach 1945 bis heute zuwandten.[2] Eine interdisziplinäre Perspektive ergibt sich hierbei zwangsläufig aus der Beobachtung eines Generationenbegriffs, der immer schon Teil gesellschaftlicher Diskurse ist und in verschiedenen Medien in Erscheinung tritt. Die hier versammelten Perspektiven übersteigen so auf verschiedene Weise die Beschränkungen ihrer Disziplinen der Soziologie, der Literatur- und Geschichtswissenschaften, um so aus einer kulturwissenschaftlichen Perspektive das Thema der Generationen anzugehen. Als Fallbeispiele werden so unterschiedliche Medien wie der Generationenroman, mündliche autobiographische Erzählungen oder öffentliche Erziehungsdiskurse untersucht.

In der Arbeit der Herausgeber hat sich hierbei eine Heuristik entwickelt, die die Bildung bzw. die Bestimmung von Generationen als Prozess entlang der Begriffe Erfahrung - Erzählung - Identität beschreibt.

Mark Weißhaupt und **Andreas Kraft** skizzieren in ihrem einleitenden Aufsatz kritisch einige zentrale Aspekte des aktuellen wissenschaftlichen Generationendiskures. Dabei geht es darum, eine kulturwissenschaftliche Position zu umreißen, die sich an den Mannheim'schen Generationenbegriff anlehnt und ihn aktualisiert: Sie setzen sich dabei von tendenziell einseitigen Kritiken an Mannheim, wie etwa bei Sigrid Weigel, ab, die einen Aspekt national-männerbündischer Verblendung in seinem Generationenkonzept zu sehen glaubt. Zugleich relativeren sie die einseitige Deutung der Generation als Traumagemeinschaft, die dort entsteht, wo der Traumabegriff genutzt wird, um das zu definieren, was eine generationsbildende Erfahrung ausmacht. Damit verschreiben sich die Autoren weder einer reinen Ideologiekritik des Begriffes, noch einer politikwissenschaftlichen Engführung des Generationenthemas mit historischen Großereignissen. Wichtiger als eine spezifische qualitative Definition einer generationalen Erfahrung ist ihnen dabei, dass diese sich stets im Raum zwischen unvermittelbarem Erlebnis und dessen Darstellung bewegt. Damit distanzieren sie sich auch von jener Entlarvungsrhetorik, welche Generationen als irreale, konstruierte, „bloße Erzählungen" deuten. Das Konzept einer unvermittelbaren Erfahrung nehmen die Herausgeber als Ausgangspunkt, den Prozess der Generationen mithilfe der drei Begriffe „Erfahrung", „Erzählung" und „Identität" zu beschreiben, die sich zwischen Erlebnis und Diskurs bewegen.

2 Der institutionelle Kern dieses Unternehmens ist das Forschungsprojekt *„Grenzen des Verstehens. Generationsidentitäten in Deutschland seit dem 2. Weltkrieg"*, angesiedelt im SFB 485 „Norm und Symbol" an der Universität Konstanz. Einige der Beiträge entstanden im Kontext zweier dort veranstalteter Tagungen.

Die dann folgenden Beiträge des vorliegenden Sammelbandes erörtern auf verschiedenste Weise und aus verschiedensten Richtungen Aspekte dieses Prozesses. [3] Sie beschäftigen sich dabei mit generational bedingten Erfahrungen und prägenden leiblichen Erlebnissen, mit Erzählungen, welche in unterschiedlichen Diskursen und mit unterschiedlicher Zielrichtung auf solche Erfahrungen rekurrieren, aber auch mit den Grenzen der Erzählbarkeit von Erfahrungen. Die Bildung, Transformation und Auflösung generationaler Identitäten werden so im Hinblick auf generationalen Erfahrungswandel, aber auch mit Fokus auf bestimmte Narrationsformen untersucht. Mit der Fokussierung auf diese Prozesse werden die Verbindungen und die Brüche, die Übergänge und die Grenzziehungen zwischen Generationen zum Gegenstand gemacht. Und nicht zuletzt werden auch die Bedingungen des Scheiterns intergenerationalen Verstehens genauer in den Blick genommen, denn durch die Facetten dieses Scheiterns bestimmt sich auch das Verhältnis zwischen Generationen.

Auch die hier versammelten Beiträge können nolens volens selbst als „generationale Erzählungen" beschrieben werden. Dies auch und gerade dann, wenn sie sich wissenschaftlich mit der Erfahrung und der Erzählung von Generationen in Diskursen beschäftigen. Dieser Kreislauf der Selbstbeobachtung muss aber nicht als Nachteil gesehen werden, sondern als unvermeidliche Konsequenz einer kulturwissenschaftlichen Beobachtung.

Aleida Assmanns Beitrag widmet sich der Gattung des Familienromans als einem Medium des kulturellen Gedächtnisses, bei dem exemplarische Familiengeschichten weniger ein Bild der Gesellschaft sondern vielmehr einen Schlüssel zum Verständnis der Geschichte liefern. Beim Familienroman handelt es sich dabei um eine Form der Erinnerungsliteratur, in der besonders die blinden Flecken jener nichtkommunizierten Erfahrungen, die in Familien und Gesellschaft latent vorhanden sind, sichtbar gemacht werden. In den Texten dieser Gattung werden nun, so Assmann, die unterschiedlichen Generationslagen in ihrer zeitlichen Dynamik verschränkt: Die Familie ist hier eine Kontaktzone, in der jene Gleichzeitigkeit des Ungleichzeitigen sich manifestiert, entlang derer Brüche und Kontinuitäten zwischen den einzelnen Generationsvertretern thematisiert werden. Das besondere an den narrativen Strategien dieser Literaturgattung sind nun sowohl ihre hybride Verbindung von Ausdrucksmitteln als auch ihre Mischung von Fiktionalem und Faktischem. In der neusten Erinnerungsliteratur unterscheidet Assmann vier Richtun-

3 Mit Ausnahme von Oliver Neun, der Überlegungen zur Kritik am Mannheim'schen Begriff der Generationen beiträgt. Dieser stellt wiederum selbst einen zentralen Referenzpunkt vieler der Beiträge des Bandes dar.

gen des Schreibens: das Autobiographische, das Dokumentarische, das Fingierte und das Phantastische, die in verschiedener Weise miteinander kombiniert werden. Die hier zu beobachtende Verbindung des Fiktiven mit dem Faktischen führt nun aber im Familienroman nicht zu einer völligen Fiktionalisierung. Die fiktiven Anteile, so Assmann, helfen vielmehr an der Geschichte, auf die die faktischen Anteile referieren, neue Aspekte einer historischen Wahrheit sichtbar zu machen.

Der Beitrag von **Anne Fuchs** thematisiert zwei Romane, Stephan Wackwitz' „Ein unsichtbares Land" und Thomas Medicus' „In den Augen meines Großvaters", in denen kritisch reflektiert wird, ob und wie Verfahren der traditionellen Ästhetisierung als identitätsstützende Strategien in tradierenden, intergenerationalen Prozessen nutzbar gemacht werden können. In dem Roman von T. Medicus ist es der Landschafts- und Gartendiskurs des späten 18. Jahrhunderts, der dazu dienen soll, Vergangenheit zu deuten und dadurch mittelbar zu bewältigen. Der Enkel in der Erzählung von Wackwitz sieht sich indes mit großväterlichen Texten konfrontiert, in denen dieser versucht, über eine ästhetisierende Selbstauslegung im Ton von Hebbel und Stifter die Vergangenheit narrativ zu bannen. In beiden Fällen kommt aber die jüngere Generation zur Erkenntnis, dass die ästhetisierenden Verfahren unangemessen sind. Damit machen die beiden besprochenen Texte die Grenzen von bestimmten ästhetisch-erzählerischen Verfahren sichtbar und entlarven sie als Entlastungsstrategien der Kriegsgeneration, die vor der Einsicht in die moralische Dimension ihrer Kriegserfahrungen zurückschreckt.

Der Beitrag von **Elena Agazzi** untersucht die Funktion des Generationenromans in jenem gesellschaftlichen Reflexionsprozess, dem verschiedene Gedächtnisformationen in den letzten Jahrzehnten unterworfen sind und bei dem es um die Profilierung und Bewältigung historischer Konflikte geht. Die Verfasserin bestimmt hierbei mithilfe dreier Makrokategorien der Generationenforschung, nämlich der genealogisch-familienbezogenen, der pädagogischen und der historisch-gesellschaftlichen, die Art, in der Autoren in der Generationenliteratur die Vergangenheit in den Blick nehmen. In ihrer Analyse verschiedenster literarischer Texte – unter anderem von Hans-Ulrich Treichel, Michael Zeller und Eva Menasse – geht sie den Problemen nach, die sich zwischen Text, Autor und geschichtlichem Prozess ergeben: So widmet sie sich am Beispiel der Generationenliteratur von Günter Grass und Stefan Wackwitz der schwierigen Frage der literarischen Gattungskonventionen und deren Bedeutung für die Aufarbeitung von Geschichte. An den Texten von Judith Kuckart und Tanja Dückers arbeitet sie zudem die Bedeutung einer weiblichen Perspektive bei der Darstellung generationaler Verhältnisse heraus.

Der Beitrag von **Linda Shortt**, der sich dem Roman „Nahe Tage. Roman einer Nacht“ von Angelika Overath widmet, fokussiert auf die Frage der Vermittlung von Erfahrung. Im Zentrum ihrer Analyse steht dabei der Zusammenhang zwischen der Erfahrung von Heimat, deren Verlust und generationaler Identität. Damit lenkt der Beitrag den Blick auf das Konzept „Heimat“, das zur Zeit eine neue Konjunktur in der Literatur erlebt, nachdem es lange - vor allem von den 68ern - gänzlich gemieden wurde, da der Begriff ideologisch durch den Nationalsozialismus besetzt erschien. Der untersuchte Roman thematisiert am Beispiel eines Flüchtlingsschicksals die Bedeutung, die die Erfahrung von Zugehörigkeit bei der Identitätsbildung durch transgenerationale Weitergabe spielt. Im Zentrum steht dabei eine höchst problematische Mutter-Tochter-Beziehung, in der die Mutter ihre Erfahrung des Heimatverlustes nicht bewältigen kann und dadurch die Familienbeziehung belastet, da sie die Tochter zum Ersatz ihrer verlorenen Heimat macht. Hierdurch blockiert die Vergangenheit die Gegenwart und die Zukunft der Familie, worunter besonders die Entwicklung der Tochter leidet, der es weder möglich ist, eine individuelle noch eine generationale Identität zu entwickeln. Dies schafft sie erst nach dem Tod der Mutter, in dem sie ihre Geschichte in Akten einer analytisch-rückblickenden Erinnerung neu liest.

Andreas Kraft analysiert den Generationenroman „Das Billardzimmer“ von Marc Buhl und arbeitet dabei heraus, wie Erinnerungsprozesse, die sich an Orten entzünden, am Beispiel eines literarischen Textes dargestellt werden. Im untersuchten Text stehen einige geerbte Häuser, die Wohnung des Großvaters Gero von Nohlen und hier besonders sein Billardzimmer im Zentrum der Recherchen des Enkels, der ein Familiengeheimnis zu entschleiern und gleichzeitig sich vom übermächtigen Bild des Großvater zu befreien versucht. Der Roman folgt hier am Beispiel einer Enkel-Großvater-Beziehung dem typischen Muster der Generationenliteratur, die in ihren Narrativen jene generationalen Konflikte darstellt, entlang derer sich die Generationen voneinander absetzen. Indem der Beitrag in seiner Analyse einen Schwerpunkt auf das Verhältnis von Zeit und Raum legt, zeigt er, inwiefern sich die Nutzung chronotopischer Aspekte in der Geschichte dazu eignet, sich narrativ der Vergangenheit zu nähern, die die junge Generation in ihrer Deutung der Orte zu entschlüsseln versucht.

Ana Sobrals Beitrag widmet sich den Generationen in den USA nach dem Zweiten Weltkrieg. Dabei interessiert sie besonders der Aspekt von „deviance“, dem Abweichen von geltenden Normen und deren Artikulation in der Literatur. „Deviance“ drückt sich in einer Nonkonformität aus, die ein Element der Identitätskonstitution der Jugend in der Moderne darstellt und die Niederschlag in einer jugendlichen Gegenkultur findet. In den USA nach dem Zweiten Weltkrieg waren es besonders die „Baby

Boomers“ und die „Generation X“, die sich über jene normative Abweichungen von der Gesellschaft als Generationen definierten. Dabei zeigt die Autorin gerade anhand jenes Nonkonformismus, über den sich die Baby Boomer definierten, auf welche Weise im Laufe der Zeit vormalige Gegenkulturen von der Gesellschaft assimiliert werden können und damit selbst zu jener Kultur werden, von der sich dann die nachfolgende Generation, in diesem Fall die Generation X, distanziert.

Bernhard Giesen bettet seine Überlegungen zum Generationenbegriff in die Unterscheidung dreier historischer sowie historiographischer Modi der Zeitwahrnehmung ein: die moderne Vorstellung von zeitlicher Uneinheitlichkeit („Unzeitgemäßheit“), die systemrelative Vorstellung von „unterschiedlichen Geschwindigkeiten“ und schließlich das Gedächtnis-Paradigma der „getrennten Erinnerungen.“ Der Autor rekonstruiert den Begriff der Generation dann aus dem dritten Paradigma heraus, um die Generation als Erfahrungsgemeinschaft zu kennzeichnen. Die Konstitution der „geteilten Erfahrung“ von Angehörigen einer Generation steht dann im Zentrum des Beitrags. Hierbei wird zunächst der transitorische Status der Jugendphase in der Moderne in Zusammenhang mit der Betonung von „unmittelbaren körperlichen Erlebnissen“ in generationalen Rhetoriken untersucht. Zugleich geht der Beitrag aber auch den Formen medial vermittelter Teilnahme an generationsstiftenden Ereignissen nach. Dabei werden die Wechselwirkungen von generational bedingten Erlebnisstrukturen und gesellschaftlichen Medien, in welchen symbolische Repräsentationen generationaler Erfahrung zirkulieren, beleuchtet. Darüber hinaus erläutert der Autor die strukturellen Bedingungen jener Bewegung, die von zunächst nicht repräsentierten und unerzählten (bzw. nicht repräsentierbaren, weil traumatischen) Erlebnissen hin zu erzählter und öffentlich repräsentierter Erfahrung führt. Zuletzt wird im Beitrag der Frage nachgegangen, wie man ein Ausbleiben von offen ausgetragenen generationalen (Erinnerungs-)Konflikten begriffsgeschichtlich und vor dem Hintergrund des Gegensatzes von moderner und postmoderner Zeitwahrnehmung deuten kann.

Der Beitrag von **Oliver Neun** befasst sich mit den Kritiken an Mannheims klassischem Text zum Problem der Generationen. Er argumentiert, dass die heute geläufige Kritik dieses Begriffes die soziologische Perspektive auf das Generationenthema häufig verfehlt. Um dies zu erläutern, geht der Autor nacheinander den wichtigsten Einwänden gegen das Mannheim'sche Modell nach, nicht zuletzt mit dem Ziel, sie in den wesentlichen Punkten zu entkräften, da sie sich entweder „am Text nicht belegen lassen oder einer empirischen Überprüfung nicht standhalten“. Einige in der Diskussion der letzten Jahre verbreitet aufgetretene einseitige Lesarten des Mannheim'schen Modells werden vom Autor hierbei kenntlich gemacht, so z. B. die in der Kritik betriebene Überbetonung der synchronen gegenüber der diachronen Dimension im Mannheim'schen Modell, welche die Bedeutung von Tradierung im Modell unsichtbar macht, sowie verengende Verkürzungen des Klassikers auf eine objektivistische oder sogar deterministische Formalsoziologie. Neun legt nahe, dass die Kritik des Generationenbegriffes im deutschsprachigen Raum eng mit seiner dominanten Anwendung auf die deutsche Geschichte des 20. Jahrhunderts zusammenhängt. Sein Beitrag liefert nicht zuletzt eine für die Generationendebatte wichtige Gegenposition zu Kritiken, die dahingehend argumentieren, das Konzept von Mannheim sei durchwirkt von konservativen, irrationalistisch-lebensphilosophischen, nationalistischen, sexistischen, oder sogar präfaschistischen Deutungsschemen.

Jürgen Reulecke untersucht in seinem Beitrag zwei spezifische deutsche Vater-Sohn-Konstellationen im 20. Jahrhundert, die durch die zwei Weltkriege bestimmt sind. Eine zentrale Parallele zwischen diesen zwei Konstellationen, so der Autor, ist die Desavouierung der Väter-Bilder, jeweils nach den Kriegen. Er konstatiert kollektiv verbreitete Vorstellungen der Verabschiedung der Väter und die gleichzeitige Suche nach einem Ersatz für sie, seien dies die Jugendbünde nach dem Ersten Weltkrieg oder die „Mutterfamilie“ nach dem zweiten Weltkrieg. Reulecke zitiert jeweils zeitgenössische Schriften zur Erziehung, Jugend und Gesellschaft, um die Diskurse der beiden Zeiträume zu vergleichen. Dabei zeigt sich, dass die „Vaterlosigkeit“ in beiden deutschen Nachkriegsgesellschaften immer zugleich öffentlich propagiert, kritisiert und wissenschaftlich untersucht wurde. Der Autor will an dieser Stelle jedoch auf die aus seiner Sicht zu wenig beachteten, tief reichenden Folgewirkungen der dauerhaft fehlenden „überzeugenden Väterlichkeit“ in diesem Zeitraum aufmerksam machen. Neben den Millionen Einzelschicksalen vermutet der Autor eine schwerwiegende Folgewirkung, die er als „kollektive defiziente Söhnlichkeit“ zunächst als Frage formuliert, die allerdings weit über die direkt von Vaterlosigkeit Betroffenen hinausreichen könnte. Jürgen Reuleckes Beitrag beschäftigt sich somit zentral mit der Frage der Wechselwirkung von persönlicher Erfahrung einerseits und der auch kollektiv konstruierten „Generationalität“ von Personen andererseits.

Der Beitrag von **Reimer Gronemeyer** behandelt Erfahrung nur in ihrer Negation – der Beitrag handelt mithin von Erfahrungsvernichtung: Der Autor stellt eine bitterböse Diagnose der heutigen Generationenverhältnisse und der Position der Alten in unserer Gesellschaft. Die zentrale, tragische Dialektik dieser Position zeige sich in der Gleichzeitigkeit von materiellem Reichtum und kultureller Verarmung. Die würdevollen Rollen des Alters in unserer Kultur seien zerstört. Und bei dieser Diagnose schont der Autor die Alten nicht, denn „sie haben jene Prozesse durch ihre Taten mit in Gang gesetzt, die nun die Möglichkeit zur Weisheit vernichten.“ Gronemeyer wendet sich außerdem den unheimlichen Entwicklungen im gesundheitspolitischen Bereich zu, die die technische Machbarkeit, den politischen Willen und die gesellschaftliche Legitimierung eines Zusammenhangs betreffen, den man als „Abwicklung" des Alters, oder, so der Autor, als „Entsorgung" des Alters beschreiben muss. Der Beitrag fügt sich in diesen Band, der sich mit Generationenerzählungen beschäftigt, selbst im Genre der schwarzen Satire ein, das ein Schlaglicht auf die gesellschaftlichen Verhältnisse wirft. Wo Mannheim für verschiedene Kulturen und Zeiten offen ließ, welche gesellschaftlichen Einflussfaktoren jeweils für die Verwerfungen zwischen Generationen entscheidend sind, ist Gronemeyer in der Diagnose für unsere Zeit sehr entschieden. Die Entwertung der Erfahrung der älteren Generation sei in den heutigen westlichen Gesellschaften einem Faktor geschuldet: dem radikalisierten Markt. Statt Erfahrung, Erzählung und Identität entsteht so das Bild einer zwar generationsübergreifenden, jedoch identitätslosen Konsumentenrolle.

Mark Weißhaupt untersucht die Frage, wie mündliche biographische Erzählungen in gesellschaftliche Generationendiskurse eingebettet sind. Um dies zu beantworten, werden im Beitrag anhand von Einzelinterviews die Strukturen von Biographien im Hinblick auf die narrative Verarbeitung von Erfahrungsbrüchen, aber auch als Prozess der Aneignung von gesellschaftlichen Diskursen und Erzählungen perspektiviert. Anhand der Analyse von lebensgeschichtlichen Erzählungen einer 68erin, ihrer Mutter und ihrer Tochter werden - nach Einbrüchen in deren Lebensgeschichte - unterschiedliche sprachliche Formen der Re-Konfiguration ihrer biographischen Figuren herausgearbeitet. Diese Formen sind, so der Autor, in Prozessen der sprachlichen Aneignung von öffentlichen und familiären Diskursen in der Jugendphase begründet, die sich verfestigende, sprachliche Muster der Welterschließung hervorbringen. Im Beitrag wird gezeigt, dass diese „generationalen Gattungsmuster" in den drei Erzählungen die Grenzen zwischen weitgehend inkommensurablen Erfahrungs- und Erzählräumen innerhalb der Familie markieren. Die generationalen Gattungen präfigurieren dabei nicht nur gegenüber den Erzählungen der anderen Familienmitglieder widerständige Sprachbilder, sondern auch gebrochene Formen der Einbettung in die „Großen gesellschaftlichen (Generationen-)Erzählungen".

Danksagung

Wir danken den Projektleitern Aleida Assmann und Bernhard Giesen für ihre stete Unterstützung, und allen Beitragenden für die durchweg gute Zusammenarbeit. Gedankt werden soll zudem Silvia Teutul, Linda Shortt, Thorn Kray, Kim-Claude Meyer, Gerold Gerber, Jessica Kraatz, Nina Fischer, Annika Arnold und Kerstin Melzer, die auf die verschiedenste Weise zusätzlich zur Fertigstellung des Bandes beigetragen haben. Außerdem danken wir der DFG und unserem Forschungsverbund für die materielle Unterstützung bei unserem Projekt und der Publikation. Diese Arbeit ist im Rahmen des kulturwissenschaftlichen Forschungskollegs SFB 485 „Norm und Symbol. Die kulturelle Dimension sozialer und politischer Integration" der Universität Konstanz entstanden und wurde auf seine Veranlassung unter Verwendung der ihm von der Deutschen Forschungsgemeinschaft zur Verfügung gestellten Mittel gedruckt.

Konstanz, den 30. September 2009

Andreas Kraft und Mark Weißhaupt

ANDREAS KRAFT/MARK WEISSHAUPT

Erfahrung – Erzählung – Identität und die „Grenzen des Verstehens“: Überlegungen zum Generationenbegriff

Um das Konzept der Generation in gesellschaftlichen Debatten, die nicht selten diese Debatten selbst als einen Konflikt zwischen Generationen ausstellen, am Ende theoretisch greifen zu können, muss man zunächst an den Beginn der Geschichte einer im weitesten Sinne kulturtheoretischen Generationentheorie zurückgehen. Karl Mannheim betonte in seinem grundlegenden Modell, welches er, vorwiegend von Dilthey inspiriert [1], 1928 vorlegte, die Bedeutung von gemeinsam geteilten Erlebnissen bzw. Erfahrungen [2] in der Jugend für den horizontbildenden Generationszusammenhang. Am Grunde des Hervortretens einer bestimmten Generation findet sich demnach eine besondere ‚Erlebnisschichtung', die für die Angehörigen dieser Generation prägend ist und in der sich zugleich die eine Generation von der anderen unterscheidet. Die Konfliktlinien, die zwischen den Generationen in der Gesellschaft verlaufen, wären demzufolge auf unterschiedliche Erfahrungen rückführbar. Besonders anschaulich würde dieser Grundgedanke des Mannheim'schen Modells im Verhältnis der Kriegsgeneration des Zweiten Weltkriegs zu ihren Nachkommen. Die Angehörigen dieser Generation haben vielfach traumatische Erfahrungen durchlebt, die kaum angemessenen in Worte zu fassen sind und die infolgedessen der nachfolgenden Generation kaum auf direkte Weise vermittelt werden können. Dies wiegt um so schwerer, wenn nach einer Latenzzeit des Schweigens viele Mitglieder der Kriegsgeneration von einem Bedürfnis nach Versprachlichung getrieben zu sein scheinen. [3]

---

1 Mannheim, Karl: *Das Problem der Generationen.* In: ders.: Wissenssoziologie. Auswahl aus dem Werk. Hrsg. v. Kurt H. Wolff, Luchterhand, Neuwied, 1964, S. 509-565. Zum Entstehungskontext des klassischen Modells siehe Lutz Niethammer: *Generation und Geist. Eine Station auf Karl Mannheims Weg zur Wissenssoziologie.* In: Tänzler, Dirk/ Knoblauch, Hubert/Soeffner, Hans-Georg (Hrsg.): *Neue Perspektiven der Wissenssoziologie,* uvk, Konstanz, 2006. S. 209-234.

2 Mannheim unterschied hier nicht zwischen Erlebnis und Erfahrung. Zu dieser Unterscheidung noch im Folgenden. Vgl. auch Karl-Siegbert Rehberg: *‚Erlebnis' vs. ‚Erfahrung'? Motive soziologischer Krisenbewältigung.* In: Junge, Kay/Suber, Daniel/ Gerber, Gerold: *Erleben, Erleiden, Erfahren.* Bielefeld, Transcript, 2008, S. 133-154.

3 Siehe dazu auch Reulecke in diesem Band.

Drei Positionen in der neueren Generationenforschung

Die Konzeption der Generation als Erfahrungsgemeinschaft ist in den letzten Jahren zunehmend kritisch betrachtet worden, zum einen von Seiten der Kulturwissenschaft, zum anderen von Seiten der Geschichtswissenschaft. Im Folgenden soll auf drei dieser grundlegend verschieden angelegten Kritiken sowie auf die damit zusammenhängenden (fach-) spezifischen Zurichtungen des Generationenbegriffs eingegangen werden, um die wichtigsten Grenzlinien im aktuellen Feld der Generationenforschung zu kennzeichnen und dabei den Ansatz, der hier vertreten werden soll, zu konturieren. [4]

Als erste Form der Kritik wird eine begriffsgeschichtliche und zugleich ideologiekritische Auseinandersetzung mit dem Generationendiskurs, insbesondere auch in der Wissenschaft, angestrebt. Diese Variante der Kritik wird prominent vertreten durch Sigrid Weigel. [5] Sie perspektiviert den Begriff als ein problematisches Ideologem, das durch eine vorwiegend unreflektierte Verwendung in verschiedenen Wissenschaften sowie in der Öffentlichkeit gekennzeichnet sei, welche seine historische Genese sowie die stets mitgeführten Deutungsmuster weitgehend ignoriere.

Zum zweiten gibt es den Versuch, den Begriff der Generation als geschichtswissenschaftliches „Erklärungsmodell" zuzuschneiden. Stellvertretend sei hier der Ansatz genannt, den Jureit und Wildt in ihrer programmatischen Einleitung zum einschlägigen Sammelband „Generationen. Zur Relevanz eines wissenschaftlichen Grundbegriffs" vorschlagen. [6] Diese Richtung kann als historiographisch-politikwissenschaftliche Aneignung des Generationenbegriffs gefasst werden.

Ein jüngst erschienener Band des DFG-Graduiertenkolleg „Generationengeschichte" [7] schlägt als dritte Form der Kritik in eine ähnliche Kerbe wie Weigel, indem die Herausgeber Generationen grundsätzlich als „Er-

---

4 Neben diesen grundsätzlich unterschiedlichen Ausrichtungen bzw. kritischen Aneignungen des Generationenbegriffes gibt es natürlich bereichsspezifische Forschungen in verschiedenen Feldern, die hier in ihrer Breite weder abgebildet werden können noch sollen. Einen Überblick über die Generationenforschung gibt Jureit, Ulrike: *Generationenforschung.* , Vandenhoeck & Ruprecht, Göttingen, 2006.

5 Sigrid Weigel: *Genea-Logik. Generation, Tradition und Evolution zwischen Kultur- und Naturwissenschaften.* Fink, München, 2006. Das Buch deckt die Geschichte eines zwischen Natur und Kultur oszillierenden Begriffs auf, der in zahlreichen wissenschaftlichen Fachrichtungen verschiedensten Deutungen und Auslegungen unterworfen wurde und wird.

6 Jureit, Ulrike/Wildt, Michael (Hrsg.): *Generationen. Zur Relevanz eines wissenschaftlichen Grundbegriffs.* Hamburg, Hamburger Edition, 2005.

7 Björn Bohnenkamp, Till Manning, Eva-Maria Silies: *Generation als Erzählung. Neue Perspektiven auf ein altes Deutungsmuster.* Wallstein, Göttingen, 2009.

zählungen" fassen, die es zu dekonstruieren gelte, wobei die Problematik hierbei, wie sich zeigen wird, gerade in der Bestimmung des Begriffes „Erzählung" liegt. Diese spezifische Variante der ideologiekritischen Herangehensweise an den Generationenbegriff soll als letztes erläutert werden.

1. Begriffsgeschichte als Ideologiekritik

Sigrid Weigel hat die Begriffsgeschichte des Generationenkonzepts aufgegriffen, um anhand dieser seine heutige Anwendung, vor allem auch jene in den Geisteswissenschaften verbreitete Lesart des Generationenbegriffes, u. a. dahingehend zu kritisieren, dass sie die biologische Dimension, die im Generationenkonzept mitschwingt, weitgehend ignoriert. In diesem Zusammenhang wird auch Karl Mannheim kritisiert, dessen Modell bis heute die Bedeutung des Begriffs Generation stark beeinflusst. Das Vergessen der biologischen und damit auch der genealogischen Bedeutung des Begriffes zugunsten einer „Erfahrungsgemeinschaft" sei, so Weigel, nur ein oberflächliches Verschwinden, denn obwohl Generationen im Mannheim'schen Modell vorgeblich nicht biologisch, sondern gesellschaftlich bestimmt seien, werde die biologische Bedeutung unterschwellig in der Theorie mitgeführt. Gerade in der Bestimmung der Generation durch ihre Prägung in der Jugendphase werde ein viriles biologisches Moment subkutan fortgeführt, welches insbesondere durch seine besondere Imprägnierung durch die Entstehung des Modells in der Zwischenkriegszeit an politischer Brisanz gewinne.

Durch eine suggestive Verbindung von Begriffsgeschichte mit einem psychoanalytischen und dabei weitgehend unsoziologischen Gesellschaftsverständnis wird so Mannheims Text unterstellt, Generationen unterschwellig als politische Bewegungen zur Vergangenheitsvernichtung zu verbegrifflichen, wobei, so Weigel, ein gesellschaftliches Sendungsbewusstsein des Jugendkultes reifiziert werde. So sei das Weiterwirken des Generationenkonzepts grundsätzlich als problematisch anzusehen: Nationalistische Tendenzen im Lichte der Kriegserfahrung hätten dazu beigetragen, dass „die Idee der Generationengemeinschaft anschlussfähig wurde für den totalen Staat". [8] An dieser Stelle muss nun aber deutlich gemacht werden, dass Tendenzen zum Totalitarismus nicht im Begriff der Generationsgemeinschaft - und damit nicht im Generationenkonzept Mannheims - angelegt sind, sondern in der Deutung und Bewertung dessen, was als generationsbildende Erfahrung einer spezifischen Generation dargestellt wird. Genau dort entsteht erst ein generatio-

8 Weigel (2006), hier S. 116.

nales Gemeinschaftsverständnis, das später in den NS-Staat mündete. Oder anders formuliert: Es ist schlicht nötig, zwischen der interpretierenden Theorie und dem interpretierten Gegenstand zu unterscheiden und sei auch die Theorie aus der Analyse des konkreten Gegenstandes hervorgegangen. Die Rahmenbedingungen der Entstehungszeit des Mannheim'schen Modells führen ersichtlich nicht dazu, dass in seiner Generationstheorie diese Grenze zwischen Theorie und Analysegegenstand verwischt wird. [9] Der in Anschluss an Weigels scharfe, jedoch zugleich überspitzte Analyse oft wiederholte ideologiekritische Vorwurf verfehlt Mannheims Begriffsbestimmung deshalb in spezifischer Weise, und erzeugt bei steter Wiederholung und in Ermangelung der rhetorischen Elaboriertheit mit der Sigrid Weigel die Kritik formulierte, meist nur jenes moralisch-intellektuelle Unbehagen, das dort entsteht, wo ein Konzept in die Nähe mit der belasteten deutschen Vergangenheit gebracht wird. [10]

Die Möglichkeiten, die Mannheim mit seinem Modell eröffnet, werden durch die Suggestion einer begrifflichen Verschmutzung durch den Nationalsozialismus in jedem Fall voreilig und unnötig vergeben. Ein deterministisches Denken, das dem Generationenbegriff übergestülpt wird, welches wohl auch aus der Trieb- und Kausallogik der Psychoanalyse importiert wird, wird Mannheims Text nicht gerecht, der gerade die Komplexität und Vielgestaltigkeit der Generationendynamik beschreibt.

2. Der historiographisch-politikwissenschaftliche Generationenbegriff

Aus geschichtswissenschaftlicher Perspektive kommen Generationen vorwiegend als politisch-historische Akteure in den Blick. Die Autoren Jureit/Wildt führen den Generationenbegriff in ihrer programmatischen Einleitung [11] als eine seit dem 19. Jahrhundert verfügbare Konstruktion zur Mobilisierung triumphalistischer politischer Bewegungen ein, die die „Leitung" der jeweiligen Gesellschaft anstreben. [12]

Dieses Konzept bleibt denn auch am Horizont der Autoren, wenn sie eine kritische Aneignung des Konzepts für die Geschichtswissenschaften

---

9 Eine Kriegserfahrung als Motivation für Mannheim scheint im übrigen unwahrscheinlich, vgl. Niethammer (2006).

10 vgl. hierzu auch O. Neun in diesem Band. Neun befasst sich in diesem Beitrag ausführlich auch mit anderen geläufigen Anwürfen gegen Mannheim, die er auf ihre Substanz überprüft.

11 Jureit/Wildt: *Generationen.* In: Jureit/Wildt: (2005), hier S. 7-26.

12 ebenda, S. 7.

versuchen. Jureit und Wildt ist dabei zwar an der Rekonstruktion eines „Grundbegriffs" der Generationen gelegen, der dessen „wissenschaftliche Relevanz" verdeutlicht. Wenn man ihren Empfehlungen jedoch folgen würde, ergäbe sich eine starke Verengung des Themas.

Der Text wendet sich stellenweise nahezu polemisch gegen kulturwissenschaftliche Anwendungen des Generationenmodells, wie sie z. B. in Untersuchungen über Lebensstile oder in der Biographieforschung vorkommen, mit dem Argument, „gemeinsame Wahrnehmungsmuster" von Generationsangehörigen, die aus ihrer Sicht in solchen Untersuchungen zum Thema werden, seien die „Vorraussetzung" und nicht der „Kern" der Mannheim'schen Generationentheorie. *Relevanz* im wissenschaftlichen Sinne beweise der Generationenbegriff nun erst, wenn man - die auf diese Weise vorausgesetzte - Generationseinheit als Folge historisch-politischer Großereignisse oder umgekehrt wiederum als *Erklärung* politischer Umbrüche anwenden könne. [13]

Dieser so gefasste „Kern" der Generationenforschung verfehlt nun aber gerade das, was die Generationentheorie Mannheims eigentlich ausmacht: Die Dimension der permanenten Wechselwirkungen von gesellschaftlichen Einflüssen und der wirksamen Gestalt von Generationen, sei dies eine „politisch handelnde Gestalt" oder sich in verschiedenen Bereichen der Kultur bildende Stilfiguren einer Generation. Denn Mannheim beschreibt gerade *nicht* eine direkte Durchwirkung von Generationslagen auf gesellschaftlich wirksame, gestaltende oder politische Ansprüche erhebende Handlungseinheiten. Im Gegenteil: Er beschreibt die Unwahrscheinlichkeit eines solchen *generation building*. Mit Mannheim ist nicht zu reden von einer direkten Beziehung zwischen generationalen „Formungstendenzen" [14] und politischen Hegemoniephantasien. [15]

Die direkte Durchwirkung von „generationaler Erfahrung" hin zu einer historischen Akteurseinheit ist ein erklärungsbedürftiger Sonderfall und keineswegs die Regel. Eine solche Aneignung des Generationenbegriffs eignet deshalb auch nicht für den allgemeinen Mechanismus der Erklärung, der in der Einleitung von Jureit/Wildt angedeutet ist. In gewisser Hinsicht verfällt eine solche Perspektive auf Generationen gerade dem, was Weigel zu Recht (aber zu Unrecht an Mannheim) kritisiert: Die

---

13 ebenda, S. 13.

14 Mannheim (1964), hier S. 550ff.

15 Auch Niethammer (2006) führt den Generationsbegriff in seiner lesenswerten Textkritik des Mannheim'schen Klassikers zu eng mit den am Ende des Textes auftauchenden politischen Entelechie-Begriffen, die im Mannheim-Modell jedoch keine zentrale Stellung haben, sondern vielmehr explizit als eine bereichsspezifische und zeitgebundene Anwendung des Modells gekennzeichnet sind.

Vorstellung von geschichtlichen Durchbrüchen bewirkt durch die quasibiologisch determinierte Generationendynamik. So verfehlt eine zu einfache geschichtswissenschaftliche Aneignung des Begriffes gerade das, worauf es Mannheim ankommt: die Feinabstufungen und Hindernisse bei der Bildung von Generationseinheiten. Sein Hauptaugenmerk lag auf der gesellschaftlichen Gestaltung der Generation durch bereits vorhandene Institutionen und kulturelle Formationen und nicht umgekehrt auf der Gestaltung der Gesellschaft durch Generationen. Wer nun aber alles was sich unterhalb der Schwelle des historischen Großereignisses befindet, für wissenschaftlich irrelevant abtut, der hat einen viel zu hohen Preis gezahlt für einen „Grundbegriff" der Generation, der gerade dadurch historisch sehr spezifisch ist. [16] Zudem wird so der Blick auf die komplexen Probleme und Zusammenhänge bei der Begründung der geteilten Erfahrung und den Formungstendenzen von Generationen vernachlässigt.

Gerade im Bereich der Kultur, in den Vor- und Zwischenstufen gesellschaftlicher „Handlungseinheiten" und nicht nur im Politischen beweist der Begriff jedoch seine Relevanz. Die Historiker verkennen die soziologische Dimension des Begriffs, und mit ihr die kulturtheoretischen Weiterungsmöglichkeiten.

Man kann zusammenfassend sagen, wenn Weigel die generationale Erfahrungsdimension als unterschwelligen Mechanismus der Weitergabe von gefährlichen Deutungsmustern deterministisch verengt, wird der Zusammenhang von generational bedingter Erfahrung und generational gleichartigem gesellschaftlichem Gestaltungswillen bei Jureit/Wildt als unproblematisch einfach vorausgesetzt.

16 Der rasche und direkte Durchmarsch einer Generation durch die Institutionen der Gesellschaft ist womöglich nur in den zwei von Reulecke als „vaterlos" gekennzeichneten historischen Nachkriegssituationen Deutschlands im 20. Jahrhundert, und damit in den zwei sowohl institutionalisierte als auch institutionelle Hemmnisse mangelnden historischen Situationen, möglich gewesen, siehe den Beitrag von Reulecke in diesem Band. An diesem speziellen Fall kann Wildts Analyse der „*Generation des Unbedingten*" (Michael Wildt: *Generation des Unbedingten. Das Führungskorps des Reichssicherheitshauptamtes.* HIS Verlag, Hamburg, 2002) dann auch einen direkten Zusammenhang von Generation und Politik treffend analysieren. Zum Zusammenhang von generationaler Tatbereitschaft und institutioneller „Einlösung" in Deutschland im 20. Jahrhundert vgl. auch Bernd Weisbrod: *Generation und Generationalität in der Neueren Geschichte.* In: Aus Politik und Zeitgeschichte 55 (2005), H. 8, S. 3-9.

3. Generation als Erzählung?

Wie kann man nun die Zwischenstufen, die Formungstendenzen, die Deutungskämpfe und Weitergabemechanismen die vor einer Generationsbildung angesiedelt sind, kulturtheoretisch beschreiben, ohne dabei die grundlegende Erfahrungsdimension aus dem Blick zu verlieren, und wie kann man dabei zugleich die in den letzten Jahren aufgekommene Debatte über Generationen mit kritischer Distanz beobachten?

Die Herausgeber des jüngst erschienenen Sammelbandes „Generation als Erzählung“ [17] versuchen im Vorwort den breiten, vielgestaltigen Boom des Generationenbegriffs zu deuten, in dem sie die aktuelle Verwendung des Begriffs Generation in Bezug auf vier verschiedene Erzählungstypen hin lesen, um deren Evidenz zu hinterfragen.

Die Herausgeber unterscheiden zum einen generationale Erzählungen, die als *Argument* für strategische Verortungen in Inklusions- und Exklusionsprozessen dienen, desweiteren Erzählungen die in der Form eines *Mythos* auf ein Ursprungserlebnis einer generationalen Abfolge rekurrieren, welches weitergegeben wird, dann Erzählungen, welche Generationen einen *Auftrag* für die Zukunft aufgeben (insbesondere auch im Sinne der Selbstbeauftragung), sowie die Kategorie der generationalen Erzählungen als *Konstrukte*, welche dort aufträten, wo die „Grenzen der Sprache“ erreicht würden und wo mithin die Konstrukthaftigkeit mancher Generationenerzählung zutage trete.

Solche Typisierungen eröffnen gewisse Einsichten in das breite, vielgestaltige Feld generationaler Diskurse. Aber zugleich versperren sie auch den Blick auf gewisse Zusammenhänge. Dies deutet sich bereits im Vorwort an, wo die Herausgeber ihre Kategorien an einem Beispiel von Wehler [18] illustrieren, der nicht die 68er sondern die 1929 bis 1941 geborenen zu den entscheidenden Akteuren der bundesrepublikanischen Geschichte erklärt. Indem die Herausgeber ihre vier Kategorien jeweils mit dem Beispiel dieser Generationenerzählung illustrieren, machen sie aber nicht nur deutlich, dass die angeführten vier Kategorien der Generationenerzählung sich „wechselseitig verstärken, ineinander übergehen oder gar überlappen“, wie sie formulieren, sondern es zeigt sich, dass sie ganz grundsätzlich miteinander verschränkt sind. Mythische Konstruktionen, die eine vergangene Erfahrung narrativ einfassen und argumentative Formen, Geschichte(n) und ein daraus abgeleiteter Auftrag für die Zukunft sind viel grundlegender in einer Narration aufeinander bezogen, als eine Klassifikation von Erzählungstypen erahnen lässt.

---

17 Bohnenkamp/Manning/Silies (2009).

18 Hans-Ulrich Wehler: *Deutsche Gesellschaftsgeschichte, Fünfter Band: Bundesrepublik und DDR 1949 -1990.* München, C. H. Beck, 2008, S. 317

Die Kategorie der generationalen Erzählungen als Konstrukt fällt hierbei etwas aus der Reihe und ist am problematischsten: Während die anderen drei Kategorien darauf abzielen, die Art zu beschreiben, wie eine Erzählung Generationalität in Szene setzt, zeigt jene vierte Kategorie einen normativen Umgang mit dem Begriff des Konstrukts bzw. der Konstruktion, indem die Herausgeber dort von Konstruktion sprechen, wo „das Sprechen in generationellen Erzählungen an die Grenzen stößt". Der Begriff des Konstrukts soll dabei augenscheinlich etwas Nicht-Authentisches beschreiben, das einen Mangel an Greifbarkeit kompensiert. Einem Verständnis der Kategorie der Konstrukte als Beschreibende wäre durchaus zuzustimmen, doch diese würde eine konstruktivistische Position formulieren, die für alle Generationenerzählungen gelten würde. Das Hauptproblem liegt offenbar darin, dass man sich nicht entscheiden will oder kann, ob man nun alle „Generationen" und zugleich das zugrunde liegende Konzept als „bloße Erzählung" entlarven will, oder ob man die „wirklichen" Generationen von den „konstruierten" unterscheiden will – ein folgenschweres Problem der Unentschiedenheit das weit verbreitet in der aktuellen Generationenforschung ist, [19] und sich durch viele Debattenbeiträge zieht.

4. Erfahrung – Erzählung – Identität

Der vorliegende Sammelband versucht nun das Phänomen der Generationen anders zu strukturieren und dabei den *Prozess* in den Blick zu nehmen, der die kritischen Pole des hier interessierenden Feldes, den Pol der *Erfahrung* und den Pol der *Erzählung* in Beziehung setzt.

4.1 Erfahrung

Die oben schon angedeutete ,Erlebnisschichtung', die nach Mannheim für die Angehörigen bestimmter Generation prägend ist und in der sich zugleich die eine Generation von der anderen unterscheidet, kann sich

19 Es zeigt sich in den vielen widersprüchlichen Bewegungen, die zwar mit dekonstruktivistischer Ambition gegen den alltagsweltlichen Gebrauch und damit die Reifizierung von als „unklar" und „problematisch" etikettierten Begriffen angehen, und dabei doch auf die Annahme der „Realität" z. B. von historisch-politisch definierten Generationen, von Schichten, Milieus, Kulturen etc. nicht verzichten wollen. Die Tatsache, dass der Widerwillen gegen gewisse Kollektivbegriffe und das Festhalten an anderen Kollektivbegriffen in einem zumindest klärungsbedürftigen Gegensatz steht, wird allzu oft von einer „kritischen", dabei jedoch vortheoretischen Rhetorik überdeckt. Auf die Problematik der „Erzählung" wird im weiteren noch eingegangen.

u. a. an Großereignissen auskristallisieren [20]. Diesen speziellen Punkt in Mannheims Modell verfolgend, kann man in einem ersten Zugriff die Bildung von historischen Generationen aufgrund von tiefgreifenden Erfahrungen definieren, die die Angehörigen einer Generation in den prägenden Jahren ihrer Biographien durchlaufen.

An diesem Punkt erwies sich der Mannheimsche Generationenbegriff – besonders im Blick auf die Generation der Teilnehmer des Ersten und Zweiten Weltkriegs – als besonders anschlussfähig an das psychoanalytische Konzept des Traumas. Traumatisierende Erlebnisse sind dadurch gekennzeichnet, dass sie von demjenigen, der sie erleidet, nicht sprachlich erfasst und damit auch nicht ohne weiteres bewältigt werden können. Erst nach einer Zeit der Latenz, in der das traumatisierende Erlebnis vergessen worden zu sein scheint, tritt seine Nachwirkung in Form von pathologischen Symptomen auf. Das Trauma ist dabei aber eine Form eines Erlebnisses, das neben der Eigenschaft der Vorsprachlichkeit zudem mit einer existentiellen Bedrohung einhergeht, die destruktiv auf die Psyche des Traumatisierten wirkt. Damit ist das Trauma von dem zu trennen, was man als eine Erfahrung bezeichnet, die per definitionem bereits eine sprachliche Verarbeitung durchlaufen hat. Dies gilt aber auch für jene Formen von Täterschaft, bei der die Tat erst in der rückblickenden Reflexion und Bewertung ihre traumatisierende Kraft entfaltet, was dazu führen kann, dass z. B. Scharfschützen in halluzinatorischen Episoden von den Gesichtern ihrer Opfer verfolgt werden. Durch diese Verbindung einer Konzeption von Generation als Erfahrunsgemeinschaft im Sinne Mannheims mit dem Trauma-Begriff entsteht ein spezifisches Konzept von Generation. Dies ermöglicht die Analyse der Relationen von Generationen als Kriegsteilnehmer, Opfer und Täter, die durch Erlebnisse auf dem Schlachtfeld oder in den Luftschutzkellern eine Prägung erfahren haben, die sie von den nachfolgenden Generation unterscheidet, da sie höchstens untereinander geteilt werden können, jedoch nicht direkt an die Kinder und Enkel vermittelbar sind. [21] Entlang dieses Erfahrungsbruchs wirken somit Grenzen des Verstehens, die mit-konstitutiv für implizite oder explizite generationale Identitäten sind, auch und gerade

20 Mannheim (1964), hier S. 552.

21 Zu grundlegenden Prozessen in der Kommunikation zwischen Kriegsgenerationen und ihren Nachkommen siehe z. B. Bergmann, Martin/Jucory, Milton/Kestenberg Judith (Hrsg.): *Kinder der Opfer – Kinder der Täter? Psychoanalyse und Holocaust.* Fischer, Frankfurt a. M., 1995.

dann, wenn das Erlebte schließlich doch zum Teil Eingang in gesellschaftliche Erzählungen findet. [22]

Obwohl traumatisierende Erlebnisse einen Bruch zwischen den Generationen erzeugen, der kommunikativ letztlich nicht überbrückt werden kann, finden aber paradoxerweise zugleich indirekte Formen der Weitergabe über die Generationsgenze hinweg statt. So kann man davon sprechen, dass in extremen Fällen die Kinder von Traumatisierten auch an dem Trauma leiden, das sie selbst nicht erlitten haben und das darum von Abraham/Torok als ein Phantom bezeichnet wird. [23] Allgemein zeigt sich, dass gerade auch das Auslassen bestimmter Erfahrungen in den Erzählungen, dass das Vermiedene und Nicht-Besprochene Spuren in den folgenden Generationen hinterlässt, die dadurch indirekt von Erfahrungen des Traumas und der Schuld(-abwehr) affiziert werden. Dabei findet eine paradoxe Verbindung zwischen der Unvermittelbarkeit der Erfahrung und der gleichzeitigen Weitergabe ihrer Wirkung statt, deren Struktur von Bruch und Kontinuität einen Teil jener intergenerationellen Auseinandersetzung mit der Zeit des zweiten Weltkriegs ausmacht. [24]

Wenn nun bezüglich der Analyse der generationalen Beziehungen zwischen der Kriegsgeneration und deren Kindern ein auf traumatische Kriegserfahrungen zugeschnittenes Generationenkonzept sich eignete, so stellt dies zugleich aber für den Mannheimschen Generationenbegriff eine Engführung mit Konsequenzen dar: Generationen wurden durch diese Übertragung eines pathologischen Konzepts als Trauma-Gemeinschaften definiert. Dies führte dann zu den oben angesprochenen Vorstellungen der Imprägnierung des Begriffes durch die Kriegszeit und den Trauma-Diskurs. Es schließt sich fast zwangsläufig die Frage an, ob auch die Identität der sogenannten 68er Generation auf eine Traumatisierung, etwa bei den Auseinandersetzungen auf den Straßen, zurückzuführen ist. Ein Zitat

---

22 Dem Zusammenhang von traumatischen Erlebnissen, den Möglichkeiten und der Unmöglichkeit diese zu erzählen, und den Grenzen zwischen gesellschaftlichen Gedächtnissen und Diskursen wird in vielen Beiträgen in diesem Band nachgegangen.

23 Nicolas Abraham and Maria Torok: *The Shell and the Kernel.* Volume 1., University of Chicago Press, Chicago/London, 1994. Siehe hierzu auch Sigrid Weigel: *Familienbande, Phantome und die Vergangenheitspolitik des Generationsdiskurses: Abwehr von und Sehnsucht nach Herkunft.* In: Schulte, Dietmar (Hrsg.): *Die Kunst des Lebens.* Fink, München, 2004, die den Topos des Phantoms in die Generationendiskussion einführt, nicht zuletzt um die von ihr konstatierte Vergangenheitsvergessenheit in diesem Diskurs metaphorisch zu fassen.

24 Haydeé Faimberg(1987): *The telescoping of generations: A genealogy of alienated identifications (1981/1985).* In: ders.: *The Telescoping of Generations, listening to the narcissistic links between generations.* Routledge, London, 2005, S. 4-19.

von Enzensberger aus dem Kursbuch des Jahres 1968 scheint davon zu sprechen:

„Keine abstrakte Einsicht in den repressiven Charakter des Systems kann die physische Erfahrung der Unterdrückung ersetzen. (...) Die Todesangst des Systems kann nur in der eigenen Angst begriffen werden. Zerstörung der bürgerlichen Respektabilität, wirtschaftlicher Druck, Überwachung, Geldstrafen, Verhaftung, Gefängnis, unmittelbare physische Bedrohung: mit diesen Mitteln hat der staatliche Gewaltapparat bereits einen harten Kern von Oppositionellen gebildet. Damit schafft sich das System Feinde auf Lebenszeit. Die Erfahrung, die heute auf Polizeiwachen, Amtsgerichten, Verfassungsschutz-Ämtern und in Untersuchungsgefängnissen gesammelt werden, sind die einzig wahre Staatsbürgerkunde, welche diese Republik zu bieten hat." [25]

Auch wenn Enzensberger von einer leiblichen Erfahrung schreibt, die seiner Meinung nach prägend für diese Generation war, so erscheint diese doch nicht traumatisierend, d. h. sie führt - psychoanalytisch gesprochen - nicht zu einer Zerrüttung des Urvertrauens; eine solche Zerrüttung würde gerade die Fähigkeit zum oppositionell-revolutionären Handeln zerstören, da Traumata zu einer Ohnmacht und nicht zu jener narzisstischen Stärke führen, die für eine Revolution vonnöten wäre. Und auch die Folgegeschichte dieser gesellschaftlich mindestens als einflussreich zu bezeichnenden Generation kann auch kaum schlüssig als Beleg einer Traumatisierung gedeutet werden.

Doch auch wenn man nicht von einer Traumatisierung im engeren, psychoanalytischen Sinne sprechen kann, so ist das, was Enzensberger hier als prägend beschreibt, eine tiefgreifende, einschneidende, auch leibliche Erfahrung, die als zentral für die Generation der 68er betrachtet werden muss. Zwar bleiben die Begriffe des ‚Tiefgreifenden' oder ‚Einschneidenden' in Fällen, in denen nicht klar von einer Traumatisierung gesprochen werden kann, vage, jedoch findet sich doch immer wieder dort, wo von leiblich-emotionalen (Gruppen)Erfahrungen berichtet wird, eine Unsagbarkeitsrhetorik, die zwar nicht als solche schon als Symptom einer Traumatisierung gedeutet, die aber dazu dienen kann, diejenigen, die bei einem Ereignis dabei waren, von jenen zu trennen, die nicht an

25 Hans Magnus Enzensberger: *Berliner Gemeinplätze.* In: Kursbuch 11, Januar 1968, S. 151-171, hier S. 164f.

diesem teilnahmen („Du warst nicht dabei!" „Ihr könnt das nicht verstehen …"). [26]

Das Symptom, dass generationale Erfahrung der Kommunizierbarkeit zu gewissen Teilen entzogen scheint bzw. der Kommunikation entzogen *wird*, lässt hierbei zwei, in der Debatte oft unvermittelt und konträr aufeinandertreffende Schlüsse zu: Ist diese Rhetorik des leiblich Erlebten vor allem ein Ausfluss historisch bestimmter Deutungschemata, nurmehr ein Topos ohne direkten Bezug zur grundsätzlichen Dynamik der Generationen, oder besteht darüber hinaus ein systematischer Zusammenhang zwischen den geteilten Erfahrungen und den Kommunikationsgrenzen zwischen Generationen? Wir werden im Weiteren darauf zurückkommen.

Auch jene oft als problematisch dargestellte Bestimmung der Generation Golf [27] operiert mit Topoi vorsprachlich-leiblicher Erfahrungen während prägender Jahre. Florian Illies Buch, das als zentrales ‚Dokument' jene Generation zu bestimmen versucht, beginnt mit dem sinnlichen Baderitual am Samstag und dem damit einhergehenden Erlebnis: „Ich fühle mich, als hätte der Postbote gerade das Rundum-sorglos-Paket abgegeben" (Illies, S. 9). Im selben Atemzug wird diese Erfahrung aber durch Details im Zeithorizont der 70er und frühen 80er Jahre verortet, in dem bestimmte Objekte wie Playmobil-Spielzeug, Sheba-Katzenfutter und bestimmte ‚Fernseh-Riten' wie das gemeinsame Schauen von „Wetten das …?" mit Frank Elstner als Teil dieser Erfahrung dargestellt werden.

Auch wenn in dem hoch-ironisch gehaltenen Buch dann für die Identität der Generation Golf ihr zunächst affirmatives Verhältnis zum Kapitalismus, zu Waren und Marken, als bestimmend beschrieben werden, so finden sich zugleich immer wieder Anbindungen an eine leiblich-sinnliche Dimension. Zwar geht es dabei „nur" um Fragen des Lebensstils, doch sind die gemachten Erfahrungen jene auch leiblich verankerte Bezugsgröße, die die Formulierung eines generationalen Erfahrungsraums mit einer gewissen Breitenresonanz möglich macht(e).

---

26 Vgl. Giesen, Bernhard: *Voraussetzung und Konstruktion. Überlegungen zum Begriff der kollektiven Identität.* In: Bohn, Cornelia/Willems, Herbert (Hrsg.): Sinngeneratoren: *Fremd- und Selbstthematisierung in soziologisch-historischer Perspektive*, Universitätsverlag Konstanz, Konstanz, 2001, S. 91-110; hierzu auch der Beitrag von B. Giesen in diesem Band.

27 Illies, Florian: *„Generation Golf. Eine Inspektion"*, Fischer, Frankfurt a. M., 2001. Vgl. hierzu auch Kaspar Maase: *Farbige Bescheidenheit. Anmerkungen zum postheroischen Generationsverständnis.* In: Jureit, Ulrike/Wildt, Michael (Hrsg): *Generationen. Zur Relevanz eines wissenschaftlichen Grundbegriffs.* Hamburger Edition, Hamburg, 2005, S. 220-242.

Angesichts dieses Befundes scheint es darum notwendig, die Analyse der generationellen Rhetorik von einer inhaltlichen Kritik an einzelnen Generationsbeschreibungen getrennt zu betrachten. Denn die Dimension leiblicher Erfahrung scheint auf spezifische Weise mit generationeller Rhetorik verbunden zu sein, und dies auch unabhängig von sonstigen Unterschieden zwischen verschiedenen Generationsbeschreibungen. Dieser Befund kann nun jedoch nicht einfach mit Verweis auf ein sich fortsetzendes und politisch „problematisches" Deutungsschema beiseite gewischt werden. Denn es ist gerade die Frage der *Interaktion* von generationalen Rhetoriken und der Dimension der auch leiblich verfassten Erlebnisschichtung, die den Begriff der Generation als Erfahrungsgemeinschaft an dieser Stelle immer wieder virulent werden lässt. Es scheint uns hierbei nicht sinnvoll, normativ zu fragen, ob einzelne Generationen berechtigter Weise als solche zu bezeichnen sind. Viel produktiver als eine unbefriedigende Diskussion nach der vergleichenden Bewertung von Erfahrungen einzelner Generationen, die darauf abzielt, zu definieren, wann wir „wirklich" von einer Generation sprechen können, ist zum einen die Frage danach, wie eine Erzählung, die sich auf generationale Erfahrungen beruft, in bestimmte Diskurse eingeht und bewertet wird, zum anderen welche Funktion solchen Erzählungen in gesellschaftlichen Diskursen zukommt.

Diese Funktion des Konzeptes der Generation in gesellschaftlichen Diskursen muss also, so meinen wir, sowohl innerhalb als auch jenseits des Trauma-Paradigmas im Lichte eines Prozesses der Vermittlung von Erfahrung über Generationsgrenzen gesehen werden, der an verschiedenen Orten in der Gesellschaft abläuft und in verschiedene soziale Konstellationen, Sinnhorizonte und Konfliktlagen eingebunden ist, und der dabei oftmals gerade das Scheitern dieser Vermittlung aufzeigt. Die zentrale Stellung von generationalen Erzählungen in diesem Prozess soll nun beleuchtet werden.

4.2 Erzählung

4.2.1 Das Konzept des Narrativen in den Kulturwissenschaften

In der Literaturwissenschaft bestimmt die strukturalistische Literaturtheorie das Narrative als die Darstellung der Veränderung eines Zustandes in einer zeitlichen Abfolge.[28] Auch wenn aus streng stukturalistischer Sicht im Text selbst die Elemente, die die Zustandsveränderung darstellen, nicht kausal aufeinander bezogen sein müssen, so findet doch im

28 Wolf Schmid: *Elemente der Narratologie.* De Gruyter, Berlin [u. a.], 2005.

Rezeptionsprozess eine mehr oder minder erfolgreiche kausale Verknüpfung der einzelnen Zustände, die die Erzählung ausmachen, statt: Narrative als verzeitlichte Darstellung von Zuständen führen mehr oder minder zwangsläufig beim Rezipienten zu einer hermeneutischen Sinnsuche, die nach der Ursache der Zustandsveränderung und damit nach der Kausalität von Prozessen fragt. [29]

Im Allgemeinen ist der Stellenwert des Narrativen in den humanities janusköpfig: zwar bestreitet niemand die prinzipielle Bedeutung von narrativen Formen für die Bedeutungskonstitution, jedoch wird zugleich stets nach einem Jenseits des Narrativen, einem nicht Erzählten bzw. nicht Erzählbaren gesucht. [30]

Eine Opposition in der jüngeren Debatte zum Narrativen stellt zwei Positionen gegenüber, eine radikal-narrativistische und eine begrenzt narrativistische: MacIntyre [31] betonte, dass schon das *Erleben* des Einzelnen stets narrativ organisiert und letztlich alle mentalen Inhalte und alles Weltwissen narrativ verankert sei: „Geschichten werden gelebt, bevor sie erzählt werden - außer in Romanen." (MacIntyre, S. 283). Eine Gegenposition wird prominent von Polkinghorne [32] vertreten. Sie geht von einer begrenzten, nur auf der Ebene des Bewussten auffindbaren Wirksamkeit des Narrativen aus, denn was nicht bewusst sei, so Polkinghorne, könne auch kaum in narrativen Strukturen organisiert sein, was wiederum für einen großen Teil des Erlebens gelten kann.

Beide Positionen vereinfachen aber wohl den Sachverhalt, da sie den psychischen Ort des Erlebens und die Wirkung des Erzählens nur ungenügend bestimmen: So ist zum einen die Kennzeichnung des Unbewussten als vorsprachlich nicht unproblematisch. Lacan wies im Gegenteil auf die sprachliche Struktur des Unbewussten hin, insofern das Unbewusste gerade durch die bewusstsein-bringende Signifikantensetzung *ex negativo* erzeugt wird; es ist damit von der Sprache direkt als deren ‚Rückseite' abhängig. Dies erklärt, warum die neuere narrative Psychotherapie davon

---

29 Zur Frage der Kohäsion von Erzählungen siehe Holger Korthals: *Zwischen Drama und Erzählung. Ein Beitrag zur Theorie geschehensdarstellender Literatur.* Erich Schmidt Verlag, Berlin, 2003, hier besonders S. 91.

30 Dies nicht nur wie hier, unter dem Stichwort des Leiblichen, sondern z. B. auch im Hinblick auf die materiale Kultur oder dem ikonischen Erleben.

31 Alasdair MacIntyre: *Der Verlust der Tugend. Zur moralischen Krise der Gegenwart.* Campus, Frankfurt a. M./New York, 1987.

32 Donald E. Polkinghorne: *Narrative Psychologie und Geschichtsbewußtsein: Beziehungen und Perspektiven.* In: Straub, Jürgen: *Erzählung, Identität und historisches Bewußtsein.* Suhrkamp, Frankfurt a. M., 1998; vgl. zur Diskussion auch James L. Battersby: *Narrativity, Self, and Self-Representation.* In: Narrative, Volume 14, Number 1, January 2006, S. 27-44.

ausgeht, dass narrative Strategien einer talking cure auf das Unbewusste des Patienten einen Einfluss haben und heilen können. [33]

Aber auch die Vorstellung, alles Erleben sei bereits notwendigerweise narrativ organisiert, ist problematisch. Das Erleben ist nicht nur in weiten Teilen vor-narrativ, sondern dennoch einer Struktur unterworfen und dadurch bewusst erfahrbar: Das Erleben hat seinen Ort im Körper, der in einer basalen, vorsprachlichen Form bereits strukturiert ist. Diese Strukturierung, für die Kristeva den Begriff des Semiotischen eingeführt hat, [34] ist dafür verantwortlich, dass Erlebnisse zwar jenseits der Sprache ihren Ort haben - und darum nicht als narrativ strukturiert bezeichnet werden können - aber dennoch nicht gänzlich ins unbewusste absinken, sondern uns eben als Erlebnisse, die sich der gänzlichen Artikulation versperren, bewusst bleiben. Die vereinfachende Entgegensetzung von Polkinghorne und MacIntyre unterlaufend ist damit gesagt, dass zum einen das Unbewusste gleichwohl sprachlich strukturiert ist und dadurch narrativ irritiert und bearbeitet werden kann, und dass zum zweiten trotz einer weitgehend als narrativ gekennzeichneten Wahrnehmung der Welt die Erlebnisqualität der Wahrnehmung auch in einer Körpersemiotik begründet ist, die zwar bewusst sein, aber nicht im kommunizierbaren Erzählen aufgehen kann.

„Some experiences are inchoate, in that we simply do not understand what we are experiencing, either because the experiences are not storyable, or because we lack the performative and narrative resources, or because the vocabulary is lacking. As we ourselves are telling others about an experience, we sometimes realize, even as we speak, that our account does not fully encompass all that we thought and felt during that experience." [35]

Gerade dort, wo ein Teil jener Erlebnisse, die wir durch das Erzählen in Erfahrungen ummünzen, unartikulierbar bleibt, wird der Ort der Latenz sichtbar, in dem Erlebnisse körperlich-semiotisch eingeschrieben sind. Dabei wird deutlich, dass die Sprache und die mit ihr verbundenen Erzählformen an das angrenzen, was über sie hinausgeht, und zwar auf bestimmte, nicht auf willkürliche oder zufällige Weise.

---

33 Siehe: Konrad Peter Grossmann: *Der Fluss des Erzählens. Narrative Formen der Therapie.* 2. Aufl. Carl-Auer-Systeme Verlag, Heidelberg, 2003 und Michel White/ David Epston: *Die Zähmung der Monster. Der narrative Ansatz in der Familientherapie.* 4. Aufl., Carl-Auer-Systeme Verlag, Heidelberg, 2002.

34 Julia Kristeva: *Die Revolution der poetischen Sprache.* Suhrkamp, Frankfurt a. M., 1978.

35 Edward M. Bruner: *Experience and Its Expressions.* In: Victor W. Turner/Edward M. Bruner (eds.): *The Anthropology of Experience.* University of Illinois Press, Urbana/ Chicago, 1986, S. 3-30, hier S. 6f.

An dieser Stelle kann man sehen, dass der Schlüssel zum Narrativen gerade nicht in der Entgegensetzung von leiblicher Erfahrung und der narrativen Konstruktion liegt; die Übergänge zwischen dem Narrativen auf der einen und dem Erleben auf der anderen Seite, die Wege der Durchdringung und gegenseitigen Konstitution sind das Feld das hier interessiert, und diesem Feld verschließt man sich voreilig, wenn man die Erzählung als grundsätzlich zu misstrauende Konstruktion ansieht, als etwas, was es zu dekonstruieren gelte. Erzählungen bieten mehr an als die Opposition: Falle auf sie herein *oder* dekonstruiere sie.

Die Position des interpretierenden Wissenschaftlers bestimmt sich wie die Position des Lesers allgemein gerade in den Leerstellen und Brüchen, der Aufschlüsselung der Metaphernwelten von Erzählungen, die größtenteils nicht auf der Seite intentionaler oder unbewusst angetriebener Identitätspolitik zu verorten ist, sondern auf der Seite einer narrativen Bearbeitung der Erfahrung und der auch körperlich und erlebnisbedingt verfestigten Deutungsmuster. Erzählungen und Erzählformen können daher auf vielfache Weise gerade als Dokument von Erfahrungs- und Erlebniswelten angesehen werden, in diesem Fall Erfahrungswelten von Generationen.

4.2.2 Orte von Generationenerzählungen im Diskurs

Was kann man unter generationalen Erzählungen verstehen? Gemeint sind zunächst ganz allgemein Erzählformen in den verschiedensten gesellschaftlichen Diskursen, welche eine, in vielen Fällen mehrere Generation(en), deren Erfahrungen und Erlebnisse beschreiben. Die Eigenarten der beschriebenen Erfahrungen lassen hierbei eine bestimmte generationale Gestalt, eine generationale Figur in synchronen und diachronen Horizonten als solche erkennbar werden. Entscheidend ist dabei nicht, ob der Begriff der Generation im jeweiligen Diskurs, in der jeweiligen Erzählung eine besondere Rolle spielt, oder ob er eventuell überhaupt nicht in Erscheinung tritt. Entscheidend ist, dass der Rahmen der generationalen Erzählung, ihr medialer bzw. institutioneller Ort sie als eine Figuration von generationalen Gehalten und Erfahrungen lesbar macht.

Diese Definition der generationalen Erzählungen ist nun so weit gespannt, dass man mit Recht fragen könnte, was denn in diesem Falle *nicht* als generationale Erzählung gelten kann. In der Tat ist die Definition darauf angelegt, die konstruktivistische Perspektive mit einzuschreiben, denn es kommt entscheidend darauf an, was im Diskurs als eine generationale Erzählung beobachtet wird, sei es im partikularen Sinne („Das ist nur eine generationenspezifische Weltsicht"), im affirmativen Sinne („Dies war eine für die damalige Jugend repräsentative Erfahrung") oder im negatorischen Sinn („Das ist nur ein weiteres Generationenkonstrukt, das die Erfahrungen der Generation zu repräsentieren beansprucht"). Wie wäre das Verhältnis von generationaler Erfahrung und generationalen Erzählungen dann zu sehen? Um diese Frage zu beantworten, müssen zunächst die unterschiedlichen Medien und Orte des Generationsdiskurses betrachtet werden, denn diese bestimmen die Funktionsweisen von generationalen Erzählungen mit.

Es sollen hier nur drei für unsere Zwecke besonders relevante Orte im Diskurs, insbesondere im Diskurs Nachkriegsdeutschlands bis heute unterschieden werden, deren Funktionen jedoch für (post-)modern strukturierte Gesellschaften allgemein gelten, und an welchen Generationenerzählungen in einem spezifisch medial verfassten Umfeld stattfinden.

a) Der innerfamiliäre Generationendiskurs

Genealogische Modelle aber auch gesellschaftliche Generationenmodelle finden sich in den Diskursen wieder, die sich zwischen den Familienmitgliedern entfalten. Dabei geht es unter anderem um das Aushandeln von innerfamiliären Rollen, besonders dann, wenn die Rolle der Kinder in der Familie durch ihr Heranwachsen neu bestimmt werden muss. Im innerfamiliären Generationsdiskurs wird dabei über Erzählungen das Verhältnis von genealogischer Kontinuität und generationalem Bruch ausgehandelt. Genauso wichtig wie diese Diskurse, in denen generationale Positionen formuliert werden, zeigen sich aber auch Strategien der Vermeidung oder Einhegung solcher Diskurse.[36]

b) Der Generationendiskurs in der Literatur

Der Begriff Literatur umfasst hier zum einen fiktional-literarische Texte, die generationale Beziehungen zum Gegenstand haben, aber auch (auto-)biographische Bücher, in denen sich die Fortsetzung innerfamiliärer Diskurse auf dem Feld des literarischen Mediums wiederfinden. Die generationalen Erzählungen werden hier bestimmt von individuell-psychischen Bedürfnissen der Aufarbeitung, von psychologischen Diskursen, die die Vorstellung der Autoren, wie diese Aufarbeitung auszusehen habe, prägen und zuletzt von literarischen Einflüssen: Die Familie als ein spezieller Ort der Beziehungen einzelner Personen zueinander ist immer schon

36 Uta Karstein: *Familiale Einheit und generationelle Differenz. Zur kommunikativen Konstruktion historischer Generationen am Beispiel ostdeutscher Familien.* In: Bohnenkamp/ Manning/Silies (2009), S. 53-71; Harald Welzer/Sabine Moller/Karoline Tschuggnall: *Opa war kein Nazi. Nationalsozialismus und Holocaust im Familiengedächtnis.* Fischer, Frankfurt a. M., 2002; Mark Weißhaupt: *Grenzen des Verstehens – Grenzen des Erzählens.* In: Karl-Siegbert Rehberg (Hrsg.): *Die Natur der Gesellschaft,* Verhandlungen des 33. Kongresses der Deutschen Gesellschaft für Soziologie in Kassel 2006. Teilbd. 1 u. 2. Campus, Frankfurt a. M., 2008, S. 5252-5266.

einer der zentralen Gegenstände literarischen Schreibens gewesen. Besonders mit dem Entstehen des Individuums im 18. Jahrhundert findet sich dann zudem ein mehr oder minder offen psychologisierender Blick auf zwischenmenschliche Beziehungen und damit auch auf Generationenbeziehungen wieder, der über Motive und Gattungsmuster bis in die Gegenwart reicht. Neben dem Thema genealogischer Generationenbeziehungen finden sich aber auch viele Texte, in denen einzelne sich mit ihrer Beziehung zu gesellschaftlichen Generationen auseinandersetzen: [37] Gerade im Jahr 2008 - dem 40. Jahrestag der 68er Revolte - haben eine Reihe von Texten die Welt erblickt, in denen sogenannte 68er im Rückblick über ihre Rolle in der Studentenbewegung reflektieren und dabei teils direkt, teils indirekt an der 68er-Erzählung mitarbeiten. [38]

c) Öffentliche Medien
Gemeint sind hier die verschiedensten Massenmedien, in denen auch interessengeleitete Diskussionen über politische, ökonomische und soziale Fragen das Konzept der Generation nutzen. Die Grenze zu den literarischen Orten von Generationenerzählungen sind hier fließend, nicht zuletzt auch, weil - wie beim Beispiel der oben genannten 68er Autoren, die im Jahr 2008 ihre persönlichen Rückblicke publizierten - diese Autoren mit ihren Büchern in verschiedensten Medienformaten über generationale Fragen mitdiskutieren. Insbesondere vom Feuilleton werden manche Autoren bzw. deren Werke vorwiegend als Ausdruck oder Verdichtung generationaler Verhältnisse gerahmt und daraufhin gelesen.

Um das Verhältnis zwischen diesen Diskurs-Orten zu beschreiben, muss zunächst ihre funktional bedingte Abgrenzung voneinander hervorgehoben werden. Es liegt nahe, hier auf Begriffe der Systemtheorie zurückzugreifen: Man kann hier von einem Verhältnis gegenseitiger Interpenetration sowie struktureller Kopplung dieser Orte ausgehen [39], denn die Erzäh-

37 Die literaturwissenschaftlichen Beiträge in diesem Band beschäftigen sich an dieser Stelle zentral mit den Grenzen von Fakt und Fiktion und den speziellen literarischen Mitteln des Generationendiskurses; siehe hierzu auch Aleida Assmann: *Geschichte im Gedächtnis: von der individuellen Erfahrung zur öffentlichen Inszenierung.* C. H. Beck, München, 2007; Anne Fuchs: *Phantoms of War in Contemporary German Literature, Films and Discourse: The Politics of Memory.* Houndsmill, Macmillan/Palgrave, 2008.

38 Götz Aly: *Unser Kampf. Ein irritierter Blick zurück.* Fischer, Frankfurt a. M., 2008; Peter Schneider: *Rebellion und Wahn. Mein 68. Eine autobiographische Erzählung.* Kiepenheuer & Witsch, Köln, 2008; Rainer Langhans: *Ich bin's. Die ersten 68 Jahre.* Blumenbar-Verlag, München, 2008.

39 Niklas Luhmann: *Die Gesellschaft der Gesellschaft.* Suhrkamp, Frankfurt a. M., 1998.

lungen in diesen verschiedenen Diskursen sind auf die Existenz der jeweiligen anderen Diskurse in vielerlei Hinsicht angewiesen, ohne deren konkrete Erzählformen und symbolischen Codes wesentlich zu übernehmen. So lässt sich z. B. der Generationendiskurs in der Familie nur sehr begrenzt von dem öffentlichen Diskurs z. B. über Rentengerechtigkeit irritieren. Oder die „Generationenliteratur": Sie nimmt nur die Inhalte des Familiendiskurses auf, die für ihre Zwecke eignen und verbindet sie symbolisch mit öffentlichen Debatten, die in genealogische bzw. generationale Narrationsmuster passen, wodurch der Eindruck einer operativen Kopplung erzeugt wird, also eines engen Zusammenhanges zwischen privatem und öffentlichem Diskurs. Man kann vielleicht eher davon sprechen, dass sich die Diskurse gegenseitig kommentieren. Die Kommunikation in der Familie wiederum kann aus den anderen Diskursen die Themen übernehmen, die in ihrem Rahmen überhaupt bearbeitbar sind, und schließt Themen aus, die die Kommunikation in der Familie als Ganze gefährden. Die Stabilität der Familie ist zugleich darauf angewiesen, dass die Teile der inner- wie auch außerfamiliären Erfahrungen ihrer Mitglieder, welche in der Familie nicht direkt besprechbar sind, dann in öffentlichen Debatten, in Literatur und in politischen Diskursen aufgenommen werden und sich dort zu wirksamen, wahrgenommenen Erzählungen verdichten.

Der Begriff „Generation" scheint nun in mehreren Zeitlichkeiten und zugleich in verschiedenen Diskursgrenzen verschränkt zu sein. Man könnte zudem einen politischen Generationendiskurs, welcher an Debatten über soziale Sicherheit, Ungleichheit und Bevölkerungspolitik anschließt, unterscheiden sowie den Erinnerungsdiskurs, welcher Generationen als moralische Erinnerungseinheit konzeptualisiert, hinzufügen; darüber hinaus Diskurse über Normen- und Werthorizonte der Gesellschaft, insofern sie entlang generationaler Deutungslinien geführt werden. Hinzu könnte man außerdem Diskurse über Wirtschaft, Religion und Lebensstilfragen und viele andere rechnen, die alle eine semantische Verbindung zum Thema der Generationen haben oder zu einem gewissen historischen Zeitpunkt jeweils generational „gewendet" wurden. [40] Man kann auch schärfer formulieren, dass es die Einheit „des Generationendiskurses an sich" nicht gibt. Dies scheint die generationalen Erzählungen nun so weit zu differenzieren, dass die Einheit der Generation darunter zersplittert. Das übersieht aber einen wesentlichen Aspekt von Erzählungen: Sie sind, in jedem einzelnen Diskurs, identitätsstiftend.

---

40 Was nicht an sich schon als kritikwürdig gelten kann. Begriffs- und Ideengeschichte müssen zunächst vielmehr die schwierige Aufgabe auf sich nehmen, Antworten auf die Frage zu suchen, welche Funktion eine begriffliche Anwendung in einem bestimmten Diskurs jeweils erfüllt.

4.3 Identität

Um den schillernden Begriff der ‚Identität' nun zentral in die Diskussion einzuführen, könnte man zunächst versuchen, seine zahlreichen Aspekte zu unterscheiden, und damit die verschiedenen kulturellen bzw. sozialstrukturellen Ebenen, die bei der Bildung und der Bearbeitung von Identitäten mitwirken, zu markieren. [41] Hier soll es aber weniger um Definitionsarbeit an einzelnen Identitätstheoremen gehen, als vielmehr um den Prozess der Herstellung und der Bearbeitung von Identität, der hier zunächst auf individuell-biographischer Ebene verfolgt werden soll. Es geht also um den Prozess der Identifikation, der auf ganz grundlegende Weise mit dem Prozess der Erzählung verbunden ist, und der unter dem Stichwort der „narrativen Identität" Erlebnisse und Erfahrung vermittelt. Ricoeur [42] unterscheidet zwei Aspekte narrativer Identität: *idem* bezeichnet hierbei die innere Gleicheit als Gegenbegriff zur Veränderlichkeit, *ipse* dagegen bezeichnet die Selbstheit, die als Gegenbegriff zum äußeren anderen, zum Fremden steht. Identität als Begriff vermische nun die beiden Bedeutungen, die Erzeugung von Identität durch Abgrenzung nach außen und Kontinuitätssicherung nach innen. Durch die Erzählung werden das Problem der Veränderlichkeit des Selbst und auch das Problem der Abgrenzung des Eigenen gegenüber dem Fremden auf ganz grundsätzliche Art und Weise bearbeitet.

Nach außen muss man sich von anderen insbesondere dann abgrenzen, wenn man zugleich bestimmte Eigenschaften und Erfahrungen mit jenen anderen teilt. Zugleich werden besonders unter dem Blickwinkel postmoderner Bedingungen Brüche zwischen verschiedenen Identitätsformen sichtbar, die neben- oder nacheinander existieren, und die Suche nach einem Gemeinsamen dieser Identitäten antreiben.

Die narrativen Verfahren der Identitätsbildung stehen zu diesen Prozessen des Bruchs/der Abgrenzung und bzw. der Kontinuität/Identifikation direkt in Beziehung. Hier lassen sich nun zwei Möglichkeiten bestimmen:

---

41 Man kann z. B. die persönliche Identität von der sozialen Identität (Luckmann, Goffman) unterscheiden, die Ich-Identität (Habermas) von verschiedenen Identitäten, die jenseits dessen als eine Einheit konstruiert oder in der Kommunikation vorausgesetzt werden, seien dies sog. „heisse", d. h. emotional aufgeladene oder „kalte", vorwiegend kategoriale Identitäten, (trans-)nationale, geschlechts- oder schichtbezogene (Butler, Bohnsack), kollektive und partizipative (Giesen, Hahn), situative (Garfinkel, Hohl, Nassehi) oder übergreifende (Mead, Wohlrab-Saar) Identitäten.

42 Paul Ricoeur: *Narrative Identität.* In: *Heidelberger Jahrbücher,* Band 3, 1987, S. 57-67, und ders.: *Zeit und Erzählung, Bd. 3: Die erzählte Zeit* (1985), Fink, München, 1991.

a) Narrative Bestimmung von Bruch und Kontinuität

Identität verlangt die Erfahrung einer zeitlichen Kontinuität, d.h. zur Identität gehört das Gefühl, dass eine Verbindung besteht zwischen dem, der ich heute bin, und dem, der ich vor drei Tagen, einem Monat oder drei Jahren war.[43] Bezüglich der Identitätsbildung müssen Narrative einen totalen Bruch in der Zeit verhindern, indem eine stattgefundene Veränderung möglichst sinnvoll als Teil einer Kontinuität erklärt wird: Identitätsstabilisierende Narrative erzeugen also Kontinuitäten, die zugleich den Unterschied markieren wie überbrücken, der zwischen dem Früher und dem Heute liegt. Narrative übernehmen auch und gerade die Funktion, identitätsbildende Brüche sichtbar zu machen, indem sie diese benennen und in weitergehende Deutungshorizonte einfügen, so etwa auch bei der narrativen Identitätsbildung nach außen, bei der Differenzen und Brüche dazu dienen, sich von anderen abgrenzbar zu machen.

Von großer Bedeutung bei solchen Bestimmungen von Identität ist zum einen, in welchem Maß die narrative Erfassung und damit die Einsicht in Kontinuität über Brüche hinweg akzeptiert und ‚ertragen' werden können. So ist es z. B. durchaus eine Belastung für die Angehörigen der Kriegsgeneration für das Geschehene im Nationalsozialismus die Schuld zu tragen bzw. die Verantwortung dafür als Teil der eigenen Identität zu übernehmen.

Aber auch die Einsicht in einen Bruch kann belastend sein, wie z. B. dort, wo die, wenn auch nur zeitweise Annahme einer Identität notwendig ist, die nur durch den Bruch mit einer anderen Identität erreicht werden kann. Die so entstehende Koexistenz unvereinbarer Identitätsformen muss zwar nicht zwangsläufig als Belastung wahrgenommen werden. Sie kann aber, falls die Handhabung der so „dezentrierten" Identität nicht gelingt, in der Form von Entfremdungserfahrungen zu psychischen Krisen führen, die auch durch eine Umschrift narrativer Identität nicht überwunden werden können. Oft liegt aber bei Prozessen der Identitätsbestimmung sowohl Trennendes als auch Verbindendes nebeneinander: dies kann in Fällen mit einem hohen Maß an psychisch-emotionaler Involviertheit zu einer großen Belastung werden, da hier eine Ambivalenztoleranz entwickelt werden muss, wie z. B. dort, wo Kinder von NS-Tätern hin und hergerissen sind zwischen der Liebe zu den Eltern und einem moralischem Urteil über deren Verbrechen: Sie müssen lernen, mit

43 in der Diskussion der Philosophie wird unabhängig von dem „Gefühl" und der Erzählung von Kontinuität die Frage nach der Möglichkeit „tatsächlicher" Kontinuität unter dem Stichwort der „Persistenz" verhandelt, siehe hierzu z. B. Eric T. Olson: *The Human Animal. Personal Identity without Psychology.* Oxford University Press, New York [u. a.], 1997.

den widersprüchlichen Impulsen von Bruch und Kontinuität zu leben, die sie gegenüber ihren Eltern empfinden. [44]

b) Narrative Strategien des Ausweichens und der Leerstelle
Die einfachste Form des Ausweichens ist die Nicht-Artikulation im Narrativ: dies ist besonders dann möglich, wenn der Bruch bzw. die Kontinuität nicht oder kaum mit Leidensdruck einhergeht und in einer vorbewussten Latenz verbleiben kann. In Fällen, in denen problematische Brüche oder unerträgliche Kontinuitäten nicht narrativ zu bearbeiten sind und zugleich eine starke psychische Belastung darstellen, die nach Bewältigung d. h. narrativer Erfassung verlangt, kann eine zwangsneurotische Wiederholung des Erzählens beginnen, die zugleich aber von Ausweichbewegungen begleitet wird.

Die Wahrnehmung der Unvereinbarkeit bestimmter, in verschiedenen Zeiten verhafteter Identitätsanteile erzeugt dabei starke Konflikte, die in Formen von Leugnung, von Relativierungen oder einer merklichen, spannungsgeladenen Leerstelle im Narrativ Ausdruck finden können. Gerade im Zusammenhang mit Schuld und Verantwortung ist dies zu beobachten („die Russen haben viel schlimmere Verbrechen begangen", „im Krieg geschehen schlimme Dinge"). Psychoanalytisch betrachtet, handelt es sich dabei um Formen von Verdrängung und Verschiebung.

Ganz allgemein kann man aber feststellen: „Gleichheit" und „Selbstheit" sind offenbar ganz unempirische Sachverhalte. Niemand ist sich allzu lange gleich und niemand kann die Grenze zwischen dem Eigenen und dem Fremden dauerhaft gleich ziehen. Somit ist das, was mit Identität bezeichnet ist, stets ein kontrafaktisches Paradox: Identität bezeichnet stets die Differenz von dem was sie zu sein behauptet. Dies gilt jedoch für Identitätseinheiten in allen Diskursen, nicht nur im individuell-biographischen Fall: Jede Erzählung erzeugt in ihrer Rezeption Identitäten, die ihre fragile Einheit im Prozess der Erzählung erst gewinnen konnten, und die stets ihr Anderes, sei es ein inneres (Gleichheit - Veränderlichkeit) oder das äußere Andere (Selbstheit - Fremdheit) mitbedeuten. Diesen Prozess des Erzählens von Identitäten kann man in den verschiedensten Diskursräumen und bei unterschiedlichen Identitätsaspekten und -konzepten, insbesondere im Diskurs der Generationen, beobachten.

---

44 Tilmann Moser beschreibt aus psychotherapeutischer Sicht den für Therapeuten und Patienten höchst schwierigen Prozess einer Anerkennung der widersprüchlichen Affekte gegenüber den Eltern in: Tilmann Moser: *Dämonische Figuren. Die Wiederkehr des Dritten Reichs in der Psychotherapie.* Suhrkamp, Frankfurt a. M., 1996, hier besonders S. 319-336.

5. Die Erfahrung von Generationen zwischen Erlebnis und Diskurs

Nachdem nun allgemeine Merkmale der narrativen Bearbeitung von Identität skizziert wurden, muss die Frage nach den spezifischen generationalen Bedingungen der Vermittlung von Erlebnissen und narrativer Identität gestellt werden. Man kann nun auf verschiedenem Wege zu zeigen versuchen, wie sich das Verhältnis von generationalen Erzählungen und individuellen Erlebnissen konstituiert. Die Erfahrung der Angehörigen einer Generation kann zum einen durch die biographische Einbettung der eigenen Erlebnisse in generationale Erzählungen an diese gebunden und in sie verstrickt sein. Dies kann durch Identifikation, aber auch durch eine Abgrenzung gegenüber der anderen oder auch der eigenen Generation erfolgen. [45]

Auf welche Weise aber sind die eigenen Erlebnisse sprachlich und erzählerisch in einen generationalen Erfahrungszusammenhang verwoben? Die Antwort, dass wir (per Identifikation) stets in Geschichte(n) verstrickt sind (dies klassisch formulierend: Schapp [46]) befriedigt hier nur zum Teil. Wenn Erzählungen und Sprache jedoch grundsätzlich mit der Dimension leiblichen Erlebens verbunden sind, wie wir oben dargelegt haben, dann kann hierin der Schlüssel zur Bedeutung generationaler Erzählungen und ihrer Begehrensstrukturen liegen. Denn beim Thema der Generationen gilt es, die historische Entwicklung jener transitorischen Lebensphase zwischen der Kindheit und der Welt der Erwachsenen im Blick zu behalten, die die Identitätssuche zum Ziel erhoben hat. [47] In der Jugend wird nach dem frühkindlichen Entwicklungsdrama zudem die leibliche Dimension des Erlebens neu an der Welt ausgerichtet.

Zur Illustration soll Peter Schneiders 2008 erschienenes Buch „Rebellion und Wahn" genannt werden. Hier tritt der Autor im Rückblick auf seine 68er-Jahre in einen Dialog mit seinem jugendlich-adoleszenten Alter-Ego, das durch seine alten Tagebücher zu ihm spricht. Der Autor versucht mit diesem Dialog herauszufinden, was den jungen Peter Schneider zu einem 68er werden ließ. Dabei wird deutlich, dass der Revolutionär

---

45 Ein Beispiel für letzteres ist das 2008 erschienene Buch von Götz Aly *Unser Kampf*, in dem der Autor die 68er Bewegung, der er selbst angehörte, eine geistige Nähe zu der 1933er Generation und damit zu den faschistischen Eltern unterstellt. Zugleich ist der Text ein Versuch, die eigene Teilnahme an der Studentenbewegung in gewisser Weise im Rückblick zurückzunehmen.

46 Wilhelm Schapp: *In Geschichten verstrickt: Zum Sein von Mensch und Ding.* 4. Aufl., Klostermann, Frankfurt a. M., 2004.

47 Vgl. Giesen in diesem Band und Corsten, Michael: *Biographie, Lebensverlauf und das „Problem der Generationen"*. In: BIOS 14 (2002), H. 2, S. 32-59.

ein junger Mann ist, der vor allen Dingen auch mit den Schwierigkeiten des Erwachsenwerdens, wie etwa in Sachen der Liebe, kämpft.

Die Erlebnisdifferenz zwischen Generationen muss zudem, wie wir oben dargelegt haben, von der zwangsläufigen Vorstellung eines historischen „Großereignisses", das sie prägt, abgelöst werden. Augenfällig ist z. B., dass in den generationalen Diskursen, die sich mit der Generation der 68er auseinander setzen, immer wieder auf Ereignisse wie der Schahbesuch und der Tod von Benno Ohnsorg als die Katalysatoren verwiesen wird, die für die Entstehung und Prägung der 68er Bewegung verantwortlich sein sollen. Doch dieser Darstellung der Prägung der 68er durch gesellschaftliche Schlüsselerlebnisse steht eine ebenso große Zahl an Texten und Statements gegenüber, die die Wurzel der Jugendrevolte in ihren Elternhäusern oder in der allgemeinen Verfasstheit der Bundesrepublik in der Ära Adenauer sehen. Mannheim sprach allgemein von den gesellschaftlich formierenden Kräften die Generationen gestalten. Welche der gesellschaftlichen Kräfte zu unterschiedlichen Zeiten jeweils dominieren und Generationen formen, war für ihn zunächst völlig offen.

„Ob alle Jahre, alle 30 Jahre, alle 100 Jahre, ob überhaupt rhythmisch ein neuer Generationsstil zustande kommt, das hängt von der auslösenden Kraft des gesellschaftlich -geistigen Prozesses ab. Es ist hierbei ein besonderes, für sich zu behandelndes Problem, ob diese gesellschaftliche Dynamik ihre Dominante in der ökonomischen oder in irgendeiner geistigen Sphäre hat. Wie man diese Frage im einzelnen beantworten will, ist zunächst völlig irrelevant. Wichtig ist aber, schon hier festzustellen, dass diese Gruppe der Wirkungsfaktoren darüber entscheidet, ob neue Generationsimpulse sich zu einer formierenden Einheit verdichten können, oder ob diese latent bleiben müssen." [48]

Doch man sollte an dieser Stelle nicht vernachlässigen, was Mannheim gerade nicht im Auge zu haben schien: den innerfamiliären Diskurs, die Massengesellschaft, die Kräfte des Marktes, die Massenkultur und die Massenmedien. [49] So waren und sind die oben angesprochenen Ereignisse, die immer wieder in der generationsbestimmenden Rhetorik zu finden sind, vor allem auch mediale Ereignisse, so wie die 68er als Bewegung selbst als ein mediales Ereignis par excellence zu bezeichnen ist, das nicht nur vom Fernsehen und den Printmedien von außen beschrieben wurde: Das Selbstbild dieser Bewegung konstituierte sich über diese medialen

48 Mannheim (1964), hier S. 553.

49 Darauf hat Niethammer (2006) hingewiesen, jedoch mit anderen Schlussfolgerungen. Zum generationenprägenden Einfluss des Marktes vgl. den Beitrag von Gronemeyer in diesem Band.

Repräsentationen.[50] Zudem ermöglichte das Fernsehen auch denjenigen eine Möglichkeit der vermittelten Teilnahme an Demonstrationen, die selbst nicht auf der Straße an der Gemeinschaft der Gleichaltrigen teilnehmen konnten.

Generationen sind unter modernen Bedingungen stets einem medialen Diskurs ausgesetzt. Hierin liegt auch ein wichtiger Grund, in der Frage der Generationslagerung auch die Lagerung sowohl in familiären als auch in massenmedialen gesellschaftlichen Diskursen zu berücksichtigen. Beide können eine generational „gleichzeitige" Erlebnisschichtung hinterlassen, die vor allem in der Jugend sprachliche und zugleich leibliche Prägungen zeitigt.[51] Die Grundlagen der generationalen „Gestaltungsimpulse", der Generationsstile, mithin des Begehrens der Generationen werden durch die Lagerung in einem historisch-kulturellen, d. h. aber auch in einem medialen, diskursiven und familiären Raum bestimmt, welcher einen asynchronen Schweige- bzw. Redezwang der unterschiedlichen Generationen bedingen kann.

Umgekehrt sind generationale Erzählungen vom Anschluss und der Verbreitung in verschiedenen Medien, in verschiedenen Diskursen abhängig. Darum ist es kein Zufall, dass die 68er Bewegung, die sich mit einer einseitigen Kritik aus der Springerpresse konfrontiert sah, eine mediale Gegenöffentlichkeit entwickelte, die sich Zeitschriften, Flugblättern und Raubpublikationen bediente, um nicht nur nach außen zu agitieren, sondern auch nach innen die Bewegung zu stabilisieren. Zwar hat sich diese Gegenöffentlichkeit im Laufe der 80er Jahre wieder aufgelöst. Doch ihre Funktion als Medium, in dem die 68er Generation sich selbst darstellen und erklären kann, haben viele Mainstream-Medien übernommen – wohl nicht zuletzt, da dort die 68er erfolgreich den Weg durch die Institutionen der Funkhäuser und Zeitungsredaktionen angetreten sind. Bei diesem so an vielen Orten in der Gesellschaft stattfindenden Prozess, welcher Erlebnisse in Erzählungen überführt, die bestimmte generationale Erfahrungen verdichten, stellt sich die Frage, welche Generationenerzählungen Chancen haben, breite Identifikation und damit geteilte Erlebnisoffenheit und infolgedessen geteilte Erfahrung überhaupt zu ermöglichen. Dies hängt auch von der diskursiven Chancenverteilung im

---

50 Siehe hierzu vor allem Kathrin Fahlenbrach: Protestinszenierungen. *Die Studentenbewegung im Spannungsfeld von Kultur-Revolution und Medien-Revolution* (S. 11-22) und auch Dorothee Liehr: *Ereignisinszenierung im Medienformat. Proteststrategien und Öffentlichkeit – eine Typologie* (S. 23-36) beide in: Martin Klimke/Joachim Scharloth (Hrsg.): *Handbuch 1968. Zur Kultur- und Mediengeschichte der Studentenbewegung.* Metzler, Stuttgart, 2007.

51 Hierzu Weißhaupt in diesem Band.

Deutungskampf, von den Opportunitätsstrukturen in den Institutionen der Gesellschaft und den (Rück-)Kopplungen zwischen den öffentlichen Diskursen und den generationalen Verbreitungsmedien ab, wobei diese Diskurse generationale Erzählungen von Beginn an innerhalb ihrer spezifischen Regeln und für ihre eigenen Funktionen nutzbar machen.

6. Schlusswort: ein kritischer Ausblick auf die Generationendiskurse

Die Virulenz, die die Diskussion über Generationen angenommen hat, ist wohl u. a. auch in der Gesellschaft und den Formen von Identität begründet, die die (Post)moderne kennzeichnen: Entlang von Generationen lassen sich Zugehörigkeiten zu Kollektiven, Erfahrungen, Geschichtsdeutungen und sozioökonomische (Selbst)Positionierungen über Erzählungen formulieren, die eine Form der Orientierung in einer intransparent gewordenen Welt geben. Die verschiedenen Generationenerzählungen erzeugen unter postmodernen Bedingungen der Komplexität Momente der Orientierung, die einer Identitätsbestimmung dienlich sind und die die gesellschaftliche Wirklichkeit entlang von Brüchen und Kontinuitäten narrativ zu deuten helfen. Hinzu kommt in Deutschland das spezifische Problem, das sich aus der notwendigen Deutung der NS-Vergangenheit stellt: Identitätsentwürfe müssen sich in Bruch bzw. Kontinuität dieser Vergangenheit bestimmen, wobei diese Vergangenheit mit zunehmenden generationalen Abstand an Virulenz verliert. An dieser Stelle überschneidet sich der Generationendiskurs mit jenem Erinnerungsboom, der momentan - nicht nur in Deutschland - zu beobachten ist und der verschiedene Gründe hat. [52] In Deutschland ist es nun besonders die Literatur, in der generationale Konzepte dazu dienen, den Wandel im Umgang mit der Vergangenheit kommentierend und bewertend ins kollektive Gedächtnis einzuschreiben: das Konzept der Generation hilft hier in der Form literarischer Narrative eine komplexe, postmoderne Gegenwart, in der Fragen von historischer Wahrheit und Zeitzeugenschaft problematisch geworden sind, zu erklären. Zentral ist hierbei unter anderem die Spannung zwischen dem umkämpften Kollektivgedächtnis, das mit der Geschichtsschreibung konkurriert bzw. dessen Stelle zu einem Teil einge-

52 Siehe hierzu den Überblick bei Astrid Erll: *Kollektives Gedächtnis und Erinnerungskulturen.* Metzler, Stuttgart/Weimar, 2005, hier S. 1-4. Erll zählt hier als Faktoren, die für den Erinnerungsboom verantwortlich sind, auf: die Nachwirkung des Holocausts, die postmoderne Geschichtsphilosophie, das Ende des kalten Krieges, die Dekolonialisierung und die damit einsetzenden Migrationsbewegungen und nicht zuletzt die Revolution in den Medientechnologien, hier besonders das Internet.

nommen hat, und dem Individuum mit seinen Erinnerungen. Damit zeichnet sich in den Texten jene Spannung ab, die zwischen zwei Polen auch auf einer höheren Ebene in der Memoria Theorie zu beobachten ist: auf der einen Seite jener Pol, der - vor allen Dingen in den Arbeiten von Jan und Aleida Assmann - das Konzept eines übergeordneten kulturellen Gedächtnisses einer Gesellschaft formuliert; auf der anderen Seite der Befund von P. Nora, der eine postmoderne Vervielfältigung der Gedächtnisse als eine Form der Zersplitterung des nationalen Gedächtnisses zu beobachten glaubt. Von einer solchen Position aus wird entsprechend die Kritik formuliert, dass das Konzept des kulturellen Gedächtnisses von einer letztendlich homogenen Gesellschaft mit monolithischem Gedächtnis auszugehen scheint. [53] Für beide Tendenzen in der Gedächtniskultur, der Zersplitterung der Erinnerungen und der Existenz eines übergreifenden, gesamtgesellschaftlichen kulturellen Gedächtnisses lassen sich gute Belege finden. In diesen beiden Polen, die paradox nebeneinander stehen, schlagen sich zwei gegenläufige Bedürfnisse, die gerade in einer postmodernen Welt ohne Zentrum besonders drängend werden, nieder: zum einen das Bedürfnis des Individuums sich selbst in seiner singulären Erfahrung zu konstituieren, zum anderen das Bedürfnis nach einer Orientierung im Horizont des Kollektiven, etwa einer nationalen, religiösen oder kulturellen Identität. Damit beginnt die Einheit der gesellschaftlichen Erfahrung im Generationendiskurs jedoch paradoxerweise zugleich zu verschwimmen, während sie herbeigesehnt wird. Sogar der wissenschaftliche Diskurs scheint zuweilen von der Vorstellung geprägt, über die Erfahrungsgeschichte von Generationen die gesellschaftliche Mastererzählung vor ihrer Aushöhlung durch die Pluralität postmoderner Beobachtungsverhältnisse retten zu können.

Auch an der Stelle, wo der Generationendiskurs immer auch die schnelle Bereitschaft zur Kritik gegenüber jenen seiner Anteile zeigt, in welchen generationale Interessen und Ungleichheiten zur Artikulation kommen, muss eingewandt werden, dass gerade in der deutschen Debatte die Tendenz, die Einheit der Nation bzw. der Kultur im öffentlichen wie auch in Teilen des wissenschaftlichen Generationendiskurses über die Schablone eines kollektiven Familienromans zu lesen, kritisch gesehen werden muss, denn die dabei entstehende Mastererzählung ist wohl nur sehr begrenzt in der Lage, die Differenz zwischen den ungleichen Erfahrungs- und Erzählräumen abzubilden, die unsere Gesellschaft zunehmend prägt. Zugespitzt formuliert, stellt sich die Frage, ob der Genera-

53 Zur Kritik am Assmann'schen Konzept des Kulturellen Gedächtnisses siehe Friederike Eigler: *Gedächtnis und Geschichte in Generationenromanen seit der Wende.* Erich Schmid Verlag, Berlin, 2005, hier bes. S. 41-62.

tionendiskurs bestehende Grenzen geradezu durch Scheingefechte und Pseudoabgrenzungsrhetoriken verwischt, wobei wirkliche Differenz eingedämmt wird. Es wäre denkbar, dass die synthetische gesellschaftliche Mastererzählung auf diese Weise eine Einheit suggeriert, die verschiedene Generationenperspektiven in sich zu enthalten scheint, in welcher jedoch tatsächlich nur wenige Teile der Erfahrungsräume von Generationen wirklich anerkannt bzw. aufgehoben werden.

Gerade dort, wo nun aber in der neueren Generationenliteratur und in thematischen Filmen (wie z. B. im zweiteiligen Fernsehfilm der ARD „Die Flucht"), immer auch ein Moment der Nostalgie und eine oft leicht ‚verdaubare', pseudo-therapeutische Darstellung von familiären Tragödien zu beobachten ist, besteht der Verdacht, dass hier medial unter dem Deckmantel einer sicher notwendigen Aufbereitung der Vergangenheit auch ein Ausweichen vor der gesellschaftlichen und politischen Gegenwart stattfindet: Es ist manchmal einfacher und angenehmer, sich dem melodramatisch aufbereiteten Leiden der Vertriebenen hinzugeben, als sich der ideologischen Orientierungslosigkeit und der Angst in einer Welt globaler Krisen und Terror zu stellen. Die Gattung des Familienromans ist eben auch „bequem wie ein abgetragner Pullover, und wie ein solcher ist er flexibel und dehnbar und hält die Leserseele warm." [54]

Literatur

Abraham, Nicolas/Torok, Maria: *The Shell and the Kernel.* Volume 1. The University of Chicago Press, Chicago/London, 1994.

Aly, Götz: *Unser Kampf. Ein irritierter Blick zurück.* Fischer, Frankfurt a. M., 2008.

Assmann, Aleida: *Geschichte im Gedächtnis: von der individuellen Erfahrung zur öffentlichen Inszenierung.* C. H. Beck, München, 2007.

Battersby, James L.: *Narrativity, Self, and Self-Representation.* In: *Narrative,* Volume 14, Number 1, January 2006, S. 27-44.

Benninghaus, Christina: *Das Geschlecht der Generation. Zum Zusammenhang von Generationalität und Männlichkeit um 1930.* In: Jureit, Ulrike/Wildt, Michael (Hrsg.): *Generationen. Zur Relevanz eines wissenschaftlichen Grundbegriffs.* Hamburger Edition, Hamburg, 2005, S. 127-158.

54 Löffler, Sigrid: *Die Familie. Ein Roman: geschrumpft und gestückelt, aber heilig.* In: Literaturen (2005) 06, S. 20ff.

Bergmann, Martin/Jucory, Milton/Kestenberg Judith (Hrsg.): *Kinder der Opfer – Kinder der Täter? Psychoanalyse und Holocaust.* Fischer, Frankfurt a. M., 1995.

Bohnenkamp, Björn/Manning, Till/Silies, Eva-Maria (Hrsg.): *Generation als Erzählung. Neue Perspektiven auf ein altes Deutungsmuster.* Wallstein, Göttingen, 2009.

Bruner, Edward M.: *Experience and Its Expressions.* In: Turner, Victor W./Bruner, Edward M. (eds.): *The Anthropology of Experience.* University of Illinois Press, Urbana/Chicago, 1986, S. 3-30.

Corsten, Michael: *Biographie, Lebensverlauf und das „Problem der Generationen".* In: BIOS 14 (2002), H. 2, S. 32-59.

Eigler, Friederike: *Gedächtnis und Geschichte in Generationenromanen seit der Wende.* Erich Schmid Verlag, Berlin, 2005.

Enzensberger, Hans Magnus: *Berliner Gemeinplätze.* In: Kursbuch 11, Januar 1968, S. 151-171.

Erll, Astrid: *Kollektives Gedächtnis und Erinnerungskulturen.* Metzler, Stuttgart/ Weimar, 2005.

Faimberg, Haydeé: *The telescoping of generations: A genealogy of alienated identifications (1981/1985).* In: ders.: *The Telescoping of Generations, listening to the narcissistic links between generations.* Routledge, London, 2005, S. 4-19.

Fahlenbrach, Kathrin: *Protestinszenierungen. Die Studentenbewegung im Spannungsfeld von Kultur-Revolution und Medien-Revolution.* In: Klimke, Martin/ Scharloth, Joachim (Hrsg.): *Handbuch 1968. Zur Kultur- und Mediengeschichte der Studentenbewegung.* Metzler, Stuttgart, 2007, S. 11-22.

Fuchs, Anne: *Phantoms of War in Contemporary German Literature, Films and Discourse: The Politics of Memory.* Macmillan/Palgrave, Houndsmill, 2008.

Giesen, Bernhard: *Voraussetzung und Konstruktion. Überlegungen zum Begriff der kollektiven Identität.* In: Bohn, Cornelia/Willems, Herbert (Hrsg.): Sinngeneratoren: *Fremd- und Selbstthematisierung in soziologisch-historischer Perspektive.* Universitätsverlag Konstanz, Konstanz, 2001, S. 91-110.

Grossmann, Konrad Peter: *Der Fluss des Erzählens. Narrative Formen der Therapie.* 2. Aufl. Carl-Auer-Systeme Verlag, Heidelberg, 2003.

Illies, Florian: *„Generation Golf. Eine Inspektion".* Fischer, Frankfurt a. M., 2001.

Jureit, Ulrike/Wildt, Michael (Hrsg.): *Generationen. Zur Relevanz eines wissenschaftlichen Grundbegriffs.* Hamburger Edition, Hamburg, 2005.

Jureit, Ulrike: *Generationenforschung.* Vandenhoeck & Ruprecht, Göttingen, 2006.

Karstein, Uta: *Familiale Einheit und generationelle Differenz. Zur kommunikativen Konstruktion historischer Generationen am Beispiel ostdeutscher Familien.* In: Bohnenkamp, Björn/Manning, Till/Silies, Eva-Maria (Hrsg.): *Generation als Erzählung. Neue Perspektiven auf ein neues Deutungsmuster.* Wallstein, Göttingen, 2009, S. 53-71.

Korthals, Holger: *Zwischen Drama und Erzählung. Ein Beitrag zur Theorie geschehensdarstellender Literatur.* Erich Schmidt Verlag, Berlin, 2003.

Kristeva, Julia: *Die Revolution der poetischen Sprache.* Suhrkamp, Frankfurt a. M., 1978.

Langhans, Rainer: *Ich bin's. Die ersten 68 Jahre.* Blumenbar-Verlag, München, 2008.

Liehr, Dorothee: *Ereignisinszenierung im Medienformat. Proteststrategien und Öffentlichkeit – eine Typologie.* In: Klimke, Martin/Scharloth, Joachim (Hrsg.): *Handbuch 1968. Zur Kultur- und Mediengeschichte der Studentenbewegung.* Metzler, Stuttgart, 2007, S. 23-36.

Löffler, Sigrid: *Die Familie. Ein Roman: geschrumpft und gestückelt, aber heilig.* In: Literaturen (2005) 06.

Luhmann, Niklas: *Die Gesellschaft der Gesellschaft.* Suhrkamp, Frankfurt a.M., 1998.

Maase, Kaspar: *Farbige Bescheidenheit. Anmerkungen zum postheroischen Generationsverständnis.* In: Jureit, Ulrike/Wildt, Michael (Hrsg): *Generationen. Zur Relevanz eines wissenschaftlichen Grundbegriffs.* Hamburger Edition, Hamburg, 2005, S. 220-242.

MacIntyre, Alasdair: *Der Verlust der Tugend. Zur moralischen Krise der Gegenwart.* Campus, Frankfurt a. M./New York, 1987.

Mannheim, Karl: *Das Problem der Generationen.* In: ders.: Wissenssoziologie. Auswahl aus dem Werk, hrsg. von Kurt H. Wolff, Luchterhand, Neuwied, 1964, S. 509-565.

Moser, Tilmann: *Dämonische Figuren. Die Wiederkehr des Dritten Reichs in der Psychotherapie.* Suhrkamp, Frankfurt a. M., 1996.

Niethammer, Lutz: *Generation und Geist. Eine Station auf Karl Mannheims Weg zur Wissenssoziologie.* In: Tänzler, Dirk/Knoblauch, Hubert/Soeffner, Hans-Georg (Hrsg.): *Neue Perspektiven der Wissenssoziologie.* Universitätsverlag Konstanz, Konstanz, 2006, S. 209-234.

Olson, Eric T.: *The Human Animal. Personal Identity without Psychology.* Oxford University Press, New York [u. a.], 1997.

Polkinghorne, Donald E.: *Narrative Psychologie und Geschichtsbewußtsein: Beziehungen und Perspektiven.* In: Straub, Jürgen: *Erzählung, Identität und historisches Bewußtsein.* Suhrkamp, Frankfurt a. M., 1998.

Rehberg, Karl-Siegbert: *‚Erlebnis' vs. ‚Erfahrung'? Motive soziologischer Krisenbewältigung.* In: Junge, Kay/Suber, Daniel/Gerber, Gerold: *Erleben, Erleiden, Erfahren.* Transcript, Bielefeld, 2008, S. 133-154.

Ricoeur, Paul: *Narrative Identität.* In: Heidelberger Jahrbücher, Bd. 3, 1987, S. 57-67.

Ricoeur, Paul: *Zeit und Erzählung, Bd. 3: Die erzählte Zeit* (1985), Fink, München, 1991.

Schapp, Wilhelm: *In Geschichten verstrickt: Zum Sein von Mensch und Ding.* 4. Aufl., Klostermann, Frankfurt a. M., 2004.

Schmid, Wolf: *Elemente der Narratologie.* de Gruyter, Berlin [u. a.], 2005.

Schneider, Peter: *Rebellion und Wahn. Mein 68. Eine autobiographische Erzählung.* Kiepenheuer & Witsch, Köln, 2008.

Wehler, Hans-Ulrich: *Deutsche Gesellschaftsgeschichte, Fünfter Band: Bundesrepublik und DDR 1949 -1990.* C. H. Beck, München, 2008.

Weigel, Sigrid: *Familienbande, Phantome und die Vergangenheitspolitik des Generationsdiskurses: Abwehr von und Sehnsucht nach Herkunft.* In: Schulte, Dietmar (Hrsg.): Die Kunst des Lebens. Fink, München, 2004.

Weigel, Sigrid: *Genea-Logik. Generation, Tradition und Evolution zwischen Kultur- und Naturwissenschaften.* Fink, München, 2006.

Weisbrod, Bernd: *Generation und Generationalität in der Neueren Geschichte.* In: Aus Politik und Zeitgeschichte 55 (2005), H. 8, S. 3-9.

Weißhaupt, Mark: *Grenzen des Verstehens – Grenzen des Erzählens.* In: Rehberg, Karl-Siegbert (Hrsg.): *Die Natur der Gesellschaft,* 33. Verhandlungen des 33. Kongresses der Deutschen Gesellschaft für Soziologie in Kassel 2006. Teilbd. 1 u. 2. Campus, Frankfurt a. M., 2008, S. 5252-5266.

Welzer, Harald/Moller, Sabine/Tschuggnall, Karoline: *Opa war kein Nazi. Nationalsozialismus und Holocaust im Familiengedächtnis.* Frankfurt a.M., Fischer, 2002.

White, Michel/Epston, David: *Die Zähmung der Monster. Der narrative Ansatz in der Familientherapie.* 4. Aufl., Carl-Auer-Systeme Verlag, Heidelberg, 2002.

Wildt, Michael: *Generation des Unbedingten. Das Führungskorps des Reichssicherheitshauptamtes.* HIS Verlag, Hamburg, 2002.

Aleida Assmann

Unbewältigte Erbschaften. Fakten und Fiktionen im zeitgenössischen Familienroman

„In der Vergangenheit, die alle zusammen haben, kann man herumgehen wie in einem Museum. Die eigene Vergangenheit ist nicht begehbar.“ [1]

In der letzten Dekade des letzten Jahrhunderts setzte sich im deutschsprachigen Raum eine neue literarische Gattung durch, die heute als Familien- oder Generationenroman bezeichnet wird und einen wichtigen Zweig der deutschen Erinnerungsliteratur ausmacht. Das Thema dieser Gattung ist die Fokussierung auf ein fiktives oder autobiographisches Ich, das sich seiner/ihrer Identität gegenüber der eigenen Familie und der deutschen Geschichte vergewissert. Es geht dabei um Themen, die in der sog. ‚Väterliteratur' der 70er und 80er Jahre noch weitgehend ausgespart blieben, nämlich um neue Zugänge zum dunkelsten Kapitel der deutschen Geschichte. Im Familienroman weitet sich der zeitliche Horizont auf drei und mehr Generationen. [2] Die Texte werden erinnerungshaltiger und geschichtsbewusster. Nachdem die Texte der Väterliteratur die Familie als Ort des Generationenkonflikts präsentierten, entdeckten die Familienromane die Familie als *lieux de mémoire*. Sie zeigen, dass nicht nur räumlich hervorgehobene Denkmäler oder Gedenkstätten Gedächtnisorte sind, an denen die Vergangenheit noch zu besichtigen ist, sondern auch die Drei-und-mehr-Generationen-Familie. Der verformende Einschlag jener katastrophischen Schuld- und Opfer-Geschichte, der auf der Ebene von Nation und Gesellschaft durch wirtschaftlichen Wiederaufbau und rituelle Zeichensetzungen beantwortet (und entsorgt) wurde, bleibt in der Privatsphäre der Familie als eine traumatische Spur lesbar. Die neue Konjunktur der Familienromane markiert deshalb eine Wende von offiziellen

---

1 Martin Walser: *Ein springender Brunnen*, Suhrkamp, Frankfurt a. M., 2000, 9f.

2 Hier geht es um Familiengenerationen, die in diesem Fall auch historische Generationen sind, und nicht um soziale (Konsum-)Generationen oder historische Generationen. Vgl. mein „kleines Generationenbrevier“, das einen Überblick über die historischen Generationen des 20. Jahrhunderts anbietet. Aleida Assmann: *Geschichte im Gedächtnis. Von der individuellen Erfahrung zur öffentlichen Inszenierung*. C. H. Beck, München, 2007, Kapitel 1: *Verkörperte Geschichte – zur Dynamik der Generationen.*

Vergangenheitsbewältigungs- und -bewahrungstechniken zur Anamnese unbewältigter und unbesprochener Familientraumata.

Im Mittelpunkt stehen dabei Zugänge zur Geschichte von innen und die Verarbeitung von Erfahrungen unterschiedlicher Generationen, die innerhalb der Familie eng miteinander verschränkt sind. Seit den 90er Jahren ist die zunehmende Tendenz zu beobachten, neben der offiziellen Geschichtspolitik und an ihr vorbei private Zugänge zur deutschen Geschichte zu gewinnen. Zur Privatisierung der deutschen Geschichte in der Gattung des Familienromans gehört, dass plötzlich individuelle Geschichten erzählt werden können, die bei weitem das überschreiten, was auf Familienfeiern, Stammtischen und Nachbarschaften erzählt wurde, und wofür es bislang keine öffentlichen Räume und Rahmen gab. Während die Veranstaltungen des offiziellen Gedenkens „immer schon politisch und potentiell instrumentalisierbar sind und jederzeit von *entrepreneurs de mémoire* zu guten oder weniger guten Zwecken mobilisierbar" [3] sind, gelten für die privaten Erinnerungen einer Gesellschaft ganz andere Voraussetzungen. Der Familienroman zapft das Reservoir der gar nicht oder nur in engen Kreisen kommunizierten Erinnerungen an und beleuchtet individuelle Lebensgeschichten der Tätergesellschaft. Für das kommunikative Gedächtnis dieser intimen und geschützten Diskurse gab es bis dato keine Reflexionsebene mit Chancen der Selbstbeobachtung. Diese Aufgabe übernahm in verstärktem Maße die Literatur. „Was bei individuellen Erinnerungen an eigenes Erlebtes offensichtlich nicht ohne weiteres der Fall ist", dass sie nämlich diskursiv thematisiert und „bis zu einem gewissen Grade unter dem Vorzeichen einer Rawlsschen öffentlichen Vernunft (‚public reason') debatiert werden können" - das wurde durch ihre Literarisierung möglich. [4] Die neue Gattung des Familienromans stellt eine besondere Herausforderung für die Literaturwissenschaft dar, weil sich in ihr die klaren Unterscheidungslinien zwischen Fakten und Fiktionen auflösen. Dieses Problem soll im Folgenden einer genaueren Analyse unterzogen werden. Zuvor jedoch gilt es, einige charakteristische Merkmale dieses Zweigs der Erinnerungsliteratur vorzustellen.

---

3 Jan-Werner Müller: *Europäische Erinnerungspolitik Revisited,* Transit 33, 2007, zit. nach www.eurozine.com, 5/8. Darin unterscheiden sich die Familienromane von der Oral history Forschung, die seit den 60er Jahren ein großartiges Archiv von Lebens-Zeugnissen zusammengestellt hat. Dieses Archiv stützt allerdings nur historische Forschung und dient nicht dem historischen Selbstverständnis der Gesellschaft.

4 Ebd.

Erinnerung als Muse

Seit einem Jahrzehnt stehen Erinnerungsromane nicht nur in Deutschland auf der literarischen Agenda. ‚Fictions of Memory' haben sich als eine neue Gattung etabliert. [5] Diese Gattung gewinnt überall auf der Welt an Bedeutung, wo vergessene Episoden der Nationalgeschichte rekonstruiert und Fragen der Vergangenheitsdeutung in der Gesellschaft unter politischem Druck neu verhandelt werden. In Deutschland steht der neue Familienroman im langen Schatten der Auseinandersetzung mit dem Zweiten Weltkrieg und der historischen Schuld des Holocaust. Darin unterscheidet sich der Generationenroman um 2000 markant vom internationalen Generationenroman um 1900. Die naturalistischen Romane Zolas und Thomas Manns *Buddenbrocks* (1901) erzählen die Geschichte von Familien über mindestens drei Generationen hinweg. In diesen Romanen spiegelt sich das Schicksal der ganzen Gesellschaft im Niedergang der Familie: ihre genetischen Prägungen und Determinationen, ihr ökonomischer, kultureller und biologischer Niedergang. Im Mikro-Prisma der Familiengenerationen wird das dekadente Weltgefühl der Makro-Gesellschaft erfahrbar. Familie und Gesellschaft stehen zueinander in einem Verhältnis der Analogie. Im neuen Familienroman gibt es keine Analogien und Spiegelungsverhältnisse mehr wie in den älteren Familiensagas. Die Familie hat aufgehört die gesamte Gesellschaft und ihre Kultur zu repräsentieren. Sie ist auch nicht mehr das Thema und Motiv des Romans, sondern ein Medium, ein Schlüssel zum Zugang und Verständnis von Geschichte. Da die Autoren nicht selten in der Familie, über die sie schreiben, selbst verankert sind, gehen fiktionale Konstruktionen über in erweiterte Formen literarisierter Autobiographie. Die kleinen Geschichten, die erzählt werden, eröffnen als individuelle Zeugnisse unverwechselbar eigene Zugänge zur großen Geschichte. Diese sind nicht *repräsentativ* (im Sinne einer metaphorischen pars-pro-toto Relation) sondern allenfalls *exemplarisch* im Sinne eines (metonymischen) Stellvertreters für hunderte und tausende anderer kontingenter, nicht erzählter, nicht gehörter, nicht aufgezeichneter Geschichten.

In seinem Erinnerungsbuch *Am Beispiel meines Bruders* hebt Uwe Timm die exemplarische Ausweitung seiner Familiengeschichte bereits im Titel hervor. Michael Braun stellt den Roman deshalb in die Tradition der anti-

---

5 Christoph Henke: *Remembering Selves, Constructing Selves. Memory and Identity in Contemporary British Fiction*, Journal for the Study of Bristish Cultures, 10:1, 2003, S. 77-100; hier: S. 78. Die Formulierung taucht bereits auf in: Paul John Eakin: *„Autobiography, Identity, and the Fictions of Memory"*, *Memory, Brain, and Belief*, hrsg. von Daniel L. Schacter und Elaine Scarry, Harvard UP, Cambridge, MA and London, 2001.

ken Exempla-Literatur, „in der die Historie als eine vorbildliche Beispielsammlung lehrreicher Erfahrungen galt.“ Allerdings fügt er sofort hinzu, dem Autor liege „weniger an der Lehre der Geschichte als vielmehr an ihrer Leere, an ihren Auslassungen, an Erinnerungslücken und Brüchen“.[6] Der Schritt von der *Lehre der Geschichte* zu den *Leerstellen der Erinnerung* ist signifikant für die tiefgreifende Transformation der Gattung. Offensichtlich haben wir es hier mit einem neuen Konzept von Exemplarität zu tun. Reinhart Kosellecks Forschungen zum Bedeutungswandel historischer Begriffe haben ergeben, dass bereits Ende des 18. Jahrhunderts der traditionsreiche Topos der *historia magistra vitae* von einer kritischen Historiographie entthront wurde, die von der Voraussetzung eines radikalen zeitlichen Wandel im Geschichtsprozess ausging. Wenn sich aber alles radikal änderte, konnte das Vergangene keine Lehren für die Zukunft mehr bereithalten. Eine ähnliche These hatte bereits Walter Benjamin in seinem bedeutenden Aufsatz über Nikolai Lesskow und die Krise des Erzählens vertreten. Darin geht Benjamin u.a. auf die Situation der Kriegs-Heimkehrer von 1918 ein. Diese Generation sei, so Benjamin, die erste gewesen, die aus dem Kriege zurückkehrend nichts mehr zu erzählen gehabt habe. Die Erzähl- und Erinnerungskrise ist eng verknüpft mit der Traumatisierung der Soldaten infolge neuer Kriegstechnologie. Durch Einschlag von Raketen wurden Kameraden nicht nur getötet, sondern in kleinste Teile zerrissen und damit buchstäblich in Luft aufgelöst. Vor diesem Hintergrund des ‚shell shock‘ wurden die menschlichen Formen der Wahrnehmung und damit auch die kulturellen Formen des Trauerns und Tradierens in Frage gestellt. Den „Tod des (mündlichen) Erzählers“ registrierte Benjamin deshalb nicht nur in der Literaturgeschichte mit dem Aufkommen des Romans zu Beginn der Neuzeit, sondern gerade auch in der Psychohistorie mit dem Trauma des Ersten Weltkriegs.[7] „Die Erfahrung“, so fasste er diesen tiefgreifenden Wandel nach 1918 zusammen, „ist im Kurse gefallen, und sie fällt weiter ins Bodenlose.“ Die Tradierung von Erfahrung, die mündliche Kommunikationsformen voraussetzt, war noch lange nach der Erfolgsgeschichte des Romans durch quasi-orale epische Kleinform wie Märchen, Anekdote, Gleichnis oder Kalendergeschichte vermittelt worden. Erst mit dem sinnlichen Erfahrungsverlust, der auch die dafür bereitstehenden kulturellen

6 Michael Braun: *Wem gehört die Geschichte? Tanja Dückers, Uwe Timm, Günter Grass und der Streit um die Erinnerung in der deutschen Gegenwartsliteratur*, in: Erhard Schütz, Wolfgang Hardtwig (Hrsg.): *Keiner kommt davon. Zeitgeschichte in der Literatur nach 1945*, Vandenhoeck+Ruprecht, Göttingen, 2008, S. 100-114.

7 Walter Benjamin: *Gesammelte Schriften*, Bd. II.2, Suhrkamp, Frankfurt a. M., 1977, S. 439.

Formen historischer Weitergabe zerstört hat, geht für Benjamin ein „Verstummen des inneren Menschen" einher. [8]

Im Gegensatz zur epischen Familiensaga ist im gegenwärtigen Familienroman die Erzählstruktur mehrfach gebrochen. An die Stelle eines glatten Erzählflusses sind neue Formen der Montage, an die Stelle eines mit privilegiertem Wissen und Autorität ausgestatteten Erzählers ist der stockende Rhythmus der Erinnerung getreten. Erinnerung, so darf man zusammenfassen, ist die Muse des neuen Generationenromans. Im Gegensatz zum Bildungsroman erzählt er keine Geschichte des Werdens, sondern des Gewordenseins. Er startet in der Gegenwart und bewegt sich ‚im Krebsgang' rückwärts, wobei die Welt im Modus der Retrospektive wahrgenommen wird. Viele Generationenromane verankern einen Erzählrahmen in der Gegenwart, von dem aus sie die Vergangenheit mit der Taschenlampe der Erinnerung ausleuchten. Mit der neuen Privilegierung der Erinnerung gewinnen die von Benjamin gestellten Fragen zur menschlichen Wahrnehmung, Erfahrungsverarbeitung und -weitergabe mit einem Schlage eine neue Aktualität. Da Erinnern und Vergessen untrennbar miteinander verkoppelt sind, geht es fortan gerade auch um das, was nicht in Erinnerung und Erfahrung übersetzt werden kann. Mit dem Versiegen des aus der Erfahrung gewonnen Rats und der aus der Geschichte gezogenen Lehre tritt zunehmend die Leerstelle, der blinde Fleck der Erinnerung ins Visier der kritischen Aufmerksamkeit. Diese Leerstellen sind aber nicht nur, wie Benjamin glaubte, von der Kriegstechnologie, sowie der kulturgeschichtlichen Entwicklung der Medien und Gattungen abhängig, sondern zunehmend auch von ‚sozialen Rahmen', wie Maurice Halbwachs die sich wandelnden Thematisierungsregeln einer Gesellschaft genannt hat. [9] Die Muse des neuen Erinnerungsromans ist deshalb, genau genommen, die Leerstelle. Literatur und Kunst haben längst die blinden Flecke einer automatisierten oder anderweitig eingeschränkten Wahrnehmung als ihre produktive Quelle erkannt. ‚Wo andere weitergehn', bleib ich stehn' lautet ein grundlegender Satz von Wittgenstein. In dieser Kunst der Gegen-Aufmerksamkeit übt sich nicht nur die Philosophie, sondern auch die Literatur. Was (noch) nicht reif ist für den sozialen Thematisierungsrahmen, was de-thematisiert, also tabuisiert oder ganz einfach übersehen und vernachlässigt ist, wird zunehmend zum Stoff der Familienromane. Diese fokussieren mit Vorliebe auf das, was (noch) nicht den Status einer Erinnerung, Erfahrung, Erzählung hat, was widersprüch-

---

8 Walter Benjamin: *Gesammelte Schriften*, Bd. III, Suhrkamp, Frankfurt a. M., 1977, S. 231.

9 Maurice Halbwachs: *Das Gedächtnis und seine sozialen Rahmen* (orig. 1925), Suhrkamp, Frankfurt a. M., 1992, S. 121.

lich, disparat, unantastbar ist, was vom gesellschaftlichen Bewusstsein aus- und abgeblendet wird. Dabei ist entscheidend, dass das Gedächtnis in sich gebrochen, grundsätzlich multiperspektivisch und immer schon entlang der Grenzen der Generationen gespalten ist.

Inter-generationelle Dynamik

Der Wechsel vom Genre der ‚Väterliteratur' der 70er und 80er Jahre hin zu den ‚Familienromanen', die seit den 90er Jahren und verstärkt nach der Millenniumswende erschienen sind, hat selbst etwas mit der Historizität und Zeitlichkeit des Erlebens zu tun, die sich in generationellen Verschiebungen manifestiert. Waren die Autoren der Väterliteratur noch junge rebellische Erwachsene, so sind die Autoren der Familienliteratur längst selber gestandene Väter oder Mütter, die sich retrospektiv ihrer eigenen Vergangenheit zuwenden, wenn es nicht bereits deren Kinder sind, die sich inzwischen verstärkt mit deutschen Familiengeschichten befassen. Im Familienroman gewinnt die Identitätssuche eine historische Tiefe und Komplexität, die in der Väterliteratur noch nicht angelegt ist.

Die Generationen werden in der „sinnlichen Geschichtsschreibung" (Michael Braun) der Familienromane zu anschaulichen Repräsentanten kollektiver Dispositionen und Erfahrungen. Sie sind voneinander getrennt durch Grenzen des Verstehens. Diese Fremdheit ist durch eine Störung im Familiengedächtnis verursacht. Die Familiengenerationen werden vom epochalen Einschnitt des Zweiten Weltkriegs aus gezählt. Die *erste Generation* sind die Zeitzeugen des Zweiten Weltkriegs, die in den Augen der Nachwelt unter dem Generalverdacht der Schuld steht. So verborgen diese Schuld für die Nachgeborenen in der Regel ist, so manifest sind für sie die Akte der Verdrängung, des Beschweigens, der Rechtfertigung oder der Beschönigung. Durch Leugnen und Verschweigen entsteht ein Geheimnis, das zugleich trennend und verbindend zwischen den Generationen steht. Die Vertreter der ersten Generation sind ferner von traumatischen Erfahrungen geprägt, die ebenfalls nicht angesprochen werden können und als Unausgesprochenes durch die Familie geistern. Dabei geht es um Kriegs- und Flucht-Erlebnisse, die die (Groß-)Väter und -Mütter sprachlos gemacht haben. Ein dritter Grund für die Grenze des Verstehens liegt in der unterschiedlichen Sozialisation. Die im Kaiserreich aufgewachsenen (Groß-)Eltern, die im NS-Reich soziale und politische Verantwortung übernommen haben, unterscheiden sich von der zweiten Nachkriegsgeneration vielfach durch konträre Welt- und Werthaltungen. Mentalitäten werden langfristig erworben und lassen sich mit einem politischen Systemwechsel nicht einfach austauschen. Deshalb stoßen innerhalb der Familie die unversöhnlichen Normen einer autoritären und einer demokratischen Kultur hart aufeinander. Besonders einschneidend für das Familienleben ist das Fortwirken einer Gefühlskultur, die auf Sprachlosigkeit, eiserner (Selbst-)Disziplin und harten, unnachgiebigen Erziehungsprinzipien beruht. Autoren wie Peter Härtling (*Nachgetragene Liebe*, 1980) und Christoph Meckel (*Suchbild: Über meinen Vater*, 1980) haben diese emotionale Grenze des Verstehens ins Zentrum ihrer Familienromane gestellt.

Die Vertreter der *zweiten Generation*, die späteren 68er, werden als Kinder zu Zeugen des Scheiterns der Elterngeneration und ihrer öffentlichen Beschämung. Die neuen Karrieren der Eltern sind oft gebrochen. Gegenüber der ersten Generation verkörpert die zweite die Werte der ‚reeducation'; sie wächst auf mit einer tiefen Abneigung gegen jedes kollektive Ethos und die im Namen einer nationalen Identität eingeforderte Opferbereitschaft; statt dessen setzt sie zunächst auf die hedonistischen ‚amerikanischen' Werte von Wirtschaft, Konsum und Popkultur, die nach der Adoleszenz zunehmend ideologisierten sozialistischen Utopien und neuen revolutionären Werten Platz machen, die von den ehemaligen nationalsozialistischen Werten der Elterngeneration und den amerikanisierten Werten des eigenen Staates einen nahezu gleichen Abstand halten.

Die *dritte Generation* distanziert sich wiederum vom 68er Engagement ihrer Eltern und deren Experimenten mit anti-bürgerlichen Lebensformen. Ihre Lebenswelt ist von neuen Errungenschaften, Problemen und Gefahren bestimmt wie der Ost-West-Integration in der EU, ökologischen Krisen, Aids, digitaler Technologie, der Multikulturalisierung der Gesellschaft, Globalisierung von Kommunikationskanälen und religiös motivierten Terroranschlägen. Ihr Blick auf die deutsche Geschichte geht von der Erfahrung des wiedervereinigten Deutschland und der Memorialisierung von zwei deutschen Diktaturen aus. Die geschichtspolitischen Grundlagen haben sich zwischen der zweiten und der dritten Nachkriegsgeneration deutlich verschoben: die dritte Generation ist in einer Erinnerungskultur aufgewachsen, in der der Holocaust welt-weite Resonanz erhalten hat und es in Deutschland eine integrierte Museen-, Denkmäler-, und Gedenkstätten-Konstellation gibt. Das Interesse der dritten Generation an der NS-Geschichte, die sie selbst weder erlebt noch in ihren direkten Nachwirkungen erfahren hat, ist zum Teil motiviert durch ein nach wie vor anhaltendes Schweigen in Gesellschaft und Familie und die Konjunkturen einer gleichzeitig stark entwickelten Medienkultur zu dieser Thematik.

Gegenstand der neuen Familienromane ist die Verschränkung und zeitliche Dynamik dieser unterschiedlichen Generationslagen. Die Familie bildet dabei eine *Kontaktzone*, in der sich die ältere und die jüngere Generationen überlappen. Dieser Begriff von Marie Louise Pratt [10], der im postkolonialen Raum-Diskurs eine wichtige Rolle spielt, kann mit Fug und Recht auch für die Erinnerungstheorie in Anspruch genommen werden. Die Familie ist eine Kontaktzone in der Zeit; indem sie die Generationen synchronisiert stellt sie die Gleichzeitigkeit des Ungleichzeitigen her. In einer post-individualistischen Welt, in der das Individuum nicht mehr allein Schmied seines Glückes und Konstrukteur seines Schicksals ist, werden kollektive Bindungen immer wichtiger. Dabei erhalten auch Zugehörigkeiten zu Gruppen eine verstärkte Bedeutung, denen man sich nicht freiwillig angeschlossen hat wie der Familie, der Region oder der Nation. Bedeutungsvoll werden plötzlich jene unverfügbaren Anteile der eignen Identität, die zeitlich über den Rahmen der eigenen Biographie hinausreichen und für die Selbstverortung in einer genealogischen und historischen Kontinuität unverzichtbar sind. Wichtig ist an den neuen Erzählerfiguren, dass sie erkennen, dass ein wichtiger Teil ihrer Identität ihnen mit der Geschichte ihrer Familie zugewachsen ist, die sie selbst nicht (bewusst) erlebt haben. Diese weniger kämpferische und eher von einem Wunsch nach Verstehen geleitete zurückblickende Haltung ist von der Einsicht geprägt, dass einfache Ablösungen aus der Familiengeschichte wie aus der nationalen Geschichte unmöglich sind.

Selbstbestimmung und Bindung, Konstruktion und Anamnese, individuelle Erinnerung und Recherche kreuzen sich deshalb in den Suchbewegungen der Erzähler-Identität, die im Familienroman auf dem Prüfstand steht. In dieser längerfristigen Konstellation werden Wiederholungsmuster sichtbar, die dem eingeschränkten Blick verborgen geblieben waren. Stefan Wackwitz zum Beispiel erkennt in der Neigung seines Großvaters Andreas Wackwitz zu autoritären Werten und harten Haltungen eine paradoxe Parallele zu seiner eigenen jugendlichen Abhängigkeit von linken Ideologien. Aber es zeigen sich auch neue Identifikationen und Allianzen. Thomas Medicus identifiziert sich mit seinem Großvater, er entdeckt in der Familiengeschichte männliche Werte wieder, die aus der zeitgenössischen Welt verbannt sind.

Wann kommt die Erinnerung? Zur Zeitlichkeit des Erinnerns

‚Wenn die Erinnerung kommt' ist der Titel eines berühmten Überlebenszeugnisses von Saul Friedländer. Erinnern braucht Zeit wie das Entwickeln von photographischen Abzügen, die nur langsam in den Status

---

10 Mary Louise Pratt: *Imperial Eyes: Travel Writing and Transculturation.* Routledge, London/New York, 1994. Susanne Reichl: *Cultures in the Contact Zone: Ethnic Semiosis in Black British Literature.* WVT, Trier, 2002.

der Erkennbarkeit treten. Damit entsteht automatisch die für die autobiographische Literatur konstitutive Diskrepanz zwischen erinnertem und erinnerndem Ich. Erinnerung setzt einen retrospektiven Blick voraus; ein Intervall muss vergehen zwischen den Erlebnissen und den Erinnerungen und dann noch einmal zwischen den Erinnerungen und den Deutungen dieser Erinnerungen.

Wie lange aber sind diese Intervalle, die den Erinnernden von den zurückgeholten Erfahrungen trennen? Im Falle von traumatischen und schuldhaften Erlebnissen vergeht oft sehr viel Zeit, bis die Erinnerung tatsächlich kommt und die Erzählung einsetzen kann. Erinnern ist ein offener Prozess, weil sich zusammen mit den Erinnerungen auch die Generationenverhältnisse auf der Zeitachse verschieben. Die Auseinandersetzung mit der Vätergeneration hat eine andere Qualität, wenn der Vater 50 und der Sohn 20 ist, als wenn der Vater 80 und der Sohn 50, oder wenn der Vater verstorben ist und man selbst Vater und Großvater geworden ist. Mit dem Wandel der Generationen verschiebt sich auch das Erinnerungsprofil einer Gesellschaft. Für Erinnerungen gilt dasselbe wie für Generationsidentitäten: sie verschieben und verändern sich im Fluss der Zeit. [11] Es gilt nicht nur, dass wir sind, was wir über uns erzählen können, sondern auch, dass wir sind, was wir an unbelichteten Erinnerungsbildern in uns tragen. Anstöße zur Auseinandersetzung mit unverarbeiteten Episoden der Vergangenheit kommen dabei oft von außen; sie folgen der unvorhersehbaren Dynamik der *mémoire involontaire*, während das öffentliche Gedenken der Gesellschaft und des Staates, das sich an den Takt von runden Jubiläen und Gedenkdaten hält, eher der *mémoire volontaire* entspricht. 2009 stand nach 20 Jahren der Mauerfall und die Geschichte der DDR auf der Erinnerungsagenda. 2008 war es die 68er Bewegung, von der uns 40 Jahre trennten. 2005, 60 Jahre nach Ende des Zweiten Weltkriegs, wurde in Berlin das zentrale Holocaustdenkmal eingeweiht. 20, 40, 60 Jahre später sind die Ereignisse durch veränderte Generationenkonfigurationen in einen neuen Aggregatzustand getreten. Die Spanne von 30 Jahren gilt als ein Wendedatum im Bio-Rhythmus des sozialen Gedächtnisses, weil ungefähr in diesem Abstand eine Generation auf die andere folgt. Nach 20 und 40 Jahren sprechen die Betroffenen noch mit, nach 60 Jahren rückt das Erfahrungsgedächtnis in die Randlage der Gesellschaft, das Wort der Zeitzeugen und Überlebenden gewinnt an

11 „Identities and memories change over time; they are not fixed things, but representations or constructions of reality, subjective rather than objective phenomena." John R. Gillis: *„Memory and Identity: The History of a Relationship"*, in: *Commemorations: The Politics of National Identity*, John R. Gillis (Hrsg.), Princeton UP, Princeton/NJ., 1994, S. 3.

Autorität. Walter Scott titelte seinen ersten historischen Roman mit dem Namen des Protagonisten Waverley und fügte im Untertitel hinzu: ,Tis 60 years since'. Scott wählte den Abstand von 60 Jahren, weil es zu diesem Zeitpunkt (1805) noch Reste des Erfahrungsgedächtnisses an den schottischen Aufstand von 1746 gab. Das Ereignis ist gerade noch Teil des kommunikativen Gedächtnisses, nach weiteren 20 oder 30 Jahren ist es dann endgültig ,historisiert', d. h. in einen Abstand zur Gegenwart gerückt, der für alle derselbe ist, weil es keine privilegierte Perspektive mehr gibt. Erst wenn die Zeitzeugen nicht mehr mitsprechen und die generationsspezifischen Perspektiven auf das Ereignis abhanden gekommen sind, kann die nunmehr ausschließlich mediatisierte Erinnerung synchronisiert und standardisiert werden.

Die Zeitdimension und der sich in ihr vollziehende Wandel der Generationen spielt eine wichtige Rolle für die Dynamik von Erinnerungen. So wie sich die Gedanken beim Sprechen verfertigen, konsolidieren sich Erinnerungen in schleichendem Wandel oder, was häufiger der Fall ist, durch Streit und diskursive Konsensbildung in den meist ruckartigen Verschiebungen auf der Zeitachse, die diejenigen, die sich erinnern, in immer neue Konstellationen mit gesellschaftlichen Fragen und Problemen versetzen. In diesem Sinne sind die Generationenromane, deren AutorInnen drei Generationen angehören, selbst eingebettet in die Erinnerungsdynamik der Gesellschaft. Sie verdanken sich der Wende von 1989, mit der neue soziale und politische Rahmenerzählungen entstanden, die die vorgängigen Narrative der beiden deutschen Teilstaaten ersetzte. Es war die Situation, in der das Bewusstsein für die jüdischen und anderen Opfer des Nationalsozialismus in die Gesellschaft zurückgekehrt ist, die historische Verantwortung unter den Nachgeborenen zunahm und auch andere Opfererzählungen, die längere Zeit auf Distanz gehalten worden waren, wieder ansprechbar waren. Unter diesen Umständen der erweiterten Thematisierung entstand ein Resonanzraum für die Erinnerungsbewegungen des literarischen Familienromans; umgekehrt gilt nicht weniger, dass es die Autoren waren, die den Raum des Privaten und nicht Thematisierten mit ihren Explorationen kolonisierten und zum Gegenstand öffentlicher Diskussion und Reflexion machten.

In den Väter- und Familienromanen beginnt die Erinnerung oft mit einem äußeren Anstoß. In vielen Fällen ist das der Tod des Vaters, der zur Schlüsselerfahrung für die Revision des eigenen Lebens wird. Besonders in der Väterliteratur wird dabei nicht nur auf Erinnerungen sondern häufig auch auf Dokumente, Tagebücher, Tonbänder oder Fotos des Vaters zurückgegriffen, womit sich die Chance eines paradoxen nachträglichen Dialogs ergibt, in dem der Verstorbene als Du angesprochen wird. Die literarischen Texte inszenieren an dieser Schwelle einen fingierten Dialog, der einen Reflexionsraum eröffnen soll für Trauerarbeit, die Ablösung und den Identitätsbildungsprozess des Sohnes und der Tochter im innerfamiliären, genealogischen Generationsgefüge. In dieser literarisch inszenierten Nachträglichkeit werden die Grenzen des Verstehens zwischen den Generationen der Reflexion zugänglich. Die Texte schaffen einen Rahmen, in dem die Protagonisten Gefühle wie Wut, Abwehr, Schmerz und Enttäuschung zum Ausdruck bringen, aber auch Versuche des einfühlenden Verstehens oder der historischen Kontextualisierung unternehmen, um aus dem Bannkreis des Vaters oder der Großeltern herauszutreten und sich von ihrer vereinnahmenden Macht zu lösen. Der Tod von Familienmitgliedern beschwert und befreit zugleich. Uwe Timm zum Beispiel musste warten, bis alle Mitglieder seiner Familie gestorben waren, erst dann fühlte er sich frei, an das Familiengedächtnis zu rühren und es in ein neues Licht zu rücken.

Die neueren Familienromane vermessen mit ihrer Darstellung eines inzwischen trans-generationellen Ringens um Trauma, Schuld und Identität die gewachsene zeitliche Distanz zu den traumatischen Erfahrungen im Nationalsozialismus. Für die neueren Familienromane gilt der paradoxe Tatbestand, dass einerseits der zeitliche Abstand zu den verstörenden Ereignissen des Nationalsozialismus und Judenmords immer größer wird, und andererseits die emotionale und moralische Bedeutung dieser Ereignisse nicht schwindet, sondern mit ihrer inzwischen universal gewordenen Bedeutung noch wächst. Im Prisma der Drei-Generationenfamilie werden die Prozesse der unbewussten Übertragung sichtbar, in der traumatische Ereignisse über generationale Schwellen weitergegeben werden. Der Roman *Himmelskörper* (2003) der 1969 geborenen Tanja Dückers z. B. macht die Dynamik einer auf indirekten Wegen an die Enkelgeneration tradierten Erinnerung der NS-Identifikation und Mitschuld, die sich in der Form einer Gedächtnislücke und eines Familiengeheimnisses fortzeugt, zum Thema. Ebenso geht es Günter Grass in seiner Novelle *Im Krebsgang* (2002), die ebenfalls die Geschichte des untergegangenen Flüchtlingsschiffes Gustloff – diesmal aus einer Opferperspektive – behandelt, um Störungen im Familiengedächtnis, die diesmal nicht auf Verheimlichung beruhen, sondern auf der Unwilligkeit der zweiten Generation, sich mit dem nur allzu bereitwillig wiederholten Lebenstrauma der Zeitzeugengeneration zu befassen. Dieser Mangel an Anerkennung des ‚Zeugnisses' der ersten durch die zweite Generation führt bei Grass zu einer Überidentifikation der dritten Generation mit dem Trauma der Großmutter. Ob sie dies wollen oder nicht sind die Biographien der drei Generationen durch historische Schuld, Scham und Trauma ineinander verstrickt. Ein sinnliches Bild für diese Verstrickung ist die Bernsteinkette, die die Protagonistin in Tanja Dückers Roman von einer Großtante geerbt hat.

Fakten und Fiktionen

Von Sigmund Freud wissen wir, dass der ‚Familienroman' nicht nur eine literarische Gattung, sondern auch ein Fabuliermuster ist. Es wird mit Vorliebe von Kindern aktiviert, die sich in ihrer Familie schlecht aufgehoben fühlen und den engen Horizont bedrängender oder trivialer Umstände so mithilfe ihrer Phantasie sprengen. Das narzisstische Selbstbild des Kindes wird aufrechterhalten mithilfe der Flügel der Phantasie, die der determinierenden Realität des Alltags eine solipsistische Parallelwelt entgegensetzt. In dieser Parallelwelt ist das hässliche graue Entlein ‚in Wirklichkeit' der unerkannte Prinz. Nach dem Narrativ des Familienromans ist man in die Familie, in der man lebt, ja gar nicht durch Geburt eingetreten, sondern nur durch eine Verkettung von unglücklichen Zufällen; man wurde bei der Geburt verwechselt und ist nun mit dem freudlosen Los einer unscheinbaren Existenz geschlagen. Der Familien*roman* ist an die Familien*geschichte* in keiner Weise anschließbar. Im Gegenteil macht er einen radikalen Schnitt; er ersetzt die Familiengeschichte durch ein Phantasma und überantwortet sie damit dem Vergessen. Der Familienroman im Freudschen Sinne ist also eine phantasmatische Erzählung, die die Konstruktionen des Selbst von den Vorgaben der Herkunft und Familie radikal abkoppelt. Genau das Gegenteil ist aber das Anliegen des *Familien*romans, wie er sich in der Tradition der neuen Erinnerungsliteratur entwickelt hat: hier werden biographische und historische Fäden emphatisch betont und neu miteinander verknüpft.

Wie der Familienroman, so bewegt sich auch die Erinnerung selbst im Spannungsfeld zwischen Fakten und Fiktionen. Sie ist nicht nur ungenau und trügerisch, sondern folgt eher den Wunschvorstellungen und Projektionen als den wirklichen Erfahrungen. Gleichzeitig ist sie aber auch die subjektive Gewähr für Erfahrungsgewissheit und individuelle Glaubwürdigkeit durch Verankerung in einer bestimmten unverwechselbaren Vergangenheit. Das Skandal-Thema der ‚falschen Erinnerungen' wäre gar keines, wenn es nicht, was meist übersehen wird, vor dem Hintergrund einer allgemeinen Authentizitätsannahme diskutiert würde. Erinnerungen bedürfen wie Erzählungen generell eines Quantums Fiktion, um sie wirkungsvoll zu inszenieren und als Kohärenz- und Sinnstifter einsetzen zu können. Individuelle Erinnerungen werden im Laufe eines Lebens elaboriert; dabei verdrängen die neuen Versionen meist das Gefühl für das ursprüngliche Erlebnis und treten an ihre Stelle. Man erinnert sich dann nicht mehr an die Szene sondern nur noch an die eigene Erinnerung dieser Szene. Für Erinnerungsskeptiker verlieren sie damit ihre Glaubwürdigkeit. Erinnerungen, so die Gedächtnisforscher, sind immer konstruiert; deshalb folgert Eakin: „memory, whether we like it or not, is one more source of fiction." [12] Auch die Autobiographie ist auf solche Medien und Formungen angewiesen: „the extended self [...] is a fiction of memory, and its story, its autobiography, is also a fiction of memory". [13] Zu den Erinnerungsskeptikern gehört auch der postmoderne englische Autor Julian Barnes, der in einem seiner Romane diesen unendlichen Regress der Erinnerungen prägnant hervorgehoben hat: „If a memory wasn't a thing but a memory of a memory of a memory, mirrors set in parallel, then what the brain told you now about what it claimed that had happened then would be coloured by what had happened in between." [14] Auch für den Historiker Reinhart Koselleck löst sich der Wahrheitsanspruch der Erinnerung mit ihrer Ausformung auf. Er unterscheidet seine eigenen authentischen und unwillkürlichen Erinnerungen von den durch wiederholtes Erzählen polierten Anekdoten: „Freilich gibt es zahllose Erinnerungen, die ich oft erzählt und wiederholt habe, deren sinnliche Wahrheitspräsenz aber längst entschwunden ist. Sie sind selbst für mich nur noch literarische Geschichten, ich kann ihnen, mir selbst zuhörend, nur noch Glauben schenken. Bis zur sinnlichen Gewissheit verbürgen kann ich mich nicht mehr." [15]

‚Fiction' ist nach der Definition des *Oxford English Dictionary* alles, was geformt, gerahmt, inszeniert und erfunden ist. Die postmoderne Theorie unterscheidet nicht zwischen diesen Bedeutungen. Für unsere Zwecke ist es allerdings wesentlich, zwischen Fiktion im Sinne der *Formung* und Fiktion im Sinne von *Erfindung* zu unterscheiden. Da es keine unvermittelte Präsentation der Vergangenheit gibt, gehören Medien und Darstellungsformen zur Grundausstattung des Erinnerns. Das heißt jedoch nicht, dass jede geformte Erinnerung eo ipso unglaubwürdig ist. Es ist keineswegs müßig, in der Erinnerung zwischen Graden der Ausformung und der freien Erfindung zu unterscheiden. Genau diese Unterscheidung verwischt der postmoderne Diskurs, der von Authentizität und Faktizität nichts wissen will. Er beruht auf der konstruktivistischen Prämisse, dass alles, womit Menschen zu tun haben, von ihnen erfunden und gemacht ist. Wenn es keine Differenz zwischen Schein und Sein, zwischen Fakten

---

12 Paul John Eakin: *„Autobiography, Identity, and the Fictions of Memory", Memory, Brain, and Belief*, hrsg. von Daniel L. Schacter und Elaine Scarry, Harvard UP, Cambridge/MA and London, 2001, S. 290.

13 Eakin: *Autobiography*, S. 297.

14 Julian Barnes: *England, England*, Vintage, New York, 1998, S. 6.

15 Reihart Koselleck: *„Vielerlei Abschied vom Krieg"*, in: Brigitte Sauzay et al.: *Vom Vergessen, vom Gedenken. Erinnerungen und Erwartungen in Europa zum 8. Mai 1945*, Göttingen, 1995, S. 19-25; hier S. 22.

und Fiktionen mehr gibt, bedeutet dies, dass letztlich alles auf ein und derselben ontologischen Ebene stattfindet. Für die postmodernen Theoretiker ist diese Einheitsebene das Simulakrum oder der verabsolutierte Text, der kein Außen mehr zulässt. Die Forschungen des amerikanischen Historikers Hayden White stehen für eine Annäherung und bisweilen auch völlige Überlappung der bis dato getrennten Diskurswelten der Historiographie und der Literatur, die sich auf die traditionsreiche Unterscheidung von Faktum und Fiktion gestützt hatten.[16] Der realistische Roman zum Beispiel kann als eine fiktionale Konstruktion definiert werden, die sich auf den Anspruch der Faktizität stützt und künstlerische Realitätseffekte erzeugt. Für White gehören deshalb Daniel Defoes *Robinson Crusoe* und Primo Levis *Ist das ein Mensch?* dieser Gattung an; beide beginnen mit einer Beteuerung ihrer Wahrhaftigkeit und Faktizität – und folgen somit den gattungstypischen Konventionen des historischen Romans. Was für den historischen Roman gilt, gilt für White auch für die Geschichtsschreibung: sie folgt in einem von ihr bislang nicht berücksichtigten und eingestandenen Maße literarischen Konventionen des narrativen Aufbaus und der thematischen Kohärenzbildung und verwischt damit die trennscharfe Differenz zwischen Fakten und Fiktionen.

Wenn man die Frage nach der Unterscheidbarkeit von Fakten und Fiktionen ausschließlich an die Fragen der Formung wie Schreibkonventionen, Tropen und Topoi festmacht, muss man zu dem Ergebnis der Nivellierung beider Kategorien kommen. Wenn man jedoch die Frage nach der Referenz und Schreib-Gattung stellt, sieht das Problem ganz anders aus. Gewiss hat auch vieles von dem, was in einem realistischen Roman zur Sprache kommt, eine realweltliche Referenz; seine Form der Mimesis ist ja schließlich darauf ausgerichtet, ein möglichst getreues Bild dieser Außenwelt zu vermitteln. Jedoch geht diese Frage, wenn man sie an einen literarischen Text stellt, im Wortsinne *ins Leere*. Literarische Figuren haben nun mal keine Adressen und keine Gräber in der realen Welt; sie bevölkern eine andere Welt, in der sie nicht sterben, ihre Entscheidungen und Handlungen keine unmittelbaren Wirkungen haben und sie auch keine materiellen Spuren hinterlassen. Die Referenz-Ebene wird von literarischen Texten suspendiert; ganz anderes gilt von historischen Diskursen, die nicht in einem Textuniversum eingeschlossen sind, sondern mit anderen gesellschaftlichen Diskursen, materiellen Spuren und archivarischen

16 Hayden White: *Figural Realism. Studies in the Mimeses Effect*, Johns Hopkins UP, Baltimore and London, 1999, S. 66-86. In dem in dieser Essaysammlung abgedruckten Aufsatz „*The Modernist Event*" betont White, dass die für das westliche Denken zentrale ontische Grenze zwischen Fakten und Fiktionen in der Kunst bereits durch die avantgardistisch orientierten Modernisten aufgelöst worden sei.

Quellen interagieren. Obendrein arbeiten unterschiedliche Diskurse und Gattungen pragmatisch mit unterschiedlichen impliziten Verträgen zwischen Autor und Leser. Was im Genre des Romans als dichterische Freiheit lizensiert ist, kann im Genre des Lebenszeugnisses vor Gericht gerügt werden wie das ‚Lebenszeugnis' von Binjamin Wilkomirski, alias Bruno Dössecker, alias Bruno Grosjean. [17]

Wo Historiker auf einem strikten Entweder Oder beharren müssen, können die Autoren von Familienromanen ein Sowohl als Auch akzeptieren. Wie die Erinnerung selbst operiert auch diese Gattung zwischen Fiktionen und Fakten, zwischen Imagination und Recherche, zwischen Phantom und Reflexion, zwischen Erfindung und Authentizität. Die Leser von literarischen Fiktionen waren bislang darin geübt, zwischen der vorgestellten Welt des Romans und ihrer eigenen Realität unterscheiden zu können. In Bezug auf die Erinnerungsromane können sie eine weitere Kompetenz ausbilden, nämlich die, im literarischen Text selbst zwischen historisch verbürgter und erfundener Welt zu unterscheiden. Fakten stehen in dieser Gattung neben Fiktionen, wobei die Fiktion helfen kann, das Faktische, das historisch Verbürgte zu veranschaulichen oder eine Innenperspektive auf die Ereignisse zu ermöglichen. In der postmodernen literarischen Gattung ‚Historical Metafiction' geht es um eine konsequente Fiktionalisierung von historischen Ereignissen mit dem Ziel, die Grenzen zwischen dem Faktischen und dem Fiktiven zu verwischen. Auch im Familienroman kreuzen sich diese beiden ontischen Sphären, jedoch nicht mit dem postmodernen Effekt der Auflösung ihrer Unterschiede, sondern im Sinne einer konsequenten Verschränkung beider Sphären. Im Familienroman gibt es freie Lizenzen zum Erfinden, die sich von den Darstellungsregeln des historischen Diskurses lösen, dabei aber der Historizität der geschilderten Welt keinen Abbruch tun. Im Familienroman wird die Geschichte neu besichtigt und rekonstruiert mit dem Anspruch, unbekannte Aspekte der historischen Wahrheit freizulegen. In der Literatur gibt es kein Veto der Quellen aber ein Veto der Form. Das Gesetz der vom

---

17 Binjamin Wilkomirski: *Bruchstücke. Aus einer Kindheit 1939-48*, Frankfurt, 1995. Vgl. dazu die beiden Studien von Elena Lappin: *Der Mann mit den zwei Köpfen*, Zürich, 2000 und Stefan Mächler: *Der Fall Wilkomirski*, Zürich, 2000.

Autor zu verantwortenden Kohärenz steht über dem Zwang zur exakten Korrespondenz mit vorgegebenen Fakten. [18]

Die Verschränkung von Fakten und Fiktionen öffnet ein weites Spektrum innerhalb der Familienromane. In ihnen überschneiden sich vier Richtungen des Schreibens, die grundsätzlich alle miteinander vereinbar sind, aber auch in getrennter Form eingesetzt und akzentuiert werden.

Das Autobiographische. – Einige der Texte sind primär autobiographisch inspiriert und stützen die Selbstanalyse und subjektive Vergangenheitsbewältigung ihrer Autoren und Autorinnen. Die erste Regel, die man in der Literaturwissenschaft zu lernen hat, dass nämlich Autor, Erzähler und Protagonist unterschiedliche, ontisch getrennte Figuren sind, wird hier in Frage gestellt. In diesen Texten ist nicht das Entscheidende, dass die Autoren eine *Persona* konstruieren, sondern dass sie als *Zeugen* ihres Lebens und ihrer Epoche schreiben. Diese Autoren sind autorisiert durch ihr individuelles Leben, das sie nicht gegen ein anderes eintauschen können.[19] Der Leidensdruck, der sie zum Schreiben motiviert oder gar zwingt, ist ihr Stempel der Authentizität. Zu diesen Texten gehören Uwe Timms *Am Beispiel meines Bruders* und Dagmar Leupolds *Nach den Kriegen*, Familienromane die im strengen Sinne gar keine ‚Romane' sind. Sie bestehen aus emotionsgeladenen Erinnerungsepisoden und -bildern, die mit Reflexionen unterlegt und durch Recherchen angereichert sind, ohne in einen übergeordneten narrativen Zusammenhang eingebunden zu sein.

Das Dokumentarische. – Beide soeben genannten Texte sind ebenfalls Beispiele für die Verstärkung des Dokumentarischen. In ihnen werden unterschiedliche Textsorten montiert von Materialien des Familienarchivs über historische Fachliteratur bis zu Quellen und Dokumenten des historischen Archivs. Durch Stephan Wackwitz' *Ein unsichtbares Land* laufen als Parallelerzählung längere Episoden aus den Memoiren seines Großvaters durch, mit denen er in einen kritischen Dialog tritt. Dagmar Leupold

---

18 Die Begriffe ‚Korrespondenz' und ‚Kohärenz' entstammen einer sozialpsychologischen Studie. „If memories are conceived of as primarily serving coherence functions, e. g. having an integrated 'life story' […], then issues relating to memory accuracy are secondary. In contrast, if memories are viewed as representations that correspond to reality, then issues of accuracy become paramount and questions about coherence are secondary, if considered at all." Martin A. Conway et al.: *The Self and Autobiographical memory: Correspondence and Coherence,* Social Cognition 22.5 (2001), S. 491-529; hier: S. 495f. Für den Hinweis danke ich Corinna Assmann.

19 Ruth Klüger: *Zum Wahrheitsbegriff in der Autobiographie,* in: Magdalene Hauser (Hrsg.): *Autobiographien von Frauen. Beiträge zu ihrer Geschichte,* Tübingen, 1996, S. 405-410.

druckt längere Passagen aus einem frühen Roman ihres Vaters ab. Im Medium des Kommentars setzen sich diese philologisch geschulten Autoren mit der ideologischen Erblast der Vergangenheit auseinander. In der Montage von Stimmen, Perspektiven und Textsorten zeigt sich ein neues literarisches Moment, das den Familienroman zu einer hybriden Gattung macht, die traditionelle Grenzen von Fiktion und Dokumentation unterläuft.

Das Fingierte. – Aber auch das Erfinden hat im Familienroman seinen Platz. Besonders Vertreter der dritten Generation, die wie Marcel Beyer keinen Anspruch auf die Authentizität ihrer Erfahrungen machen können, gehen frei aber äußerst kontrolliert mit dieser Ressource um. Die freie Erfindung von Personen und die sorgfältige Recherche unterstützen sich bei ihm gegenseitig. In seinem Roman *Kaltenburg* ist die zentrale Figur Hermann Funk, ein traumatisierter Zeuge der Kriegskindergeneration (geb. 1934), frei erfunden; sie wird in eine Konstellation mit anderen Figuren gestellt, die historische Vorbilder haben wie Ludwig Kaltenburg (Konrad Lorenz 1903-1989), Martin Spengler (Joseph Beuys 1921-1986) und Knut Sieverding (Heinz Sielmann 1917-2006). Während Beyer sich auch in der Adaptation dieser historischen Vorlagen große Freiheiten nimmt, bemüht er sich gleichzeitig um große Detailgenauigkeit im Themenbereich der Ornithologie von den Namen und Eigenschaften einzelner Vögel bis zu dem technischen Verfahren des Abbalgens. Auch in seinem Roman *Flughunde* montiert Beyer eine erfundene Handlung in ein sorgfältig recherchiertes historisches setting. In Reiner Jirgls *Die Unvollendeten* und in Hans-Ulrich Treichels *Der Verlorene* werden Familiengeschichten und -traumata der Autoren verarbeitet. Bei Jirgl ist es das Schicksal der Flucht und Vertreibung aus dem Osten, die das Leben von vier Generationen überschattet, bei Treichel ist es der auf der Flucht verlorene älteste Bruder, von dessen Existenz der Autor erst kurz vor dem Tode seiner Mutter erfuhr. In Jirgls Roman ist der Vertreter der 4. Generation Träger des Vornamens und des Geburtsdatums des Autors, Treichel dagegen erfindet eine neue Handlung für das eigene Familientrauma.

Das Phantastische. – Im Mittelpunkt der Erinnerungsliteratur stehen nicht die Rekonstruktion und Wiedergabe historischer Ereignisse, sondern die Innensicht auf diese Ereignisse und dabei gerade auch die Formen, in denen diese durch die Erinnerung geistern. Das Erinnern bewegt sich zwischen Fakten und Fiktionen: auf der einen Seite ist es durchlässig auf die Quellenbestände des historischen Archivs, auf der anderen Seite öffnet es sich dem Phantasmatischen und Imaginären. Zur Erfahrung der Geschichte gehören neben der Dimension des Leidens auch die Obsessionen und die Geheimnisse der Menschen, die unbewältigte Erbschaft des

Traumatischen und Unverstandenen. Traumata sind Urszenen der Gewalt und des Bösen, die die Erinnerung heimsuchen und mit einer negativen Energie aufladen. Das Trauma kristallisiert sich in authentischen und zugleich unsicheren Bildern. Erinnerungen kommen nicht ohne Imagination aus, denn sie haben es - zumal im Schatten einer traumatischen Geschichte - gerade auch mit Lücken, Leerstellen und Geheimnissen zu tun. Phantome gehen auf Familientraumata zurück, die unbewältigt und unbewusst an die nächste Generation weitergegeben werden und bei dieser zu Kristallisationspunkten der Imagination werden. [20] Die Nachgeborenen antworten auf die Wissenslücken und schwarzen Löcher im Familiengedächtnis mit Projektionen der Phantasie, wodurch die emotionale Last des Unausgesprochenen über die Zeit konserviert wird. Diese psychopathologische Dimension des Erinnerns wird in den Familienromanen und Erinnerungsdiskursen mit Vorliebe in der Sprache der Heimsuchungen und des Geisterhaften thematisiert. [21]

Schluss

Wir befinden uns derzeit, wie immer wieder betont wird, in einer Phase des Übergangs, die durch das Aussterben von Zeitzeugen bestimmt ist. Das autobiographische Erfahrungswissen von der NS-Geschichte wird dabei zunehmend durch erlerntes Wissen und retrospektive Einfühlung überlagert und ersetzt. Lebhafte Vorstellungen treten an die Stelle leibhafter Erinnerungen, Sekundärerinnerungen nehmen den Platz erfahrungsgesättigter Primärerinnerungen ein. [22] Unter dem Eindruck des unaufhaltsamen Schwindens von Erinnerungen werden Lebenszeugnisse in einem bisher nie dagewesenen Maße dokumentiert und gespeichert. Neben die 50.000 Interviews mit Zeitzeugen, die das Spielberg'sche Video-Archiv hergestellt und gespeichert hat, tritt eine Welle der epischen Erin-

---

20 Sigrid Weigel hat das Verdienst, in diesem Zusammenhang die psychoanalytischen Begriffe ‚Phantom' (Nicolas Abraham) und ‚telescoping' (Heinz Kohut) in die literaturwissenschaftliche Diskussion eingeführt zu haben. Sigrid Weigel: *Familienbande, Phantome und die Vergangenheitspolitik des Generationsdiskurses: Abwehr von und Sehnsucht nach Herkunft,* in: *Die Kunst des Lebens*, hrsg. von Dietmar Schulte, Fink, München, 2004.

21 Vgl. im englischsprachigen Diskurs: Kathleen Brogan: *Cultural Haunting. Ghosts and Ethnicity in Recent American Literature*, The University Press Virginia, Virginia, 1998; Alexander Etkind: *Post-Soviet Hauntology: Cultural Memory of the Soviet Terror,* Constellations Volume 16, No 1, 2009.

22 Zur hier verwendeten Terminologie vgl. die Beiträge von Aleida Assmann und Reinhart Koselleck in *Universitas*, Schwerpunkt Erinnerung, 665, 56. Jahrgang, Nov. 2001, S. 1137, S. 1144.

nerung in Autobiographien und Romanen. In der Gattung der Familienromane ist jedoch die Schattenlinie zwischen authentischer Erfahrung und nachträglicher Imagination längst überschritten. Mit dieser Überschreitung und seiner Perspektive auf die Verschränkung der Generationen öffnet der Familienroman das Gedächtnis der Gesellschaft zugleich für die Zukunft. Denn zur zeitlichen Dynamik der Erinnerung gehört, dass die Vergangenheit niemals gänzlich abgeschlossen ist, sondern beständig revidiert und neu perspektiviert werden kann und muss, um sie an die Bedürfnisse und Erfordernisse der immer neuen Gegenwart anzupassen. [23] Die Familienromane halten die Erinnerungen an die NS-Zeit im Fluss und machen sie für neue Generationsidentitäten anschließbar. Auf diese Weise öffnen sie nicht nur die Vergangenheit gegenüber der Zukunft, sondern leisten sie auch einen wichtigen Beitrag, eine in Abstraktion erstarrende Erinnerung zu konkretisieren und die sich im nationalen Gedächtnis verengende Sicht durch neue Perspektiven zu erweitern. Die deutsche Vergangenheit, das beweist diese Gattung, ist noch keineswegs abgeschlossen und bedarf weiterer Bearbeitung; die Erinnerung an sie lebt weiter in dem Maße, wie sie in Bewegung und Unruhe gehalten wird.

Angesichts dieser zunehmenden Verflechtung von Faktischem und Fiktionalem, Erfahrenem und Erfundenem, Authentischem und Inszeniertem drohen sich unsere Maßstäbe zu verwirren. In dieser Situation nun ist es wichtig anzuerkennen, dass es unterschiedliche Zugänge zur Vergangenheit gibt. Es gibt die Geschichtswissenschaft als einen intersubjektiven Forschungsdiskurs, der sich auf das Veto der Quellen stützt, und es gibt die Literatur, die sich einem Formgesetz unterstellt. Ihre Darstellungsmodi sind multi-perspektivisch und darauf angelegt, etwas von der inneren Erfahrung samt der Überwältigung, der nachwirkenden Last und Bedrohung, der Faszination und der Unverständlichkeit der Geschichte mitzuteilen. Der Familienroman hat dabei eine wichtige Scharnierfunktion; er macht das Individuelle aufs Kollektive, das Gegenwärtige aufs Vergangene, die kleine Geschichte auf die große Geschichte, das persönliche auf das historische Trauma, und nicht zuletzt: das Faktische auf Imaginäre hin durchsichtig. Seine Aufgabe ist es, die Spuren des Traumas aus dem phantasmatischen Ort ‚jenseits der Geschichte' in eine erzählbare

23 Paul John Eakin: *„Autobiography, Identity, and the Fictions of Memory"*, *Memory, Brain, and Belief*, hrsg. von Daniel L. Schacter und Elaine Scarry, Harvard UP, Cambridge/MA and London, 2001, S. 293f. Das unterscheidet die durch neue Informationen oder Wertungen revidierbare Erinnerung vom Spiel, wie es Johannes Fried definiert hat: „Sein Ausgang steht anfangs offen; im Rückblick wirkt das tatsächliche Ende wie determiniert." Johannes Fried: *Der Schleier der Erinnerung. Grundzüge einer historischen Memorik*, München, 2004, S. 56.

Geschichte zu überführen und die latente Vergangenheit in die Erinnerung der Gegenwart zu heben, um sie in dieser ‚aufzuheben'. Dieses von Hegel wegen der Vielfalt seiner Bedeutungen geschätzte Wort ist auch für die Erinnerungstheorie bedeutungsvoll. Es meint 1. etwas hochheben auf eine höhere Ebene, und damit 2. es für eine unbestimmte Zukunft zu sichern, schützen, sammeln, konservieren, 3. etwas für ungültig zu erklären und zu löschen wie im Falle einer Bestimmung oder einer Regel und 4. die Integration einer Sache oder Angelegenheit in einen größeren Gesamtzusammenhang, in dem sich die Konturen des Früheren auflösen.

Die Generationentexte erforschen durch individuelle nachträgliche Suchbewegungen eine geisterhafte, zum Phantom gewordene Vergangenheit und holen sie in die Reflexion der Gegenwart zurück. In literarischer Form wird im Familienroman eine Wiederkehr der Geschichte inszeniert, um unbewältigte Anteile der Vergangenheit für bewusste Prozesse der Auseinandersetzung und Bewältigung zu erschließen. Die Literatur wird damit zu einem kulturellen Gedächtnis für vieles, das in der Gesellschaft unausgesprochen und unansprechbar geblieben ist und auf diesem Wege der Reflexion zugänglich gemacht und in die öffentliche Diskussion überführt werden kann. Das Ethos des Familienromans lautet deshalb: Wo Schweigen war, soll Literatur werden.

Literatur

Assmann, Aleida: *Geschichte im Gedächtnis. Von der individuellen Erfahrung zur öffentlichen Inszenierung,* C. H. Beck, München, 2007.

Barnes, Julian: *England, England,* Vintage, New York, 1998.

Benjamin, Walter: *Gesammelte Schriften,* Suhrkamp, Frankfurt a. M., 1977.

Braun, Michael: *Wem gehört die Geschichte? Tanja Dückers, Uwe Timm, Günter Grass und der Streit um die Erinnerung in der deutschen Gegenwartsliteratur,* in: Schütz, Erhard/Hardtwig, Wolfgang (Hrsg.): *Keiner kommt davon. Zeitgeschichte in der Literatur nach 1945,* Vandenhoeck+Ruprecht, Göttingen, 2008, S. 100-114.

Brogan, Kathleen: *Cultural Haunting. Ghosts and Ethnicity in Recent American Literature,* The University Press Virginia, Virginia, 1998.

Conway, Martin A. et al.: *The Self and Autobiographical memory: Correspondence and Coherence,* Social Cognition 22.5 (2001).

Eakin, Paul John: *„Autobiography, Identity, and the Fictions of Memory"*, in: Schacter, Daniel L./Scarry, Elaine (Hrsg.): *Memory, Brain, and Belief,* Harvard UP, Cambridge (MA) and London, 2001, S. 290-306.

Etkind, Alexander: *Post-Soviet Hauntology: Cultural Memory of the Soviet Terror,* Constellations Volume 16, No 1, 2009.

Fried, Johannes: *Der Schleier der Erinnerung. Grundzüge einer historischen Memorik,* C. H. Beck, München, 2004.

Halbwachs, Maurice: *Das Gedächtnis und seine sozialen Rahmen* (orig. 1925), Suhrkamp, Frankfurt a. M., 1992.

Henke, Christoph: *Remembering Selves, Constructing Selves. Memory and Identity,* in: *Contemporary British Fiction,* Journal for the Study of Bristish Cultures, 10:1, 2003, S. 77-100.

Gillis, John R.: *„Memory and Identity: The History of a Relationship",* in: John R. Gillis (Hrsg.): *Commemorations: The Politics of National Identity,* Princeton UP, Princeton (NJ), 1994.

Klüger, Ruth: *Zum Wahrheitsbegriff in der Autobiographie,* in: Magdalene Hauser (Hrsg.): *Autobiographien von Frauen. Beiträge zu ihrer Geschichte,* Niemeyer, Tübingen, 1996, S. 405-410.

Koselleck, Reihart: *„Vielerlei Abschied vom Krieg",* in: Brigitte Sauzay et al.: *Vom Vergessen, vom Gedenken. Erinnerungen und Erwartungen in Europa zum 8. Mai 1945,* Wallstein, Göttingen, 1995, S. 19-25.

Lappin, Elena: *Der Mann mit den zwei Köpfen,* Chronos, Zürich, 2000.

Mächler, Stefan: *Der Fall Wilkomirski,* Pendo, Zürich, 2000.

Müller, Jan-Werner: *Europäische Erinnerungspolitik Revisited,* Transit 33, Berlin, 2007.

Pratt, Mary Louise: *Imperial Eyes: Travel Writing and Transculturation.* Routledge, London/New York, 1994.

Reichl, Susanne: *Cultures in the Contact Zone: Ethnic Semiosis in Black British Literature,* WVT, Trier, 2002.

Walser, Martin: *Ein springender Brunnen,* Suhrkamp, Frankfurt a. M., 2000.

White, Hayden: *Figural Realism. Studies in the Mimeses Effect,* Johns Hopkins UP, Baltimore/London, 1999, S. 66-86.

Wilkomirski, Binjamin: *Bruchstücke. Aus einer Kindheit 1939-48,* Jüdischer Verlag, Frankfurt, 1995.

ANNE FUCHS

„Landschaftserinnerung und Heimatdiskurs: Tradition und Erbschaft in Thomas Medicus' „In den Augen meines Großvaters" und Stephan Wackwitz' „Ein unsichtbares Land"

I.

Die Frage nach der transgenerationellen Erbschaft des Nationalsozialismus beschäftigt den öffentlichen Diskurs in Deutschland seit Ende der 90er Jahre wie kaum ein zweites Thema. [1] Ausgelöst vom manifesten Verlust von nationalsozialistischer Zeitzeugenschaft und der damit eingeleiteten Transformation der Erinnerungskultur dreht sich die äußerst medienwirksam geführte Debatte seit einigen Jahren um die vormals tabuisierten Themen von Flucht, Vertreibung und Bombenkrieg. Obwohl verschiedene ‚docusoaps' und historische Abhandlungen populärwissenschaftlicher Art die revisionistisch anmutende Wiederentdeckung deutschen Kriegleides betreiben und sich damit eines Themas annehmen, das bereits in den 50er Jahren Konjunktur hatte, kann jedoch keineswegs von einer simplen Umkodierung des Schuldparadigmas in ein Opferparadigma gesprochen werden. [2] So geht es im deutschen Erbschafts-Diskurs der Gegenwart nicht nur um die Aufbereitung verdrängter Themenkomplexe, sondern vor allem auch um die spezifische Dynamik intergenerationeller Kommunikation in der Nachkriegsfamilie und die Wiederentdeckung genealogischer Kontinuitäten. Geschichte als Familengeschichte ist das große Thema des neuen deutschen Familienromans, der den deutschsprachigen Büchermarkt seit den späten Neunzigern beherrscht.

Einschlägige Beispiele für den Trend, Geschichte durch den Filter der eigenen Familiengeschichte zu betrachten, sind etwa Monika Marons *Pawels Briefe* (1999), Hans-Ulrich Treichels *Der Verlorene* (1999), Günter Grass' *Im Krebsgang* (2002), Uwe Timms *Am Beispiel meines Bruders* (2003),

---

1 Dieser Aufatz entstand im Rahmen meiner vom *Irish Research Council for The Humanities und Social Sciences* geförderten Senior Fellowship im Jahr 2005/06. Ich danke dem IRCHSS für die geleistete Unterstützung.

2 Zur Analyse der Polarität von Schuld und Leid im gegenwärtigen Diskurs vgl. Aleida Assmann, ‚On The (In)compatibility of Guilt and Suffering in German Memory', special issue *Memory Contests*, hrsg. von Anne Fuchs und Mary Cosgrove, *German Life & Letters* 59/2, 2006, S. 187-200.

Reinhard Jirgls *Die Unvollendeten* (2003), Wibke Bruhns' *Meines Vaters Land. Geschichte einer deutschen Familie* (2004), Ulla Hahns *Unscharfe Bilder* (2003), Dagmar Leupolds *Nach den Kriegen* (2004), Eva Menasses *Vienna* (2005) und Arno Geigers *Es geht uns gut* (2005). In formaler Hinsicht eignet vielen dieser Texte eine triadische Generationenoptik, die das transgenerationelle Nachleben des Nationalsozialismus aus der Sicht der Enkel in den Blick rückt. Hatte die Väterliteratur der späten 70er und frühen 80er Jahre bereits die Verletzungen der ersten Nachkriegsgeneration durch die Elterngeneration zum Thema eines häufig antagonistischen Diskurses gemacht, so geht es im neuen Familiennarrativ eher um die Frage, ob und wie eine als bereits belastet anerkannte Herkunft für Traditionsbildungen gegen den Strich fruchtbar gemacht werden kann. [3] Im Unterschied zum Anklageton der Väterbücher der späten 70er und 80er Jahre charakterisiert sich das Familiennarrativ der Gegenwart durch das doppelte Projekt einer kritischen und zugleich empathetischen Durchleuchtung der kommunikativen Störungen in der deutschen Nachkriegsfamilie. Insofern das besondere Interesse dieser Texte den Leerstellen im Familiendiskurs gilt, dem Nicht-Gesagten, aber doch latent Mitgeführten, ist dies Erzählen in der Nähe des psychoanalytischen Diskurses anzusiedeln. [4] Dementsprechend treten die Erzähler dieser Geschichten auch häufig als Phantomologen auf, die in ihrer Jagd nach Verschwiegenem Geschichte als „agierte Geschichte" zur Darstellung bringen. Die damit vollzogene Übersetzung von Geschichtserfahrung in die psychoanalytischen Kategorien der Verdrängung, Verschiebung und Verdichtung hat ganz entscheidende Konsequenzen für den methodischen Zugriff auf Geschichtsprozesse: An die Stelle der abstrakten Analyse gesellschaftlicher Strukturen und Systeme oder geopolitischer Machtverhältnisse tritt

3 Zum Generationenroman vgl. auch Friederike Eigler, *Gedächtnis und Geschichte in Generationenromanen seit der Wende*, Berlin, 2005, S. 24-37. Eigler bemerkt ganz richtig, dass im Zentrum der neuen Familiengeschichten nicht die Loslösung von familiengeschichtlichen Bindungen zu Gunsten einer oppositionellen Geschichte steht, sondern die Prägung durch familiäre Genealogien. Ibid., S. 27. Zum Paradigma der Väterliteratur vgl. Claudia Mauelshagen, *Der Schatten des Vaters: deutschsprachige Väterliteratur der siebziger und achtziger Jahre* (Frankfurt a. M./Berlin, 1995). Zur vergleichenden Analyse der Kontinuitäten und Diskontinuitäten zw. der Väterliteratur und dem zeitgenössischen Familienroman vgl. Anne Fuchs, ‚The Tinderbox of Memory: Generation and Masculinity in *Väterliteratur* by Christoph Meckel, Uwe Timm, Ulla Hahn and Dagmar Leupold', in *German Memory Contests: The Quest for Identity in Literature, Film and Discourse*, hrsg. von Anne Fuchs, Mary Cosgrove u. Georg Grote, Rochester, 2006, S. 41-67.

4 Das zeitgenössische Familiennarrativ erzählt damit immer auch Varianten des Freudschen Familienromans, bei dem es bekanntlich um die Verhandlung archaischer Erbschaften und die Bearbeitung kindlicher Enttäuschungen geht.

hier nun die subjektive Durchdringung tradierter Deckerinnerungen, die über Generationsgrenzen hinweg als Familienlegenden kommuniziert werden. Wie Sigrid Weigel feststellt, dient die Wiederentdeckung der Herkunft in der neuen deutschen Literatur also nicht einfach der Aneignung von Tradition, sondern es geht vielmehr um die „Auseinandersetzung mit einer unheimlichen Erbschaft in einer Geschichte, die ansonsten abstrakt bleibt und durch moralisiernde Diskurse über Opfer und Täter verstellt ist". [5] Als intergenerationeller Knoten, der in der Regel Mitglieder dreier Generationen genealogisch verknüpft, wird die Familie als symptomatischer Ort für eine erfahrungsgelenkte Geschichtsschreibung wahrgenommen. Dieser fällt die Aufgabe zu, geschichtliche Krisenerfahrung an der dysfunktionalen Familie der deutschen Nachkriegsgeschichte sichtbar zu machen. Das neue Familiennarrativ impliziert damit auch, dass der Geschichtsverlauf jene Dysfunktionalitäten aufweist, die der Freudschen Familiendynamik zugrunde liegen: Wie die Familie bedarf die Geschichte der affektiven Aufarbeitung und nicht nur der kognitiven Bewältigung, um der Macht geschichtlich wirksamer Verdrängungs- und Wiederholungsmechanismen zu entkommen.

Andererseits aber wäre es ein Missverständnis, die historische Mikrooptik des neuen deutschen Familienromans im Sinne einer bloßen Privatisierung des Geschichtlichen zu lesen. Obwohl, wie Sigrid Weigel betont, der Familienroman die „Authentizitätssucht" [6] des historischen Diskurses zugunsten solcher hybrider Darstellungsformen überwindet, die Geschichte als unbewältigtes Erbe zur Anschauung bringen, geht es hierbei gerade nicht um die flotte Verabschiedung der epistemologischen Differenz zwischen Fakten und Fiktionen. In vielen der genannten Textbeispiele verhindert die Selbstreflexivität des Umgangs mit Familienlegenden, Fotoalben, Filmen, Tagebüchern und historischen Dokumenten die eingangs thematisierte Gefahr der Geschichtsklitterung, die in anderen Medien durchaus auszumachen ist. Als historisches *patchwork* par excellence thematisiert der neue Familienroman immer auch das Fragmentarische historischer Erkenntnis und deren mediale Vermitteltheit. Die Spiegelung des Historischen im privaten Erinnerungsdiskurs signalisiert also nicht etwa die einseitige Aufwertung der weichen Erinnerungsalben gegenüber dem harten geschichtlichen Diskurs, sondern vielmehr geht es um die Ausleuchtung der blinden Flecken aller geschichtlicher Diskursformen. Selbstreflexivität und Hybridität sind die entscheidenden Signaturen der neuen deutschen Familienliteratur.

---

5 Sigrid Weigel, *Genea-Logik. Generation, Tradition und Evolution zwischen Kultur- und Naturwissenschaften*, München 2006, S. 92f.

6 Sigrid Weigel, *Genea-Logik*, S. 90.

Auch Stephan Wackwitz' *Ein unsichbares Land* und Thomas Medicus' *In den Augen meines Großvaters* weisen die einleitend genannten Charakteristika auf: Beide Texte thematisieren die im manifesten Familiennarrativ verdrängten Aspekte der Familiengeschichte als verspätete Auseinandersetzung der Enkel mit den toten Großvätern. Beide Texte sind als postmemoriale Übungen angelegt, die auf tradierte Erinnerungsikonen zurückgreifen, um eine als belastend erfahrene transgenerationelle Erbschaft zu kommunizieren. Während bei Wackwitz vor allem die Lektüre der großväterlichen Tagebücher die Analyse des Freudschen Familienromans leitet, bemüht Medicus eine Fotoserie, die den Großvater in Dänemark und während seines Kriegseinsatzes im Jahr 1944 in Italien zeigt.[7] Nun engagieren sich Wackwitz und Medicus in ihren Texten jedoch nicht nur für die Aufdeckung von konkreten Familiengeheimnissen, sondern sie werfen darüber hinaus die Frage auf, inwieweit die diagnostizierten Störungen in der transgenerationellen Kommunikation für eine kritische Traditionsbildung fruchtbar gemacht werden können. In der Rolle des „dark tourist"[8] besuchen die Erzähler Kriegsschauplätze des zweiten Weltkriegs im heutigen Polen und machen jene Regionen wieder sichtbar, die nach Kriegsende zunehmend mit den revisionistischen Forderungen der Vertriebenenverbände assoziiert waren. Diese kulturgeschichtliche Wiederentdeckung der vormaligen deutschen Ostgebiete in Polen rückt damit auch jene konservativen Modelle von nationaler Traditionsbildung in den Blick, die im Gefolge der Romantik nationale Identität aus einer organischen Verbindung zwischen dem deutschen Volk und seiner Umwelt ableiten.[9] Wie ich im Folgenden zeigen möchte, formulieren beide

---

7 Neben den großväterlichen Aufzeichnungen benutzt Wackwitz weitere Erinnerungsmedien, die seine Auseinandersetzung mit dem Erbe befördern: eine Reihe von Fotografien, eine Erzählung des Vaters über seinen Mentor Lehfeld, Tagebuchaufzeichnungen des Erzählers, Briefe sowie literarische und philosophische Texte. Vgl. hierzu Friedrike Eigler, ‚Gedächtnis der kulturellen und familiären Archive: *Ein Unsichbares Land* von Stephan Wackwitz', in: *Gedächtnis und Geschichte*, S. 185-225. Auch bei Medicus spielen literarische und historische Texte sowie mündliche Überlieferungen eine bedeutende Rolle; allerdings kann der Erzähler auf kein Tagebuch als Quelle zurückgreifen.

8 Vgl. hierzu John Lennon u. Malcolm Foley, *Dark Tourism: The Attraction of Death and Disaster*, London/New York, 2000.

9 Zum Zusammenhang zwischen Naturschutzbewegungen und Heimatdiskurs vgl. die konzise Studie von Thomas M. Lekan, *Imagining the Nation in Nature. Landscape Preservation and German Identity, 1885-1945*, Cambridge/Mass./London, 2004. Zur imalogischen Überdeterminiertheit von Heimat vgl. Elizabeth Boa und Rachel Palfreyman, *Heimat. A German Dream. Regional Loyalties and National Identity in German Culture 1890-1990*, Oxford, 2000; Celia Applegate, *A Nation of Provincials: The German Idea of Heimat*, Berkely/Los Angeles, 1990.

Autoren die Frage nach Herkunft und Tradition über die Lektüre von kultur- bzw. ästhetikgeschichtlich angereicherten Topografien der Identität. Während Medicus den ästhetischen Landschafts- und Gartendiskurs des späten 18. Jahrhundert aufruft, um die Verwerfungen in der Traditionsbildung anschaubar zu machen, analysiert Wackwitz die Störung des Familiengedächtnisses im Paradigma des Heimatdiskurses, der wiederum als spezifische Spielart des kolonialen Diskurses ausgewiesen wird. Die spezifische Leistung bzw. Provokation gerade dieses Textes besteht nicht zuletzt darin, eine für das deutsche Selbstverständnis lange verschüttete Verbindungslinie zwischen dem Holocaust-Diskurs und dem postkolonialen Diskurs freizulegen.

II.

Bei Medicus dreht sich das Familiengeheimnis um die verdrängte Frage nach der potenziellen Täterschaft des Großvaters Wilhelm Crisolli, der im Jahr 1944 als Generalmajor der Wehrmacht von italienischen Partisanen in den Apennin-Bergen erschossen wurde. Als in der Nachkriegszeit die Kriegsverbrechen der benachbarten 16. SS-Panzer-Grenadier-Division bekannt wurden, die unter ihrem Kommandanten Max Simon mehr als 700 Zivilisten ermordet hatte, entstand unter den Angehörigen Crisollis der unausgesprochene Verdacht, dass auch er an Kriegsverbrechen gegen die Zivilbevölkerung beteiligt gewesen sein könnte. Die Recherchen des Enkels zielen nun aber nicht allein auf die Klärung der Täterschaft des Großvaters ab, sondern sie motivieren sich gleichermaßen aus der Angst vor einer unheimlichen Wiederholungsstruktur: Weil sowohl der Großvater als auch der eigene Vater im Alter von 49 Jahren verstarben, wird das autobiografische Ich von einer Schwellenangst ergriffen, die die Präsenz des verdrängten Traumas in der dritten Generation evident macht.

Die für die Logik des Textes entscheidende Anbindung des Familiengedächtnisses an Landschaftserinnerungen wird bereits im ersten Satz vollzogen, wo der Leser vom plötzlichen Heimweh des in Hamburg lebenden autobiographischen Ich erfährt. Seine verschiedentlichen Fahrten in die fränkische Heimat führen das Ich schließlich nach Berlin als Zwischenstation auf dem Weg in das östliche Europa:

Ohne es zu wissen, war ich dem Osten näher gekommen. Die meiste Zeit meines Lebens hatte ich nichts davon geahnt, daß ostelbische Landschaften in mir abgelagert waren wie Flöze. Seit meiner Kindheit trug dieser Osten Namen. Kolberg, Rügenwalde, Stolp, Stolpmünde, Belgard. Für mich waren das nie Namen von Orten gewesen, die ich auf einer Karte hätte nachschlagen oder die ich sogar hätte aufsuchen können. Es waren immer nur Klänge gewesen, Klänge von Kindheit an rätselhaft vertraut und geheimnisvoll. [10]

Die genannten Orte sind hier offenkundig nicht Teil einer geografisch erkundbaren Topografie, sondern affektiv besetzte loci einer Erinnerungslandschaft, die - wie sich später herausstellt - von den weiblichen Familienmitgliedern in der Nachkriegszeit auf den Sohn bzw. Enkel übertragen wurde. Die proustische Wiederentdeckung der verlorenen ostelbischen Landschaft inszeniert damit nicht eine authentische Kindheitserinnerung des Erzählers, sondern vielmehr macht sie die intertextuelle Komposition dieser inneren Landschaft anschaubar. Später trägt der Erzähler nach, dass die Erinnerung an die verlorenen Ostgebiete im Leben der Großmutter und Großtante an die ständisch-junkerischen Werte und den wilhelminischen Patriotismus gebunden blieb. Im Familiennarrativ der Crisollis repräsentierte Pommern bis zum Ende des zweiten Weltkrieges die erfolgreiche Abwehr der verhassten politischen Umbrüche der Weimarer Republik. Vor dem Hintergrund dieser geschichtlichen Verblendung fällt es dem Enkel zu, die Inszenierung einer „hinterpommerschen Gutsherrenexistenz" auf ihre ideologischen Voraussetzungen abzuklopfen.

Bevor jedoch diese Dekonstruktion des Familiennarrativs erfolgt, verliert sich der Enkel zunächst an eine Serie von Verschmelzungsfantasien, die die gestörten Kriegsschauplätze der Familiengeschichte in ästhetisierte Landschaften zu verwandeln suchen. [11] Um diese Umbiegung zu erreichen, ruft der Enkel eben jene ästhetikgeschichtlich bedeutsamen Landschaftsvorstellungen auf, die Natur als einen herrschaftsfreien Raum imaginieren, in welchem Mensch und Natur in einem harmonischen Verhältnis zueinander stehen. [12] Drei Medien bzw. Intertexte leisten ihm

10 Thomas Medicus, *In den Augen meines Großvaters*, München, 2004, S, 13f. Alle weiteren Seitenangaben erfolgen im Text nach A.

11 Zum ästhetischen Landschaftsbegriff vgl. Joachim Ritter, „Landschaft. Zur Funktion des Ästhetischen in der modernen Gesellschaft", in: *Subjektivität* (Frankfurt a. M., 1980), S. 141-163; Rainer Piepmeier, ‚Das Ende der ästhetischen Kategorie Landschaft. Zu einem Aspekt neuzeitlichen Naturverhältnisses', *Westfälische Forschungen* 30 (1980), S. 8-46; Rainer Piepmeier, „Landschaft", in: *Historisches Wörterbuch der Philosophie*, hrsg. von Joachim Ritter u. Karlfried Gründer, Basel/Stuttgart, 1980, Bd. 5, S. 11-28; Manfred Smuda, ‚Natur als ästhetischer Gegenstand und als Gegenstand der Ästhetik', in: *Landschaft*, hrsg. von Manfred Smuda, Frankfurt a. M., 1986, S. 44-69.

12 Paradigmatischer Ausdruck des doppelten Verständnisses von Landschaft als herrschaftsfreier Raum und Raum der kulturellen Domestizierung ist Schillers „Der Spaziergang". Hierzu vgl. Wolfgang Riedel, *Der Spaziergang. Ästhetik der Landschaft*, Würzburg, 1989.

dabei Hilfestellung: ein Landschaftsgemälde des Malers Walter Leistikow, die Figur des englischen Poeten Rupert Brooke und schließlich eine Fotografie des Großvaters Wilhelm Crisolli, die ihn mit seinem Adjutanten in einem italienischen Renaissancegarten zeigt.

Leistikows Gemälde *Abendstimmung am Schlachtensee* wird gleich zu Textbeginn eingespielt. Der Erzähler interpretiert die im Text reproduzierte Abbildung als Ausdruck genau jener stimmungshaften Enthobenheit der Natur, die Georg Simmel zufolge als Signatur der modernen ästhetischen Landschaftserfahrung überhaupt zu verstehen ist. Natur als Landschaft vorgestellt, so Simmel, fordert „ein vielleicht optisches, vielleicht ästhetisches, vielleicht stimmungsmäßiges Für-Sich-Sein, eine singuläre, charakterisierende Enthobenheit aus jener unzerteilbaren Einheit der Natur, in der jedes Stück nur ein Durchgangspunkt für die Allkräfte des Daseins sein kann." [13] Dementsprechend dient die ästhetische Enthobenheit der Leistikowschen „Abendstimmung am Schlachtensee" dem erlebenden Ich als Projektionsfläche für eine innere Topografie, die das pommersche Familienidyll der Crisollis im Register des Melancholischen fortschreibt. Als Ikone einer, wie es im Text heißt, „Wehmut, die Ausdruck eines ebenso unsagbaren wie unwiederbringlichen Verlustes zu sein schien" (A, 14), leitet das Bild eben jene Ästhetisierung der Familiengeschichte ein, die das Ich Schritt für Schritt in eine methodische Sackgasse führen wird. Die Bildbeschreibung deutet damit paradigmatisch an, was die folgend thematisierten Reisen nach Polen verdeutlichen werden: Dem Ich geht es zunächst eben nicht um die archäologische Durchdringung der Familiengeschichte und der Region, sondern um den Versuch einer Ästhetisierung, die die Einwände seines eigenen kritisch-historischen Bewusstseins suspendiert. In Pommern angekommen gibt sich das Ich deshalb „eine[r] längst vergangene[n] hinterpommersch-protestantische[n] Weltabgewandtheit" hin: „Der Gegenwart war ich entzogen. Die Landschaft um Dolgie wurde zum Futteral meiner Tagträume" (A, 46).

Dass die ästhetische Inszenierung melancholischer Landschaften letztlich aber nur Deckerinnerungen produziert, die den Blick auf die katastrophalen Folgen des Krieges verstellen, wird an dem zweiten für den Landschaftsdiskurs bereitgestellten Intertext durchgespielt: den Kriegssonetten des englischen Poeten Rupert Brooke, die den Ausbruch des ersten Weltkrieges in der Tonart eines „schwärmerisch-patriotischen Hymnus" (A, 32) feiern. Programmatisch für dies epochenspezifische Register ist etwa das Sonnett „The Soldier" (1915), in dem Brooke den Kriegsausbruch als Eintritt in ein arkadisches Idyll inszeniert hatte: „If I

13 Georg Simmel: „Philosophie der Landschaft", in: *Das Individuum und die Freiheit. Essais*, Berlin, 1984, S.130-138; hier: S.131.

should die, think only this of me:/That there's some corner of a foreign field/That is forever England."[14] Brooke traf damit den Nerv seiner eigenen Zeitgenossen, die allerdings nicht nur von den ozeanischen Ergüssen seiner Poesie angezogen waren, sondern vor allem auch von Brookes frühem Tod, der im Jahr 1915 im Alter von 28 Jahren vor der Küste Griechenlands an den Folgen einer Blutvergiftung starb. Dieser poetische Jünglingstod schien die Einheit von Leben und Werk geradezu vorbildlich in Szene zu setzen. Auch für Medicus' alter ego stellt Brooke ein Faszinosum dar: Im Leben und Werk Brookes sieht das Ich jene Vorstellungen von homoerotischen Männerbündnissen, Exotismus und idyllischen Kriegslandschaften realisiert, die den Krieg in eine ästhetische Spiellandschaft der Imagination verwandeln. Wie der Erzähler in der Rückschau erkennt, beschert ihm Brooke, „arkadische Kriegslandschaften, in denen man, mochten sie von Blut und Grauen, Schmerzen und Schreien umspült sein, nicht verreckte, sondern sich verströmte auf eine Insel der Seligen" (A, 37)

Der dritte und bedeutendste Intertext, an dem die ästhetische Umbiegung gestörter Schauplätze der Familiengeschichte vorgeführt wird, ist das sogenannte Rokoko-Foto, das den Großvater Wilhelm Crisolli mit seinem Adjutanten in einem italienischen Renaissancegarten an einem unbekannten Ort im Apennin abbildet. Dies Foto ist Teil einer Serie von 51 überlieferten Kriegsfotos, die den Großvater an verschiedenen Kriegsschauplätzen in Gesellschaft seiner unmittelbaren Untergebenen abbildet. Medicus benutzt nun diese Fotoserie, um die Grenzen der landschaftsästhetischen Aneignung der Vergangenheit vorzuführen. Insofern die Fotoserie den Landschaftsdiskurs im Medium der Fotografie fortführt, geht es hierbei auch um die Auslotung der Grenzen jenes Diskurses, den Marianne Hirsch auf die Formel der „postmemory" gebracht hat.[15] Die Überblendung von Landschafts- und Fotografiediskurs erlaubt es dem Erzäh-

14 Rupert Brooke, „The Soldier", in: *The Poetical Works of Rupert Brooke*, hg. von Geoffrey Keynes, London 1951, S. 23.

15 Marianne Hirsch, *Family Frames. Photography, Narrative and Postmemory*, Cambridge (Mass.)/London, 1997, S. 21. Hirsch, die die Funktion von Familienfotografien im Holocaust-Diskurs der zweiten und dritten Generation analysiert, argumentiert, dass der fragmentarische Status der Fotografie diese zum idealen Medium einer postmemorialen Bezugnahme macht, die auf eine imaginative Anverwandlung der Vergangenheit dringt. Zur Kritik der epistemologischen Konsequenzen dieser einseitigen Aufwertung der Imagination vgl. J. J. Long, *„History, Narrative and Photography"* in: W. G. Sebald's *Die Ausgewanderten, The Modern Language Review* 98, 2003, 117-137. Und J. J. Long, „Monika Maron's *Pawels Briefe*: Photography, Narrative, and the Claims of Postmemory," in: Anne Fuchs, Mary Cosgrove and Georg Grote (Hrsg.), *German Memory Contests*, S. 147-165.

ler, die Kluft zwischen der ästhetischen Aufbereitung der Umwelt als Landschaftsgarten und einer dahinter verborgenen historischen Realität zu erkunden. Die Fotoserie verstärkt eben jenes Moment der historischen Derealisierung, das im Landschaftsdiskurs von Anfang an mitgeführt wurde. Dementsprechend resultiert das im Text genauest beschriebene und ganz offensichtlich an Barthes angelehnte Studium der Fotos [16] gerade nicht in der Erkenntnis einer unumstößlichen historischen Wahrheit, sondern vielmehr führt dies Studium zu einer Fetischisierung der Geschichte, die ganz deutlich an die ozeanisch homoerotischen Verschmelzungsfantasien à la Brooke angelehnt sind (A, 63).

Anhand des zuvor erwähnten Rokoko-Fotos wird schließlich das Ende der ästhetisierenden Geschichtsbetrachtung durchgespielt. Das Rokoko-Foto, das den Erzähler auf Grund der „lichtdurchfluteten träumerischen Unwirklichkeit" an die fêtes galantes eines Fragonard bzw. an Watteau erinnert, erscheint dem Ich in seiner „paradiesischen Entrückung" und bukolischen Aura als geradezu „perfekte[s] Erinnerungsbild":

Vor allem der Melancholie ihrer lichtdurchfluteten träumerischen Unwirklichkeit wegen nannte ich die fotographische Impression das Rokoko-Foto. Eine ähnliche Szene, stellte ich mir vor, könne sich auch auf einem Gemälde von Antoine Watteau, mehr noch in den von Zwielicht erfüllten fêtes galantes eines Fragonard finden lassen. Ich betrachtete das Rokoko-Foto immer und immer wieder. Als ob es sich um eine Aufnahme handele, die ‚on the other side' entstanden sei, sah ich darin nichts als paradiesische Entrückung. Das einsickernde Licht, das meinen in einen bloßen Schemen verwandelten Großvater zeigte, erzeugte den Eindruck, es sei das mythologische Arkadien, in dem er Platz genommen habe. […] Wer hätte der Aura eines solchen Bildes widerstehen können? Das Rokoko-Foto war das perfekte Erinnerungsbild. (IdA, 68)

Medicus' Interpretation des Garten-Fotos akzentuiert das dem italienischen Renaissancegarten zu Grunde liegende Naturbild: Mit seiner streng geometrischen Anlage und dem engen Bezug zwischen Haus und Garten führt der italienische Garten vor, dass die Natur die Menschenhand zu ihrer Selbstrealisierung braucht. Als Inbild der natura educata evoziert der italienische Garten die Vorstellung eines gegen geschichtliche Störungen abgeschotteten harmonischen Gleichgewichts zwischen dem Menschen und der Natur. [17] Insofern nun in Medicus' Erzählung die stilisierte

---

16 Vgl. Roland Barthes, *La chambre claire. Note sur la photographie*, Paris, 1980.

17 Vgl. hierzu John Chiene Sheperd, *Italian Gardens of the Renaissance*, London, 1994. Torsten Olaf Enge, *Garden Architecture in Europe*; 1450-1800. *From the Villa Garden of the Italian Renaissance to the English Landscape Garden*, Köln, 1992.

Qualität des italienischen Gartens durch die vom Erzähler betonte Tiefenschärfe der Schwarz-Weiß-Fotografie erheblich verstärkt wird, ist das Rokoko-Foto der historischen Realität gleich doppelt entzogen.

Als das Ich auf einer seiner Italienreisen endlich den Besitzer des im Bild dargestellten Gartens auffindet, scheint der Abstand zur suggestiven Schönheit des Fotos aufgehoben: „Wir sprangen wenige Stufen in den Garten und liefen direkt in die Fotografie hinein" (A, 84). Diese Verankerung der paradiesischen Gartenszene in der Realität erweist sich jedoch in der Folge als methodische Falle. So legen seine nachfolgenden Recherchen ein Gewebe aus widersprüchlichen Gerüchten um den Tod Crisollis frei, die Arkadien in eine „Landschaft des Verrats"(A, 105) verwandeln. Erst als das Ich seine „Rupert Brookeschen Verschmelzungssehnsüchte" (A, 111) fahren gelassen hat, gelingt ihm die kulturkritische Annäherung an die Familiengeschichte. Damit einher geht die Umkodierung der familiengeschichtlich bedeutsamen Ortschaften von arkadischen Idyllen in Kriegsschauplätze, die von Spuren der Zerstörung und Gewalt gezeichnet sind. Vor dem Hintergrund der Verabschiedung des Landschaftsdiskurses als einer transgenerationell wirksamen Deckerinnerung vermag es der Erzähler, die pommersche Familienlegende kritisch zu durchleuchten und zu einem historischen Verständnis des wilhelminisch-völkischen Ideologems vorzudringen, das die Familiengeschichte maßgeblich geprägt hat. Am Ende steht die erzählerische Einsicht, dass sich die Dissonanzen des vielstimmigen Familienromans nicht harmonisieren lassen (A, 244). Auch die Frage nach der potenziellen Täterschaft des Großvaters kann trotz des vom Enkel betriebenen Rechercheaufwands nicht eindeutig geklärt werden.

III.

Das Familiengeheimnis in Stephan Wackwitz' Familienroman betrifft die Auslöschung des Teils der Familiengeschichte, der sich in der unweit von Auschwitz gelegenen deutschen Siedlerkolonie Anhalt im heutigen Polen zwischen den Jahren 1921 und 1933 abgespielt hat. [18] Obwohl die Familie bereits 1933 nach Süd-Westafrika ausgewandert war, ist ihre Familiengeschichte auf Grund der zunächst zufälligen geografischen Nähe zu Auschwitz mit einem Tabu belegt. Das kommunikative Schweigen über diese historische bedingte Auslöschung und die damit einhergehende andauernde Kommunikationsstörung verarbeitet Wackwitz im Diskurs des Unheimlichen. Wie Friederike Eigler in ihrer Analyse des Romans

18 Stephan Wackwitz, *Ein unsichtbares Land. Familienroman*, Frankfurt a. M., 2003. Alle Seitengaben erfolgen im Text nach der Sigle UL.

herausarbeitet, betrifft die zeitgeschichtliche Einbettung des Unheimlichen nun jedoch nicht nur das Erbe des Nationalsozialismus, sondern vor allem auch dessen Nachwirkungen in der 68er-Generation, der sich der 1952 geborene Wackwitz selber zurechnet. [19] Auch hier ist es die Figur des Großvaters, die die Recherchen des Enkels in Gang setzen. Sein aufklärerischer Erzählimpuls wendet sich gegen eine unterschwellig wirksame „anxiety of influence", die den Enkel als unheimlichen Doppelgänger des Großvaters erscheinen lässt. Wie bei Medicus dient die Sichtbarmachung eines von Familiengespenstern bevölkerten unsichtbaren Landes damit auch hier der Durchbrechung von angstbesetzten Wiederholungsstrukturen. Auf einer zweiten Ebene geht es Wackwitz jedoch um weit mehr als um die psychohygienische Aufarbeitung der Familienlegenden und Deckerinnerungen: indem er die Familiengeschichte in Anhalt und Südwestafrika kartografiert, trägt er zur „Wiederentdeckung der Kulturgeschichte des Kolonialismus" bei, der es in den Worten Dirk Göttsches nicht nur „um den literarischen Blick Europas auf außereuropäische Welten" geht, „sondern in einer entscheidenden Blickwendung auch um die Reflexion der Voraussetzungen, Ausblendungen und Rückwirkungen des Kolonialismus in den europäischen Gesellschaften". [20] Wie Göttsche zu Recht feststellt, wurde in Deutschland bis in die 90er Jahre hinein die Auseinandersetzung mit der Geschichte des deutschen Kolonialismus von der Erinnerung an den Nationalsozialismus und den Holocaust weitgehend überlagert. Wackwitz' Provokation besteht vor diesem Hintergrund nicht zuletzt darin, die ideologischen Verbindungen zwischen beiden Ereignissen anhand der eigenen Familiengeschichte verfolgt zu haben.

Die dominante familienbiografische Quelle für dies kulturgeschichtliche Projekt sind die großväterlichen Aufzeichnungen, die in einem Zeit-

---

19 Friederike Eigler, *Gedächtnis und Geschichte*, S. 204. Eigler analysiert vier Spielarten des Unheimlichen: unheimliche Zufälle, unheimliche Herkunft, unheimliche Konvergenzen und unheimliche Kontinuitäten. Sie argumentiert zu Recht, dass Wackwitz' kritische Auseinandersetzung mit den 68ern generationstypische Verblendungen so stark in den Vordergrund stellt, dass intragenerationelle Differenzen, vor allem die Abgrenzung zu den Gewaltverbrechen der RAF verdrängt werden: „Ein ehemaliger 68er sagt sich mit der Radikalität eines Konvertiten von der eigenen Vergangenheit los. Die damals wirksamen historischen Kontinuitäten, Verblendungen und Projektionen werden dabei so stark fokussiert, dass die zeitpolitischen Zusammenhänge der sechziger und siebziger Jahre in den Hintergrund geraten." Eigler, Ibid., S. 224.

20 Dirk Göttsche, „Der koloniale Zusammenhang der Dinge in der deutschen Provinz. Wilhelm Raabe in postkolonialer Sicht", *Jahrbuch der Raabe-Gesellschaft,* 2005, S. 53-73, hier S. 54.

raum von mehr als 25 Jahren entstanden sind. Dies Konvolut von mehreren tausend Seiten stellt den großväterlichen Versuch einer an die Nachkommen adressierten enzyklopädischen Selbstauslegung dar, welche auf die Negation der historischen und kulturellen Umbrüche der Nachkriegszeit dringt. So konzipierte der Großvater in den frühen sechziger Jahren etwa seine „fortlaufende Ich-Erzählung" (UL, 25) als ein im Stifter- und Hebelton verfasstes literarisches Gegenbild zu den, wie es im Text heisst, „entsetzlichen Frankfurter Augenzeugenberichten" der Auschwitzprozesse (UL, 144):

Die Echos aus Johann Peter Hebels Geschichte vom ‚Unverhofften Wiedersehen' sind in dieser Passage unseres Familienromans manchmal fast wörtlich zu hören [...]. Und als Bewohner der stillen kleinbürgerlichen Welt des Dorfes fallen meinem Großvater als Erstes die Toten ein, die im Schatten der Kirche ihre Ruhe haben, was mich wie einer der unheimlichsten Züge berührt, die Stifter noch seinen traulichsten Schilderungen oder eben Hebel seiner Geschichtsidylle über den wiederaufgetauchten Bergmann von Falun beigegeben hat. Die sinistren Bewandtnisse der Gegend um Anhalt, die in der Beschreibung meines Großvaters als jener Stifter- oder Hebelton anklingen, haben sich in den seither vergangenen Jahrzehnten bis ins fast Unerträgliche verstärkt, und ich bin bei eigentlich jedem Besuch dort froh gewesen, am Abend schnell wieder nach Krakau zurückkehren zu können. (UL, 145)

Der Versuch, mittels prosodischer Anklänge an das 19. Jahrhundert die „sinistren Bewandtnisse der Gegend um Anhalt" zu löschen, verkehrt sich jedoch unter der Hand insofern in sein Gegenteil, als seine ersten Erinnerungen den Toten gelten. Auch hier verweist die schon bei Stifter wirksame Unheimlichkeit des traulichen Erzähltons auf den vergeblichen Versuch der narrativen Beschwichtigung unbewältigter historischer Erfahrungen. Anstatt die Zäsur von Auschwitz aus dem gestörten Familiengedächtnis auszulöschen, kommunizieren die großväterlichen Aufzeichnungen eine massive Abwehrbewegung gegenüber jenen in den 60er Jahren einsetzenden geschichtlichen Reflexionsprozessen, die die Verabschiedung des vom Großvater geführten Heimatdiskurses im öffentlichen Diskurs einläuten. Auf Grund der phobischen Struktur seines autobiografischen Projekts misslingt es dem Großvater, sein Idealbild von Heimat an den Enkel als positive Erbschaft weiter zu reichen. Trotz des ungeheuren realistischen Beschreibungsaufwands, in der sich Lektüre und Beobachtungsgabe im Sinne des poetischen Realismus kunstfertig verbinden, verweist dies großväterliche „Inbild einer Ordnung" (UL, 116) für den Enkel auf eine generationstypische Pathografie, deren Wurzeln im völkischen Nationalismus zu suchen sind. Was vom Großvater als monumentalistischer Akt der Traditionsbildung gemeint war, verwandelt sich so für den Enkel in das Symptom einer massiven Traditionsstörung, die im Nachkriegsnarrativ der Familie nicht zuletzt dadurch geschürt wurde, dass der Großvater auf die Streichung der deutschen Ostgebiete im kulturellen Gedächtnis der Bundesrepublik mit der Streichung des Holocaust aus seinen autobiografischen Aufzeichnungen reagierte. Damit aber ist seiner Autobiografie eine doppelte Streichung eingeschrieben, die die angestrebte transgenerationelle Kommunikation völlig lahmlegt.

Der Text gestaltet das Scheitern des großväterlichen Kommunikationsversuchs mit seiner Nachkommenschaft über die Umschrift von Kafkas „Eine kaiserliche Botschaft". Der erste Satz von Kafkas berühmter Geschichte lautet so: „Der Kaiser - so heißt es - hat Dir dem Einzelnen, dem jämmerlichen Untertan, dem winzig vor der kaiserlichen Sonne in die Ferne geflüchteten Schatten, gerade dir hat der Kaiser von seinem Sterbebett aus eine Botschaft gesendet."[21] Die typisch kafkaeske Parenthese „so heißt es" deutet programmatisch an, was der Rest der Geschichte inszeniert: dass die Nachricht des Kaisers ihr Ziel niemals erreichen wird, weil sie immer schon Teil einer mythologisierenden Tradition ist. Der innerhalb der Geschichte vollzogene Tempuswechsel vom Perfekt ins Präsens ist ein typisch kafkaeskes Indiz dafür, dass sich erst im wiederholenden Erzählen der Glaube an eine kaiserliche Botschaft konstituieren kann. Die Kafka-Forscherin Elizabeth Boa bemerkt zu Recht, dass die Geschichte damit den Traum einer nicht-entfremdeten Kommunikation dekonstruiert: „Such a dream of non-alienated communication evokes what in deconstruction is termed a metaphysics of presence, the belief that the spoken word and the presence of the speaker provide the guarantee of stable meaning."[22] Die Vorstellung einer an den jämmerlichen Untertan gerichteten kaiserlichen Botschaft artikuliert bei Kafka zunächst also die utopische Hoffnung auf eine metaphysische Wahrheit, welche an die absolute Autorität des Kaisers als *fons et origo* der Botschaft angewiesen ist. Doch im Verlauf der Geschichte verläuft sich diese Metaphysik der Präsenz im wörtlichen Sinne. So verliert sich der Bote auf seinem Weg durch die endlosen Gänge des sich endlos verzweigenden Palastes in einer labyrinthischen Struktur, welche die Figur der Autorität mit jedem Richtungswechsel vom Leser und Adressaten der Botschaft weiter entfernt.

---

21 Franz Kafka, „Eine kaiserliche Botschaft", in *Die Erzählungen und andere ausgewählte Prosa. Originalfassung*, hg. von Jürgen Born, Gerhard Neumann, Malcolm Paisley u. Jost Schillemeit, Frankfurt a. M., 1996, S. 305-06, hier S. 305.

22 Elizabeth Boa, *Kafka: Gender, Class, and Race in the Letters and Fictions*, Oxford, 1996, S. 89.

Während in Kafkas Geschichte die Dekonstruktion der Metaphysik von Präsenz voraussetzt, dass der Untertan bzw. Leser die kaiserliche Botschaft nach wie vor begehrt, scheint sich bei Wackwitz nun das Verhältnis zwischen Kaiser und Untertan verkehrt zu haben: Hier ist es der Großvater, der mit seinen Aufzeichnungen eine vermeintlich metaphysische Wahrheit an den Enkel weiter geben will, die dieser jedoch auf Grund ihrer ideologischen Prämissen ablehnt. Bemerkenswerterweise setzt Wackwitz die Zurückweisung der kaiserlichen Botschaft gerade an dem Teil der großväterlichen Aufzeichnungen in Szene, die zu den „schriftstellerischen Höhepunkten seines Erinnerungsunternehmens" (UL, 116) gehören, seinen bei Breslau angesiedelten Laskowitzer Kindheitserinnerungen. Obwohl der Enkel einräumt, dass diese Seiten „das erste, das ausführlichste, das traurigste [...], das schönste und menschlichste Stück seiner Erinnerungen" (UL, 112) sind, liest er die evokativen Beschreibungen des Laskowitzer Schlossparks und des urgroßväterlichen Forsthauses im Paradigma des Freudschen Familienromans:

Die Traumdeutung, Freud bemerkt es in seinem Aufsatz über den ‚Familienroman der Neurotiker' lehrt, ‚daß noch in späteren Jahren in Träumen vom Kaiser oder von der Kaiserin diese erlauchte Persönlichkeiten Vater und Mutter bedeuten.' Der vereinsamte Mann, der 1959 vom wilhelminischen Lakowitz träumte, hat sich umgekehrt den Kaiser seines Lebens und das Reich, dem anzugehören sich lohnen würde (jene inneren guten Kräfte im deutschen Volk), zeitlebens so vorgestellt wie die Umstände und Bewandtnisse seines Vaters; seines Vaters, der beinahe so etwas wie ein preußischer Landrat war und dem der Teckel in die Kniekehlen kroch [...]. Die Revolution, der Weltkrieg, die narzisstisch-wuterfüllte Zerstörung der im Krieg geprüften und zu leicht befundenen Nation und ihr unbestimmt-grandioser Wiederaufbau in Jahrhunderten, von denen er in seinem Tagebuch von 1918 phantasiert, schließlich der neue Lebenskaiser und das Reich von 1933 – all das, scheint es, sollte irgendwie dem Teckel, dem Sofa, dem Oberförster und dem Mittagsschlaf gleichen. Auf die unbestimmte, wenig durchdachte und merkwürdig verantwortungslose (sozusagen fahrlässige) Weise, in der sich Andreas Wackwitz über politische Zusammenhänge zeitlebens Meinungen bildete, scheint er sich das gute Leben und das richtig regierte Land nie anders gedacht zu haben als ein Forsthaus, in dem es nach Hunden, Leder und Zigarren roch. (UL, 123f.)

Unter dem diagnostischen Blick des Enkels verwandelt sich das liebevoll ausgemalte wilhelminische Interieur des urgroßväterlichen Forsthauses vom Inbild einer idealen Ordnung in die frühkindliche Fantasie des Neurotikers, der auf die defizitär erfahrene Wirklichkeit seit dem ersten Weltkrieg einzig mit einer regressiven Abwehrgeste reagiert. Es überrascht daher nicht, dass Wackwitz schließlich den „Erinnerungspalast" des

Großvaters verabschiedet als „ein schwer durchschaubares, undurchdringbares und unbestimmt deprimierendes Gerümpel, so liebevoll und genau der Sohn des gräflichen Oberförsters all das ausgestaltet hat. [...] Die Botschaft des Kaisers wird bei mir nie mehr eintreffen" (UL, 124).

Die evidente Schroffheit dieser Abfuhr motiviert sich für den Enkel aus der völkischen Verquastheit der großväterlichen Erinnerungen an die deutschen Ostgebiete und an Süd-Westafrika. Die „wirren und nationalautistischen Ideen von 1914" lassen sich auf den Einfluss Fichtes zurückführen, der in seinen *Reden an die deutsche Nation* von 1808 auf Napoleons Sieg über Preußen mit dem rassistischen Konzept eines unkontaminierten germanischen Urvolks reagiert hatte, von dem Fichte die Vorstellung einer entfremdeten "Ausländerei" polemisch absetzte.[23] Als Erbe Fichtes hat der Großvater auf den Verlust des ersten Weltkrieges mit einem generationstypischen "leere[n] Stolz auf eine ungreifbare deutsche Tiefe" (UL, 173) reagiert, dem der Enkel wiederum eine alternative Philosophietradition von Schleiermacher, Habermas bis Rorty entgegen hält. Nach der Lektüre Schleiermachers heisst es: „Ich hatte einen von uns entdeckt. Hier war jemand, der mir gegen meinen Großvater helfen würde" (UL, 184).

Die semantische Anschlussfähigkeit des Heimatdiskurses an den Kolonialdiskurs wird vom Enkel an Hand einer als „Traum vom Osten" betitelten großväterlichen Kriegsreflexion bloßgelegt, in der sich die großväterliche Erinnerung an seine polnischen Großmütter mit der nationalsozialistischen Fantasie der deutschen Kulturmission und seinen afrikanischen Erinnerungen amalgamiert:

Als ich einmal nachts von 3-4 Uhr als wache am Zuge entlang patrouillierte, überfiel mich das Erlebnis der schneebedeckten, ebenen Weite der Landschaft, in der die Dörfer elend, geduckt und armselig zerstreut schweigend im Sternenlicht dalagen, mit großer Gewalt. Es war der Osten, der mir zum ersten Mal richtig ins Blickfeld kam. So fremd er vor mich hintrat, so spürte ich doch auch eine unerklärliche, geheimnisvolle Lockung von ihm ausgehen. War es der unbewusste Drang in die freie Welt, den ich später so oft in Südafrika fühlte, war es der Sog des auf Tat und Unterwerfung wartenden Ostlandes, dem die mittelalterlichen

---

23 Eigler argumentiert, dass sich Wackwitz hier nicht die Sonderwegthese zu eigen mache, sondern vielmehr historische Parallelen zwischen der politischen Situation zu Anfang des 19. Jahrhunderts und dem Beginn des 20. Jahrhunderts heraus arbeite. Die Lektüre des Kolonialnarrativs verweist jedoch darauf, dass Wackwitz eine ideologische Verbindungslinie zwischen dem im frühen 19. Jahrhundert entstandenen völkischen Nationalismus und den aggressiven Kolonialbestrebungen am ausgehenden 19. Jahrhundert zieht. Es geht damit nicht nur um historische Parallelen, sondern um die entscheidende ideologische Prägung der großväterlichen Generation. Vgl. Eigler, *Gedächtnis und Geschichte*, S. 202.

Vorfahren gefolgt waren, oder waren es die polnischen Großmütter, die in mir rumorten? (UL, 98) [24]

Dieser sexualisierten Kolonialvision hält der Enkel demonstrativ sein alternatives Geschichtsbild entgegen. So begreift er die Okkupations- und Trümmerjahre nach 1945 im Paradigma der Befreiung als „ein Aufatmen, ein Gefühl des Neuanfangs, eine plötzliche Ahnung von Luxus und Weite, ein Traum von Amerika" (UL, 98). Mit ihren überwachsenen Trümmerbergen erscheinen dem erst sieben Jahre nach dem Krieg geborenen Erzähler die Nachkriegssommer als „kleines utopisches Hintergrundbild" seiner eigenen Kindheitserinnerungen: Utopisch sind die Trümmerlandschaften nicht zuletzt deshalb, weil sie die Zerstörung der großväterlichen „Seelenarchitektur" versinnbildlichen.

Zum Abschluss möchte ich jedoch an einem in Süd-Westafrika spielenden Beispiel Wackwitz' traditonskritischen Interpretationsgestus gegen den Strich kehren und zeigen, dass die kritische Lektüre des großväterlichen Heimatdiskurses immer wieder punktiert wird von solchen identifikatorischen Momenten, in denen sich ein heimliches Begehren nach der verweigerten kaiserlichen Botschaft ausdrückt. Am deutlichsten artikuliert sich dies anhand einer der großväterlichen Jagdgeschichten, die 1935 in der Zeitschrift *Welt und Haus* erschienen war und die vom Enkel zunächst als klassisches Ensemble der Kolonialfantasie lesbar gemacht wird. Um den Horizont der Geschichte besser zu konturieren, seien einige kurze Erläuterungen zum deutschen Kolonialdiskurs voraus geschickt.

Ab den 60er Jahren des 19. Jahrhunderts diente auch im deutschen öffentlichen Diskurs Afrika als Projektionsfläche und Betätigungsfeld des deutschen gesellschaftlichen Selbstverständnisses. Wie eine Reihe jüngerer germanistischer Arbeiten zur deutschen Kolonialliteratur nachweist, war es vor allem Wilhelm Raabes Verdienst, die imagologische Zirkulation des Afrikadiskurses in den Köpfen der deutschen Leser bereits in seinem 1867 erschienenen Roman *Abu Telfa oder die Heimkehr vom Mond-*

24 Die Bedeutung dieser Stelle zeigt sich nicht zuletzt daran, dass sie noch drei Mal thematisiert wird (UL, 190, 204, 210).

gebirge kritisch verarbeitet zu haben. [25] Nach der Reichseinigung wurde die Kolonialbegeisterung von Propagandisten wie Friedrich Fabri geschürt, der mit seiner Schrift „Bedarf Deutschland der Colonien?"(1879) dem Afrikadiskurs im Begriff der deutschen „Cultur-Mission" eine explizit expansionistische Wendung gab. [26] Heute weitgehend vergessene Autoren wie Frieda von Bülow, Gustav Frenssen oder Carl Falkenhorst trugen ganz entscheidend zur Popularisierung und Legitimierung des kolonialen Afrikadiskurses bei, indem sie in ihren literarischen Texten Afrika zum idealen Verhandlungsort genuin deutscher Tugenden wie Tüchtigkeit, Zähigkeit und Redlichkeit machten. [27] Auch Wackwitz' Großvater knüpft explizit an die Tradition deutscher Kolonialliteratur an: So erfahren wir, dass Gustav Frenssens 1906 erschienener Roman *Peter Moors Fahrt nach Südwest*, der die Niederschlagung des Herero-Aufstandes durch die sogenannten deutschen Schutztruppen im Paradigma des völkischen Nationalismus gestaltet, ein direktes literarisches Vorbild für

---

25 Vgl. Peter J. Brenner, „Zur Entzauberung der Fremde und Verfremdung der Heimat in Raabes *Abu Telfan*." *Jahrbuch der Raabe-Gesellschaft* 1989, S. 45-62. Doris Bachmann, „Die Dritte Welt der Literatur. Eine ethnologische Methodenkritik literaturwissenschaftlichen Interpretierens, am Beispiel von Wilhelm Raabes Roman *Abu Telfan oder die Heimkehr vom Mondgebirge*', *Jahrbuch der Raabe-Gesellschaft* 1979, S. 27-71. Vgl. auch Dirk Göttsche, „Der koloniale Zusammenhang der Dinge," S. 53-73; Matthias Fiedler, *Zwischen Abenteuer, Wissenschaft und Kolonialismus. Der deutsche Afrikadiskurs im 18. und 19. Jahrhundert*, Köln/Weimar/Wien, 2005, S. 178-198.

26 Fabris kolonialpropagandistische Schrift verbindet eine ökonomische Argumentationslinie, derzufolge die demographische Entwicklung in Deutschland eine koloniale Auswanderungspolitik erforderlich mache, mit der zentralen Vorstellung einer spezifisch deutschen Kulturmission, die die Kolonien zum Spielfeld des nationalen Selbstbewusstseins machen will. Vgl. Friedrich Fabri, *Bedarf Deutschland der Colonien? Eine politisch-ökonomische Betrachtung*, Gotha, 1879. Zum Zusammenhang von Nationalismus und Kolonialismus vgl. Birthe Kundrus, *Moderne Imperialisten. Das Kaiserreich im Spiegel seiner Kolonien*, Köln/Weimar/Berlin, 2003.

27 Die auch als „Schöpferin des deutschen Kolonialromans" bezeichnete Gartenlaube-Autorin Frieda von Bülow vertrat die koloniale Sache in einer Reihe von Romanen, wie etwa *Am anderen Ende der Welt*, Berlin, 1890; *Der Konsul*, Berlin, 1891; *Tropenkoller. Episode aus dem deutschen Kolonialleben*, Berlin, 1897; *Im Lande der Verheißung. Ein deutscher Kolonialroman*, Dresden, 1899. Zur Figur und Bedeutung von Bülows vgl. Matthias Fiedler, *Zwischen Abenteuer, Wissenschaft und Kolonialismus*, Köln/Weimar/Berlin, 2005, S. 206-214. Carl Falkenhorst war ebenfalls ein Gartenlaube-Autor, der den Kolonialdiskurs im Genre der Abenteuerliteratur führte. Vgl. Carl Falkenhorst, *Ein afrikanischer Lederstrumpf Teil I. Weißbart-Weichherz*, Stuttgart, 1890. Hierzu Fiedler, 2005, S. 214-222.

seine eigenen afrikanischen Erinnerungen war (UL, 189).[28] Seine afrikanischen Erinnerungen rufen immer wieder jene Stereotypen auf, an denen die imagologische Überschreibung des kolonialen Projekts anschaubar wird. So inszeniert sich in einer in der namibischen Wüste spielenden Jagdszene die koloniale Fantasie etwa über ein typisches Motivgeflecht aus Steppenritt, dem imperialen Blick über die mondbeschienene Natur, der Zähigkeit und Ausdauer der durstigen Reiter und *last but not least* der Männerfreundschaft. Die großväterliche Jagdepisode kulminiert schließlich in einer Karl-May-haften Lagerfeuerszene, bei der es um die Inszenierung einer Form von Männnlichkeit geht, die dem Enkel viel weniger fremd ist, als es seine ostentativen Abgrenzungsbemühungen vermuten lassen (UL, 54). Auch die Lektüre der vom Großvater effektvoll dramatisierten Geschichte vom Untergang der *Adolph Woermann* deutet eine heimliche Allianz des Enkels mit dem Großvater an, die sich in der patriarchalischen Fantasie begründet, dass der Phallus Geschichte macht:

Der Wind drückte die Boote an die Schiffswand, und die Wellen ließen sie steigen und fallen. Was würde nun mit uns geschehen? Da öffnete Dr. Lehfeld, ein aus Sumatara heimkehrender Studienrat, bedächtig seine Zigarrentasche und bot mir eine seiner Zigarren an. Ich sagte: ,Donnerwetter, Lehfeld, das werde ich Ihnen nie vergessen!'' und wir setzen in aller Ruhe die Glimmstengel in Brand und rauchten mit Gelassenheit. (UL, 32)

Der großväterlichen Auslegung zufolge meistert der Phallus also noch im Untergang das historische Geschehen mit überlegener Souveränität. Indem der Enkel bekennt, dass er gerne ein Foto genau dieser Szene besäße, das er neben das seines Sohnes auf seinem Schreibtisch aufzustellen wünscht, schreibt er die phallischen Kolonialfantasien des Großvaters und ihren Geltungsanspruch über Generationsgrenzen hinweg fort. Zwar wird die im Text ausgeführte Dekonstruktion der kaiserlichen Botschaft damit nicht gelöscht, aber der von Enkel und Großvater geteilte Untergangsmythos restituiert unter der Hand das Begehren nach Autorität, aus dem sich die Logik von Kafkas Geschichte speist.

---

28 Wackwitz führt als weiteres Vorbild die Romane Hans Grimms an, neben *Volk ohne Raum, Der Ölsucher von Duala* und *Lüderitzland*: „es sind gustavfreytagartige, erschütternd schlechte und eigentlich fast unerträgliche Programmromane einer verspäteten kolonialen Wut und Sehnsucht, die schon nach 1933 politisch völlig illusionär gewesen ist (nachdem der nationale Erlöser sich mittlerweile auf ,den Osten' kapriziert hatte" (UL, 189).

Obwohl der Enkel also die ideologischen Voraussetzungen des großväterlichen Kolonialnarrativs *en detail* kritisch durchleuchtet, verschreibt er sich dem in der Wüstengeschichte zum Ausdruck gebrachten Glücksanspruch. In einem anschließenden Textkommentar erfahren wir, dass in seinen eigenen Träumen unendliche Park- und Landschaftsräume auftauchen, die auf die transgenerationelle Transmission des im großväterlichen Heimatdiskurses mitgeführten Glücksanspruchs schließen lassen (UL, 54). An einer späteren Stelle kommentiert der Erzähler diesen Transfer folgendermaßen: „Wie die Rohre eines ausziehbaren Fernrohrs, sagen die Generationssoziologen, seien die Erinnerungen und Träume der Väter und Söhne und Enkel ineinandergeschoben, und wahrscheinlich lebt wirklich keiner sein innerstes Leben für sich" (UL, 188-9). Die hiermit vollzogene Wiedereinsetzung des genealogischen Generationenkonzepts verleiht dem Schlusssatz von Kafkas kaiserlicher Botschaft damit auch bei Wackwitz seine eigentümliche Leuchtkraft: „Du aber sitzt an Deinem Fenster und erträumst sie Dir, wenn der Abend kommt."

Mit Blick auf die eingangs thematisierte Problematik der Traditionsbildung könnte dies bedeuten, dass das Zusammenspiel von Sehnsucht und Kritik die Bedingung der Möglichkeit von alternativen Traditionsbildungen wäre. Es ist jedoch eine von Stephan Wackwitz nicht wahrgenommene Ironie, dass der Enkel bei allem analytischen Aufwand genau die Männlichkeitsfantasien fortschreibt, die dem völkischen Traum des Großvaters zu Grunde liegen. Auf einer unbewußten Textebene bleibt der sprachgewandte Enkel dem wortgewaltigen Großvater und seinem Traum von Tradition verpflichtet. So gesehen würde das im Text hergestellte geheime Einverständnis mit dem Großvater auch die auffällige Blassheit des Vaters erklären, der als Vertreter der liberalen Nachkriegsgeneration in diesem Text genauso wenig zu Wort kommt, wie die weitgehend marginalisierten weiblichen Familienmitglieder. [29] Traditionsbildung, so scheint es, bleibt für Wackwitz an eine spezifische Version von Männlichkeit gebunden.

---

29 Nur an einer Stelle wird ein Kriegserlebnis der Mutter als zentrale Erinnerung thematisiert, einen Tieffliegerangriff im Jahr 1944, in dem die Mutter schwere Verletzungen erlitt (UL, 95ff.). Im Unterschied zur „Fremdsprache" (UL, 92) der großväterlichen Aufzeichnungen führt die mütterliche Erzählung dem Ich das Kriegsgrauen und die Wirklichkeit des Kriegstodes vor Augen. Obwohl dies der Ansatz für eine gender-kritische Lesart des Generationenparadigmas sein könnte, bleibt dieser weibliche Perspektivenwechsel Episode und hat keine nachhaltige Auswirkung auf die im Text dekonstruierte und relegitimierte männliche Traditionsbildung. Die Auseinandersetzung mit dem Vater holt Wackwitz in seinem Folgeband *Neue Menschen* (2005) nach, in dem sich jedoch die gestalterische Durcharbeitung von *Ein unsichtbares Land* in langatmigen Essays zerfasert.

Literatur

Applegate, Celia: *A Nation of Provincials: The German Idea of Heimat*, University of California Press, Berkely/Los Angeles, 1990.

Assmann, Aleida: *‚On The (In)compatibility of Guilt and Suffering in German Memory'*, special issue Memory Contests, hrsg. von Anne Fuchs und Mary Cosgrove, German Life & Letters 59/2, Blackwell, 2006, S. 187-200.

Bachmann, Doris: *Die Dritte Welt der Literatur. Eine ethnologische Methodenkritik literaturwissenschaftlichen Interpretierens am Beispiel von Wilhelm Raabes Roman Abu Telfan oder die Heimkehr vom Mondgebirge*, in: *Jahrbuch der Raabe-Gesellschaft 1979*, Waisenhaus-Buchdruckerei und Verlag , Braunschweig, 1979, S. 27-71.

Barthes, Roland: *La chambre claire. Note sur la photographie*, Midwest European Pub, Paris, 1980.

Boa, Elizabeth: *Kafka: Gender, Class, and Race in the Letters and Fictions*, Oxford University Press, Oxford, 1996.

Boa, Elizabeth/Palfreyman, Rachel: *Heimat. A German Dream. Regional Loyalties and National Identity in German Culture 1890-1990*, Oxford University Press, Oxford, 2000.

Brenner, Peter J.: *Zur Entzauberung der Fremde und Verfremdung der Heimat in Raabes Abu Telfan*, in: *Jahrbuch der Raabe-Gesellschaft 1989*, Waisenhaus-Buchdruckerei und Verlag, Braunschweig, S. 45-62.

Brooke, Rupert: *„The Soldier"*, in: *The Poetical Works of Rupert Brooke*, hrsg. von Geoffrey Keynes, Faber, London, 1951.

Eigler, Friederike: *Gedächtnis und Geschichte in Generationenromanen seit der Wende*, Erich Schmidt, Berlin, 2005.

Eigler, Friedrike: *Gedächtnis der kulturellen und familiären Archive: Ein Unsichbares Land von Stephan Wackwitz'*, in: *Gedächtnis und Geschichte*, Erich Schmidt, Berlin, S. 185-225.

Enge, Torsten Olaf: *Garden Architecture in Europe 1450-1800. From the Villa Garden of the Italian Renaissance to the English Landscape Garden*, Taschen, Köln, 1992.

Fabri, Friedrich: *Bedarf Deutschland der Colonien? Eine politisch-ökonomische Betrachtung*, Gotha, 1879.

Falkenhorst, Carl: *Ein afrikanischer Lederstrumpf Teil I.* Weißbart-Weichherz, Union, Stuttgart, 1890

Fiedler, Matthias: *Zwischen Abenteuer, Wissenschaft und Kolonialismus. Der deutsche Afrikadiskurs im 18. und 19. Jahrhundert*, Böhlau, Köln/Weimar/Wien, 2005.

Fuchs, Anne: *The Tinderbox of Memory: Generation and Masculinity*, in: *Väterliteratur* by Christoph Meckel, Uwe Timm, Ulla Hahn and Dagmar Leupold, in: *German Memory Contests: The Quest for Identity in Literature, Film and Discourse*, hrsg. von Anne Fuchs, Mary Cosgrove und Georg Grote, Camden House Inc., Rochester, 2006, S. 41-67.

Göttsche, Dirk: *Der koloniale Zusammenhang der Dinge in der deutschen Provinz. Wilhelm Raabe in postkolonialer Sicht*, in: *Jahrbuch der Raabe-Gesellschaft*, Waisenhaus-Buchdruckerei und Verlag, Braunschweig, 2005, S. 53-73.

Hirsch, Marianne: *Family Frames. Photography, Narrative and Postmemory*, Harvard University Press, Cambridge (Mass.)/London, 1997.

Kafka, Franz: *Eine kaiserliche Botschaft*, in: *Die Erzählungen und andere ausgewählte Prosa.* Originalfassung, hrsg. von Jürgen Born, Gerhard Neumann, Malcolm Paisley und Jost Schillemeit, Fischer, Frankfurt a. M., 1996, S. 305-306.

Kundrus, Birthe: *Moderne Imperialisten. Das Kaiserreich im Spiegel seiner Kolonien*, Böhlau, Köln/Weimar/Berlin, 2003.

Lekan, Thomas M.: *Imagining the Nation in Nature. Landscape Preservation and German Identity, 1885-1945*, Harvard University Press, Cambridge (Mass.)/London, 2004.

Lennon, John/Foley, Malcolm: *Dark Tourism: The Attraction of Death and Disaster*, Cengage Learning Business Press, London/New York, 2000.

Mauelshagen, Claudia: *Der Schatten des Vaters: deutschsprachige Väterliteratur der siebziger und achtziger Jahre*, Lang, Frankfurt a. M./Berlin, 1995.

Long, J. J.: *History, Narrative and Photography*, in: W. G. Sebald's *Die Ausgewanderten, The Modern Language Review 98*, Camden House Inc., Rochester, 2003, S. 117-137.

Long, J. J.: *Monika Maron's Pawels Briefe: Photography, Narrative, and the Claims of Postmemory*, in: Anne Fuchs, Mary Cosgrove and Georg Grote (Hrsg.), *German Memory Contests*, Camden House Inc., Rochester, 2006, S. 147-165.

Medicus, Thomas: *In den Augen meines Großvaters*, Deutsche Verlags-Anstalt, München, 2004.

Piepmeier, Rainer: *Das Ende der ästhetischen Kategorie Landschaft. Zu einem Aspekt neuzeitlichen Naturverhältnisses*, Westfälische Forschungen 30 (1980), S. 8-46.

Piepmeier, Rainer: *Landschaft*, in: *Historisches Wörterbuch der Philosophie*, hrsg. von Joachim Ritter und Karlfried Gründer, Schwabe, Basel/Stuttgart, 1980, Bd. 5, S. 11-28.

Riedel, Wolfgang: *Der Spaziergang. Ästhetik der Landschaft*, Königshausen & Neumann, Würzburg, 1989.

Ritter, Joachim: *Landschaft. Zur Funktion des Ästhetischen in der modernen Gesellschaft*, in: *Subjektivität*, Suhrkamp, Frankfurt a. M.,1980, S. 141-163.

Sheperd, John Chiene: *Italian Gardens of the Renaissance*, Academy Editions, London, 1994.

Simmel, Georg: *Philosophie der Landschaft*, in: *Das Individuum und die Freiheit. Essais*, Wagenbach, Berlin, 1984, S. 130-138.

Smuda, Manfred: *Natur als ästhetischer Gegenstand und als Gegenstand der Ästhetik*, in: *Landschaft*, hrsg. von Manfred Smuda, Suhrkamp, Frankfurt a. M., 1986, S. 44-69.

Wackwitz, Stephan: *Ein unsichtbares Land. Familienroman*, Fischer, Frankfurt a. M., 2003.

Weigel, Sigrid: *Genea-Logik. Generation, Tradition und Evolution zwischen Kultur und Naturwissenschaften*, Fink, München, 2006

Elena Agazzi

Profilierung und Bewältigung der historischen Konflikte im Generationenroman der Gegenwart

Die soziale Bildung von Generationen entsteht an der Grenze zwischen kollektivem Gedächtnis und Geschichte: Man kann sagen, dass hier die unterschiedlichen Generationen ein „lebendes Gedächtnis" bilden. Sie verkörpern auf der sozialen Bühne unterschiedliche Definitionen und Rekonstruktionen der Vergangenheit. Die unterschiedlichen Gedächtnisse mit ihren Darstellungen von Gegenwart und Zukunft gliedern dabei die soziale Zeit.

Die verschiedenen Reflexionsprozesse, die das Gedächtnis in den Blick nehmen, wirken sich auf die „innere Zeit" der Gesellschaft aus und verwandeln sie von einem unbewussten Zwang in eine Ressource für die Konstruktion einer persönlichen oder kollektiven Zukunft. Einer der wichtigsten Orte dieses Reflexionsprozesses ist der Familien- bzw. Generationenroman, der gerade jetzt in Deutschland und zum Teil auch in Österreich sehr erfolgreich ist.

Die drei Makrokategorien der Generationenforschung - nämlich die *genealogisch-familienbezogene*, die *pädagogische* und die *historisch-gesellschaftliche* [1] - erweisen sich hier beim Feststellen jener Gesichtspunkte als hilfreich, von denen aus die Schriftsteller ihr dialektisches Verhältnis zur Vergangenheit literarisch organisieren. Im Bezug auf die Generationendiskurse in der großen literarischen Tradition von beispielsweise Robert Musils *Der Mann ohne Eigenschaften* oder Thomas Manns *Der Zauberberg* hat Alexander Honold seine Vorstellung von den Dynamiken, welche die Literatur zur „Generationengeschichte" machen, wie folgt dargestellt: „*Literatur als Generationengeschichte* hat zwei gegenstrebige, miteinander gleichwohl korrespondierende Explikationsrichtungen. Einmal geht es um den Beitrag der (schönen) Literatur zur Phänomenologie und Konzeptualisierung von Generationen, wie ihn Romane und Erzählungen (in anderer Weise gewiss auch Dramen und Gedichte) zu leisten vermögen, indem sie eine partielle Identität biographischer und kollektiver Prozesse

1 Vgl. besonders F. Höpflinger: *Generationenfrage: Konzepte und theoretische Ansätze*, in: http://www.hoepflinger.com/fhtop/fhgenerat1C.html, S. 1-12. Zu einer ausführlichen Rekonstruktion des Begriffs ‚Generation' siehe auch H. Jaeger: *Generationen in der Geschichte. Überlegungen zu einer umstrittenen Konzeption*, in: *Geschichte und Gesellschaft*, 1997, Bd. 3, S. 429-452.

in Szene setzen und einen je zeit- und generationstypischen Protagonisten gleichsam als seismographische Sonde durch die Zeitläufe schicken. Zum anderen aber steht die intrinsische Entwicklung literarischer Ausdrucksformen und Produktionsweisen ihrerseits in dem Ruf, einer Art von Generationenabfolge zu unterliegen. Beide Prozesse und ihre Deutungsversuche überkreuzen sich nun, wenn eine bestimmte Generation von Autoren den Versuch unternimmt, sich selbst und ihre geschichtliche Stellung als Generation zum literarischen Sujet zu machen und sich einer literarisch-experimentellen Selbstrelativierung zu unterziehen" [2].

Heute hängt die Qualität der Generationenromane einerseits von der Fähigkeit des Autors ab, das historische Szenario zu rekonstruieren, das das einzelne generationsgekennzeichnete Erleben charakterisiert und dabei den Protagonisten Gewicht und emotionale Substanz verleiht. Andererseits hängt sie aber zuerst davon ab, ob er mit seriösen dokumentarischen Belegen unter den Ereignissen, die das 20. Jahrhundert gekennzeichnet haben, eines aus der Zeit des Zweiten Weltkriegs auswählt, das besonders traumatisierend wirkte (die Shoah, die Vertreibung der Deutschen aus dem Osten im Zuge des Vorrückens der sowjetischen Truppen, die Zerstörung der deutschen Städte im Bombenhagel, aber auch die tragischen Ereignisse im Kampf gegen den Terrorismus in den 70er Jahren). Auch wenn dabei in kritischer Weise ein historischer oder politischer Standpunkt diesem Ereignis gegenüber eingenommen wird, ist der literarische Erfolg nicht unbedingt garantiert.

Die *genealogisch-familienbezogene* Makrokategorie, die besonders auf die Erforschung der Herkunft der Familie und die Generationenabfolge abzielt und die die Bruchstellen und die Nähte im familiären Dialog längs der Achse der Tradition deutlich werden lässt, führt zu einer Form des Generationenromans nach dem Modell des Familienepos, das von der zweiten Hälfte des 19. Jahrhunderts bis zur ersten Hälfte des darauffolgenden Jahrhunderts seine Blütezeit erlebte: Beispiele hierfür sind etwa die *Deutsche Chronik* von Walter Kempowski (die in neun Bänden zwischen 1971 und 1984 veröffentlicht wurde), aber auch die Trilogie von Dieter Forte *Das Haus auf meinen Schultern* (abgeschlossen 1998) oder *Im Krebsgang* (2001) von Günter Grass.

2 A. Honold: *„Verlorene Generation". Die Suggestivität eines Deutungsmusters zwischen Fin de siècle und Erstem Weltkrieg*, in: S. Weigel/O. Parnes/U. Vedder/S. Willer (Hrsg.): *Generation. Zur Genealogie des Konzeptes – Konzepte von Genealogie*, Trajekte – Wilhelm Fink Verlag, München, 2005, S. 31-56; hier S. 31-32.

Der *pädagogisch-anthropologische* Ansatz zeichnet sich hingegen – wie auch Wolfgang Sünkel 1997 [3] bemerkte – durch eine dialektische Struktur aus, in der nur zwei Generationen aufeinander bezogen sind: diejenige, die erzieht und diejenige, die lernt. Anders als im gesellschaftlichen Kontext kann sich in der Literatur das Generationenverhältnis umkehren, und so erleben wir heute den Versuch, lange latent gebliebene Konflikte zu lösen, was gleichsam als eine Antwort auf den Bruch zwischen der 1. und der 2. Generation verstanden werden muss, der mit der Jugendbewegung der späten 60er Jahre entstandenen ist. Wie man sich erinnern kann, wurde die Frage nach den Kommunikationsblockaden zwischen Söhnen und Vätern im darauf folgenden Jahrzehnt in der Erinnerungsliteratur thematisiert (als eines der ersten Beispiele sei hier *Die Reise* von Bernward Vesper (1977) genannt), die dank symbolischer Akte einer emotionalen und moralischen Tötung des „pater absente" als Selbsttherapie fungieren sollte. Die autobiographische Dimension, in der die Schriftsteller sich sowohl von der Verantwortung der Eltern für den Nationalsozialismus als auch von den Erziehungsmustern, nach denen sie erzogen worden waren, verabschieden, ist charakteristisch für eine unwiederholbare Periode der deutschen Literatur, in der die „Kinder" ihre Zukunft auf's Spiel setzten, indem sie ihre Beziehungen zur Tradition abbrachen [4].

Diese beiden Aspekte im aktuellen Panorama der Generationenliteratur finden sich auch im Roman *Unscharfe Bilder* (2003) von Ulla Hahn [5] wieder, in dem eine Aussprache zwischen einer Tochter und einem Vater Episoden aus der Vergangenheit ans Licht bringt, über die ein halbes Jahrhundert lang niemand gesprochen hat. Doch der Versuch der Tochter Katja, die Rolle des „historischen Gewissens Deutschlands" zu übernehmen, misslingt. Sie schwankt zwischen dem Bedürfnis zu wissen, ob der Vater mitverantwortlich ist für die Verbrechen der deutschen Wehrmacht im Osten und der Sorge, ihr hartnäckiges Insistieren könnte für den nun-

---

3 W. Sünkel: *Generation als pädagogischer Begriff*, in: E. Liebau (Hrsg.): *Das Generationenverhältnis. Über das Zusammenleben in Familie und Gesellschaft*, Juventa, Weinheim, 1997, S. 195-204.

4 Vgl. besonders das Kapitel *Autobiographische Romane (I). Generationenkonflikt im Essay von E. Schland*, in: ders.: *Die Sprache des Schweigens. Die deutsche Literatur und der Holocaust*, C. H. Beck, München, 2001, S. 106-127 (Originalausgabe: *The Language of Silence. West German Literature and the Holocaust*, Routledge, New York/London, 1999).

5 U. Hahn: *Unscharfe Bilder*. Roman, dtv, München, 2005 (1. Ausgabe 2003). Vgl. dazu u. a. die Rezensionen von C. Diller: *Hinabgestiegen in die Hölle seiner Jugend. Ulla Hahns Roman „Unscharfe Bilder"*, in: „Münchner Merkur", 15.08.2003; von G. Norbisrath, *Unscharf die Bilder, unklar die Haltung*, in: „WAZ", 02.09.2003 und von M. Grisko *„Unscharfe Bilder. Ulla Hahns Auseinandersetzung mit der deutschen Wehrmachtsvergangenheit*, in: literaturkritik.de, 11.11 2003.

mehr betagten Vater eine Tortur werden. Die Struktur des Textes, die durch ein dichtes Spiel von Fragen und Antworten gekennzeichnet ist, leidet unter der psychologischen Spaltung der Protagonistin, die sich auf die Dialoge auswirkt und den Rhythmus der Erzählung deutlich verlangsamt. Mit jedem Treffen der zwei Personen wird deutlicher, dass nicht die Schuld der Vätergeneration an den Ereignissen während des Zweiten Weltkriegs vorgeführt wird, sondern die Schuld der Kinder, die zur gegebenen Zeit ihre Teilnahme an der moralischen Trauer des Landes verweigerten und ihre Nichtübereinstimmung gewalttätig kundtaten.

Die *historisch-gesellschaftliche* Makrokategorie ist wahrscheinlich am geeignetsten, um die Bilder sichtbar zu machen, die Generationen von sich selbst haben. Die kollektiven und individuellen Subjekte definieren dabei die Bedeutung der Erinnerungen, in dem sie die Art des Bildes wählen, das sie von sich geben möchten und die Erinnerungen so zusammenstellen, dass sie sich in dieses Bild fügen. Dabei werden die großen geschichtlichen Zäsuren zu den Chiffren einer Generation (Lüscher spricht von *Geschichtsgenerationen*), doch in Anbetracht der Identifikationsprozesse, in denen Generationen sich als soziale Gruppen durch gemeinsame Ideale, Programme oder Wünsche konstituieren, wäre es angemessener, von *Gesellschaftsgenerationen* [6] zu sprechen. Dieser doppeldeutigen Kategorie kann nun eine ganze Reihe von heterogenen literarischen Gattungen zugeschrieben werden, die von Texten in der Form autobiographischer Erinnerungen wie etwa Uwe Timms *Der Freund und der Fremde* (2005) – in dessen Zentrum die Ermordung von Benno Ohnesorg während der Demonstrationen gegen den Besuch des Schahs von Persien in Berlin am 2. Juni 1967 steht –, bis zu eher essayistischen Werken reicht, wie *Generation Golf* von Florian Illies (2000), das vom Autor passender Weise „eine Inspektion" genannt wird und in dem er eine Generationenbilanz zieht, bei der Illies die Werte und Modelle seiner Altersgenossen in den 90er Jahren in Frage stellt.

Interessant ist hier, dass auf der einen Seite die kulturellen und wirtschaftlichen Systeme sich auf dem Gebiet der Literatur in einer Weise niederschlagen, die es möglich macht, den Texten unendlich viele Variationen der unterschiedlichsten subjektiven und kollektiven Erfahrungen zuschreiben. Auf der anderen Seite erlaubt die Soziologie die Untersuchung von Konstanten und Variablen in den Generationenbeziehungen

6 Dieser Punkt wird im schon erwähnten Essay von F. Höpflinger auf Seite 3 ausführlich behandelt. Ergänzungen dazu bietet M. Kohli: *Generationen in der Gesellschaft*, in: SFB 580, Heft 9, November 2003: *Gesellschaftliche Entwicklungen nach dem Systemumbruch. Diskontinuität, Tradition und Strukturbildung*, S. 9-18.

und die Bildung von Hypothesen über lang- oder kurzfristiges Entstehen von kollektiver Identität. [7]

Wie ich an anderer Stelle bemerkt habe [8], liegt die Schwierigkeit der Definition von literarischen Gattungen in der Verifizierung jenes Bedeutungsgehaltes, den die Autoren selbst ihrem Werk dadurch verleihen, dass sie es als einen Familienroman, eine Familiengeschichte oder zum Beispiel als einen Bildungsroman bezeichnen. Aleida Assmann spricht diese Frage nur mit äußerster Vorsicht an, beharrt jedoch auf dem hybriden Charakter des Familienromans [9].

So hat Grass nicht von ungefähr die Geschichte von Tulla Pokriefke, ihrem Sohn Paul und ihrem Enkel Konny als *Novelle* bezeichnet und nicht als *Familienroman* oder *Generationenroman*, womit er klarstellt, dass diese persönlichen Ereignisse ein Mikrokosmos im großen Fresko der Geschichte des 20. Jahrhunderts sind, in dem sich Lichter und Schatten der Kriegsereignisse spiegeln.

Auch führte offensichtlich der Einfall von Stephan Wackwitz, sein Erstlingswerk *Ein unsichtbares Land* (2003) als *Familienroman* zu bezeichnen, zum erhofften Erfolg, so dass Wackwitz dem Publikum später einen *Bildungsroman* mit dem Titel *Neue Menschen* (2005) vorlegte. Nachdem er in *Ein unsichtbares Land* die Geschichte seines Großvaters anhand eines nach Jahren wieder gefundenen Tagebuchs rekonstruiert und das Schicksal seiner Familie in Kriegs- und Friedenszeiten kreuz und quer durch Europa und Afrika verfolgt hat, nützt Stephan Wackwitz nun in *Neue Menschen* die Vorstellung eines „Dialogs mit dem Reich der Toten", um seinen jüngsten Bildungsroman zu beginnen, wobei er, wie etwa bei der Verwendung fotografischer Belege, vermutlich W. G. Sebald verpflichtet ist: „An einem Samstag im November 1999 bin ich, einen nebligen Nachmittag lang, ins Reich der Toten geraten. Mein Reich der Toten liegt unter

7 Koenraad Matthijs (Hrsg.): *The Family. Contemporary Perspectives and Challenges.* Festschrift in Honor von Wilfried Dumon, Leuven University Press, Leuven, 1998; K. Lüscher: Stichwörter: *Generationenbeziehungen, Zeit,* in: G. Endruweit/G. Trommsdorff (Hrsg.): *Wörterbuch der Soziologie,* Lucius & Lucius, Stuttgart, 2002, S. 187.

8 E. Agazzi: *Familienromane, Familiengeschichten und Generationenkonflikte. Überlegungen zu einem eindrucksvollen Phänomen,* in: F. Cambi (Hrsg.): *Gedächtnis und Identität. Die deutsche Literatur nach der Vereinigung,* Königshausen & Neumann, Würzburg 2008, S. 187-203, hier S. 190. Ich weise auch auf den im selben Band enthaltenen Beitrag hin von Gerhard Friedrich: Opfererinnerung nach der deutschen Vereinigung als „Familienroman", S. 205-222.

9 A. Assmann: *Generationsidentitäten und Vorurteilsstrukturen in der neuen deutschen Erinnerungsliteratur,* Wiener Vorlesungen 117, Wien 2006, S. 26-27.

den neobarocken Straßenlaternen, auf den Boulevards, in den Parks und Innenhöfen der südpolnischen Nowa Huta" [10].

In Wackwitz' Text finden sich dort Spuren einer gewissen pietistischen Geisteshaltung - Stephan Wackwitz ist der Enkel des bekannten protestantischen Pfarrers Andreas Wackwitz (1893-1979) -, wo das Konzept einer „apokatastasis panton" aufgerufen wird, das die versöhnende Rückkehr aller in den Urzustand der Schuldlosigkeit am Tag des Jüngsten Gerichts beschreibt. Hier verleiht Wackwitz den Gespenstern der Vergangenheit ein Gesicht und unternimmt gleichzeitig eine Reise in die eigene Vergangenheit, die Zeit der Studentenbewegungen. Als ehemaliges Mitglied der kommunistischen Hochschulorganisation „MSB Spartakus" erkennt der Ich-Erzähler die destabilisierenden Auswirkungen der totalitären Doktrinen auf die Köpfe der Studenten, die den politischen Parolen gegenüber besonders aufnahmefähig und leicht verführbar waren. Die Initiationsriten, die für Stammeskulturen in sogenannten primitiven Gesellschaften typisch sind und die den Eintritt der jungen Männer ins Erwachsenenalter bestimmen, werden in seiner 68er-Jugend nun im Lichte einer marxistisch-leninistischen Lehre, die die Kultur der 70er Jahre geprägt hat, vollzogen. In Wackwitz' Roman begünstigt dann aber hingegen eine - wie in Goethes „Wilhelm Meisters Lehrjahre" - gelegen kommende „Turmgesellschaft", die aus enttäuschten Professoren und weit blickenden Mentoren besteht, den Bruch mit der historischen Zeit. Zugleich werden die Eltern durch Rorty und Habermas, die charismatischen Väter der neoliberalen Kultur, die er schon in *Ein unsichtbares Land* [11] gefeiert hatte, ersetzt. Aber man fragt sich, wo sind in diesem Text die wahren Helden der Studentenbewegung des Jahres 1968 geblieben, wo Rudi

10 S. Wackwitz: *Neue Menschen. Bildungsroman*, S. Fischer, Frankfurt a. M., 2005, S. 7.

11 S. Wackwitz: *Fünf Professoren/Träume von Jürgen Habermas*, in: *Ein unsichtbares Land. Familienroman*, Fischer Taschenbuch, Frankfurt a. M., 2005, S. 150-184 (1. Auflage 2003).

Dutschke, der im ersten Roman zum ideologischen Bezugspunkt erkoren worden war? [12]

Die Kritiken [13], die der Arbeit von Heinz Bude *Das Altern einer Generation. Die Jahrgänge 1938-1948* [14] folgen, haben hervorgehoben, dass der 1952 geborene Wackwitz sich nur missbräuchlich der Generation der 68er zuordnen kann. Das mag den Autor dazu gebracht haben, die zeitlichen Koordinaten seiner politischen Positionierung auf der Bühne der Jugendproteste im zweiten Roman zu überdenken. Können also soziologische Studien, wie etwa Budes, einen Einfluss auf den Selbsterkenntnisprozess eines Autors ausüben, der aus einer kollektiven Perspektive schreibt und ihn zwingen, in einigen Fällen seine dialektischen Beziehungen zur Geschichte zu korrigieren, um eine gewisse Kurzsichtigkeit zu vermeiden?

Man muss Wackwitz zugestehen, dass er eine Form gefunden hat, um die scheinbar tiefe Kluft zu überwinden, die den Erfahrungsraum vom Erwartungshorizont seiner Generation trennt. Das Ideal der Bildung als Mittel, um die wahre Berufung im Leben zu erkennen, steigt aus seinem Roman mit jener pädagogisch utopistischen Form auf, die drei Jahrhunderte lang die protestantische Kultur beherrscht hat und auch in den bekanntesten literarischen Vorbildern von Moritz, Goethe und Keller doch nur die leere Hülle einer labyrinthischen Struktur zurückgelassen hat, die

---

12 Über Dutschke spricht Wackwitz ausführlich im Kapitel *Die Toten* (ebd. S. 255-271). „Auch das seltsam unkontrollierte, manchmal fast unwillkürlich und bauchrednerisch wirkende Eindringen unverarbeiteter Theorien aus den zwanziger Jahren in seine schlichte und geradezu kindliche Syntax, hat zu dem Eindruck des mittelbaren, beauftragten, vielleicht besessenen Sprechens Rudi Dutschkes während seiner öffentlichen Auftritte beigetragen. Es ist, als habe sich dieser damals noch sehr junge Mann als Medium vergessener Theorien verstanden, deren Schöpfer und ursprüngliche Sprecher zu der Zeit, als er in Luckenwalde ein Kind war, in den Konzentrationslagern ermordet wurden oder im Exil überlebten. Er ist ihr Erbe. Er ist ein Bote, vielleicht ein Engel. Er ist nicht von hier. Rudi Dutschkes Stimme verrät etwas über den politischen Familienroman, von dem nicht nur sein spärliches, verstreutes […] schriftliches Lebenswerk bestimmt war, sondern vor allem sein charismatisches Leben und politisches Prophezeien“, S. 256-257.

13 So widmet Friederike Eigler das VI. Kapitel ihrer ausführlichen Arbeit über *Generationenromane* der Untersuchung des Romans von Wackwitz und schreibt in einer Fußnote: „Entscheidend ist hier, dass Wackwitz als Akteur des ‚roten Jahrzehnts' (Koenen 2001) schreibt, auch wenn sein Geburtsjahr (1952) später liegt als für die 68er gemeinhin angenommen wird: So bezieht sich der Soziologe Heinz Bude (1995) auf die Jahrgänge 1938-1948“; F. Eigler: *Gedächtnis und Geschichte in Generationenromanen seit der Wende*, Erich Schmidt Verlag, Berlin, 1995, S. 185-225, hier S. 185, Anmerkung 1. G. und Koenen: *Das rote Jahrzehnt. Unsere kleine deutsche Kulturrevolution 1967-1977*, Kiepenheuer & Witsch, 2001.

14 H. Bude: *Das Altern einer Generation. Die Jahrgänge 1938 bis 1948*, Suhrkamp, Frankfurt a. M., 1995.

keine realen Auswege vorzuschlagen scheint: „Wie gesagt: All das ist schnell erzählt. Der Romantiker in uns kann die *Cliffhanger-Technik* der klassischen europäischen Bildungsromanschlüsse nicht recht leiden. Nicht nur, weil sie schriftstellerisch so wenig hergibt. Sondern auch, weil wir unsere überwundenen Verrücktheiten insgeheim noch gar nicht völlig loslassen wollen. Wie eine Liebesgeschichte, von der wir noch so gut wissen mögen, dass sie keine Zukunft hat.“ [15]

Das Bedürfnis nach erzieherischen Prinzipien auf der Grundlage der historisch-sozialen Situation, und gleichzeitig das Bedürfnis danach, die Figur des von den pädagogischen Geboten geleiteten Helden zu entmythisieren sowie die Durchsetzung der literarischen Freiheit, die Karten der Fiktion und der Realität zu mischen: Das ist Wackwitz' Lebensphilosophie, die auf einer kurzen Seite am Ende des Textes die Bedeutung seines generationalen Verhältnisses zum Vater zusammenfasst: „Dem Gedächtnis von sechs Liberalen“ widmete Richard Rorty sein Hauptwerk - seinen Eltern und Großeltern. Wenn es möglich wäre, Bücher ihren Autoren und Figuren zu widmen, würde ich im Sinn der Widmung dieses für meinen Bildungsroman fast zu allgegenwärtigen Philosophen über den Eingang in mein Buch die Inschrift setzen: „Für Gustav Wackwitz, der für den Liberalismus seines Erwachsenenalters den Preis einer verlorenen Jugend bezahlte“ [16].

Dort, wo hingegen historische Fakten erörtert werden, die zentral im kollektiven Gedächtnis bereits verwurzelt sind und die darum nicht zwischen Subjekten aus Nachbargenerationen neu verhandelt werden können, da dokumentiert die Erzählung - im Gegensatz zur historischen Erinnerung an die Vergangenheit - die Erlebnisse einer Generation. Hier gilt, was der Soziologe Alessandro Cavalli an einer Stelle seines Essays *Generations and Value Orientations* schreibt: „Wir sprechen von Generationen, wenn wir die zwischen Eltern und Kindern, zwischen Großeltern und Enkeln existierende Beziehung meinen. In diesem Kontext bezeichnet der Begriff eine Bindung, aber auch eine Distanz, welche eine Generation oder zwei Generationen trennt. Die Bindung, wie die Distanz, kann sowohl in einem biologischen als auch in einem anthropologischen Sinn verstanden werden: eine Generation ist eine Stufe auf der Abstammungslinie, und ist Teil der Natur wie der Kultur. Doch wir sprechen von Generation auch in einem anderen Sinn, wenn wir nämlich hervorheben wollen, dass einige unauslöschbare Spuren in der Art des Fühlens, Denkens und Handelns bleiben, wenn man in ein bestimmtes kulturelles, von his-

---

15 S. Wackwitz, *Neue Menschen*, a. a. O., S. 264.
16 Ebd., S. 271.

torischen Ereignissen gezeichnetes Klima, hineingeboren wird oder die für die Persönlichkeitsbildung entscheidenden Jahre erlebt" [17].

Die beiden von Cavalli erwähnten Momente können in einer Erzählung zusammenfallen, wie in *Die schöne Frau* (1997) von Judith Kuckart [18], die der dritten Generation einen Vorwand liefert, um den Finger in die Wunde der Verbrechen der Nationalsozialisten zu legen und um die schwere Last der sozialen und politischen Erbschaft anzuprangern, welche die jungen Generationen in Deutschland seit der Nachkriegszeit tragen mussten. Bertha die junge Frau mit arischen Zügen, die versucht, sich der Rolle des „Vorzeigemädchens" durch den Gang zur Bühne zu entziehen, wird von den brieflichen Beichten ihrer Mutter verfolgt, die in einem Heim des *Lebensborns e.V.* als eines der „vollkommenen Kinder" geboren wurde. In der mangelnden Zuneigung, die die Großmutter der Mutter entgegenbringt - wovon eine Fotografie Zeugnis ablegt, auf der beide wie Fremde nebeneinander abgebildet sind - erkennt Bertha die eigenen existentiellen Frustrationen und verschwindet am Ende spurlos: So lässt sie durch ihr Verschwinden ihre kaputte Beziehung zum Leben und zur Kunst hinter sich. Interessant sind an diesem Roman die neuen Regeln der Zugehörigkeit zur dritten Generation, in denen sich nun Reflexionen über das weibliche Selbst [19] und über die Unterschiede weiblicher Praktiken und Kulturen im Schatten des Nationalsozialismus niederschlagen.

Es handelt sich bei diesem Buch um eine Generationen übergreifende Erzählung, in der Frauen die Protagonisten sind, wie z. B. auch Tanja Dückers Buch *Himmelskörper* (2003). In diesen Texten wird vor allem der weiblichen Emotionalität und den Reflexionen einer Frau innerhalb der Familie und der deutschen Gesellschaft Raum gegeben. In Tanja Dückers Roman versucht die Protagonistin Freia, die ein symbiotisches, fast pathologisches Verhältnis zu ihrem Zwillingsbruder unterhält, in dem Moment eine traumatisierende Trennung vom Bruder - als ihrem Alter-Ego -, als sich in der Pubertät ihre Weiblichkeit manifestiert und ihr einen anderen biologischen Rhythmus aufzwingt. Durch eine Schwangerschaft wird sie

---

17 A. Cavalli: *Generations and Value Orientations*, in: „Social Compass", Nr. 51/2, S. 155-168, hier S. 155-156.

18 J. Kuckart: *Die schöne Frau*, Fischer, Frankfurt a. M., 1999 (1. Ausgabe 1997). Für eine genauere Analyse des Romans siehe E. Agazzi: *Erinnerte und rekonstruierte Geschichte. Drei Generationen deutscher Schriftsteller und die Fragen der Vergangenheit*, Vandenhoeck & Ruprecht, Göttingen, 2005, S. 151-156 (Originalausgabe: *La memoria ritrovata. Tre generazioni di scrittori tedeschi e la coscienza inquieta di fine novecento*, Bruno Mondadori, Mailand, 2003)

19 Siehe besonders: B. Mapelli: *Generazioni*, in: *Adultità*. Semestrale sulla condizione adulta e i processi formativi, Guerini e Associati, Milano: *Generazioni*, 12. Oktober 2000, S. 9-13, hier S. 10.

in den Clan der Frauen ihrer Familie aufgenommen und erfährt als zukünftige Mutter den für sie neuen Drang sich mit der Vergangenheit kritisch auseinanderzusetzen: „Seitdem ich also weiß, daß ich selbst Mutter werde, muß ich sehr oft an Renate [die Mutter] und auch an Jo [die Großmutter] denken. Es gibt so viel Ungeklärtes in unserer Familie, das mir plötzlich keine Ruhe läßt. Als hätte meine Schwangerschaft eine Art Wettlauf mit der Zeit begonnen, in der ich noch offene Fragen beantworten kann ... ich weiß auch nicht genau, woher meine innere Unruhe stammt ... vielleicht ist es ein unbewußter Drang, zu wissen, in was für einen Zusammenhang, in was für ein Nest ich da mein Kind setze ..." [20].
In andern Fällen hingegen ist die Generationenerzählung für den Autor eine Art *Ur-Erinnerung*, dank der er das neu erfinden kann, was er vergessen oder nie erfahren hat, wobei er mit autobiographischen Anteilen, die er in den Text integriert, an der fiktiven Erzählung des Ich-Erzählers teilnehmen kann. Die Rezensenten des Werks von Hans-Ulrich Treichel *Der Verlorene* (1998) [21] konnten deshalb nicht festmachen, welcher Gattung das Werk angehört. Einige haben von einem „Roman" gesprochen [22], die meisten bezeichneten den Text aber als „Erzählung" [23], während Wilhelm Genazino den Text als „Kindheits- und Familienroman" beschreibt. [24] Wahrscheinlich hat Verena Auffermann Recht, wenn sie die besondere Situation des Protagonisten hervorhebt und aufgrund des beispielhaften Charakters der Geschichte diese als einen Fall bezeichnet, der sich in zahlreichen Biographien von Vertriebenen aus dem Osten wiederholt: Daher ist für sie der Text auch ein „Gleichnis", das auf den „verlorenen Sohn" der Bibel [25] anspielt.

Der Ausgang von Treichels Text bleibt offen, oder besser, er lässt unterschiedliche Interpretationen zu. Nach langen Nachforschungen der Eltern des Protagonisten, in denen sie Momente voller Hoffnung, Enttäuschung, Leid und Euphorie durchlebten, wird der 1945 auf der Flucht vor den heranrückenden Russen verschollene Bruder als *Findelkind 2037* iden-

---

20 T. Dückers: *Himmelskörper. Roman*, Aufbau Verlag, Berlin, 2003, S. 26.

21 H.-U. Treichel: *Der Verlorene*, Suhrkamp, Frankfurt a. M., 1998.

22 So beispielsweise H. Steinert in seiner Rezension *Der untote Bruder. Hans-Ulrich Treichels ‚Der Verlorene' – die anrührende Geschichte eines Flüchtlingsschicksals*, in: „Focus", 06.04.1998 und H. Hirsch: *Immer wieder eine Entdeckung: Kindheit. Hans-Ulrich Treichel: Der Verlorene*, in: „Berliner LeseZeichen", Ausgabe 6/99.

23 Vgl. G. Schulz: *Das dauerhafte Grinsen im Opel Admiral. Westfälischer Unfriede. Hans-Ulrich Treichels meisterhafte Erzählunng ‚Der Verlorene'*, in: „FAZ", 24.03.1998.

24 W. Genazino: *Komisches Unglück. Hans-Ulrich Treichels Kindheits- und Familienroman ‚Der Verlorene'*, in: „Frankfurter Rundschau", 25.03.1998.

25 V. Auffermann: *Das Gespenst der Familie. Hans-Ulrich Treichel erzählt von getrennten Brüdern und Ländern*, in: „Süddeutsche Zeitung", 07./08.03.1998.

tifiziert, den der Ich-Erzähler, seine Mutter und ihr neuer Gefährte Rudolph Jahre später von weitem durch ein Schaufenster beobachten. Während der Protagonist erkennt, dass der verlorene Bruder ihm sehr ähnlich sieht, schreckt die Mutter davor zurück, ihn in die Arme zu schließen: Vielleicht kann der tote Erstgeborene im Herzen der „Mater dolorosa" nicht ersetzt werden, oder es überwiegt die Angst vor einem Irrtum.

Gelegentlich überschreitet der Generationendiskurs die Grenzen der spezifischen Geschichte. So etwa in *Der Verlorene,* wo sich der allgemeine ungelöste Generationenkonflikt der Nachkriegskinder mit den Flüchtlingen aus dem Osten abzeichnet: Letztere waren durch den Verlust all ihrer Habe und die Gewalttätigkeiten der Russen traumatisiert und deswegen eher bereit, in einem Akt der Verdrängung die Spuren dieser Tragödie zu verwischen und die letzten Reste ihrer Gefühle unter unermüdlicher Arbeit zu verschütten. Der Generationenkonflikt verdichtet sich hier im Roman zum einen im Syndrom der Unangepasstheit des Zweitgeborenen und zum anderen in seinem gestörten körperlichen Verhältnis zum Vater, dessen Behinderung im Text angedeutet wird. In einem autobiographischen Essay mit dem Titel *Heimatkunde oder Alles ist heiter und edel* [26] spricht Treichel ausführlich über diesen besonderen, körperlichen Aspekt. Der Autor hat also nicht nur in seinen literarisch-erzählenden Arbeiten, sondern zuvor auch in autobiographischen Essays versucht, die historischen und familiären Konflikte zwischen seiner und der Generation der Väter zu bewältigen. Diese Essays übernahmen dabei eine therapeutische Funktion, in dem sie die Arbeit einer Anamnese der Vergangenheit leisteten, was auch für viele seiner Altersgenossen, die ihn rezipierten, hilfreich war. Die groß angelegten historischen *Exkurse* in den *Frankfurter Poetikvorlesungen* (2000) [27] stellten zudem für den Leser eine Lektürehilfe dar, mit der die autobiographische Komponente und die literarische Fiktion in *Der Verlorene* voneinander unterschieden werden konnten. Dazu musste er aber auch die Dynamik erfassen, durch die die individuellen Erinnerungen und das kollektive Gedächtnis, das durch den Mauerfall auf einer neuen Erfahrung kollektiver deutscher Identität fußte, voneinander getrennt oder miteinander verbunden werden.

In seinem 2005 veröffentlichten Roman *Menschenflug* [28] wollte Treichel die Geschichte des verlorenen Bruders aus der Sphäre des Literarischen in die Realität zurückholen. Dass der Erzähler nun in der dritten Person als

---

26 H.-U. Treichel: *Heimatkunde oder Alles ist heiter und edel. Besichtigungen,* Suhrkamp Taschenbuch, Frankfurt a. M., 2000, S. 17 (1. Auflage 1996).

27 H.-U. Treichel: *Der Entwurf des Autors. Frankfurter Poetikvorlesungen,* Suhrkamp, Frankfurt a. M., 2000.

28 H.-U. Treichel: *Menschenflug. Roman,* Suhrkamp, Frankfurt a. M., 2005.

Fünfzigjähriger mit einem Namen ausgestattet und mit Angst vor einem Herzinfarkt spricht, raubt der Perspektive des Sohnes als Vertreter der zweiten Generation die notwendige Distanz zum historischen Trauma. Zugleich wird in diesem Text eine Rhetorik sichtbar, mit der allzu abgenutzte Motive inszeniert werden. In seinem Hang, auf die bekannten Gemeinplätze der Spurensuche zurückzugreifen, hat Treichel die Erzählung mit wohlbekannten Topoi durchsetzt, die von der (dem Onkel Ernst zugeschriebenen) Ahnenforschung bis hin zur Vererbungslehre reichen; er erspart dem Leser jedoch mit wohl überlegter Selbstironie, wie die Fotografien oder die vergilbten Briefe aus der Zeit, als seine Eltern noch in Wolhynien lebten, aufgefunden wurden: „Aber zugleich mußte er zugeben, daß sich, seit er fünfzig geworden war und beinahe das Lebensalter seines Vaters erreicht hatte [...], immer öfter eine Sehnsucht nach alten Papieren seiner bemächtigte. Eine Art Dachbodensehnsucht überkam ihn dann, ein Verlangen nach alten Truhen, vergilbten Briefen und Fotoalben“ [29].

In seinem Exkurs zum Phänomen der Familien- und Generationenromane schreibt Harald Welzer im Bezug auf *Austerlitz* (2001) über einen Aspekt der Poetik von W. G. Sebald, der alle, die über das Gedächtnis als Rekonstruktion von Identität arbeiten, zur Vorsicht mahnt: „Ein geraubtes Leben läßt sich durch ein Ursprungsereignis nicht wiederaneignen, die Anknüpfung an die Geschichte nicht wiederherstellen“ [30]. Man müsste vielleicht diesen Überlegungen das Wittgenstein-Zitat hinzufügen, das Ulla Hahns Roman inspiriert hat. „Ja, kann man ein unscharfes Bild immer mit Vorteil durch ein scharfes ersetzen? Ist das unscharfe nicht oft gerade das, was wir brauchen?“ [31].

Die Betonung der biographischen Dimension der Erfahrung, die mit dem Verblassen der historisch-institutionellen Einflüsse zusammenfällt, schadet auch der Literatur. Ein Hedonismus, der den Schriftstellern der dritten Generation oft zum Vorwurf gemacht wird – die für ihre ostentative Vergangenheitsanamnese des Öfteren auf Tricks zurückgreifen, die eher einem Detektivroman als einem Familienroman (man denke an *Spione* (2000) von Marcel Beyer) angemessen sind –, kann noch weniger akzeptiert werden, wenn der Schriftsteller wie Treichel der zweiten Generation angehört. Auch bei dieser Bewertung spielen historisch-soziale Überlegungen eine Rolle, denn die zweite Generation – die die Gnade der

29 Ebd., S. 9-10.

30 H. Welzer: *Schön unscharf. Über die Konjunktur der Familien- und Generationenromane*, in: „Literatur“. Beilage zum Mittelweg 36, Nr. 1., Januar/Februar 2004, S. 53-64, hier S. 54.

31 Das Zitat stammt aus *Philosophische Untersuchungen*, 71.

späten Geburt erfahren hat - wird als eine gesehen, die zu spät das Bedürfnis entdeckt hat, den Konflikt mit ihrer Vergangenheit und mit den vertrauten Bildern zu lösen. Das Meinungs- und Aktionsvakuum, das sich zwischen dem Abklingen der Jugendproteste am Ende der 70er Jahre und den 90er Jahren erstreckt, lastet wie eine Schuld auf denen, die nach dem Krieg geboren wurden und deren sprachgewandter Wortführer Paul aus *Im Krebsgang* ist [32].

Der von der Kritik schlecht bewertete Generationenroman von Michael Zeller, *Die Reise nach Samosch* (2003), der sowohl an einer umständlichen narrativen Struktur als auch an dem krankt, was an einer Stelle unkontrollierte Masturbationsmetaphern genannt wurde, verzichtet auf die traditionelle diegetische Kontrolle des Ich-Erzählers: Der Roman geht mit einigen Seiten aus dem Tagebuch einer jungen Frau, das mit dem 27. Mai 1940 beginnt, sogleich *in medias res*. Das Tagebuch hat die Funktion einer historischen Quelle und begleitet den Leser mit den ersten Seiten des Buchs bis zum 23. Mai 1945. Erika, die junge Frau, die ihre Sympathie für den Führer nicht verhehlt [33], ist einerseits ein Opfer, da sie 1945 vor den heranrückenden Russen aus Brandenburg in ein Städtchen an der Elbe fliehen muss. Andererseits ist sie indirekt das erste Glied einer Kette von Ereignissen, die mit den Massentötungen in Polen in Beziehung stehen und durch die sie an der Täterseite Teil hat: Sie verliebt sich in Hellmut Anschütz, der im Oktober 1941 vom Militärkommando in das geheimnisvolle Zamosc abkommandiert wird.

Nur ein aufmerksamer Leser, der zu verstehen versucht, warum die drei Generationen der Anschütz, angefangen mit Hellmut, sich in Frie-

32 „Doch nicht nur Gabi, auch Mutter hat in mir den typischen Versager gesehen. Gleich nach der Geburt unseres Sohnes und nachdem sie uns per Telegramm ihren Namenswunsch ‚Muß unbedingt Konrad heißen' diktiert hatte, schrieb sie ihrer Freundin Jenny einen ziemlich offenen Brief: ‚So ein Esel! Ist er dafür in den Westen rüber? Mich so zu enttäuschen. Soll das etwa alles sein, was er auf die Beine kriegt?' Hat ja recht gehabt damit. Meine gut zehn Jahre jüngere Frau blieb zielstrebig, schaffte jedes Examen, wurde Gymnasiallehrerin und beamtet; ich blieb, was ich bin"; G. Grass: *Im Krebsgang. Eine Novelle*, Steidl, Göttingen, 2001, S. 43.

33 „Eins greift ins andere wie die Räder eines Uhrwerks, und die Verkettung von Schuld und Sühne und Mit-Schuld und Mit-Leiden ist nicht zu lösen. Solche Gedanken kommen mir, aber sie sagen mir doch am Ende, daß nicht ein Mann dies alles heraufbeschworen hat, sondern daß es die Schuld vieler ist. Eigennutz und Verrat, persönliche Vorteile und Ungehorsam ließen alles zu einem Zusammenbruch kommen. Der Wille und das Wollen dieses einen einzigen genialen Menschen stand über allem; aber er konnte das Unheil und das immer wiederkehrende Böse nicht abwenden. Ich richte nicht über ihn - ich werde es nie können, denn meine größte Liebe gehörte diesem Mann, *diesem* einmaligen Führer"; M. Zeller: *Die Reise nach Samosch. Roman*. Ars vivendi, Cadolzburg, 2003, S. 46.

denszeiten den Polen und der polnischen Geschichte zuwenden, wird einsehen, dass dieser Roman viel weniger bizarr ist, als er bei einer oberflächlichen Lektüre zu sein scheint. Der Leser wird also aufgefordert, sich über die Geschichte kundig zu machen und nicht nur wie Watson passivrezipierend dem jeweiligen Sherlock Holmes auf seiner Spurensuche zur Seite zu stehen.

In *Der Verlust. Die Vertreibung der Deutschen und der Polen im 20. Jahrhundert* [34] zeigt Thomas Urban auf, dass das Dritte Reich im Rahmen des *Generalplanes Ost* in Samosch ein Versuchsfeld der SS eingerichtet hatte, das nach den Wünschen Himmlers der erste *Musterbezirk der deutschen Wehrbauern* und deshalb vollständig germanisiert sein sollte. In den eineinhalb Jahren seines Bestehens wurden Tausende Juden in die Gaskammern der Vernichtungslager Belzec, Majdanek und Soibor gebracht, und zur selben Zeit wurden zahllose Polen vertrieben oder von den Deutschen unterjocht; viele Kinder wurden ihren Familien entrissen, andere in die Heime des *Lebensborns e.V.* verschleppt.

Hellmut Anschütz kommt hier mit einer belastenden Vergangenheit aus dem Krieg zurück, für die er - bewusst oder unbewusst - büßt, indem er, der nunmehr wohlhabend ist, ein Mädchen aus Oppeln heiratet, die von einem Polen geschwängert wurde. Hellmut weiß dies allerdings nicht, da er meint, der Vater des Kindes wäre ein von den SS getöteter kommunistischer Deutscher. Seine Frau, künftige Mutter von Hans, ist nebenbei eine Oberschlesierin, die bei Kriegsende sowohl den Schikanen der polnischen Beamten als auch denen der russischen Besatzer ausgesetzt war. Als 1970 Willy Brandt im Rahmen einer Friedenspolitik nach Warschau reist und vor dem Denkmal des Ghetto-Aufstandes niederkniet, denkt die Mutter von Hans mit Groll an ihre Geschichte; für sie bedeutet Brandts Geste die endgültige Übergabe ihrer Heimat an Polen.

Zeller verfolgt also die wechselhaften Ereignisse der deutsch-polnischen Geschichte, wobei er nach und nach die Monstrositäten und Paradoxa aufzeigt und seinen Gestalten die Aufgabe anvertraut, die Konflikte zwischen den beiden Kulturen zu entschärfen. Der Tod von Hansens natürlichem Vater, dem Polen Janusch, in Sibirien lässt darauf schließen, dass er der antikommunistischen Widerstandsgruppe AK angehörte, die in der Nachkriegszeit gegen die sowjetische Polizei NKWD gekämpft hat. Hans entwickelt eine starke Abneigung gegen die Polen, die seiner Kultur

---

34 T. Urban: *Der Verlust. Die Vertreibung der Deutschen und der Polen im 20. Jahrhundert*, C. H. Beck, München, 2004. Vgl. auch T. Urban: *Von Krakau bis Danzig. Eine Reise durch die deutsch-polnische Geschichte*, C. H. Beck, München, 2000 und S. Aust/ S. Burgdorff (Hrsg.): *Die Flucht. Über die Vertreibung der Deutschen aus dem Osten*, Bundeszentrale für politische Bildung (Spiegel-Reihe), Bonn, 2003.

und seiner Weltsicht völlig fremd zu sein scheinen, doch an seinem 18. Geburtstag erfährt er von seiner wahren Herkunft.[35]

Das 5. Kapitel, *Basti und Bascha*, das den Blick auf die Liebe von Hansens Sohn, Sebastian Anschütz, zu seiner polnischen Großmutter richtet, schließt die Spirale der Konflikte und Schwierigkeiten der drei Generationen. Mit den Augen des Vaters, der eine weitgehend katastrophale Bilanz des eigenen Lebens zieht, können wir die Jugendzeit des Sohns rekonstruieren, der der schwierigen Verbindung zweier Künstler entsprungen ist. Die Erinnerung an erlittenes Leid, Liebe, Glauben und die Sehnsucht nach einer Zukunft ohne Schatten, all das verbindet das polnische Volk und übt auf Sebastian eine magnetische Anziehungskraft aus. Die Liebe zur Polin Bascha wird dann der Höhepunkt der Aussöhnung mit der schrecklichen Vergangenheit.

Der 1944 in Breslau geborene Zeller ist vielleicht dem Katholizismus gegenüber zu positiv eingestellt, um den Kritikern, die weitgehend dem linkeren Lager angehören, gefallen zu können. Zudem scheint sein Finale zu „ökumenisch" für das breite Publikum zu sein. Sein Roman öffnet uns aber die Augen für die große Geschichte, die wir zumeist nur passiv über die Gemeinplätze der Literatur zur Kenntnis nehmen.

Wie ich schon andernorts[36] erwähnte, beeindrucken den Leser gerade die historischen Romane (und damit die Generationen überschreitenden Geschichten) am meisten, denen ein aufmerksames Studium der Zeit des Nationalsozialismus zugrunde liegen[37].

Die Österreicherin Melitta Breznik katapultiert den Leser mit ihrer jüngsten Arbeit *Umstellformat* (2002)[38] in die abstoßende Geschichte des unklaren Todes einer Frau, welche nach langen Aufenthalten in verschie-

---

35 „Heute, erst heute könnte sie mir alles sagen, und sie müsse es auch, das sei ihre Pflicht, an der Schwelle zum Erwachsensein. Und dennoch: es falle ihr so unsagbar schwer [...], Ahnungen hatten mich ja schon seit Jahren beunruhigt. Sie ließen sich aber immer wieder zurückdrängen, vor allem durch die Ruhe, die mir Vater gegeben hatte. Daß alles mit mir und mit uns in Ordnung sei. Jetzt war Vater tot. Er konnte mir nicht mehr helfen. Mutter blieb allein zurück, allein mit mir. Und mußte irgendwie zurecht kommen. Keiner hielt sie mehr. Der Alkohol machte ihr die Sache ein bißchen leichter, und mir auch.", M. Zeller: *Die Reise nach Samosch*, a. a. O., S. 180.

36 Vgl. E. Agazzi: *Erinnerte und rekonstruierte Geschichte*, a. a. O., S. 137 ff.

37 Judith Kuckart z. B. liest den Essay von Georg Lilienthal, *Der Lebensborn e.V. Ein Instrument nationalsozialistischer Rassenpolitik* und konstruiert um diesen herum die Geschichte von drei Frauengenerationen, auf die der Schatten der Rassenselektion fällt, die mit der geplanten Paarung von SS-Angehörigen und geeigneten Frauen institutionalisiert worden war.

38 M. Breznik: *Unstellformat. Erzählung*, Luchterhand, München, 2002.

denen psychiatrischen Instituten aufgrund einer schweren Form von manischer Depression am 8. Mai 1943 im Krankenhaus von Merxhausen für klinisch tot erklärt wurde. Der feste Wille der Enkelin, dieser Geschichte auf den Grund zu gehen und die Bereitschaft der Mutter zur Mitarbeit - wobei die Etappen der traurigen Reise in die Vergangenheit (Krankenberichte, Zeugnisse von Bekannten) von einer Rekonstruktion der schmerzhaften persönlichen Erinnerungen (die von der Tochter auf Band aufgenommen wurden) begleitet werden - macht klar, dass der Tod nicht durch Herzstillstand eintrat, sondern dass es sich um Euthanasie gehandelt hat, auch wenn es heißt: „In Merxhausen sei nicht planmäßig getötet worden wie in Hadamar, einem Krankenhaus, das man als Vernichtungsklinik eingerichtet hatte“ [39].

Die Krankenberichte über den Gesundheitszustand der Großmutter werden bewusst aseptisch in den Text eingearbeitet; die Autorin montiert hin und wieder ein Krankenblatt der Patientin in den Text, auf dem der Ort und das Datum der Aufnahme handschriftlich vermerkt sind, aber sie vermeidet Kommentare oder eine direkte Eingliederung in den Fluss der Erzählung. Den medizinischen Diagnosen stehen kontrapunktisch die verzweifelten Bitten des Gatten gegenüber, dem, im Namen der von den Nationalsozialisten Mitte der 30er Jahre eingeführten Gesetze zur Verhütung erbkranken Nachwuchses, die Gefährtin genommen worden war.

Von einer Neugier erfasst, die von Seite zu Seite zwingender wird, muss der Leser über die ärztlichen Gutachten den physischen und psychischen Verfall der Patientin mitverfolgen: Während man sie vom Gatten und der innig geliebten Tochter fernhält, wird sie ein Opfer der Psychopharmaka und der Elektroschocks.

Diese literarische Reise zurück in die tiefsten Winkel Österreichs und Deutschlands zur Zeit des Nationalsozialismus ist auch eine Expedition in das Gewissen der Generationen und gleichsam eine Rekonstruktion der verlorenen Identitäten durch eine geschichtliche Anamnese. Die Protagonistin weiß, dass sie eine gesellschaftliche Mission erfüllt. Ihre berufliche Zukunft liegt in der Medizin. Und tatsächlich wandelt sich die Szene; die Geschichte strebt ihrem Ende zu, doch plötzlich befindet man sich plötzlich wieder in einer Klinik, dem verwirrten Gesicht einer Frau gegenüber, die bis vor kurzem eine in der Stadt angesehene Rechtsanwältin gewesen war. Diese Patientin bringt die Psychiaterin dazu, „Umstellformat“ zu sagen, wie vor langer Zeit ihre Großmutter.

Diese kurzen Ausführungen zu Generationenromanen und -erzählungen sollen mit der Analyse eines Werks abgeschlossen werden, das von

39 Ebd., S. 79.

der Anlage her ein Familienepos ist, das aber über einen Witz verfügt, der der Geschichte gut steht: *Vienna* von Eva Menasse (2005), bei dem natürlich - wie bei allen österreichischen Werken, welche sich mit der historischen Vergangenheit befassen - der Unterschied zu dem deutschen Diskurs über den Zweiten Weltkrieg hervorzuheben ist [40]. Auch wenn die Rollenkonflikte immer intensiver werden je weiter sich die Erzählung der Gegenwart nähert, macht doch die raffinierte Fähigkeit der Mitglieder der Wiener Familie jeden trüben Gedanken und jede Zukunftsangst zu verdrängen, die Behandlung auch der heikelsten Themen leicht und gefällig. Leider lässt die dritte Generation, die vom kämpferischen Bruder von Eva Menasse (Robert, ein Thomas Bernhard in Kleinformat) hervorragend verkörpert wird - er hat sich lange Jahre in der Öffentlichkeit sehr kritisch mit Österreich auseinandergesetzt und dabei einige schmutzige Wäsche gewaschen - nicht locker und möchte genau wissen, wer wie denkt, wer in der Familie mit der Rechten sympathisiert und wer sich ganz als Jude fühlt. In einer Rezension wird die Atmosphäre in Eva Menasses Buch zusammengefasst: „Das moralinsaure Wort Verdrängung mag man auf diese hoch entwickelte familiäre Spielkultur, deren Spitzenleistung in dem rhetorisch-politischen Euphemismus besteht, die Zwangsarbeit des Großvaters ‚Überschwangsarbeit' zu nennen, nur ungern anwenden. Der anekdotische Witz ist einfach besser als die Wahrheit. Aber der Abwehrzauber des Zitatenschatzes hält, je weiter sich der Roman seinem Ende und der erzählerischen Gegenwart nähert, je zorniger die 68er in der Familie ins kritische Bewusstsein hineinwachsen, dem Aufklärungsdrang nicht stand. Zumal der Bruder der Erzählerin (ein ironisches Porträt von Robert Menasse) an vorderster Front gegen die Identitätsschlamperei kämpft. Er lässt nicht locker, den Sumpf trockenzulegen, in dem die Sippe es sich, seiner Meinung nach, gemütlich gemacht hat, und in dem nicht mehr zu unterscheiden ist, wer eigentlich in dieser Familie Nazi, wer Jude war und wer sich heute dafür hält. So kommt es, dass der Vater, längst Pensionist, eines Tages seinen karierten Hut von der Garderobe nimmt, das Archiv der jüdischen Gemeinde in Wien aufsucht und dort einen Satz sagt, der wiederum von Kishon stammen könnte: ‚Ich habe Sie angerufen, weil ich wissen möchte, ob ich Jude bin'." [41]

40 Vgl. u. a. Meinrad Ziegler/Waltraud Kannonier-Finster: *Österreichisches Gedächtnis: über Erinnern und Vergessen der NS-Vergangenheit*, Böhlau, Wien, 1997.

41 U. März: *Das Leben ist eine Anekdote. Das Debüt der Wiener Autorin Eva Menasse: Ein gekonnter Rückblick auf die Geschichte einer redseligen jüdischen Familie*, in: „Die Zeit", Nr. 10, 03.03.2005, S. 53.

Man möchte an diese Überlegungen mit einer Frage anschließen: Ist der Versuch, moralische und gesellschaftliche Konflikte zwischen den Familien der Opfer und den Familien der Täter zu bereinigen, nicht mittlerweile zu einem ständigen Wettkampf geworden, in dem Schriftsteller sich mit Themen beschäftigen, die sie nur in wenigen Fällen - man denke an die Meisterschaft eines Sebald [42] - zwischen Privatgeschichte(n) und kollektiver historischer Erfahrung stilistisch bewältigen können? Friedrich hat zu Recht bemerkt, dass der „traumatische Charakter [...] der Verlusterfahrungen, der jeden Diskurs über Ursache-Folgen-Verknüpfungen erschwert, und die Unzulänglichkeit verbaler Kommunikation Verlustschmerz mitzuteilen, [...] dieses Leid dazu stumm erlitten zu werden prädestinieren". Er fügt hinzu: „Stumm heißt im Bereich des Intimen, des direkten affektiven Umfelds der Familie, im nicht öffentlichen Bereich. Diese Verkapselung des Leidens im Intimen ist im Nachkriegsdeutschland besonders ‚begünstigt' worden durch die politisch-historisch bedingte Unmöglichkeit es als ‚sacrificium' zu interpretieren und es so in gegenwärtiger Identitätsbildung dienliche kollektive Narrative zu verwandeln und damit im öffentlichen Diskurskontext zu aktualisieren" [43]. Die Wiedervereinigung hat sicherlich dazu beigetragen, dieses Schweigen zu überwinden und eine Brücke zwischen den getrennten Erinnerungen zu schlagen; dennoch findet in der ausführlichen Problematisierung der Verhältnisse zwischen den Generationen eine Suche nach Identität statt, die noch immer vor der Unsagbarkeit des extremen Leidens zurückschreckt. So sind Erzählstrategien nötig geworden, die das Bedürfnis nach Vergangenheitsbesichtigung und das nach einer Form von stiller Andacht verknüpfen, so wie Sebalds Verwendung von Photographien aus privaten Archiven zeigt. So könnte man auch den von Ulla Hahns zitierten Satz aus Wittgesteins *Philosophischen Untersuchungen* - „Ja, kann man ein unscharfes Bild immer mit Vorteil durch ein scharfes ersetzen? Ist das un-

42 Ich möchte an einen Gedanken Sebalds aus einem Interview mit Volker Hage erinnern: „Die Reproduktion des Grauens oder besser: die Rekreation des Grauens, ob mit Bildern oder mit Buchstaben, ist etwas, das im Prinzip problematisch ist. Ein Massengrab läßt sich nicht beschreiben. Das heißt, man muß andere Wege finden, die tangentieller sind, die den Weg über die Erinnerung gehen, über das Archäologisieren, über das Archivieren, über das Befragen von Personen - ein weiteres Indiz dafür, daß die Literatur zu diesem Thema nicht unbedingt aus der unmittelbaren Nachkriegszeit hätte kommen müssen"; *Volker Hage im Gespräch mit W. G. Sebald*, in: „Akzente", Heft 1/Februar 2003. *W. G. Sebald zum Gedächtnis*, S. 35-50, hier S. 38.

43 Gerhard Friedrich: *Opfererrinnerung nach der deutschen Vereinigung als „Familienroman"*, a. a. O., S. 215.

scharfe nicht oft gerade das, was wir brauchen?" - verstehen [44]. Familiengeschichten auf der einen Seite und Biographien und Selbstbiographien auf der anderen verraten zu ihrem Vorteil nicht vom Anfang an - etwas zugespitzt formuliert -, dass das Generationenbewusstsein- bzw. der Generationenkonflikt in den Vordergrund rücken wird.

Eines ist sicher: Das Schweigen in der Literatur über die Vergangenheit (insbesondere über den Zweiten Weltkrieg) ist unmodern geworden. Sogar in Italien, dem Land, in dem Katholizismus, Marxismus und Faschismus eine echte Bewältigung der Vergangenheit nach 1945 verhindert haben, macht sich unter den jungen Leuten der dritten Generation in den letzten Jahren ein neuer Wissensdrang breit [45].

Literatur

Agazzi, E.: *Familienromane, Familiengeschichten und Generationenkonflikte. Überlegungen zu einem eindrucksvollen Phänomen*, in: Cambi, F. (Hrsg.): *Gedächtnis und Identität. Die deutsche Literatur nach der Vereinigung*, Königshausen & Neumann, Würzburg, 2008, S. 187-203.

Assmann, A.: *Generationsidentitäten und Vorurteilsstrukturen in der neuen deutschen Erinnerungsliteratur*, Wiener Vorlesungen 117, Wien, 2006.

Auffermann, V.: *Das Gespenst der Familie. Hans-Ulrich Treichel erzählt von getrennten Brüdern und Ländern*, in: *„Süddeutsche Zeitung"*, 07./08.03.1998.

Aust, S./Burgdorff, S. (Hrsg.): *Die Flucht. Über die Vertreibung der Deutschen aus dem Osten*, Bundeszentrale für politische Bildung, Bonn, 2003.

Breznik, M.: *Unstellformat. Erzählung*, Luchterhand, München, 2002.

---

44 Ich weise hier noch auf drei weitere Beiträge zu Familien- bzw. Generationenromanen in der deutschen Literatur hin: Simone Costagli: *Grandi narrazioni: I Familienromane*, in: „il Portolano". Periodico Trimestrale di Letteratura, XII, 45/46, Januar/Februar 2006, S. 12-13; Bernhard Jahn: *Familienkonstruktionen 2005. Zum Problem des Zusammenhangs der Generationen im aktuellen Familienroman*, in: „Zeitschrift für Germanistik". Neue Folge, XVI - 3/2006, S. 581-596; Matthias Fiedler: *Das Schweigen der Männer. Geschichte als Familiengeschichte in autobiographischen Texten von Dagmar Leupold, Stephan Wackwitz und Uwe Timm*, in: „Weimarer Beiträge", 1/2007 (53. Jahrgang), S. 5-16.

45 Silvia Ballestra (geb. 1969), Schülerin von Pier Vittorio Tondelli, die 1990 eine Anthologie mit Beiträgen junger, viel versprechender Autoren und Autorinnen herausgegeben hatte (*Papergang, Under 25)*, hat 2005 einen Roman mit dem Titel *Tutto su mia nonna* (Einaudi, Turin) veröffentlicht, in dem drei Frauengenerationen ihrer Familie aus einer autobiographischen Perspektive vorgeführt werden. Dies ist nur ein Beispiel unter vielen für das neu erwachte Interesse für die Geschichte und für eine Konfrontation mit den Kulturen und Ritualen der Eltern und Großeltern.

Bude, H.: *Das Altern einer Generation. Die Jahrgänge 1938 bis 1948*, Suhrkamp, Frankfurt a. M., 1995.

Cavalli, A.: *Generations and Value Orientations*, in: „*Social Compass*" 51/2, S. 155-168.

Costagli, S.: *Grandi narrazioni: I Familienromane*, in: „*il Portolano*". *Periodico Trimestrale di Letteratura*, XII, 45/46, Januar/Februar 2006, S. 12-13.

Diller, C.: *Hinabgestiegen in die Hölle seiner Jugend. Ulla Hahns Roman* „Unscharfe Bilder", in: „*Münchner Merkur*", 15.08.2003.

Dückers, T.: *Himmelskörper. Roman*, Aufbau Verlag, Berlin, 2003.

Eigler, F.: *Gedächtnis und Geschichte in Generationenromanen seit der Wende*, Erich Schmidt Verlag, Berlin, 1995.

Fiedler, M.: *Das Schweigen der Männer. Geschichte als Familiengeschichte in autobiographischen Texten von Dagmar Leupold, Stephan Wackwitz und Uwe Timm*, in: „*Weimarer Beiträge*", 1/2007, 53. Jahrgang, S. 5-16.

Friedrich, G.: *Opfererinnerung nach der deutschen Vereinigung als „Familienroman"* in: Cambi, F. (Hrsg.): *Gedächtnis und Identität. Die deutsche Literatur nach der Vereinigung*, Königshausen & Neumann, Würzburg 2008, S. 205-222.

Genazino, W.: *Komisches Unglück. Hans-Ulrich Treichels Kindheits- und Familienroman ‚Der Verlorene'*, in: „*Frankfurter Rundschau*", 25.03.1998.

Grass, G.: *Im Krebsgang. Eine Novelle*, Steidl, Göttingen, 2001, S. 43.

Grisko, M.: „*Unscharfe Bilder. Ulla Hahns Auseinandersetzung mit der deutschen Wehrmachtsvergangenheit*, in: *literaturkritik.de*, 11.11 2003.

Hage, V./Sebald, W. G.: *Volker Hage im Gespräch mit W. G. Sebald*, in: „*Akzente*", Heft 1/Februar 2003. W. G. Sebald zum Gedächtnis, S. 35-50.

Hahn, U.: *Unscharfe Bilder. Roman*, dtv, München, 2005.

Honold, A.: „*Verlorene Generation*". *Die Suggestivität eines Deutungsmusters zwischen Fin de siècle und Erstem Weltkrieg*, in: Weigel, S./Parnes, O./Vedder, U./Willer, S. (Hrsg.): *Generation. Zur Genealogie des Konzeptes – Konzepte von Genealogie*, Trajekte – Wilhelm Fink Verlag, München, 2005, S. 31-56.

Höpflinger, F.: *Generationenfrage: Konzepte und theoretische Ansätze*, in: http://www.hoepflinger.com/fhtop/fhgenerat1C.html.

Hirsch, H.: *Immer wieder eine Entdeckung: Kindheit. Hans-Ulrich Treichel: Der Verlorene*, in: „*Berliner LeseZeichen*", Ausgabe 6/99.

Koenen, G.: *Das rote Jahrzehnt. Unsere kleine deutsche Kulturrevolution 1967-1977*, Kiepenheuer & Witsch, Köln, 2001.

Kuckart, J.: *Die schöne Frau*, Fischer, Frankfurt a. M., 1999.

Jaeger; H.: *Generationen in der Geschichte. Überlegungen zu einer umstrittenen Konzeption*, in: *Geschichte und Gesellschaft*, 1997, Bd. 3, S. 429-452.

Jahn, B.: *Familienkonstruktionen 2005. Zum Problem des Zusammenhangs der Generationen im aktuellen Familienroman*, in: „*Zeitschrift für Germanistik*". Neue Folge, XVI – 3/2006, S. 581-596.

Matthijs, K. (Hrsg.): *The Family. Contemporary Perspectives and Challenges.* Festschrift in Honor von Wilfried Dumon, Leuven University Press, Leuven, 1998.

Kohli, M.: *Generationen in der Gesellschaft*, in: SFB 580, Heft 9, 11/2003: *Gesellschaftliche Entwicklungen nach dem Systemumbruch. Diskontinuität, Tradition und Strukturbildung*, S. 9-18.

Lüscher, K.: *Stichwörter: Generationenbeziehungen*, Zeit, in: Endruweit, G./Trommsdorff, G. (Hrsg.): *Wörterbuch der Soziologie*, Lucius & Lucius, Stuttgart, 2002, S. 187.

März, U.: *Das Leben ist eine Anekdote. Das Debüt der Wiener Autorin Eva Menasse: Ein gekonnter Rückblick auf die Geschichte einer redseligen jüdischen Familie*, in: „Die Zeit", Nr. 10, 03.03.2005.

Mapelli, B.: *Generazioni, in: Adultità. Semestrale sulla condizione adulta e i processi formativi*, Guerini e Associati, Milano: Generazioni, 12. Oktober 2000, S. 9-13.

Norbisrath, G.: *Unscharf die Bilder, unklar die Haltung*, in: *„WAZ"*, 02.09.2003.

Schlant, E.: *Die Sprache des Schweigens. Die deutsche Literatur und der Holocaust*, C. H. Beck, München, 2001.

Schulz, G.: *Das dauerhafte Grinsen im Opel Admiral. Westfälischer Unfriede. Hans-Ulrich Treichels meisterhafte Erzählunng ‚Der Verlorene'*, in: *„FAZ"*, 24.03.1998.

Steinert, H.: *Der untote Bruder. Hans-Ulrich Treichels ‚Der Verlorene' – die anrührende Geschichte eines Flüchtlingsschicksals*, in: *„Focus"*, 06.04.1998.

Sünkel, W.: *Generation als pädagogischer Begriff*, in: Liebau, E. (Hrsg.): *Das Generationenverhältnis. Über das Zusammenleben in Familie und Gesellschaft*, Juventa, Weinheim, 1997, S. 195-204.

Treichel, H.-U.: *Der Verlorene*, Suhrkamp, Frankfurt a. M., 1998.

Treichel, H.-U.: *Der Entwurf des Autors. Frankfurter Poetikvorlesungen*, Suhrkamp, Frankfurt a. M., 2000.

Treichel, H.-U.: *Heimatkunde oder Alles ist heiter und edel. Besichtigungen*, Suhrkamp Taschenbuch, Frankfurt a. M., 2000.

Treichel, H.-U.: *Menschenflug. Roman*, Suhrkamp, Frankfurt a. M., 2005.

T. Urban: *Von Krakau bis Danzig. Eine Reise durch die deutsch-polnische Geschichte*, C. H. Beck, München, 2000.

Urban, T.: *Der Verlust. Die Vertreibung der Deutschen und der Polen im 20. Jahrhundert*, C. H. Beck, München, 2004.

Wackwitz, S.: *Neue Menschen. Bildungsroman*, S. Fischer, Frankfurt a. M., 2005.

Wackwitz, S.: *Fünf Professoren/Träume von Jürgen Habermas*, in: *Ein unsichtbares Land. Familienroman*, Fischer Taschenbuch, Frankfurt a. M., 2005, S. 150-184.

Welzer, H.: *Schön unscharf. Über die Konjunktur der Familien- und Generationenromane*, in: *„Literatur"*. Beilage zum Mittelweg 36, Nr. 1., Januar/Februar 2004, S. 53-64.

Zeller, M.: *Die Reise nach Samosch. Roman.* Ars vivendi, Cadolzburg, 2003.

Ziegler. M./Kannonier-Finster, W.: *Österreichisches Gedächtnis: über Erinnern und Vergessen der NS-Vergangenheit*, Böhlau, Wien, 1997.

LINDA SHORTT

„Verortete Identität": Generationen- und Heimatdiskurs in Angelika Overaths „Nahe Tage"

Der folgende Beitrag analysiert in Angelika Overaths Roman *Nahe Tage. Roman einer Nacht*[1] das Zusammenspiel des Themas der Heimat mit dem Generationendiskurs. Die Handlung des 2005 veröffentlichten Romans beginnt mit dem Tod der Mutter der Erzählerin Johanna, einer vierzig Jahre alten Bibliothekarin, die im Rückblick die Familiengeschichte neu zu deuten beginnt und die dabei die kurz- und langfristigen Nachwirkungen, die der Krieg auf die Familie hatte, erkennt.

Dabei wird deutlich, dass die Vertreibung der Mutter aus dem Sudetenland sowie deren Unfähigkeit, diesen Verlust zu überwinden, für die Probleme und Störungen in der Familie verantwortlich ist. Die Mutter ist in ihrer Unfähigkeit, sich mit ihrem harten Schicksal abzufinden, wie in jener Vergangenheit gefangen, die lähmend auf das Leben der Familie in der Gegenwart wirkt: Dabei entfremdet sich der Vater zusehends von ihr und die Beziehung zwischen den Generationen in der Familie wird zerrüttet. Nachdem die Mutter ihren geographischen Bezugsort verloren hat, soll die Tochter für die Mutter die Funktion der Heimat übernehmen, was dazu führt, dass das gestörte mütterliche Bedürfnis nach Zugehörigkeit in ein gestörtes Beziehungsverhältnis zu ihrer Tochter mündet. Dies bleibt nicht ohne Folgen für Johanna, da jedwede selbstständige Entwicklung einer sowohl persönlichen als auch generationalen Identität der Tochter unter dem kontrollierenden Einfluss der Mutter erstickt wird; da jedwede generationale Selbstständigkeit der Tochter verunmöglicht wird, kann erst mit dem Tod der Mutter eine normale Abfolge der Generationen, bei der jede einzelne ihre eigene Identität ausbildet, stattfinden. Nun ist die Tochter in der Lage, sich von der Mutter zu trennen und eine eigenständige Identität zu entwickeln. Indem der vorliegende Beitrag die gestörte genealogische Beziehung zu Orten und eine pathologische Mutter-Tochter-Beziehung in der geschilderten Nachkriegsfamilie analysiert, nimmt er die seismischen Nachwirkungen der Vertreibungserfahrung in den Blick, die sich über die Biographie der Mutter in der Familie fortsetzen.

---

1 Angelika Overath: *Nahe Tage. Roman einer Nacht*, Wallstein, Göttingen, 2005. Im Weiteren wird mit der Abkürzung NT und der Seitenzahl auf diese Ausgabe verwiesen.

Dabei soll der Zusammenhang von Heimat und Generation anhand von drei Tropen untersucht werden: Heimat als *verlorener Ort*, Heimat als *mütterlicher Ort* und *Kindheit als Heimat*. Dabei wird an der Familie im Roman erkennbar, wie eine Identitätsbildung durch Ortsbezug bzw. die Identitätsgefährdung durch den Verlust eines Ortes auf die generationalen Familienbeziehungen wirken.

1. Die ‚Heimkehr' der Heimat

Zur Zeit feiert der Begriff Heimat ein kulturelles Comeback, wie die große Zahl an Filmen, Sachbüchern und literarischen Texten, die sich mit dem Thema der Orte und ortszentrierten Formen von Identitätbildung widmen, belegt. [2] Als ein Konzept mit einer wechselvollen Vergangenheit war Heimat in der Nachkriegszeit phasenweise mal in, mal aus der Mode: Die momentane Rückkehr des Begriffs auf die kulturelle Bühne des vereinten und globalisierten Deutschland nach dem Holocaust belegt dabei die Unverwüstlichkeit jenes Bedürfnisses nach emotionaler Bindung an Orte.

Dieses wiedererwachte Interesse an Heimat ist insofern ein bemerkenswertes Phänomen, da es lange so aussah, als gäbe es für dieses Konzept in jener nationalen deutschen Identität, die maßgeblich durch die 68er bestimmt wurde, keinen Platz. Gerade aufgrund des Missbrauchs des Begriffs in der NS-Ideologie, in der Heimat als Synonym für Vaterland galt und man mit ihm zugleich territoriale Gelüste legitimierte, war der Begriff in den linken, westdeutschen Kreisen der Nachkriegszeit höchst unpopulär. [3] Kurz nach dem Krieg war Heimat aber noch als Teil des nostalgischen Diskurses der Vertriebenen in aller Munde und fand dort in der politischen Arena seinen Niederschlag, wo verschiedenste politische Parteien sich um die Unterstützung durch die Vertriebenen

---

2 Hierzu gehören: Wolfgang Büscher: *Deutschland. Eine Reise*, Rowohlt, Berlin, 2005; Andreas Greve: *In achtzig Tage rund um Deutschland. Grenzerfahrungen*, Hoffmann & Campe, Hamburg, 2004; Christoph Türcke: *Heimat. Eine Rehabilitierung*, zu Klampen, Hannover, 2006; Jan Weiler: *In meinem kleinen Land*, Rowohlt, Reinbek, 2006; Roger Willemsen: *Deutschlandreise*, Eichborn, Berlin/Frankfurt a. M., 2002 und Filme wie *Schotter wie Heu* (Wiltrud Baier und Sigrun Köhler, 2002) und *Wer früher stirbt ist länger tot* (Marcus Hausham Rosenmüller, 2006).

3 Obwohl das Konzept Heimat durch den Nationalsozialismus ideologisch fragwürdig geworden war und zu einer traditionsorientierten Weltsicht gehörte, die nicht zu der zukunftsorientierten DDR passen wollte, nutzte man das Konzept, um die Identifikation mit dem neuen Staat zu befördern. Siehe hierzu: Alon Confino: *Germany as a Culture of Remembrance. Promises and Limits of Writing History*, North Carolina University Press, Chapel Hill, 2006 und Jan Palmowski: *„Building an East German Nation: The Construction of a Socialist Heimat, 1945-1961"*, in: *Central European History*, vol. 37, no. 3, S. 363-399.

bemühten. Aber Heimat war auch in Form des Heimat*films* während der 50er Jahre auf der Leinwand als das Ideal ländlichen Lebens präsent, das als bessere Gegenwelt zu der Realität zerbombter deutscher Städte diente. [4] Dennoch wurde dann im Laufe der 60er Jahre die Haltung gegenüber dem Konzept der Heimat skeptischer und ablehnender.

Auf diese Thematisierung von Heimat, die Ausdruck eines starken Bedürfnisses war, folgte eine ebenso starke Ablehnung all dessen, für das der Begriff Heimat vermeintlich stand: Das beste Beispiel für diese Gegenreaktion ist wohl der Anti-Heimat-Film, der die politisch rechts stehenden, eskapistischen Heimatdiskurse angriff und dabei das Ideal des Dorflebens, das seit der Mitte des 19. Jahrhunderts Teil des Heimatdiskurses war, als Brutstätte moralischen Verfalls dekonstruierte (z. B. *Jagdszenen aus Niederbayern* (Peter Fleischmann, 1966), *Katzelmacher* (Rainer Werner Fassbinder, 1969) und *Wildwechsel* (Rainer Werner Fassbinder, 1972)). Vor dem Hintergrund dieser kritischen Entwicklung konnte sich dann ein abgeklärterer Zugang zum Konzept Heimat entwickeln, der die Möglichkeit einer Differenzierung eröffnete zwischen der Vorstellung von politischer Heimat und Heimat als konkreten Ort, an dem man lebt und an einer Gemeinschaft teilhat. Genau von dieser Entwicklung ausgehend muss nun der momentane Boom des Heimatbegriffs gelesen werden. [5]

Während der frühen 70er Jahre gab es bereits mehrere Versuche, den Heimatbegriff von einer nicht-politisierten Perspektive aus in den Blick zu nehmen, nicht zuletzt in einer Radiodiskussion, die Alexander Mitscherlich moderierte und in der Heinrich Böll, Günter Grass, Eugen Lemberg und Norbert Blum über die Relevanz des Begriffs in Deutschland nach dem Holocaust diskutierten. [6] Hier begann jene Suche nach einem

---

4 Für eine weitergehende Analyse der Bedeutung des Heimatfilm-Genres siehe Elizabeth und Rachel Palfreyman: *Heimat. A German Dream. Regional Loyalties and National Identity in German Culture 1890-1990*, Oxford University Press, Oxford/New York, 2000 und Eric L. Santer: *Stranded Objects. Mourning, Memory and Film in Postwar Germany*, Cornell University Press, London/Ithaca/NY, 1990.

5 Für eine detaillierte Analyse der verschiedenen Phasen der deutschen Haltung gegenüber dem Konzept Heimat siehe: Celia Applegate: *A Nation of Provincials: The German Idea of Heimat*, California University Press, Berkeley, 1990; Andrea Bastian: *Der Heimat-Begriff: eine begriffsgeschichtliche Untersuchung in verschiedenen Funktionsbereichen der deutschen Sprache*, Niemeyer, Tübingen, 1995; Michael Neumeyer: *Zwischen Idylle und Lebenswelt – Zu Geschichte und Begriff des Phänomens Heimat*, Christian-Albrechts-Universität, Kiel, 1999 und Karen Joisten: *Philosophie der Heimat – Heimat der Philosophie*, Akademie, Berlin, 2003.

6 Eine Transkription der Diskussion findet sich in: Mitscherlich/Kalow (Hrsg.): *Hauptworte Hauptsachen. Zwei Gespräche: Heimat, Nation*, Piper, München, 1971.

unpolitischen Konzept von Heimat, die dann nach dem Fall der Mauer wieder aufgenommen worden zu sein scheint.

Gunther Gebhard, Oliver Geisler und Steffen Schröter versuchen in ihrer Einleitung zu der von ihnen herausgegebenen Aufsatzsammlung *Heimat. Konturen und Konjunkturen eines umstrittenen Begriffs*, diese Renaissance des Heimatbegriffs sowohl im Rückgriff auf nationale als auch auf globale Phänomene zu erklären. [7] Indem sie die Rückkehr der Orte („return to place") als Thema in Deutschland als Teil jenes globalen Trends betrachten, wo das Lokale mit dem Globalen zu einem „Glokalen" zusammengeführt wird, machen sie zugleich deutlich, dass das Konzept Heimat auch als ein Allheilmittel gegen die Probleme der Hypermobilität zu wirken scheint. Kosmopolitisches Nomadentum hat im Gegensatz dazu zu einer ortslosen Rastlosigkeit beigetragen, die für ein gesteigertes Bedürfnis nach Ankunft und Entschleunigung verantwortlich ist, in deren Zuge jene Versuche in der heutigen, hektischen Welt ohne Ortsbindung zu leben zu einem Anwachsen jenes Bedürfnisses nach einer ortsgebundenen Identität geführt haben.

Gebhard, Geisler und Schröter bemerken aber auch, dass zusätzlich zu dieser globalen Dimension noch eine spezifisch deutsche Entwicklung hinzukommt: die Wiedervereinigung hat eine tiefgreifende Wirkung auf die Frage gehabt, welche Bedeutung und Stellenwert man in Deutschland im letzten Jahrzehnt der Rolle zuerkennt, die Orte emotional und intellektuell im Leben der Menschen spielen. Seit dem Fall der Mauer ist das durchaus problematische Thema „Deutschland als Heimat" wieder ins Zentrum des allgemeinen Interesses gerückt. Auch wenn die Ost- und die Westdeutschen geographisch wiedervereint wurden, so hat das Verschwinden des ehemaligen ostdeutschen Staates von der Landkarte und die Assimilation der ostdeutschen Bürger in die westdeutsche Gesellschaft teilweise zu einer Entfremdung der Bürger von ihrem neuen Staat geführt. Diese Entwicklung ist während der 90er Jahre für eine fortgesetzte Identifikation mit den Kategorien von Ost und West verantwortlich; die Identifikation mit der verlorenen Heimat, die hierbei zu beobachten ist, führte zudem zu einem sprunghaft anwachsenden Interesse an Büchern und Filmen, die die Erinnerung an das Leben im Osten bzw. im Westen lebendig halten, aber dies leider allzu oft in verzerrter und unrealistischer Weise (*Ostalgie* und *Westalgie*) tun. Solche populären Formen der Rekonstruktion einer verlorenen Heimat, die als Kompensation und *Gegenwelt* zur BRD verstanden werden muss, haben nun ihrerseits zu

7 Gunther Gebhard/Oliver Geisler/Steffen Schröter (Hrsg.): *Heimat. Konturen und Konjunkturen eines umstrittenen Konzepts*, Transcript, Bielefeld, 2007, S. 9-56, hier S. 46-48.

jenem großen Interesse am Konzept Heimat beigetragen. Darum konzentrieren sich Gebhard, Geisler und Schröter im Vorwort zu ihrem Essay-Band letztendlich auf jene Interpretation, nach der der Heimat-Boom als Signal und Antwort auf die Unzufriedenheit mit der gegenwärtigen gesellschaftlichen Ordnung in Deutschland verstanden werden muss. Dabei ignorieren sie aber, dass das Wiederaufleben des Interesses an Heimat, das sich seit 1989 in Deutschland beobachten lässt, auch als Teil einer langfristigen, intergenerationalen Wirkung der Vertreibung verstanden werden muss: Im Thema der Vertreibung, das zur Zeit ebenso in aller Munde ist, überschneidet sich nun der Generationsdiskurs und der Heimatdiskurs. Auffallend ist z. B. in der Literatur, dass die Mehrzahl der nach 1990 erschienen Erzählungen von Autoren der zweiten und dritten Generation verfasst wurden, die selbst entweder kaum oder gar nicht die Vertreibung erlebt haben. Anstatt etwa revisionistische Gebietsansprüche zu formulieren, versuchen diese Texte vielmehr die transgenerationalen Wirkungen der Vertreibungen aus einer gesamtdeutschen Perspektive zu untersuchen. Indem sie dabei die Vertreibung in einen Zusammenhang von Ursache und Wirkung bringen, verlassen sie die politische Dimension und untersuchen die Vertriebenen als historisches Treibgut, d. h. als Menschen, die ihren Ort verloren haben und deren Ortsverlust in den folgenden Generationen weiterwirkt.

Auch wenn schon vor 1989 die Vertreibung in Ost und Westdeutschland - wenn auch in unterschiedlicher Weise - thematisiert wurde, so nimmt die Zahl an Texten, die sich nach dem Fall der Mauer mit dieser Thematik auseinandersetzen, deutlich zu. Dafür scheint es mehrere Gründe zu geben.

1) Obwohl eine große Zahl an Flüchtlingen gerade in die Ostzone umgesiedelt wurde, ist das Leiden der Vertriebenen in Ostdeutschland weitgehend ignoriert worden. Auch wenn Heiner Müller und Christa Wolf sich in ihren Werken mit dem Thema Vertreibung auseinandersetzten, so galt dies Thema dennoch in der Öffentlichkeit als unangemessen, da eine Beschäftigung mit dem Leiden der Vertreibung schnell ein schlechtes Licht auf die Rolle der Sowjetunion hätte werfen können. So wurde schon kurze Zeit nach der Vertreibung in der Ostzone der Begriff *Vertriebener* durch den neutraleren des Umsiedlers ersetzt. Semantisch wurde dadurch jener Aspekt des Leidens zurückgenommen, den man mit der Vertreibung assoziierte. Doch selbst dieser Begriff des Umsiedlers wurde dann später im offiziellen Sprachgebrauch durch jenen des Neubürgers

ersetzt. Als die SED bereits 1948 [8] das Vertriebenenproblem in der Ostzone als offiziell gelöst erklärte, waren für die Vertriebenen selbst die traumatischen Erfahrungen noch lange nicht überwunden, und über die Schwierigkeiten, die die ‚Umsiedler' an ihrem neuen Platz in der Gesellschaft erlebten, konnten sie nicht mehr in der Öffentlichkeit, sondern nur noch in der privaten Sphäre der Familie sprechen. Dies veränderte sich grundlegend nach 1989, als das Thema aus den Familien zurück in die öffentlichen Diskurse gelangte, was zu einem explosionsartigen Anwachsen jener Literatur führte, die sich mit dem Thema der Vertreibung in Ostdeutschland auseinandersetzte. [9]

2) Aufgrund des politischen Wandels von 1989 wurden jene Gebiete, in denen die Vertreibungen stattgefunden hatten, wieder leichter zugänglich. Die hier entstanden neuen Orte der Erinnerung wurden Ziele eines „dark tourism" [10], der für zusätzliches Wasser auf die Mühlen des Erinnerungsbooms und einer Entwicklung sorgte, die schon als Hypertrophisierung des Gedächtnisses beschrieben wurde. [11]

3) Die offizielle Anerkennung der deutsch-polnischen Grenze nach der Wiedervereinigung [12] führte auf Seiten der Vertriebenenorganisationen zu starken Reaktionen, da diese noch auf Wiedergutmachung und die Rückgabe von Land und Immobilien gehofft hatten. Die gesellschaftliche Diskussion, die in diesem Zusammenhang über Recht- und Unrechtmäßigkeit der Ansprüche stattfand, ließ das allgemeine Interesse an den Vertriebenen und dem Thema der Vertreibung ansteigen.

---

8 Ute Schmidt: *„Vom Flüchtling zum Neubürger"*, in: Christoph Dahm/Hans-Jakob Tebarth: *Die Bundesrepublik Deutschland und die Vertriebenen*, Kulturstiftung der deutschen Vertriebenen, Bonn, 2000, S. 76.

9 Wichtige Beispiele sind hier: Günter Grass: *Im Krebsgang*, Steidl, Göttingen, 2002; Christoph Hein: *Landnahme*, Suhrkamp, Frankfurt a. M., 2004; Reinhard Jirgl: *Die Unvollendeten*, Carl Hanser, München/Wien, 2003.

10 Mit „Dark tourism" ist jener Tourismus gemeint, bei dem Orte des Leidens und des Todes besucht werden. Siehe hierzu: www.dark-tourism.org.uk. Anne Fuchs hat sich mit diesem Thema im Zusammenhang mit der Öffnung des Ostens beschäftigt: *„The Geography of Memory"* in: Anne Fuchs: *Phantoms of War*, Palgrave, Basingstoke, 2008, S. 77-80.

11 Siehe zum Beispiel Andreas Huyssen: *Present Pasts. Urban Palimpsests and the Politics of Memory*, Stanford University Press, Stanford (California), 2003, S. 4-5.

12 Die beiden deutschen Staaten hatten eine eigene Politik bezüglich der Grenzfrage: Westdeutschland hat 1952 die Oder-Neisse-Grenze nicht anerkannt. Anders die DDR, die dies bereits 1950 tat. Aus diesem Grunde musste nach der Wiedervereinigung die Anerkennung verspätet nachgeholt werden.

4) Die Vorgänge im Jugoslawien der frühen 90er Jahre, als auch später der Kosovo-Konflikt haben ebenso einen Einfluss auf das zunehmende Interesse an der deutschen Vertreibungserfahrung gehabt. [13] Die Notlage der Kosovoalbaner und die Bilder ihrer Flucht, die um die Welt gingen, weckten alte Erinnerungen an die deutsche Flucht und den Horror der Flüchtlingstrecks, so dass die persönlichen Erfahrungen der Vertreibung wieder ein Thema wurden - wie Oppen und Wolf in ihrem Aufsatz feststellt, in dem sie die Entwicklung analysieren, mit der das Thema der Vertriebenen in das Zentrum des gesellschaftlichen Interesses rückt. [14] Diese Entwicklung muss auch im Zusammenhang mit jenem neuen Interesse an deutschen Leiden im wiedervereinten Deutschland gesehen werden, das sich besonders nach Sebalds kontroverser These der Tabuisierung des deutschen Leids entwickelte [15], wobei aber inzwischen deutlich geworden ist, dass dieses Thema eigentlich nie wirklich tabuisiert war. [16] Obwohl der Topos deutschen Leidens in Westdeutschland nach 1968 unpopulär war und trotz der Tatsache, dass die DDR das durch die Sowjetunion erduldete Leid ignorierte, gilt es als Konsens, dass beide Teile Deutsch-

---

13 Bezüglich der Rolle, die der Kosovo-Konflikt auf das neu erwachte Interesse am Leiden der Vertriebenen und deren Erinnerungen hatte, siehe: Karoline von Oppen und Stefan Wolff: *„From the Margins to the Centre? The Discourse on Expellees and Victimhood in Germany"*, in: Bill Niven (Hrsg.): *Germans as Victims*, S. 194-209.

14 Karoline von Oppen/Stefan Wolff: *Margins to the Centre*, S. 202-203.

15 Auch wenn, wie Bill Niven feststellt, dass das Thema deutscher Opfer und die Universalisierung des Leidens eine wichtige Rolle unter der Kohl-Regierung nach der Wiedervereinigung spielte, da so die Einheit von Ost- und Westdeutschland gestärkt wurde, so wurde dies dennoch von einem stärkeren öffentlichen Interesse in den Medien und der Historiographie an deutschen Verbrechen in den Hintergrund gedrängt. Erst nach der Rede von Sebald und dem Beginn der rot-grünen Koalition setzte sich das Thema der deutschen Opfer in der breiten Öffentlichkeit durch. Bill Niven hat dies im Einzelnen analysiert: *„Introduction: German Victimhood at the Turn of the Century"*, in: Niven (Hrsg.): *Germans as Victims*, Palgrave Macmillan, Hampshire/New York, 2006, S. 1-25.

16 Bezüglich der kritischen Auseinandersetzung mit Sebalds Essay siehe: Andreas Huyssen: *„On Rewriting and New Beginnings: W. G. Sebald and the Literature about the Luftkrieg"*, Zeitschrift für Literaturwissenschaft und Linguistik, volume 31 (124), 2001, S. 72-90; Anne Fuchs: *„A Heimat in Ruins and the Ruins as Heimat: W. G. Sebald's Luftkrieg und Literatur*, in: Fuchs/Cosgrove/Grote (Hrsg.): *German Memory Contests. The Quest for Identity in Literature, Film and Discourse since 1990*, Camden House, Rochester (NY), 2006, S. 278-302; Wilfried Wilms: *„Taboo and Repression in W. G. Sebald's On the Natural History of Destruction"*, in: J. J. Long/Anne Whitehead (Hrsg.): *W. G. Sebald. A Critical Companion*, Edinburgh University Press, Edinburgh, 2004, S. 175-190 and Carolin Duttlinger: *„A Lineage of Destruction? Rethinking Photography in ‚Luftkrieg und Literatur' "*, in: Anne Fuchs/J. J. Long (Hrsg.): *W. G. Sebald and the Writing of History*, Konigshausen & Neumann, Würzburg, 2007, S. 163-177.

lands, sich mit dem Leid auseinandersetzten und es für ihre eigenen Zwecke instrumentalisierten. [17]

Wie dem auch sei: Nach dem Erschienen von *Luftkrieg und Literatur* widmete man sich verstärkt diesem Thema und viele Autoren begannen mit ihren literarischen Arbeiten jenen diskursiven Platz einzunehmen, den Sebald durch seine These erst erzeugt hatte. Beispiele dafür sind: Günter Grass, *Im Krebsgang* (2002), Tanja Dückers, *Himmelskörper* (2003), Reinhard Jirgl, *Die Unvollendeten* (2003), Uwe Timm, *Am Beispiel meines Bruders* (2003), Elenora Hummel, *Die Fische von Berlin* (2005) und Angelika Overath, *Nahe Tage* (2005). [18]

2. „Mnemonic Post-Mortems" und die Möglichkeit produktiven Erinnerns

Angelika Overaths *Nahe Tage* soll nun sowohl vor dem Hintergrund dieser Wiederkehr des Interesses an der Vertreibung, als auch dem Konzept einer Identitätsbildung durch Ortsbezug gelesen werden.

Der Roman, der aus der Sicht von Johanna, der zweiten Generation, geschrieben ist, untersucht den Abgrund der Orientierungslosigkeit und Unentschlossenheit, der sich mit dem Tod der Mutter im Leben der Tochter öffnet. Bis zu diesem Zeitpunkt definierte sich Johanna gänzlich als die Tochter ihrer Mutter; diese Identitätskonstruktion wird mit deren Tod aber höchst problematisch.

Im Laufe einer Nacht vollzieht die trauernde Tochter das, was ich als „Mnemonic Post-Mortem" bezeichnen möchte: Angesichts der toten Mutter beginnt sie einen sezierenden Erinnerungsprozess, der die Familiengeschichte analysiert, und dabei untersucht, wie die elterliche Vergangenheit ihre Gegenwart kontaminierte, destabilisierte und letztendlich delegitimierte.

Wie Johanna feststellt, scheint die Vergangenheit in ihre Gegenwart einzufallen, so als wolle sie nun einen Ruheplatz finden, nachdem die Mutter verstorben ist: *„Und Erinnerungen, dachte Johanna, können schweifen wie Rätsel, unerlöste Bilder, sichere Nomaden der Seele. Vermutlich kommen sie gerne mit den Toten, weil sie mit ihnen ihre Ruhe suchen"* (NT, 83). Sie ist in

17 Für eine genauere Analyse dieses Themas siehe Robert Moeller: *War Stories: The Search for a Usable Past in the Federal Republic of Germany*, University of California Press, Berkeley, 2001.

18 Tanja Dückers: *Himmelskörper*, Aufbau, Berlin, 2003; Uwe Timm: *Am Beispiel meines Bruders*, Kiepenheuer & Witsch, Köln, 2003; Eleonora Hummel: *Die Fische von Berlin*, Steidl, Göttingen, 2005.

diesem Prozess nicht diejenige, die sich aktiv erinnert, sondern sie wird von den Erinnerungen kontrolliert.

Die Erinnerungen werden dabei von Gerüchen, aber auch von Haushaltsgegenständen (wie z. B. dem Wäschekorb, der Toilette, dem Badezimmerspiegel, der Tischdecke) ausgelöst, denen sie in der mütterlichen Wohnung begegnet, die noch die Spuren ihres Lebens tragen. [19] Geprägt von der Familiensitte, sich nicht mit der Vergangenheit auseinanderzusetzen, wird Johanna nun von jener „mémoire involontaire“ überwältigt, die sie bis jetzt zu vermeiden in der Lage war. Im Laufe ihrer „Mnemonic Post-Mortem“ verwandelt sie sich von einem passiven zu einem aktiven Subjekt während sie durch die sedimentierten Schichten von Unterdrücktem schneidet, um so die Familiengeschichte freizulegen. Aufgerüttelt vom Tod ihrer Mutter, beginnt Johanna die Wirkung, die die Vertreibungserfahrung bei den Großeltern und der Mutter, aber auch die der Krieg beim Vater hinterließ, zu rekonstruieren, da sie nun die Spuren erkennt, die diese Nachwirkungen auch auf ihre eigene Entwicklung und ihre Beziehung zu Orten als Bezugspunkte ihres Lebens haben. Dabei ‚seziert‘ sie das Mutter-Tochter-Verhältnis, wobei sie sowohl jene Schichten von Schuld und Scham, die die Mutter mit der Tochter auf das engste verbinden, als auch jene stillschweigende Abhängigkeit freilegt, die die Geschichte der beiden Frauen dominiert und die sie nun einer Relektüre unterzieht. Genau in jener Relektüre, die später näher untersucht werden soll, kommt der psychisch-emotionale Missbrauch der Tochter durch die Mutter ans Licht, der Johannas Entwicklung zur Selbstständigkeit verhinderte. Indem sie so den psychisch-emotionalen Missbrauch der elterlichen Privilegien und deren Wirkung auf ihr Leben anerkennt, kann sie nun ihre Bindungen an die Mutter neu ausrichten und dieser eine weniger zentrale Rolle in ihrem Leben zuweisen: Am Ende des Textes schafft sie es so, sich aus dem *Mutterkokon* (NT, 33), der sie bis dahin umschlossen hat, zu befreien. Durch dieses verspätete Erkennen und das psychische Annehmen sowohl jener Störung des Familienlebens als auch ihrer persönlichen Entwicklung, gelingt es Johanna, Herrin ihrer eigenen Gegenwart zu werden, von der aus nun auch eine hoffnungsvolle Zukunft

19 Anders als die Mutter, die, wie gezeigt wird, die Objekte, die sie mit der verlorenen Heimat verbinden, fetischisiert, versucht Johanna sich aktiv von diesen Objekten zu distanzieren. Dies erklärt, warum sie sich während der Krankheit der Mutter weigert, in ihrer Wohnung zu übernachten (NT, 11) aber auch, warum sie nach deren Tod ihre gesamte Wäsche wäscht (NT, 11). Es handelt sich dabei weniger um eine sinnlose Selbstbeschäftigung, sondern um eine Art Reinigungsritual, bei dem die Spuren der Mutter in der Kleidung beseitigt werden sollen. Erst, nachdem sich die Tochter ganz von der Mutter befreien kann, ist sie auch fähig, sich von der alten Kleidung zu trennen.

denkbar wird, was zuvor noch unmöglich war, da alles von jener Vergangenheit dominiert wurde, die nicht ihre eigene war. Dieses Wiedererinnern und Reorganisieren von verdrängten Erinnerungen erlaubt Johanna anstelle eines metaphorischen Muttermordes einen Identitätsbildungsprozess, in dem Trennendes und Verbindendes zusammengeführt werden kann. Das bedeutet, dass mit dieser Identität die Protagonistin sich von der mütterlichen Heimat und den einengenden Familienbindungen löst und dennoch in familiär-genealogischer Kontinuität zu stehen vermag. Das, was Johanna hier in Laufe jener Nacht, die der Roman schildert, leistet, ist ein Beispiel für das, was Huyssen als produktives Erinnern bezeichnet.[20] Indem sie sich der Vergangenheit stellt, kann sie eine neue, stabile Gegenwart gewinnen, die vom Tod der Mutter nicht infrage gestellt wird und von der aus sie die Vergangenheit neu bewerten und deuten kann. Diese neue Gegenwart ist es wert, gelebt zu werden; in ihr gibt es die Emailadresse von Svetlana (der Pizzalieferantin aus Kasachstan, die sie im Laufe des Abends kennenlernte) und es gibt damit die Hoffnung auf eine Beziehung zwischen zwei Frauen, die einen ganz anderen Ort hat als zuvor jene Beziehung zwischen Mutter und Tochter. Nachdem sie sich im Laufe der Nacht der Familiengeschichte gestellt hat, sind die Erinnerungen am nächsten Morgen unter Kontrolle, obwohl sie es war, die am Tag zuvor noch von der Erinnerung kontrolliert wurde: Die Vergangenheit ist nun etwas, das gehandhabt werden kann und das nicht mehr die Gegenwart dominiert.

3. Ortslosigkeit, Paralyse und Pathologie: Die Nachwirkung der Vergangenheit in der Gegenwart

Die Vergangenheit, die Johannas Gegenwart dominierte und die bis dahin ihre Entwicklung blockierte, ist jene unausgesprochene Vergangenheit der Eltern, d.h. die Vertreibungserfahrung der Mutter und die Erlebnisse des Vaters als Soldat. Obwohl es innerhalb der Familie keine offene Auseinandersetzung mit diesen Erfahrungen gibt, sind sie aber auch nicht gänzlich abwesend: sie sind in einer Sprache des Schweigens zwischen den Generationen immer präsent.

20 Im Rückgriff auf Nietzsches Reflektionen über den Nutzen und Nachteil der Historie, bei denen er argumentiert, Geschichte solle das Leben befördern und nicht ersticken und ein etwaiges historisches Fieber solle durch Vergessen kuriert werden, formuliert nun Huyssen, das momentane fieberige Übermaß an Gedächtnis solle produktiveren Formen der Erinnerung Platz machen. Siehe Huyssen: *Present Pasts*, S. 27-29.

Die Chance eines Aufbruchs in eine neue Zukunft, die sich mit der Wiedervereinigung von Vater und Mutter im Nachkriegsdeutschland bot und in der man die Vergangenheit des Krieges hätte hinter sich lassen können, fand nicht statt: Für die Mutter darf nach dem Krieg die verlorene Heimat, von der sie sich nicht trennen kann, nicht zur Vergangenheit werden. Der Vater seinerseits leidet unter Depressionen, die zum Teil durch seine unverarbeiteten Erlebnisse als Soldat verursacht wurden. Zum anderen haben diese ihren Grund aber auch in einer fehlgeschlagenen Verbindung zu einer protestantischen Frau, die nicht zustande kam, da diese in den Augen der Familie eine unangemessene Partnerin gewesen wäre. Beide versuchen nun, beim anderen ein Heilmittel für die eigenen biographischen Wunden zu finden: Die Mutter nutzt den Vater, um mit ihm das Kind zu zeugen, an dem sie ihre eigene Kindheit in Stellvertretung korrigieren kann und das zugleich als eine Form von inkarnierter Heimat ein Substitut für jene Heimat ist, von der sie sich nicht trennen kann. Für den Vater seinerseits ist die Ehefrau der Ersatz für jene unerfüllte Liebe, der sie äußerlich ähnlich sieht und die ihm so über den Verlust hinweghelfen soll. Doch diese Versuche schlagen fehl, denn es gelingt beiden nicht, die vergangenen Erfahrungen so in ihre neuen biographischen Narrative einzuschreiben, dass sie in der Lage wären, eine Zukunft zu denken, auf die hin beide ihr Nachkriegsleben ausrichten könnten. Anstatt dessen versteinern sie und werden zu *Sklaven des Vergangenen*. Die Last ihrer nicht aufgearbeiteten privaten Geschichten von Leid und Scham kontaminieren nun die Sphäre der Familie, die nun mit Geheimnissen und unverständlichen Andeutungen auf die Tochter Johanna entfremdend wirkt. Dies führt dazu, dass Johanna die Wirkung dieser Vergangenheit weiter fortschreibt indem sie sie internalisiert, anstatt selbst als Kind eine Hoffung für die Zukunft zu sein (NT, 85).

Dabei ist es die Unfähigkeit der Mutter, mit dem Verlust der Heimat umzugehen, die die tiefgreifendste Wirkung auf Johanna hat, da diese ihre Gegenwart entwertet und ihre identitätsbestimmende Beziehung zu ihrem Lebensort negativ beeinflusst. Obwohl die Familie physisch die Heimat verloren hat, scheinen Mutter und Vater psychisch immer noch in der alten Heimat zu leben. Das *Zuhaus*, auf das immer wieder Bezug genommen wird und bei dem es sich um die verlorene Heimat handelt, ist ein versteinerter Ort der Vollkommenheit, der unüberwindbar alle möglichen zukünftigen Orte überschattet. Seine Einzigartigkeit ist gerade durch die Vertreibung garantiert und jeder Versuch, sich an einem anderen Ort niederzulassen oder auch nur einen solchen Ort mit dieser nun heiligen Heimat zu vergleichen, wird als Verrat gedeutet (NT, 67). So gesehen überschattet und entwertet die verlorene Heimat die Orte in der Gegenwart, die darum immer nur von geringerem Wert und Bedeutung sein können.

Die verlorene Heimat erzeugt aber auch in der Familie einen Graben zwischen jenen, die diese noch erlebt haben und den anderen; hier entfremden sich Vater und Tochter von den restlichen Familienmitgliedern, wobei ihr Outsider-Status, der nicht verhandelbar ist, als ein *Makel* (NT, 43) erfahren wird. In Kochrezepten, Sitten und dem Dialekt, die die Flucht an den fremden Ort überlebt haben, bleibt die verlorene Heimat eine Gegenwart, die nie zur Vergangenheit werden darf. Bei ihnen handelt es sich also nicht um Überbleibsel oder Erinnerungsstücke einer vergangenen Existenz. Sie werden vielmehr immer noch als Teil dieser Existenz betrachtet, die in Form jenes *Zuhaus'* immer noch gegenwärtig, präsent ist, bzw. sein soll. Laut Johanna können Orte reisen und sie erschienen *„(...) da wo in ihnen gelebt wird"* (NT, 78). Indem sie nun in diesem übertragenden Sinn immer noch an diesem Ort leben - auch wenn sie physisch diesen längst verlassen haben - bringt die Familie der Mutter das Sudetenland ins Rheinland. Dennoch ist jenes konservierte Sudetenland, das mit ihnen geflohen ist, nur ein unzureichender Ersatz. Eine solche mitreisende Heimat benötigt das, was Anne Fuchs ‚memory icons' [21] nennt, da diese ikonenhaften Erinnerungsobjekte über eine besondere Kraft verfügen und jener Heimat Energie geben und sie stabilisieren. Diese Objekte, die von unschätzbaren Wert sind und die es ermöglichen, die Verbindung zur verlorenen Heimat aufrechtzuerhalten, verwandeln den Nachkriegshaushalt der Familie in ein Museum für jenes *Zuhaus.* Unvorsichtiger Umgang mit diesen Objekte verursacht schnell irreparable Schäden, wie an der erinnerten Episode deutlich wird, in der Johanna ein blaues Marmeladeglas fallen lässt. Die Zerstörung dieses Objekts verringert die physische Verbindung mit jenem *Zuhaus,* so dass durch die Unvorsicht der Tochter die Mutter erneut die Erfahrung macht, die Heimat zu verlieren:

Das kannst du nie wiedergutmachen, hatte sie gesagt, das war noch von Zuhaus. Und die Großmutter, die das Enkelkind sonst immer in Schutz genommen hatte, sagte nichts. So war die gemütliche, feierlich sauber geputzte Wohnung auch ein Minenfeld gewesen voller geheimer Zeitbomben aus Damals und Zuhaus. (NT, 125)

---

21 Fuchs schreibt: „Memory icons are objects such as photographs, diaries or letters which serve to enshrine a particular version of family history." Anne Fuchs: *„From ‚Vergangenheitsbewältigung' to Postwar Memory Contests"*, in: *German Life & Letters,* Special Number: *Memory Contests,* Anne Fuchs and Mary Cosgrove (Hrsg.), 59.2, April 2006, S. 169-186, hier S. 184. Die vorliegende Interpretation erweitert den Begriff, so dass er auch Haushaltsobjekte umfasst, die von jenem *Zuhaus* gerettet wurden und die einen ‚ikonenhaften' Status in der neuen Heimat erlangen.

Johanna entwickelt ihr eigenes Konzept von Heimat, das auf ihren Erfahrungen im Familienmuseum jenes *Zuhaus* und ihrer Interpretation der phobischen Haltung fußt, die ihre Mutter bezüglich der Heimat und der Erinnerung an diese hat. Ähnlich wie ihre Mutter interpretiert sie Heimat als Gegensatz zu den Lebensbedingungen der Gegenwart. Für Johanna bedeutet dies, dass Heimat eine alternative Gegenwart zum Familienmuseum wird. Sie symbolisiert einen Ort, an dem Dinge kaputt gehen oder beschädigt werden können, einen Ort: „wo man etwas ausprobieren kann, wo nicht alles schon zählt für die Ewigkeit, weil die Gegenwart nicht zählt und Zukunft nur noch heißt, das Verlorene zu retten" (NT, 126). Heimat ist hier mehr das Ideal einer unproblematischen Gegenwart und weniger eine nostalgische Sehnsucht nach einem Ort der Vergangenheit. Obwohl für Johanna diese Heimat nicht die mütterliche Heimat ist, hat die Obsession der Mutter mit *Zuhaus* deutlich einen Einfluss darauf, was die Tochter unter Heimat versteht: Das Verhalten der Mutter entwertet die Gegenwart und gibt dem Kind keine Mittel an die Hand, eine identitätsbildende Beziehung zu einem Ort aufzubauen. Aber die überwältigende Gegenwart der verlorenen Heimat der Mutter ist nicht das Einzige, was die Entwicklung eines Sinns für Ortsgebundenheit in Johannas Leben verunmöglicht. Diese wird auch durch das ständige Umziehen erschwert, das durch die Krankheit des Vaters verursacht wird und das jeden Versuch stört, eine Beziehung zu einer Heimat aufzubauen. Der emotional instabile Vater versucht mehrere Male sich das Leben zu nehmen, als die Last des Alltags ihn zu überwältigen droht: In gewissem Sinne sind diese versuchten Selbstmorde eine Form, mit der der Vater ausdrückt, dass er die Gegenwart, in der er leben muss, ablehnt. Seine depressive Erkrankung untergräbt seine Rolle als Ernährer in der Familie, da sie eine langfristige Arbeitsanstellung verhindert. Zugleich bedroht sie die Einheit der Familie, da es nicht möglich ist, eine solche Krankheit innerhalb der Familie zu kontrollieren und zu heilen und sie so vor Außenstehenden zu verbergen. Anstatt dessen entgleitet sie immer wieder der Kontrolle der Familie, die sie in der privaten Sphäre verbergen will und wird in der Öffentlichkeit sichtbar, wo sie dann aber wieder in einem abgeschlossenen Bereich, den die Gesellschaft für Anormalitäten bereit hält, den Blicken entzogen wird: die Psychiatrie. Anstatt dass die Familie mit dem sozialen Makel, die das asoziale Verhalten des Vaters mit sich bringt, umzugehen lernt, sucht sie sich einfach einen neuen Lebensmittelpunkt, da so der Schein einer normalen Familiensituation aufrechterhalten und die Depression weiter verborgen bleiben kann. Auch wenn die psychische Erkrankung des Vaters das Leben der Familienmitglieder bestimmt, wird auch sie zu einem Thema, das in der Familie nicht angesprochen wird und somit hinter einem Schleier des Schweigens verborgen bleibt:

Es lag in der Luft, daß es wieder soweit war, aber man sprach nicht darüber. Dann schämte man sich, daß er in der Irrenanstalt war. Und die Scham war intim. Sie ging niemanden etwas an. Das Mädchen hatte absolutes Sprechverbot. Niemand dürfe sie etwas davon erzählen. Nur wenn ihre Schande geheim bliebe, würden sie weiter eine gute Familie sein. (NT, 44)

Die ständige Notwendigkeit umzuziehen hat einen spezifischen Einfluss auf Johannas identitätsbildende Beziehung zu Orten. Auch wenn sie den ersten Umzug, bzw. den ersten Schulwechsel (NT, 54) [22] ursprünglich als traumatisierend erlebte, so beginnt sie doch einen gewissen Trost in den ständigen Umzügen zu finden. Als sie zum ersten Mal in der Schule vom bevorstehenden Umzug berichtet, bemerkt sie, dass sie - obwohl sie noch nicht gegangen ist - in dem Moment nicht mehr zur Gemeinschaft gehört, in dem sie ihr Fortgehen publik macht. (NT 55). Diese ursprünglich negative Erfahrung der Entwurzelung wird dennoch nach einiger Zeit von ihr positiv gedeutet: Das Kind erkennt die Vorteile dieser immer wiederkehrenden Neuanfänge, die streng genommen keine Neuanfänge sind sondern nur Ortswechsel und fortwährende Trennungen. Durch diesen immer wiederkehrenden Neubeginn an einem neuen Ort verringert sich zum einen die Bedeutung der Vergangenheit, als auch jene der Gegenwart, da sie beide angesichts einer Zukunft in Wanderschaft entwertet werden.

Für die Scham waren diese Wechsel gut, eigentlich ideal. Sie mußte keine Geschichte haben, es kannte sie niemand. Sie kam um zu gehen. Sie wußte das schon. Alles war ganz leicht zu vergessen. Weil es immer irgend anderswo wieder neu anfing, brauchte sie das abgelebte Leben nicht, über das man nicht sprechen durfte. (NT 52)

Indem Johanna sich nun nach dem Tod der Mutter der Relektüre ihrer Lebensgeschichte widmet, überwindet sie dieses Verhaltensmuster, das ihr durch die Erfahrungen in der Familie eingeimpft wurde. Anstatt einfach weiter zu ziehen und so alles im Reich des Unangesprochenen zu belassen, kehrt sie in die elterliche Wohnung zurück und nimmt wieder Kontakt mit den verdrängten Erinnerungen an Kindheit und Adoleszenz auf. Dabei kommen unter anderem Erinnerungen an Gelegenheiten hoch, in denen Johanna doch eine positive Bindung an Orte entwickelte.

22 Dabei muss bemerkt werden, dass die Schulklasse ein Raum außerhalb der mütterlichen Kontrolle ist, in dem Johanna um ihrer selbst willen anerkannt wird. Hier ist es nicht der Verlust der alten Heimat, der Johanna traurig macht, sondern der Abschied, den sie nehmen muss von dieser Schule (NT, 54).

Als die Familie aus der Stadt in ein ländlich-idyllisches Dorf umzieht, erlebt Johanna so etwas wie Heimat. In diesem Dorf, das die Eltern verabscheuten, entwickelt sie eine Beziehung zu dem Ort, die besonders an ihrer Freude an der Dorfschule zu erkennen ist. Diese Schule steht für ein utopisches Ideal von etwas, das sie nicht besitzt oder besitzen kann, da die Freude in der Klasse ihren Ursprung im Parallelunterricht zweier Jahrgangsstufen hatte:

Johanna hatte diese doppelte Klasse sehr gerngehabt. Gegen die Fensterreihe hin saßen die größeren Kinder. Und wenn man hinübersah und hinüberhörte, war neben dem, was man selber machte, immer auch schon das da, was noch kommen würde. Die Zukunft saß im Klassenzimmer, sie versprach die Bruchrechnungen und die Savannen Afrikas. (NT, 56-57)

Neben den vielversprechenden Ausflügen ins Exotische bietet ihr besonders die gegenwärtige Erfahrung der Zukunft hier die Quelle eines Stabilitätsgefühls, das normalerweise in ihrem Leben fehlt, da es dort eben keine wirkliche Zukunft gibt und die Gegenwart ganz im Bann der Vergangenheit steht. Doch Johannas Freude an der ästhetischen Perfektion, die die bukolische Szene des Musikunterrichts ausstrahlt - während sich die Sonne durch die Fenster ergießt, singen die Kinder Lieder wie „Im Märzen der Bauer" und „Der Mai ist gekommen" - ist die Freude eines Außenseiters, der nur vorgibt, ein Teil des Geschehens zu sein und dabei immer doch Außenseiter bleibt.

Und Johanna, die gerne sang, konnte nicht mitsingen, so sehr stand sie neben den Kindern, und herzklopfend wußte sie: Das ist jetzt so, wie es in den Bilderbüchern ist, wenn die Schwalben über der aufgespannten Wäsche fliegen und das dicke Pferd über den Acker zieht. Und auch wenn sie nun versuchte mitzusingen, wie eine Diebin, sang sie nur ganz vorsichtig und mit den Tränen kämpfend, als könnte sie das, was hier war, nur zerstören. (NT, 57)

Ihre Weigerung, selbst ganz Teil der Szene zu werden und damit an einer Heimat teilzuhaben, ist dabei ambivalent. Man könnte argumentieren, dass Johanna an jenem potentiellen Moment von Heimat nicht teilnimmt, um es so selbstlos anderen zu ermöglichen, diesen zu erleben. Johanna scheint ihren Status als fremder Eindringling so konsequent verinnerlicht zu haben, dass sie befürchtet, ihre Teilnahme würde an einem solchen perfekten Moment die Vollkommenheit dieser ländlichen Idylle zerstören. In ihrem Verständnis ist damit Heimat etwas, das von den Würdigen genossen werden darf und das von ihrer eigenen Unwürdigkeit zerstört würde. Und so folgt sie dem Beispiel ihrer Mutter, in dem sie die Gegenwart der Idylle in ihrer Vergänglichkeit opfert um eine konservierte Erinnerung an Heimat zu erzeugen, von der sie sich als entfremdet erfährt.

Die Tränen, die sie in jenem Moment vergießt, in dem sich ihr die Möglichkeit eröffnet an einem Ort wirklich anzukommen, sind Ausdruck sowohl einer Sehnsucht nach etwas, das sie nie aus erster Hand selbst erfahren hat, als auch einer Trauer über das Fehlen jedweder Verbindung zu einem Ort.

4. Heimat als mütterlicher Ort

An dieser Stelle der vorliegenden Studie soll die Bedeutung, die die Idee von Heimat als mütterlicher Ort im Roman einnimmt genauer untersucht werden.

Die liebende und schützende Hausmutter ist ein charakteristischer Topos des Heimatdiskurses, wie Elisabeth Boa und Rachel Palfreyman feststellen: „Women, (…) do not own the Heimat but embody it: they are part of the package of hearth and home as the inner world at the heart of Heimat." [23] Da eine schwangere Mutter dem ungeborenen Leben während seiner Entwicklung einen schützenden Ort gibt, wird der weibliche Körper auch oft als leibliche Heimat gedeutet. [24] Diese Beziehung zwischen Mutter und Kind ist vor der Trennung durch die Geburt eine perfekte Einheit: Die Mutter bereitet einen warmen und sicheren Kokon, den das Kind braucht und in dem es selbstverständlich lebt. In *Nahe Tage* wird diese besondere vorgeburtliche Beziehung zwischen Mutter und Kind als Legitimation jenes Besitzanspruchs gedeutet, die die Mutter gegenüber ihrer Tochter formuliert. Dieser Besitzanspruch leitet sich dabei aus der Zeugung ab, d. h. aus der Tatsache, dass die Tochter in der Mutter gewachsen und sie damit Teil von ihr ist: Als ein Teil der Mutter scheint die Tochter etwas zu sein, das der Mutter, anders als die Heimatstadt, nicht wirklich genommen werden kann. Hier wird Johanna für die Mutter zur Ersatzheimat (NT, 32), auf die sie zurückgreift, da ihr ihre reale, geographische Heimat genommen wurde.

---

23 Elizabeth Boa und Rachel Palfreyman: *Heimat. A German Dream*, S. 26.

24 Dies geschieht rückwirkend, wie Christoph Türcke in *Heimat. Eine Rehabilitierung* feststellt: „Der weibliche Körper wird erst in der Retrospektive als Heimat erkennbar, da der Säugling aufgrund seines Entwicklungsstadiums dazu noch nicht im Stande ist: Erst dabei, also nachträglich, wird der Mutterleib das, was er nicht war, solange das Kind sich darin befand: Heimat. Die erste Heimat ist ein Unding, ein Nicht-Ort, griechisch: *utopos*. Sie entsteht postum: wenn sie verloren und der Rückweg in sie versperrt ist. Dann aber begleitet sie das weitere Leben wie der Schatten das Licht." Christoph Türcke: *Heimat. Eine Rehabilitierung*, zu Klampen, Springe, 2006, S. 12.

Umgekehrt stellt sie sich selbst aber auch als die körperliche Heimat ihres Kindes dar; sie ist der Orientierungspunkt in Johannas Leben und sie bietet ihr eine selbstkreierte Insel-Heimat in jenem Ozean der erlebten Heimatlosigkeit, indem sie ihr *„(...) mütterliche Paradiese zwischen Küchentisch und Grab"* (NT, 32) offeriert.

Johanna entwächst nun zu Lebzeit der Mutter nie dieser Insel-Heimat und selbst als die Mutter stirbt, erlebt sich die 40jährige Frau immer noch mit dieser mütterlichen Heimat eng verbunden. Dies wird in jenem Versuch deutlich, die sterbende Mutter nahezu gewalttätig weiter am Leben zu erhalten: Nachdem sie das Leben geschenkt bekam, damit die Mutter selbst weiterleben kann, kehrt hier Johanna am Krankenbett der Mutter diese Beziehung um und zwingt die Sterbende, weiter zu atmen. Durch dieses gemeinschaftliche Atmen gebärt sie die sterbende Mutter ein zweites mal (NT, 12-13). [25]

Die Bindung an die Mutter ist in den Jahren vor dem Tod so stark, dass die einzige Möglichkeit, die sich Johanna nach dem Tod der Mutter zu bieten scheint, das Warten auf den eigenen Tod ist. Dies würde ihre gemeinsame Geschichte zu einem Abschluss bringen; *„Und der Tod würde auf sie übergehen. Sie hatte ihn schon entgegengeatmet, ihn inhaliert"* (NT, 36). Aber mit dem Tod der Mutter entsteht auch ein Bruch in der bestehenden Ordnung, durch den Johanna erkennt, dass der mütterliche Kokon mehr eine Behinderung ist, als dass er unterstützend wirkt: Die mütterliche Heimat ist eine Insel mit einem unfruchtbarem Boden, der das Wachstum von Johanna so lange verhindert hat.

Das Ungleichgewicht in den Machtverhältnissen, das die Mutter-Tochter-Dyade charakterisiert, hat ihren Ausgangspunkt in dem vermeintlichen Verrat der Tochter an der Mutterliebe. Für die Mutter erscheint die Geburt als eine Trennung von der Tochter, die diese mit der Absicht initiiert hat, um ihrem ‚Wohnverhältnis' im mütterlichen Körper ein Ende zu setzen. Immer wieder kommt sie auf diese Tat der Untreue zurück, indem sie die Geburt so umschreibt, das die Tochter als aktiver Part im Geburtsprozess erscheint: *„Du bist aus mir herausgekrochen, du wirst immer mein Kind bleiben"* (NT, 33) und *„Das Wort ‚herausgekrochen' zum Beispiel. Nie hätte die Mutter ‚Ich habe dich geboren' gesagt. Der Satz wäre einfach am ‚Ich'*

---

25 Diese Deutung, dass die Tochter die Mutter erneut gebärt, wird dadurch untermauert, dass Johanna Svetlana anlügt und ihr sagt, dass es ihr eigener Geburtstag sei, und nicht der Todestag ihrer Mutter (NT, 95). Wie der Leser bereits aufgrund eines Telefongesprächs zwischen Johanna und Albi weiß, ist der Todestag der Mutter zudem der Geburtstag der Großmutter Resi (NT, 76). Indem Johanna so bezüglich ihres Geburtstags lügt, nimmt sie die Rolle der Mutter ihrer Mutter ein, und lässt ihre eigentlich Rolle als Tochter ihrer Mutter zurück.

gescheitert" (NT, 33). Diese vorwurfsvollen Erinnerungen daran, wie sie in der Wahrnehmung der Mutter zur Welt kam, lassen in der Tochter ein Bewusstsein von unüberwindbarer Schuld wachsen. Zudem wird sie auch für die tiefen körperlichen Verletzungen des mütterlichen Körpers verantwortlich gemacht:

Bis zum After sei sie dabei aufgerissen und der Arzt sei von oben bis unten voll Blut gewesen, ganz voll Blut. Diese Geschichte hatte die Mutter immer wieder in allen Varianten erprobt, bis zu dem Johanna peinigenden Schluß, dass sie dann auch noch schlecht genäht worden sei, so daß es ihr seither nicht immer gelinge, ein Puzzele zurückzuhalten. (NT, 35)

Da die Folgen der Geburt immer noch präsent sind, ist die Tochter der Mutter gegenüber in einer Schuld, die keine Grenzen kennt, da diese erst ein Ende findet, wenn die Mutter stirbt. Direkt nach der Geburt reagierte die Mutter auf die vermeintliche Zurückweisung ihrer Liebe und ihres Körpers durch das Kind, indem sie ihrerseits das Kind zurückwies. (NT, 36).

Johannas Identität ist weniger durch diese eigentliche, physische Geburt geprägt, als durch eine zweite Geburt als die Tochter ihrer Mutter, bei der sie erst ihre Zuwendung gewann: Diese zweite Geburt wird durch eine Verwechselung im Krankenhaus in dem Moment ausgelöst, als der Mutter ein falsches Kind als das ihre präsentiert wird. Instinktiv weist sie ohne auch nur auf die Identitätsmarke zu schauen, das fremde Kind zurück. Nachdem die erste, leibliche Geburt noch ein Moment der Entfremdung war, scheint nun diese zweite Geburt, bei der die Mutter instinktiv ihr Kind erkennt und annimmt, ein Beleg dafür zu sein, dass ein mystisches Band Tochter und Mutter verbindet: *„Das muß, dachte Johanna, meine eigentliche Geburt gewesen sein, dieser Moment, da die Mutter ein Kind entschieden als das falsche erkannte und zurückwies. Sie hatte sich ihr eigenes bereits vertraut geschaut"* (NT, 36). Die Mutter eignet sich dabei die Tochter mit einer Strategie an, mit der sie sich auch alle anderen Objekte aneignet: Diese Strategie besteht in der Reduktion des Anders-Seins des noch nicht besessenen Objekts. Dies wird dort deutlich, wie sie die Stiefmütterchen für das Grab des Vaters kauft, diese aber zuerst genau studiert, so als wolle sie den Schock, der den Steifmütterchen als das Neue anhaftet, durch das Kennenlernen reduzieren:

(...) diesen Schock des Einbruchs eines Anderen konnte sie für sich vielleicht abmildern, indem sie sich mit diesem Anderen, den Stiefmütterchen zum Beispiel, die auf dem Grab ihres Vaters blühen sollten, vor dem Kauf vertraut machte. Sie kaufte dann etwas, das sie schon kennengelernt hatte, etwas, das durch ihre Sorgfalt und Aufmerksamkeit bereits begonnen hatte, zu ihr zu gehören und

ein Teil ihrer Welt zu sein. Sie verwandelte sich die Dinge an, dachte Johanna, sie verschmolz sie in eine Mutterlegierung." (NT, 26)

Die Unfähigkeit der Mutter, eine Beziehung zu äußeren Objekten aufzubauen, legt die Vermutung nahe, dass sie selbst eine gestörte Persönlichkeitsentwicklung durchlaufen hat und dass sie nicht in der Lage ist, über jenes Entwicklungsstadium hinauszukommen, in dem noch nicht die Trennung von innerer und äußerer Welt möglich ist. In ihrer Unfähig, mit einer äußeren Realität umgehen zu können, eignet sie sich Objekte an, indem sie diese in Übergangsobjekte verwandelt, so dass diese in ihren Besitz übergehen und zugleich ihrer Kontrolle und ihrem Willen unterworfen sind. [26]

In einer normalen Entwicklung ist diese Phase, in der Übergangsobjekte helfen, mit der Realität zurechtzukommen, nach einiger Zeit überwunden. Doch die Mutter schafft diesen Übergang zu einem normalen Verhältnis zur äußeren Realität nicht. Anstelle einer Kuscheldecke oder eines Stofftiers, die klag- und konsequenzlos alles ertragen würden, nutzt sie das eigene Kind als Übergangsobjekt, was psychisch-tiefgreifende Auswirkungen auf Johannas Entwicklung hat. Indem sie so die Tochter zu einem Teil ihrer selbst macht, reißt die Mutter die Grenze zwischen dem Selbst und dem Anderen ein, was zu einer Verschmelzung von Mutter und Tochter führt, deren Selbstempfinden von dieser Vereinigung dominiert wird. Durch diese Verschmelzung wird es zur Lebensaufgabe der Tochter, die Mutter zu komplettieren; in Johanna als Objekt kulminiert alles mütterliche Begehren und sie wird zum *Haus*, nachdem die Mutter ihren real-geographischen Bezugsort verloren hat. Die Mutter kann also in dieser engen Verbindung mit ihrer Tochter, die durch die Auflösung der Grenze zwischen beiden entsteht, auch die Tochter dazu nutzen, ihre Biographie zu reparieren. Dadurch, dass sie selbst in dieser Form Mutterschaft interpretiert und gestaltet, versucht sie zudem jene Schäden wieder

26 In einem 1953 erschienenen Artikel untersucht Winnicott die Mutter-Kind-Beziehung und das erste Objekt, das das Kind als ein Nicht-Ich-Besitz erfährt und für das Winnicott den Begriff des *Übergangsobjekts* einführt. Das Kind wählt dieses Übergangsobjekt bevor es den Unterschied zwischen Selbst und Welt kennt: Es erlebt dieses Objekt, von dem es sich nicht trennen will, als einen Teil seiner selbst und erst als es fähig wird, zwischen Ich und Nicht-Ich zu unterscheiden, beginnt es sich auch von diesem Objekt zu lösen. An diesem Objekt vollzieht sich ein Übergang, in dem sich das Kind von der Imagination einer magischen Kontrolle der Mutter löst und an dessen Stelle die Kontrolle über ein passives Objekt übernimmt. Siehe D. W. Winnicott: *„Transitional Objects and Transitional Phenomena: A Study of the First Not-Me Possession"*, in: *International Journal of Psychoanalysis*, 34, 1953, S. 89-97.

gut zu machen, die ihre Mutter, Johannas Großmutter, an ihr verursacht hat. [27]

Auch wenn das frühe Verhältnis zwischen Großmutter und Mutter ursprünglich als ‚good enough' [28] einzustufen ist, so kommt es dennoch später durch eine Trennung von Mutter und Kind zu einer Störung, die die Ursache für die problematische Entwicklung von Johannas Mutter zu sein scheint. Die Mutter litt als Kind dramatisch darunter, dass ihre Mutter, Großmutter Resi, arbeiten gehen musste und die Familie verließ, um diese finanziell zu unterstützen. Das Kind verlangte, voller Angst vor der Abwesenheit der Mutter, deren Verstümmelung, da so ein fragmentarisches Zusammensein doch noch möglich erscheint: *„Alle Morgen habe sie die Knie der Mutter umschlungen und ganz fest gehalten und geweint: ‚Kopfele abschneiden, Kopfele tragen' "* (NT, 75). Dieser gewalttätige Ausdruck einer Trennungsangst, bei dem in grotesker Weise die Verstümmelung des weiblichen Körpers verlangt wird, ist auch der phantasmagorische Ursprung jener blutigen Darstellungen, in denen - wie bereits angesprochen - Johannas Mutter den Geburtsprozess und die körperliche Trennung von ihrer Tochter beschreibt. Die direkte Konsequenz dieser Kindheitserfahrung ist, dass Johannas Mutter entschlossen ist, nicht eine solche Mutter zu sein wie es ihre eigene war: *„Ich war ein Schlüsselkind, sagte die Mutter. Und ich wollte, daß du eine Mutter hast"* (NT, 75). Indem sie nun bei ihrem Kind die Gelegenheit nutzt, im Gegensatz zu ihrer eigenen Mutter vermeintlich perfekt zu sein, korrigiert sie rückwirkend ihre eigene Biographie. In ihrer klaustrophobischen Liebe, die die Grenze zwischen ihr und dem Kind ignoriert, überkompensiert sie die erlittene Trennungserfahrung und unterschätzt dabei, wie wichtig auch das Einhalten einer Privatsphäre und ein ausreichender Kontakt mit Gleichaltrigen für ein Kind ist. Durch die übermäßige Hingabe an die Tochter bringt die Mutter darum deren Entwicklung zu einem autonomen Selbst zum Stillstand. Da sie das Zusammensein schützen will, bindet die Mutter die Tochter so dicht an sich, dass kein Raum mehr vorhanden ist für deren selbstständige Entwicklung. Dabei geht die mütterliche Liebe über den einfachen Besitzwunsch hinaus, insofern sie in egoistisch-narzisstischer Weise die Tochter nach ihrem eigenen Selbst zu formen versucht (NT, 42). Diese spiegelnde

27 Indem Johanna selbst nicht Mutter wird, verhindert sie, diesen Fehler ihrer Mutter zu wiederholen. Anstatt dessen arbeitet sie das problematische Mutter-Tochter-Verhältnis kritisch-analytisch auf.

28 Laut Winnicott kann sich diese Beziehung nur dann entwickeln, wenn das Kind die ausreichende Fürsorge einer „good enough mother" erfährt, da nur so der Säugling deren beruhigende und Sicherheit schenkende Eigenschaften auf das Übergangsobjekt übertragen kann.

Projektion überdeckt Johannas Individualität und unter der Diktatur der Mutter wird ihre Weiblichkeit neutralisiert, so dass das Kind zu ihrem androgynen, infantilisierten Alter Ego wird. Johanna wird dabei zugleich in eine Parentifikation gezwungen (NT, 43), d. h. sie muss für die Mutter die Rolle eines Ersatzes für die unbefriedigende und unvollständige Beziehung zu ihrem Mann übernehmen: Da ihr Ehemann seinerseits immer noch seiner Mutter gehört (NT, 34), kann Johannas Mutter zu im keine wirkliche Beziehung aufbauen.

In dieser Situation kann sich darum die Mutter nur durch die symbolische Beziehung zu ihrer Tochter verwirklichen: *„Wenn ihr schon der Mann nicht ganz und gar gehörte, so würde sie sich dieses Kind nicht und von niemandem nehmen lassen"* (NT, 34). Die erstickende Liebe der Mutter, die Johanna beschreibt, erinnert an das, was Simone de Beauvoir als *masochistische Hingabe* bezeichnet: Während die Mutter sich selbst jeden Genuss am Leben verbietet, opfert sie sich zugleich ganz dem Wohl ihres Kindes. Als Gegenleistung für diese Selbstopferung, verlangt sie für sich das Recht, eine Unabhängigkeit des Kindes zu leugnen. [29]

Ein gutes Beispiel hierfür findet sich in der Szene, in der Johanna mit ihren Freunden ins Schwimmbad gehen möchte und ihre Mutter die Angst um die Sicherheit ihrer Tochter vorschiebt, um nicht ohne sie sein zu müssen (NT, 102). Um ihrem Argument noch Nachdruck zu verleihen, droht sie, Selbstmord zu begehen, geschehe der Tochter etwas (NT, 103). Indem sie ihr eigenes, potentielles Leiden nutzt, um mögliche Verletzungen, die das Kind sich zuziehen könnte, in den Hintergrund zu drängen, ruft sie zugleich bei ihrer Tochter Schuldgefühle hervor, die diese verinnerlicht und die somit auch in Zukunft als Stimme des Gewissens bei allem Tun die Tochter hindern und kriminalisieren werden. Diese Form, das Kind durch Bemutterung zu ersticken, konterkariert das traditionelle Bild der Mutter in der patriarchalen Familie als die Beschützende und Liebende. Aufgrund der Pathologisierung dieses Mutter-Ideals muss der Text *Nahe Tage* als Teil jener Tradition der Anti-Heimatromane und -filme der späten 60er Jahre betrachtet werden.

Die gesamte Existenz der Mutter gründet nun darauf, dass ihr Kind weiter Kind bleibt und sie als Mutter benötigt: Dies allein rechtfertigt ihr Leben. Johannas späterer Auszug aus der mütterlichen Wohnung, der von der Mutter als physische Trennung verstanden wird, versetzt diese in Angst, da sie glaubt, ihren Status als Mutter zu verlieren. Um dem entgegen zu wirken, dekoriert sie das sogenannte *Zimmerle*, das frühere Schlafzimmer von Johanna und der Großmutter, neu und verwandelt es

29 Siehe Simone de Beauvoir: *The Second Sex*, H. M. Parshley (translated), Penguin Books, Harmondsworth, 1974, S. 530.

in ein Kinderzimmer, das es so niemals war. Mit dem Einrichten eines Kinderzimmers in der Wohnung stilisiert sie sich als Mutter eines Kleinkindes (NT, 69) und versucht über solche dekorativen Maßnahmen die mütterliche Identität aufrecht zu erhalten. Eine mögliche Erklärung dafür, dass die Mutter ihre Tochter so infantilisiert, ist ihr Bedürfnis gebraucht zu werden, denn so wird sie in ihrer Rolle als Mutter bestätigt.

Diese Infantilisierung der Tochter drückt sich auch dort aus, wo die Mutter es Johanna erst sehr spät erlaubt, sich selbst um ihre persönliche Hygiene zu kümmern: Viel zu lange hilft sie Johanna dabei. Die Mutter übernimmt nicht nur die Aufgabe - lange nachdem das Kind schon selbstständig auf Toilette geht [30] - es abzuwischen, sondern die Mutter führt auch ein nächtliches Reinigungsritual in der Familie ein, bei dem sie die Tochter auf dem Küchentisch wäscht während der Vater zuschauend danebensteht:

Die Mutter hatte ein Handtuch auf dem Küchentisch ausgebreitet und dann das Kind auf dem Rücken auf das Handtuch gelegt, so wie man vielleicht ein Baby hinlegt, das gewaschen oder geputzt werden soll. Nur war das Kind kein Baby mehr. Es war aber wund. Das Kind hatte nie ein Empfinden dafür gehabt, daß es wund sei, aber die Mutter sah es mit ihrem sicheren Blick. Das Kind glaubte der Sorgfalt der Mutter, die nur sein Bestes wollte. (NT, 133)

Sie war sich sicher, das Kind sei wund, dachte Johanna. Und der Vater war sich sicher, das Kind sei wund, und man war nur so beisammen um das Kind auf dem Küchentisch, weil Abend war und weil abends eine Familie doch beisammen ist. (NT, 134)

Dieses Grenzen verletzende Familienritual muss genauer analysiert werden, da es ein Beispiel ist für einen klaren Missbrauch der elterlichen Macht und zugleich die potentielle Gewalt in der asymmetrischen Generationenbeziehung zwischen Eltern und Kind zeigt: Diese Beziehung ist dabei durch eine Asymmetrie bezüglich des Wissens, der Reife und der Kompetenz gekennzeichnet, [31] die die vorteilhafte Position der Eltern sicherstellt, die zudem vom Staat autorisiert sind, für das Kind zu sorgen und zu handeln. Dieses Ungleichgewicht der Machtverhältnisse erlaubt

30 Selbst als Johanna schon zur Schule geht, vermeidet sie Toilettenbesuche und wartet lieber bis sie wieder zu Hause ist. Erst nachdem die Tochter kurz vor ihrem elften Geburtstag dieses Thema indirekt anspricht hört die Mutter auf, ihrer Tochter aktiv zu assistieren. (NT, 131).

31 Debra Friedman: *Towards a Structure of Indifference: The Social Origins of Maternal Custody*, Aldine Transaction, New York, 1995, S. 8

es den Eltern Entscheidungen für und Investitionen in das Kind zu machen, deren Konsequenzen dieses (er)tragen muss. Diese Form eines Erbes, das die Eltern durch ihr Tun dem Kind auferlegen, wird im Text selbst thematisiert:

Gibt es sanfte Verbrechen? Mit einem Kind läßt sich vieles machen. Wie kann ein Kind denn wissen, was schlimm ist? Für das Kind ist es normal was die Eltern tun. Es muß mittun bei dem, was die Eltern tun und mit ihm tun. (NT, 37-38)

Die Tatsache, dass beide Elternteile Komplizen bei jenem Waschritual auf dem Küchentisch sind, garantiert jene Zusammengehörigkeit durch eine erzieherische Perversion und die Verletzung der persönlichen Sphäre der Tochter. Indem das Ritual der Mutter erlaubt, selbst dann noch die Rolle einer fürsorglichen Mutter zu spielen, wo dies schon längst nicht mehr angemessen ist, erzeugt es ein Gefühl von familiärer Ordnung; während die Mutter sich um die Bedürfnisse des Kindes kümmert, wacht der Vater über den Fortschritt und beaufsichtigt die Art, wie die Mutter sich um das Kind bemüht (NT, 133). Er wird in den auf dem Küchentisch zelebrierten Familienritus eingebunden, auf dem ebenso die gemeinsamen Mahlzeiten mit dem Ziel inszeniert werden, die familiäre Identität zu stärken. [32] Da dieser Küchentisch trotz aller Ortswechsel der Familie immer präsent bleibt, erscheint Johanna dieser Tisch darum auch als ein Erinnerungsträger; er legt Zeugnis von jenen Familienriten ab, derer sie sich aber nicht vor den Tod der Mutter zu erinnern bereit ist (NT, 19).

5. Die Kindheit als Heimat

Horst Bienek schreibt, dass die Kindheit oft als Heimat gedeutet wird, d. h. als ein zeitlich begrenzter Raum der Sicherheit und Stabilität: *„Kindheit ist Heimat. Und insofern bin ich ein Vertriebener (wie wir alle), seit ich aus der Kindheit vertrieben wurde und ein Erwachsener geworden bin."* [33] Diese Gleichsetzung von Heimat mit Kindheit – also mit einen Ort, den man verlassen musste als man erwachsen wurde und zu dem man nicht zu-

32 Der Küchentisch ist eine Art von heiliger Ort, an dem das Mahl im Namen der Familie zelebriert wird. So repräsentiert der Tisch die familiäre Harmonie, was im Widerspruch zu den Übergriffen steht, die die Mutter durch die Waschungen der Tochter auf dem Tisch begeht.

33 Horst Bienek: *„Schlesien – aber wo liegt es? Eine melancholische Erinnerung"*, in: Horst Bienek (Hrsg.): *Heimat: Neue Erkundungen eines alten Themas*, Carl Hanser Verlag, München/Wien, 1985, S. 61.

rückkehren kann - ist nur im Rückblick möglich, wie Türcke in *Heimat. Eine Rehabilitation* hervorhebt.

(...) vom Glück des Kindes vermag erst der Erwachsene zu sprechen. Das Kind kann zwar überschwenglich jubeln und traurig sein, aber noch nicht ermessen, ob es eine glückliche Kindheit hat. Was im Nachhinein als sein Glück erscheint, ist in dem Moment, wo es erlebt wurde, oft kaum mehr als dumpfe Vertrautheit: eine Landschaft, eine Architektur, ein Klima, ein Tagesablauf, ein Familienzusammenhang, Gebrauchsgegenstände, Rituale, Gewohnheiten, Sprechweisen, Tonfälle, die so, wie sie sind, auf es wirken, als könnten sie gar nicht anders sein. Heimat ist die kindliche Umgebung, die so erlebt wird, als verstünde sie sich von selbst. [34]

Jene Heimat, die durch die Kindheit repräsentiert wird, mag als ein Ort erscheinen, der noch intakt ist, aber die reale Erfahrung kann sich sehr von zurecht gelegten Kindheitserinnerungen, die sich Erwachsene von der Vergangenheit machen, unterscheiden: „Die konkrete Heimat des Kindes ist keine heile Welt, aber nichts repräsentiert heile Welt so sehr wie sie". [35]

Diese Idee einer rückblickenden idyllischen Rekonstruktion von Kindheit wird in *Nahe Tage* dekonstruiert. Aufgrund der Störungen, die Johannas Eltern bei ihr verursacht haben, verdrängt sie entweder ihre Kindheitserinnerungen aus ihrem Gedächtnis oder sie chiffriert sie zu unverständlichen Texten:

Ich bin nie klein gewesen, dachte sie dann. Und fand es peinlich. Deshalb sagte sie es auch nicht, sondern tat so, als sei nichts. Andere haben eine Kindheit. Sie nicht. Ja und? Das war ihr Geheimnis. Denn das gibt es ja nicht, daß einer nie klein war.

Aber sie konnte sich nicht erinnern. Doch das mußte niemand merken.

Oder sie kann sich nur an ganz wenig erinnern, an wenig, das nicht zusammenhängt. Aber sie hatte keinen Unfall, keine Krankheit. Es ist ihr nichts Schlimmes passiert. (...) Und es gibt ja Bilder, von denen sie weiß, daß sie zu einem früheren Leben gehören. Und doch sind sie ihr ferner als nur fern in der Zeit, so als gehörten sie zwar zu ihr, aber ohne ihr zu gehören. Sie war auch schon auf den Gedanken gekommen, daß sie es nicht wert war, eine eigene Kindheit zu haben. (...)

Vielleicht war ihr also doch etwas geschehen, aber das Schlimme war nicht schlimm, weil es selbstverständlich war, sanft. (NT, 37-38)

---

34 Christoph Türcke: *Heimat. Eine Rehabilitierung*, S. 23-24.

35 Türcke: *Heimat. Eine Rehabilitierung*, S. 30.

Auch wenn sie noch Erinnerungen an jene nächtlichen Waschungen hat, so sind diese in ihrer Erfahrungsdimension nicht mehr nachvollziehbar und dadurch unverständlich geworden (NT, 132). Nachdem sie in ihren Teenagerjahren den Film *Le Souffle au Coeur* (1970: *Herzflimmern*) von Louis Malle gesehen hatte, in dem es um eine inzestuöse Mutter-Kind Beziehung geht, hatte sie begonnen, diese Erinnerungen zu entschlüsseln. Doch dieser Verstehensprozess wurde dann durch eine Intervention der Mutter unterbrochen und darum bis auf Weiteres verschoben: Auf die Empfehlung Johannas sahen sich auch die Eltern den Film an. Doch ihre angeekelte Reaktion rief in der Tochter ein Gefühl von Scham hervor, das weitere Versuche, ihre Erinnerung zu entschlüsseln und zu verstehen, lähmte und dadurch die Erinnerungen an die nächtlichen Rituale wieder in das Reich des Unaussprechlichen verbannte. [36]

Nach dem Tod der Mutter kann nun aber ein nachträglicher Prozess des Durcharbeitens beginnen: Gerade durch die Entschlüsselung dieser Episode aus ihrer gestörten Entwicklung kann sie in jener Nacht die endgültige Loslösung von ihrer Mutter erreichen.

Johannas gestörte Kindheit ist nicht nur das Resultat einer perversen, in den emotionalen Missbrauch führenden Erziehung sowie einer Infantilisierung, sondern - wie bereits angesprochen - auch Produkt einer Parentifikation. Indem sie gezwungen wurde, zugleich das Kleinkind als auch die Erwachsene zu spielen, verhinderten die Eltern, dass sie jemals in einer normalen Kindheit ankam. [37] Während sie auf der einen Seite das gehorsame Baby spielen musste, um die Familienstruktur zu stützen, wurde sie auf der anderen Seite mit der Verantwortung einer Erwachsenen belastet, um so den elterlichen Bedürfnissen Rechnung zu tragen und

36 Johanna beschreibt die Reaktion der Mutter auf den Film wie folgt: „Und nun sank sie mit jedem Wort der Mutter weiter in die Tiefen des unendlichen Ledersessels, sie schrumpfte vor Scham, vor wilder Scham, während die Mutter ihre Worte langsam leiser werdend und stockend, aber immer und immer wieder weitersagte. (...) Die Situation war entschieden. Ein für allemal. Das was in den Zeitungen »Sex« genannt wurde und das zuhause keinen Namen hatte, war zwischen Johanna und den Eltern kein Thema. Das war klar. Aber was genauer kein Thema war, blieb durchaus im Dunkel" (NT, 128).

37 Die Kindheit ist etwas, das die anderen Kinder durchleben, während Johanna die unangemessenen Rollen erfüllt, die man an sie in der Familie delegiert. Dies wird besonders dort deutlich, wo Johanna auf dem Tisch liegt und die reinigenden Zuwendungen ihrer Mutter über sich ergehen lassen muss, während sie sieht, wie die anderen Kinder draußen spielen: „Meist war es früher Abend gewesen, denn wenn das Kind auf dem Küchentisch den Kopf zum Fenster wandte und hinaussah, dann hörte und sah es, wie die anderen Kinder, die weniger behüteten, noch draußen auf der Straße spielten" (NT, 134).

zugleich das Bild familiärer Eintracht zu bewahren. Auf diese Art wurde das Kind zum Opfer seiner Eltern. Ein aufschlussreiches Beispiel für jene Last, die das sich noch entwickelnde Kind tragen musste, findet sich in jener Szene, in der sie während des gemeinsamen Frühstücks eine Krise miterleben musste, die die Familie erfasste. Bei dieser Gelegenheit wurde zuerst der Vater, dann die Mutter und die Großmutter plötzlich von Tränen übermannt: Für einen Moment scheinen alle Probleme der Familie unkontrollierbar an die Oberfläche zu kommen. Indem die Tochter aber weiter isst, rettet sie die Situation und übernimmt in einer für sie frühreifen Art die Verantwortung für die Harmonie in der Familie und gewährleistet zugleich in diesem Moment die Normalität:

Wenn es weiteraß, konnte es alles halten, die Familie und alles. Es würde weitergehen. Es mußte nur einfach weiteressen. Und es sammelte all seine Kraft und schnitt langsam seine Scheibe Kommisbrot (...). Es sah auf das Brettchen und das Messer, und es kaute das bröselig salzige Brot. Und schluckte, und dann noch ein Reiterchen, und kaute und schluckte. Ich muß nur weiteressen, dachte es. Und wie es da saß und das Brot aß, hörte nach und nach das Weinen auf, zuerst hörte der Vater auf, dann die Mutter, und zuletzt rührte sich auch die Großmutter wieder. (NT, 22)

Diese Delegation der Verantwortung von Erwachsenen an ein Kind, die hier Johanna wie selbstverständlich aus eigenen Stücken übernimmt und erfüllt, ist charakteristisch für Familien in Zeiten des Krieges. Die Tatsache, dass der Krieg nicht nur auf die Erwachsenen, die ihn direkt miterleben, sondern auch auf die Kinder einen Einfluss hat, ist inzwischen in der Forschung allgemein anerkannt.[38] In der jüngst erschienenen Studie von Nicholas Stargardt *Witnesses of War. Children's Lives under the Nazis*, wird die These formuliert, dass sowohl die Kinder der Täter als auch die der

38 Siehe z. B. Hilke Lorenz: *Kriegskinder. Das Schicksal einer Generation*, List, München, 2003 und Sabine Bode: *Die vergessene Generation. Die Kriegskinder brechen ihr Schweigen*, Klett Cotta, Stuttgart, 2005.

Opfer alle selbst zu Opfern des Krieges werden.[39] Indem die Wirkung des Krieges auf die Kindheit in dieser Weise beschrieben wird, fällt auch ein Tabu, da deutlich wird, dass auf der Ebene der Kinder, die indirekt vom Krieg betroffen sind, die Opfer und Täterseite nicht wirklich unterschieden werden kann und damit in gleicher Weise gedeutet werden muss.[40] So auch im Fall von Johanna: Auch wenn diese ein Nachkriegskind ist, so wird sie doch aus ihrer Kindheit durch die Nachwirkungen des Krieges gerissen und - aufgrund der elterlichen Obsession mit der Vergangenheit - gezwungen eine Rolle in der Familie zu übernehmen, die ein Erwachsener übernehmen müsste. Hier zeigt sich, wie der Krieg auf die Kinder auch nach dessen Ende als transgenerationale Traumatisierung weiter einen Einfluss hat.

Johanna übernimmt hierbei weniger die Verantwortung für praktische, alltägliche Dinge, sondern vielmehr für die unbewältigte Vergangenheit von Vater und Mutter: Dabei fühlt sie sich auch emotional für die Eltern verantwortlich. An dieser Eltern-Kind-Beziehung wird die Unangemessenheit traditioneller Täter-Opfer-Dichotomien bei der Beschreibung von intergenerationalen Traumatisierungen sichtbar, da diese Dichotomie nicht angemessen die komplexe Beziehung und die Vielschichtigkeit der Erfahrungen in den Familien erfassen kann: Obwohl die Eltern zu der Gemeinschaft der deutschen Täter gehören, werden sie dennoch zu Opfern ihrer Kriegserlebnisse. Ihre Unfähigkeit diese zu bewältigen, verwandelt sie aber auch wiederum zu Tätern, die ihr Kind emotional-psychisch misshandeln und es seinerseits zu einem Opfer machen.

39 Nicholas Stargardt: *Witnesses of War. Children's Lives under the Nazis*, Random House, New York, 1995, S. 7. In seiner Studie listet Stargardt die Aktivitäten auf, die Kinder in Delegation übernehmen und dadurch zu Opfern werden: hierzu gehören unter anderem Broterwerb für die Familie, Verbrüderung und Beziehungsaufbau mit Soldaten und Schwarzmarktaktivitäten. Aufgrund der Abwesenheit der Väter sehen sich diese Kinder dazu verpflichtet, der Familie so zu helfen, wie dies eigentlich die Aufgabe des Vaters wäre. Dadurch werden sie in einer Weise an ihre Familie und hier besonders an ihre Mutter gebunden, die sie auch noch später dann gefangen hält, wenn sie schon längst das Alter der Selbstständigkeit erreicht haben. Siehe Stargardt: *Witnesses of War*, S. 10-11.

40 Stargardt: *Witnesses of War*, p. 17.

6. Schlusswort

Zum Schluss sollen noch einmal die grundlegenden Thesen zusammengefasst werden:

Der vorliegende Beitrag analysierte im Mutter-Tochter-Roman *Nahe Tage* von A. Overath die Spuren eines gestörten Verhältnisses zur Heimat, unter der zwei Generationen leiden und die die allgemeine Fähigkeit, zu einem Ort eine sinnstiftende Beziehung aufzubauen, affiziert. Indem die Kurz- und Langzeitwirkung, die die Vertreibung auf die Mutter ausübte, analysiert wurde, zeigte sich, dass sie als der Ursprung der Störung in der Nachkriegsfamilie betrachtet werden muss. Auch wenn sie physisch die Heimat verloren hat, so hält sie psychisch doch an dieser fest und ist immer noch ein Teil von ihr. Indem sie sich leidenschaftlich der Vergangenheit verschreibt und zugleich unfähig ist, in der Gegenwart etwas anderes zu sehen als einen Schrein für das frühere *Zuhaus,* wertet sie die Gegenwart ab und entfremdet sich von ihrem Ehemann: Zugleich bietet sie ihrer Tochter damit ein negatives Beispiel einer Beziehung zu einem Lebensort, was die Tochter verinnerlicht.

Diese transgenerationale Weitergabe eines gestörten Verhältnisses zu einem Ort wird noch durch die Depressionen des Vaters und seine wiederholten Selbstmordversuche, die zu einem ständigen Ortswechsel der Familie führen, verstärkt: Das Kind kann so nicht lernen, wie eine normale Beziehung zu einem Ort aufgebaut wird. Hier wird der Verlust eines Bezugsortes zu einem transgenerationalen Erbe, das unter bestimmten familiären Umständen weitergegeben wird.

Indem der Beitrag die Störung untersuchte, die der Verlust der mütterlichen Heimat in der Familie verursachte, nahm er auch die Idee der Heimat als mütterlicher Ort in den Blick: Nachdem die Mutter den geographischen Bezugsort verloren hat, benutzt sie ihre biologische Funktion als Gebärende um ihre Tochter in einen Ersatz für die Heimat zu verwandeln, der ein Teil des mütterlichen Körpers ist. Dies hat Einfluss auf die Generationenbeziehung in der Familie, da die Mutter die Tochter nach ihrem eigenen Bilde formt und dabei jedwede generationalen Unterschiede zwischen ihnen beiden tilgt. Indem die Mutter die Individualität ihrer Tochter dabei erstickt, reproduziert sie sich selbst in dieser und bindet damit ihre Tochter an sich, um so die eigene biographische Wunde zu heilen.

Diese einseitig identifikatorische Mutter-Tochter-Beziehung wird dem Kind aufgezwungen, das die pathologische Dimension dieser Beziehung zuerst nicht sieht: Nach dem Tod ihrer Mutter beginnt die Tochter aber jene Relektüre ihrer gemeinsamen Geschichte, bei der sie die repressive Natur der Beziehung erkennt und aufarbeitet. Es wird hierbei deutlich, dass die Mutter dominant, kontrollierend und manipulativ ist und nicht dem Bild einer unterstützenden und liebenden Mutter entspricht: Damit folgt ihre Figur in ihren Versuchen, die eigene Tochter zur Überwindung ihrer Trennungsängste zu missbrauchen, der Anti-Heimat-Tradition, in der das klischeehafte Mutterbild konterkariert wird.

Weiterhin wurde gezeigt, dass dadurch, dass die Mutter aus der Tochter einen Ersatz für ihre verlorene Heimat macht, diese zu einem Opfer der Elterngeneration wird. Da beide Elternteile dabei versagen, ihre Vergangenheit zu bewältigen, gerät Johanna unter den Bann dieser Vergangenheit, die die Sphäre der Familie dominiert, obwohl oder gerade weil sie niemals offen in der Familie angesprochen wird.

Damit entsteht eine Kontinuität zwischen der elterlichen Vergangenheit und der Gegenwart, die nie durch neue Erfahrungen der Tochter durchbrochen werden kann, da alles in der Gegenwart nur im Lichte der elterlichen Vergangenheit geschieht. Erst nach dem Tod der Mutter wird diese Kontinuität dort gebrochen, wo die Tochter sich in analytisch-sezierenden Erinnerungsakten, die ich als „mnemonic post-mortem“ bezeichnet habe, von der elterlichen Vergangenheit löst und ihre eigenen biographischen Erfahrungen und verdrängten Erlebnisse aufarbeitet und das Ausmaß erkennt, in dem sie an die Mutter gebunden und in ihrer eigenen Entwicklung blockiert war. Auch wenn also die Generation der Eltern als Opfer der Geschichte betrachten werden muss, so ändert dies nichts an der Tatsache, dass sie gegenüber ihrem Kind selbst zu Tätern wurden. Johanna als Vertreterin der zweiten Generation wurde dort zum Opfer, wo die pervertierte mütterliche Sorge versucht, das Kind zu infantilisieren, um somit die eigene fragile Identität als Mutter zu stabilisieren. Parallel dazu wurde Johanna in eine Parentifizierung gezwungen, bei der sie mit psychisch-emotionalen Aufgaben einer Erwachsenen in der Familie belastet wurde. Diese Verbindung von Parentifikation und Infantilisierung ist nun daran schuld, dass Johanna keine normale Kindheit durchlebte, sondern transgenerational zu einem Opfer der deutschen Kriegserfahrung wurde.

Literatur

Applegate, Celia: *A Nation of Provincials: The German Idea of Heimat*, California University Press, Berkeley, 1990.

Bastian, Andrea: *Der Heimat-Begriff: eine begriffsgeschichtliche Untersuchung in verschiedenen Funktionsbereichen der deutschen Sprache*, Niemeyer, Tübingen, 1995.

De Beauvoir, Simone: *The Second Sex*, H. M. Parshley (translated), Penguin Books, Harmondsworth, 1974.

Bienek, Horst: *Schlesien – aber wo liegt es? Eine melancholische Erinnerung*, in: Bienek, Horst (Hrsg.): *Heimat: Neue Erkundungen eines alten Themas*, Carl Hanser Verlag, München/Wien, 1985, S. 57-61.

Büscher, Wolfgang: *Deutschland. Eine Reise*, Rowohlt, Berlin, 2005.

Bode, Sabine: *Die vergessene Generation. Die Kriegskinder brechen ihr Schweigen*, Klett Cotta, Stuttgart, 2005.

Confino, Alon: *Germany as a Culture of Remembrance. Promises and Limits of Writing History*, North Carolina University Press, Chapel Hill, 2006.

Dückers, Tanja: *Himmelskörper*, Aufbau, Berlin, 2003.

Duttlinger, Carolin: *A Lineage of Destruction? Rethinking Photography in ‚Luftkrieg und Literatur'* , in: Fuchs, Anne/Long, J. J. (Hrsg.): *W. G. Sebald and the Writing of History*, Konigshausen & Neumann, Würzburg, 2007, S. 163-177.

Fuchs, Anne: *„From ‚Vergangenheitsbewältigung' to Postwar Memory Contests"*, in: Fuchs, Anne/Cosgrove, Mary (Hrsg.): *German Life & Letters*, Special Number: Memory Contests, , 59.2, April 2006, S. 169-186.

Fuchs, Anne: *„A Heimat in Ruins and the Ruins as Heimat: W. G. Sebald's Luftkrieg und Literatur*, in: Fuchs/Cosgrove/Grote (Hrsg.): *German Memory Contests. The Quest for Identity in Literature, Film and Discourse since 1990*, Camden House, Rochester (NY), 2006, S. 278-302.

Fuchs, Anne: „The Geography of Memory" in: Fuchs, Anne: *Phantoms of War*, Palgrave, Basingstoke, 2008, S. 77-80.

Friedman, Debra: *Towards a Structure of Indifference: The Social Origins of Maternal Custody*, Aldine Transaction, New York, 1995.

Hein, Christoph: *Landnahme*, Suhrkamp, Frankfurt a. M., 2004

Gebhard, Gunther/Geisler, Oliver/Schröter, Steffen (Hrsg.): *Heimat. Konturen und Konjunkturen eines umstrittenen Konzepts*, Transcript, Bielefeld, 2007, S. 9-56.

Grass, Günter: *Im Krebsgang*, Steidl, Göttingen, 2002

Greve, Andreas: *In achtzig Tage rund um Deutschland. Grenzerfahrungen*, Hoffmann & Campe, Hamburg, 2004.

Hummel, Eleonora: *Die Fische von Berlin*, Steidl, Göttingen, 2005.

Huyssen, Andreas: *On Rewriting and New Beginnings: W. G. Sebald and the Literature about the Luftkrieg*, Zeitschrift für Literaturwissenschaft und Linguistik, volume 31 (124), 2001, S. 72-90-

Huyssen, Andreas: *Present Pasts. Urban Palimpsests and the Politics of Memory*, Stanford University Press, Stanford (California), 2003, S. 4-5.

Jirgl, Reinhard: *Die Unvollendeten*, Carl Hanser, München/Wien, 2003.

Joisten, Karen: *Philosophie der Heimat – Heimat der Philosophie*, Akademie, Berlin, 2003.

Mitscherlich, Alexander/Kalow, Gerd (Hrsg.): *Hauptworte Hauptsachen. Zwei Gespräche: Heimat, Nation*, Piper, München, 1971.

Lorenz, Hilke: *Kriegskinder. Das Schicksal einer Generation*, List, München, 2003.

Moeller, Robert: *War Stories: The Search for a Usable Past in the Federal Republic of Germany*, University of California Press, Berkeley, 2001.

Neumeyer, Michael: *Zwischen Idylle und Lebenswelt – Zu Geschichte und Begriff des Phänomens Heimat*, Christian-Albrechts-Universität, Kiel, 1999.

Niven, Bill: *Introduction: German Victimhood at the Turn of the Century*, in: ders. (Hrsg.): *Germans as Victims*, Palgrave Macmillan, Hampshire/New York, 2006, S. 1-25.

Von Oppen, Karoline/Wolff, Stefan: *„From the Margins to the Centre? The Discourse on Expellees and Victimhood in Germany"*, in: Niven, Bill (Hrsg.): *Germans as Victims*, S. 194-209.

Palfreyman, Elizabeth & Rachel: *Heimat. A German Dream. Regional Loyalties and National Identity in German Culture 1890-1990*, Oxford University Press, Oxford/ New York, 2000.

Palmowski, Jan: *„Building an East German Nation: The Construction of a Socialist Heimat, 1945-1961"*, in: *Central European History*, vol. 37, no. 3, S. 363-399.

Overath, Angelika: *Nahe Tage. Roman einer Nacht*, Wallstein, Göttingen, 2005.

Santer, Eric L.: *Stranded Objects. Mourning, Memory and Film in Postwar Germany*, Cornell University Press, London/Ithaca/NY, 1990.

Schmidt, Ute: *„Vom Flüchtling zum Neubürger"*, in: Dahm, Christoph/Tebarth, Hans-Jakob: *Die Bundesrepublik Deutschland und die Vertriebenen*, Kulturstiftung der deutschen Vertriebenen, Bonn, 2000, S. 75-99.

Stargardt, Nicholas: *Witnesses of War. Children's Lives under the Nazis*, Random House, New York, 1995

Timm, Uwe: *Am Beispiel meines Bruders*, Kiepenheuer & Witsch, Köln, 2003.

Türcke, Christoph: *Heimat. Eine Rehabilitierung*, zu Klampen, Hannover, 2006.

Weiler, Jan: *In meinem kleinen Land*, Rowohlt, Reinbek, 2006.

Wilms, Wilfried: *Taboo and Repression in W. G. Sebald's On the Natural History of Destruction*, in: Long, J. J./Whitehead, Anne (Hrsg.): *W. G. Sebald. A Critical Companion*, Edinburgh University Press, Edinburgh, 2004, S. 175-190.

Willemsen, Roger: *Deutschlandreise*, Eichborn, Berlin/Frankfurt a. M., 2002.

Winnicott, Donald W.: *Transitional Objects and Transitional Phenomena: A Study of the First Not-Me Possession*, in: International Journal of Psychoanalysis, 34, 1953, S. 89-97.

Andreas Kraft

Geerbte Räume der Erinnerung in Marc Buhls Roman „Das Billardzimmer“

Der vorliegende Beitrag widmet sich dem Generationenroman „Das Billardzimmer“ von Marc Buhl [1] mit der Zielsetzung, die Rolle der Zeit in ihrer Beziehung zur Erinnerung und zu den dargestellten Orten näher zu analysieren. Diese Orte, einige geerbte Häuser, die Wohnung des Großvaters Gero von Nohlen und hier besonders sein Billardzimmer stehen im Zentrum der Recherchen des Protagonisten, dem Enkel, der ein Familiengeheimnis zu entschleiern versucht, das in direkter Beziehung zu diesen Orten steht, die ihr Gedächtnis erst im Laufe seiner Untersuchungen preisgegeben. Diese Preisgabe der Vergangenheit geschieht zuletzt aber vor allem in einem Zeitzeugenbericht, der den zweiten Erzählungsstrang der Geschichte bildet und in welchem die Orte durch ihre chronotopische Verbindung mit einer historisch bedingten Zeiterfahrung etwas über die Vergangenheit verraten.

1. Das „Gedächtnis der Orte“

Wenn der literarisch gebildete Bodenseetourist auf der Meersburg in das kleine Schlafzimmer eintritt, in dem die deutsche Dichterin Annette Droste-Hülshoff lebte, und vor ihrem winzigen Bett steht, erfasst ihn - zumindest den leidenschaftlichen Liebhaber der Hülshoffschen Literatur - mit Sicherheit ein wenig der Schauer: Man hat einen auratischen Ort betreten, an dem man vielleicht so etwas wie Ehrfurcht empfindet. Es ist so, als hätten die Wände, das Holz der Möbel und der Boden von jenem Menschen, von dem wir wissen, das er hier lebte, etwas aufgenommen, absorbiert und für den Besucher über die Zeit gerettet. Räume können scheinbar in ihrer Materialität wie Trägersubstanzen etwas von Personen und Geschehnissen, die längst vergangen sind, für uns durch die Zeit in unsere Gegenwart tragen.

Räume und Orte sind hier zum einen materielle Träger von Spuren: so sagt der Baustil eines Gebäudes z. B. etwas über sein Alter aus. Hinzu kommen oft die Spuren des Verschleißes und Zerfalls, mit dem der ‚Zahn der Zeit‘ in das Materielle des Orts oder des Objekts jene Informationen eingeschrieben hat, die uns die Zeit anzeigen, die verronnen ist. Auch

---

1 Marc Buhl: *Das Billardzimmer*. Eichborn, Frankfurt a. M., 2006.

schreibt sich gelegentlich das Geschehen der Vergangenheit in das Material ein, wie z. B. im Fall der Einschläge der Gewehrkugeln in der KZ-Mauer, an der Häftlinge hingerichtet wurden oder die Parolen der russischen Besatzer am Reichstag. Diese Spuren können nun trügerisch sein: Man denke an den berühmten Fleck, den das Tintenfass Luthers an der Wand hinterließ, als er es nach dem Teufel warf, und dieser musste regelmäßig nachgefärbt werden, sonst wäre er schon längst verblasst. Doch selbst dort, wo solche Zweifel an der Authentizität der Spuren nicht aufkommen, ist es nicht dieser materielle Niederschlag der Vergangenheit, der primär das Gedächtnis der Orte ausmacht. Dieses formt sich erst, wo ein Besucher des Ortes in einem hermeneutischen Akt eventuelle materielle Spuren zu lesen und deuten beginnt: So beginnt jener Tintenfleck, den Martin Luthers Kampf mit dem Teufel an der Wand hinterließ, erst dann von einer Vergangenheit zu sprechen, wenn dem Besucher die Geschichte, die dieser Fleck zu erzählen scheint, als Narrativ bekannt ist, bzw. ihm am Ort der Vergangenheit - etwa durch eine Führung oder eine Informationstafel - berichtet wird. Also erst wenn der Ort sich mit einem Wissen über die Vergangenheit verbindet, entsteht das, was wir das Gedächtnis der Orte nennen und das im Kopf des Besuchers weitergehende Fantasieleistungen anregen kann, die ihn schaudern lassen: sei es in Ehrfrucht, sei es aus Schrecken. Das bedeutet, dass ein wichtiger Teil der Informationen, die einem Ort ein Gedächtnis verleihen, von Außen an den Ort herangetragen werden müssen, da nur die wenigsten Informationen in der Materialität des Ortes selbst gespeichert sind: Erst durch den Anschluss eines Ortes an andere Gedächtnisformationen mit ihren Speichern kann der Ort ein eigenes Gedächtnis erlangen. Dies kann unter anderem dadurch geschehen, dass der Ort bei einem Besucher hermeneutische Aktivitäten auslöst, die zu Deutungsprozessen führen, in die die Fragen und die Wissenshorizonte des Fragenden eingehen. Dabei spielt das Wissen um die Authentizität der Spuren und des Ortes (bzw. der Glauben an diese) eine Schlüsselrolle, da erst dadurch für den Besucher das Auratische des Ortes entstehen kann, das unter anderem als eine Gleichzeitigkeit des Ungleichzeitigen, also eine Präsenz der Vergangenheit in der Gegenwart erfahren wird und die dann die Phantasie weiter anzuregen in der Lage ist.

Dieser skizzierte Zusammenhang zwischen dem Gedächtnis der Orte und den hermeneutischen Prozessen, die dieses Gedächtnis erst erzeugen, soll im vorliegenden Beitrag genutzt werden, um die Bedeutung der Orte im Generationenkonflikt im Umgang mit der Vergangenheit im Roman „Das Billardzimmer" von Buhl zu deuten.

1.1 Familienorte der Erinnerung

In Buhls Roman spielen die Orte, d. h. die Häuser, die Wohnung des Großvaters und in dieser ein Billardzimmer, im Leben der Familie von Nohlen eine besondere Rolle, die der Protagonist, Gero von Nohlen, der als Journalist für eine Zeitung arbeitet, recherchiert und dabei ein Familiengeheimnis aufdeckt.

Aleida Assmann beschreibt in ihrem Buch „Erinnerungsräume“ die Familien- bzw. Generationenorte als jene, an denen „die Mitglieder einer Familie in einer ununterbrochenen Kette der Generationen geboren und begraben wurden.“ [2] Ein Beispiel eines solchen Generationenortes findet sich in Siegfrid Gauchs Vater-Roman „Vaterspuren“: Der Protagonist kommt zur Beerdigung seines Vater zurück ins Heimatdorf und erkennt plötzlich, dass die Ähnlichkeit der Gesichtszüge vieler Bewohner mit seinem Vater die Spuren einer genealogischen Vernetzung sind, die weit über viele Generationen zurückreicht und die die Familie an den Ort bindet. [3] Von dieser Form eines Generationenorts möchte ich den Begriff Familienort als eine Unterkategorie abgrenzen. [4] Der Familienort ist das Modell eines Generationenorts unter den Bedingungen der modernen bzw. postmodernen Gesellschaft, die durch ein erhöhtes Maß an Mobilität gekennzeichnet ist, das eine tiefe Verwurzelung über viele Generationen an einen Ort in der Regel nicht mehr zulässt. Die Bindung an den Ort geht darum bei jenen Familienorten nicht über drei Generationen hinaus bzw. sie besteht manchmal sogar nur aus einem Band, das zwei Generationen mit einem Ort, einem Haus oder einer Wohnung verbindet. Solche Familienorte wie ein Haus oder eine Mietwohnung haben in der Regel eine besondere Bedeutung für die Familie und deren Mitglieder: Das Haus beziehungsweise die Wohnung ist die physische und psychische Schutzhülle [5] des Familiensystems in der bürgerlichen Gesellschaft, die auch juristisch die Privatsphäre der eigenen vier Wände schützt, in dem sie diese mit eigenen Rechten versieht. Es ist der Ort, an der Familie als private Interaktion zwischen den Familienmitgliedern stattfindet. In ihren Räumen spielen sich also ein Teil jener Familiengeschichten ab, derer man sich später erinnern kann, und die sich in eben diese Räume und in die dort befindlichen Objekte eingeschrieben zu haben scheinen. Der Wohnort

---

2 Aleida Assmann: *Erinnerungsräume. Formen und Wandlung des kulturellen Gedächtnisses.* C. H. Beck, München, 1998, S. 301-303, hier S. 301.

3 Siegfrid Gauch: *Vaterspuren.* 2. Auflage, 1997, S. 80.

4 Aleida Assmann verwendet in ihrem Buch die beiden Begriffe synonym.

5 Tilmann Habermas: *Geliebte Objekte. Symbole und Instrumente der Identitätsbildung.* Suhrkamp, Frankfurt a. M., 1999, S. 117-121.

als materielle Hülle des Familiensystems, der deren Privatsphäre schützt, trägt auch zur Identität der Familie bei: Die Lage, Größe und Art des Hauses sagen etwas über den sozialen Status der Familie aus und formen damit das Selbstbild und die Identität der Familie. [6] Damit kann auch die Frage danach, wie, warum und unter welchen Umständen eine Wohnung oder ein Haus zu einem Familienort wurde, von Bedeutung sein, da hier etwas über die Familie und deren Identität ausgesagt wird.

Aber die Bedeutung eines Hauses oder einer Wohnung als der Ort einer Familie reicht über die Darstellung familiärer Identität nach außen hinaus: Ein Beispiel für die Bedeutung, die das Entstehen eines Familienortes innerhalb der Familie haben kann, findet sich in H.-J. Ortheils Roman „Abschied von den Kriegsteilnehmern" (1992). [7] In diesem Roman wird geschildert, wie ein Sohn zu der Beerdigung seines Vaters fährt und dort von seiner schwierigen Kindheit eingeholt wird, die von einer Familientragödie überschattet wurde: Die Eltern verloren vor seiner Geburt drei Söhne. Als einziges Kind, das den Krieg und die Nachkriegszeit überlebte, war seine Kindheit von den Gespenstern seiner drei verstorbenen Brüder überschattet, was die Entwicklung seiner eigenen Identität erschwerte. Rückblickend erinnert er sich nun, wie sein Vater eines Tages die Idee hatte, ein neues Haus zu bauen: „'Was meinst Du, wie wäre es, wenn wir uns hier ein Haus bauen?' Mich hatte die Frage völlig überrascht, vor allem aber hatte mich getroffen, daß er von ‚uns' gesprochen hatte, er spricht von ‚uns beiden' hatte ich nur gedacht, ich darf ihm helfen, ich bin jetzt einer seiner Gehilfen, ja, ich bin der oberste Meßgehilfe." [8] Dieses Bauprojekt, bei dem ein neuer Familienort entstehen soll, wird nun für den Sohn, der im Schatten der toten Brüder nie als eigenständige Persönlichkeit vom Vater anerkannt wurde, zur Chance, doch seine Anerkennung in der Rolle als Messgehilfe zu gewinnen: Zum ersten mal im Leben hat er das Gefühl etwas mit dem Vater zu teilen, dass er seinen toten Brüdern voraus hat. Aber nicht nur seine Teilnahme am Bau, sondern auch das Haus selbst als Familienort hat eine besondere Bedeutung für den Sohn: „das Haus jedenfalls hatte ich ganz zu meinem eigenen erklärt, es war mein Haus und das Haus meiner Eltern, und meine Brüder hatten ihre Räume in der Umgebung, in den Wäldchen oder noch weiter entfernt, hinter den Bergkuppen." [9]

---

6 Dies aber nicht nur nach außen, sondern auch nach innen, insofern der Wohnraum immer auch auf die Repräsentation der Bewohner gegenüber potentiellen Besuchern ausgerichtet ist. Siehe hierzu: Clare Cooper Marcus: *House as a Mirror of the Self. Exploring the Deeper Meaning of Home Berwick*. Nicolas-Hays, Maine, 2006.

7 Hanns-Josef Ortheil: *Abschied von den Kriegsteilnehmern.*, btb, München, 2005.

8 Ortheil, S. 185.

9 Ortheil, S. 188.

2. Die Orte und die generationale Weitergabe von Schuld in „Das Billardzimmer“

Der Roman „Das Billardzimmer", den ich nun näher untersuchen möchte, setzt sich aus zwei Erzählsträngen zusammen: Der erste berichtet als Ich-Erzählung das Schicksal des jüdischen Flüchtlingsehepaars Spiegler, die während des Nationalsozialismus versuchen, in Konstanz die Grenze zur Schweiz zu überschreiten, um so der drohenden Verfolgung zu entkommen. Wie der Leser am Ende des Buches erfährt, ist dieser Erzählstrang eine Erinnerung, die Eva Spiegler kurz vor ihrem Tod dem Journalisten von Nohlen berichtet.

Der zweite Erzählstrang ist jener in der Gegenwart, in der der Journalist über das Leben seines Großvaters recherchiert: Im Verlauf dieser Suche nach der Wahrheit trifft er eben jene überlebende Eva Spiegler, die ihm als Zeitzeugin von der Vergangenheit kurz vor ihrem Tod noch erzählen kann.

Das Buch von M. Buhl beschreibt, wie der Journalist eines Tages den Auftrag bekommt, zum Gründungsjubiläum einer Bank eine Würdigung seines Großvaters, Gero von Nohlen, zu verfassen, der dieses Bankhaus mitgründete und als Bürgermeister eine der angesehensten Personen der Stadt war. Der Journalist, der denselben Namen wie sein Großvater trägt, stößt bei seinen Recherchen auf Ungereimtheiten bei den Immobiliengeschäften des Großvaters, die dieser in seinem Arbeitszimmer, dem Billardzimmer, eingefädelt hat. Dieser hatte von fliehenden Juden aus Konstanz Häuser, die er zuvor für diese illegaler Weise verwaltete, zu einem Spottpreis aufgekauft. Drei dieser Häuser befinden sich nun im Besitz der Familie; der Journalist selbst hat eben eines dieser Häuser geerbt und wohnt dort, nachdem er allen Mietern gekündigt hat, in einer karg eingerichteten Wohnung. Für den Enkel scheint klar zu sein, dass sich der Großvater an den Juden bereicherte.

Die geerbten Häuser, die früher Juden gehört hatten, die Wohnung des Großvaters und sein Billardzimmer sind die Orte, um die sich diese Geschichte der Familie von Nohlen und die Rolle des Großvaters entwickelt. An diesen entzünden sich dort die Fantasie des Protagonisten, dem Journalisten Gero von Nohlen, wo dieser - angetrieben von einem zu lösenden Geheimnis - nur ungenügend Fakten zur Hand hat und sich zugleich nicht erinnern kann: Darum füllt er die Fakten mit imaginativen Akten zu einem Bild der Vergangenheit auf und versucht so das Gedächtnis dieser Orte zum Sprechen zu bringen.

Der Protagonist des Romans ist mit seiner Befragung des Gedächtnisses dieser Orte auf der Suche nach einer neuen gültigen Familiengeschichte, die die alte Geschichte, in der der Großvater zum antifaschistischen

Helden und zu einer lokalpolitischen Größe stilisiert wird, ersetzt. Der Enkel folgt bei diesem Demystifizierungsversuch einem Bedürfniss, das er verspürt und das mit der Bestimmung der eigenen Identität in der genealogischen Linie seiner Familie harmonisieren muss: Die hier virulent werdenden Fragen nach Erbschaft, generationaler Kontinuität und der Vergangenheit sind charakteristisch für die Generationenliteratur.

Der Enkel ist nun aber bei seiner Suche nach der Wahrheit über den Großvater besonders gehandicapt: Er kann sich nämlich kaum an den eigenen Großvater erinnern, da er durch die medikamentöse Behandlung einer schweren psychischen Krise Teile seines Gedächtnisses verloren hat. Damit steht der Protagonist in Buhls Roman bei seiner Auseinandersetzung mit der Schuld des Großvaters vor dem Problem, dass seine persönlichen Erinnerungen so unzuverlässig sind, wie das öffentliche Gedächtnis der Kleinstadt, für die der Großvater nur ein angesehener Bürger war, und die seine dunkle, menschenverachtende Seite, die dort zu Tage trat, wo er Sohn und Enkel mit einem Lineal prügelte, nicht zur Kenntnis nimmt.

Diese Unzuverlässigkeit des eigenen Gedächtnisses tritt unter anderem in der Auseinandersetzung mit dem Bruder zutage, der nicht versteht, warum sich Gero so sehr mit der Vergangenheit beschäftigt. An einer Episode werden hier die unterschiedlichen Haltungen in dieser Frage deutlich: Gero glaubt, sich an gemeinsames Steine-Werfen aus dem Fenster erinnern zu können, doch der Bruder meint, dies habe nie stattgefunden. „Du träumst wieder, sagte sein Bruder. Dietmar, sagte Gero, du lebst wie ein Spiegel. Nichts hinterlässt Spuren in Dir, doch es gab eine Zeit vor der Gegenwart. Vor allem gibt es eine Zeit nach der Gegenwart […]“ [10]. Gero wirft seinem Bruder vor, ohne Vergangenheit und damit ohne eine Zukunft zu leben, die von jener Vergangenheit aus gestaltet werden muss.

An dieser Episode, in der Gero einer falschen Erinnerung nachhängt, wird aber auch das Problem sichtbar, unter dem er leidet, und das nicht nur darin besteht, dass er sich nicht erinnern kann, sondern vielmehr, dass er Erinnerungen und Fantasie nicht auseinanderzuhalten in der Lage ist: „Manchmal kommen mir Bilder, und ich weiß nicht, ob es eigene Erlebnisse sind oder nur Träume oder Szenen aus Filmen.“ [11]

Auch in der Frage nach Schuld und deren generationalen Übertragbarkeit unterscheiden sich die Brüder: Nachdem er erfahren hat, dass der Großvater den jüdischen Flüchtling Helmut Spiegler an die Gestapo verraten hat, ruft Gero den Bruder an und erzählt ihm alles, dieser beginnt

---

10 Buhl, S. 153.

11 Buhl, S. 158.

irre zu lachen, was zuerst wie weinen klingt. Dann räumt er ein, wenn es stimmen würde, wäre dies eine Entlastung: „Wenn das die Wahrheit ist, dann sind wir frei. Nicht mehr das ganze Leben im Schatten von Opa. Von Nohlen: der Held. Der Retter. Der Gründer. Der Gute. Ich kann es manchmal nicht mehr hören. Die dauernden Vergleiche. Die Forderungen, genauso gut zu sein. Die Ansprüche an mich.“ [12] Gero meint, man müsse nun das Leben ändern, da der Großvater jemanden ermorden ließ: „Die Sünden der Väter verfolgen die Söhne bis ins siebte Glied, und in uns fließt das Blut eines Mörders.“ [13] Dietmar, der Bruder Geros, wehrt sich gegen solch ein Verständnis von geerbter Schuld. In seinen Adern fließe nur sein Blut und nur seine Sünden: „Ich trage nicht an irgendwelchen Sünden von irgendwelchen Vorfahren herum. Wenn überhaupt dann trage ich meine Sünden.“ [14]

Im Folgenden soll es nun darum gehen, der Bedeutung nachzugehen, die die Orte im Roman haben: Dabei wird zu fragen sein, welche Rolle sie im Erinnerungsprozess des Journalisten Gero von Nohlen, haben und welche Beziehung zu spezifischen Zeitformen besteht. Michail Bachtin hat mit seinem Begriff des Chronotopos, in dem sich Zeit und Ort im Roman verbinden und gegenseitig beeinflussen, ein Konzept entwickelt, das hier angewandt werden soll. In beiden Erzählsträngen des Romans lassen sich spezifische chronotopische Aspekte erkennen, die die jeweilige Erzählung charakterisieren.

2.1 Chronotopische Beziehungen

Michail Bachtin definiert den Begriff des Chronotopos wie folgt: „Den grundlegenden wechselseitigen Zusammenhang der in der Literatur künstlerisch erfaßten Zeit-und-Raum-Beziehungen wollen wir als Chronotopos (‚Raumzeit‘ müßte die wörtliche Übersetzung lauten) bezeichnen.“ [15] Wie in seiner Studie deutlich wird, handelt es sich hierbei um einen höchst komplexen Begriff, der auf den verschiedenen Ebenen des

---

12 Buhl, S. 216.
13 Buhl, S. 217.
14 Buhl, S. 217.
15 Michail M. Bachtin: *Chronotopos. Aus dem Russischen von Michael Dewey.* Suhrkamp, Frankfurt a. M., 2008, S. 7.

literarischen Werks seine Anwendung finden soll.[16] Der Begriff ist laut Bachtin, eine Übertragung des Begriffs von Einsteins Relativitätstheorie in die Literaturwissenschaft, bei der er davon spricht, dass der Begriff „fast (wenn auch nicht ganz) wie eine Metapher" verwendet wird. Die Relativitätstheorie bietet eine Formel, mit deren Hilfe die Veränderung der Zeit, die durch die Bewegung eines Objekts durch den Raum entsteht, berechnet werden kann. Diese bestimmt also mathematisch-physikalisch genau die Abhängigkeit, die Relativität von Raum und Zeit.

Bei Bachtin indes variieren die Formen des Zusammenhangs von Zeit und Raum, die in literarischen Texten zutage treten: Abhängig von den Merkmalen, die einzelne, historische Formen der Zeitwahrnehmung aufweisen, fällt auch die Form der Beeinflussung des Raumes jeweils unterschiedlich aus. Anstelle der mathematisch-physikalisch genau berechenbaren Abhängigkeit der Raum-Zeit-Beziehung in Einsteins Theorie, tritt bei Bachtin eine historische Varianz, die erst im hermeneutischen Prozess erkannt werden muss. Genau an einem solchen hermeneutischen Prozess lässt uns Bachtin mit seinem Chronotopos-Text teilhaben, wenn er z. B. aus dem griechischen Abenteuerroman die Existenz einer Abenteuerzeit herauspräpariert. Bachtin definiert in seinem Werk mehrere charakteristische Zeitreihen wie jene der Abenteuerzeit, der historischen und der biographischen Zeit, die in einer historisch-spezifischen Ausprägung in Beziehung zu Raumdarstellungen stehen. Dabei macht Bachtin aber auch deutlich, dass sich solche Zeitreihen mischen können: So schreibt er über die Abenteuerzeit: „es genügt eine kleine Beimengung von Elementen dieser Zeit zu anderen Zeitreihen, um die Erscheinungen zutage treten zu lassen, die die Abenteuerzeit unabdingbar begleiten."[17]

In seiner Studie setzt er nun diese Zeitreihen und ihre Interaktion mit Raumdarstellungen in Beziehung zu seiner Theorie der Entwicklung des Romangenres. Da dieser Frage im vorliegenden Beitrag nicht nachgegangen werden soll, ist es zweckdienlicher, Zeit- und Raumkategorien nur aus dem zu untersuchenden Text heraus zu analysieren, die dann helfen, jene spezifischen chronotopischen Beziehungen sichtbar zu machen, die für den besprochenen Roman „Das Billardzimmer" gelten.

---

16 Siehe hierzu besonders das sehr hilfreiche Nachwort von Michael C. Frank und Kirsten Mahlke, das sich die Mühe macht, die wichtigsten Dimensionen des Begriffs aus dem Text herauszupräparieren. Michael C. Frank und Kirsten Mahlke: *Nachwort*. In: Michail M. Bachtin: *Chronotopos*. Aus dem Russischen von Michael Dewey. Suhrkamp, Frankfurt a. M., 2008, S. 201-242.

17 Bachtin, S. 19.

Überlegungen zu Chronotopoi in der Generationenliteratur
Laut Bachtin ist im Familien- und Generationenroman das idyllische Moment, das den antiken Chronotopos der Familienidylle charakterisiert, nur noch in Spuren vorhanden: „Die idyllischen Momente treten im Familienroman verstreut auf. Es wird ständig ein Kampf ausgetragen, in dem sich die in den Beziehungen der Menschen herrschende unmenschliche Fremdheit und die von Menschlichkeit getragenen Beziehungen gegenüberstehen, wobei die letzteren entweder auf einer patriarchalischen oder einer abstrakt-humanistischen Grundlage beruhen.“ [18] Dieser Kampf, den Bachtin hier schildert, findet sich auch in jener Generationenliteratur, der sich der vorliegende Beitrag am Beispiel „Das Billardzimmer“ widmet. Als entscheidendes Charakteristikum der neueren Generationenliteratur kommt aber die Rolle hinzu, die die Vergangenheit in der dargestellten generationalen Beziehung spielt.

Bevor die Analyse des Romans von Marc Buhl versucht wird, sollen einige generelle Überlegungen zu den chronotopischen Aspekten bei der Darstellung von Familienorten in der Generationenliteratur formuliert werden. Bei diesen chronotopischen Aspekten spielen zwei Facetten der Zeitlichkeit eine wichtige Rolle:

a) Die Zeitlichkeit, die sich durch die Akte des Erinnerns einer Figur, eines Erzählers oder auf der Ebene der Textstruktur bildet und die in Beziehung zu gewissen Räumen steht. Das heißt, eine Figur kann sich an die Vergangenheit erinnern, es können aber auch Dokumente im Text als Gedächtnisträger diese Akte der Erinnerung umsetzen, wie z. B. dort, wo Tagebücher oder die Abschriften von Tonbändern zitiert werden.

b) In den Erinnerungsakten, die an einem Familienort stattfinden, wird oft eine lineare, biographische Zeit der Entwicklung des Protagonisten und seiner Beziehung zu Familiemitgliedern sichtbar: Dies muss aber nicht durch ein lineares Erzählen von Erinnerungen erreicht werden. Vielmehr erzeugen viele Generationentexte ein Mosaik von verschiedensten Erinnerungsakten, die sich verschiedener Gattungen und Medien bedienen. Damit bilden diese Erinnerungsakte in der Textstruktur in der Regel keine durchgehende Zeitreihe: Diese muss oft erst durch den Leser rekonstruiert werden.

Häufig finden sich vor allem Elemente einer historischen Zeit in dieses Mosaik eingewoben: Es scheint hier ein Charakteristikum der Generatio-

18 Bachtin, S. 168.

nenliteratur zu sein, dass biographische und historische Zeit häufig in dieser Weise miteinander in Beziehung gesetzt wird.

Ein Beispiel hierfür ist S. Gauchs biographische Erzählung „Vaterspuren": In diesem Text rekonstruiert der Sohn nach dem Tod des Vaters rückblickend seine eigene Entwicklung, die Entwicklung seines Vaters und ihrer Beziehung. Dies geschieht durch die Verbindung verschiedener Texte, wie die literarischen Werke des Vaters mit eigenen Erinnerungen, wodurch die biographische Erzählung einen nachträglichen Dialog mit dem Vater erzeugt. [19] Bezüglich der Geschichte des Sohnes, die der Text dabei nachzeichnet, werden verschiedene Orte in der mosaikhaften Erzählung sichtbar: Das ‚zu Hause' oder das Internat sind hierbei charakteristische Etappen jener biographischen Zeitreihe, mit der die Sozialisation des Sohnes rekonstruiert wird. Verwoben mit dieser Jugendgeschichte ist die Darstellung der Entwicklung des Vaters, der aktiv und an prominenter Stelle an der nationalsozialistischen Bewegung teilnahm und dessen Geisteshaltung im Text von Gauch durchleuchtet wird. In seiner Geschichte verbindet sich die biographische mit einer historischen Zeitreihe, die von den frühen Jahren des Nationalsozialismus bis in die Jahre der BRD reicht.

Die Formen der Zeitlichkeit in den Erinnerungsakten der jungen Generation und die dabei stattfindende Rekonstruktion der Vergangenheit, aber auch das Auftreten von chronotopischen Aspekten, soll nun in Buhls „Billardzimmer" genauer untersucht werden.

2.2 Der erste Erzählstrang und die Gegenwart des Journalisten Gero von Nohlen

Der Roman spielt auf zwei Zeitebenen: Da ist die Erzählung der Recherchen des Enkels, Gero von Nohlen, die in dritter Person die Gegenwart schildert. Diese wechselt sich mit der in der Vergangenheit spielenden Ich-Erzählung der Frau Eva Spiegler ab, die als jüdischer Flüchtling mit ihrem Mann beim Großvater überlebt.

Damit kann der Leser abwechselnd in die Vergangenheit und die Gegenwart schauen und ist dem Enkel, der die Vergangenheit mühselig recherchieren muss, immer voraus. Die Grenzstadt, aber vor allem die großväterliche Wohnung und hier das Billardzimmer sind die Orte in der

---

19 Siehe hierzu besonders Andreas Kraft: *Dialog und Delegation in der Vaterliteratur der 68er*, in: Miriam Gebhard/Clemens Wischermann (Hrsg.): *Familiensozialisation seit 1933 – Verhandlungen über Kontinuität.* Studien zur Geschichte des Alltags, Band 25. Franz Steiner Verlag, Stuttgart, 2007, S. 119-131.

Vergangenheit, die das Geheimnis der Familie beherbergen. Die Recherche des Enkels in der Gegenwart zielt darum darauf ab, das Geschehen der Vergangenheit an diesem Ort zu entschleiern, das der Leser dank der zweiten Erzählhandlung bereits kennt.

Das geerbte Haus

Der Großvater scheint auf den ersten Blick, jüdische Mitbürger, die von den Nationalsozialisten verfolgt wurden, beim Verkauf ihrer Immobilien übervorteilt zu haben.

Dies ist eine Entdeckung, deren Publikation einen Skandal auslösen würde, da der Großvater in der Stadt als Gegner des Nationalsozialismus bekannt ist, der vielen Juden bei der Flucht geholfen und zwei bei sich zu Hause versteckt hatte: Für ihn wurde sogar ein Baum in Jad Vashem gepflanzt. Der Bruder des Journalisten, Dietmar von Nohlen, der selbst das Bürgermeisteramt anstrebt, kann ihm aber anhand der Bilanzen zeigen, dass der Großvater die Häuser, die er so billig im Krieg von den Juden kaufte, diesen ebenso günstig nach dem Krieg wieder verkaufte; die drei Häuser, die im Familienbesitz sind, stammen von Juden, die sich nach dem Krieg nicht mehr bei ihm meldeten.

Der Journalist Gero von Nohlen Junior lebt nun in einem jener Häuser, das er geerbt hat. Nachdem er allen Mietern im Haus gekündigt hat, bewohnt er eine Wohnung, in der es keine Möbel gibt, da diese die Freiheit im Geiste belasten und ihn binden würden. [20] Er leidet in dieser Wohnung chronisch unter Schlafstörungen, da das Gebäude nachts beunruhigende Geräusche macht. [21] Diese Geräusche nehmen im Laufe der Geschichte zu: Später, nachdem er bereits herausgefunden hat, dass im juristischen Sinne mit den Immobiliengeschäften des Großvaters und damit auch mit seinem geerbten Haus alles in Ordnung ist, scheint doch noch etwas störendes, belastendes in den Mauern des Hauses aus der Vergangenheit übrig geblieben zu sein: „Wenn man ganz ruhig ist, dann hört man, wie die Wände einem etwas erzählen wollen, aber sie sprechen eine fremde Sprache, und keiner kann sie wirklich verstehen.“ [22] Seine Recherchen hatten zu diesem Zeitpunkt bereits die Namen jener Juden aufge-

---

20 Hier ähnelt der Journalist dem Protagonisten aus Uwe Timms Roman *„Rot“*, der derselben Generation wie Gero angehört - beides sind 68er - und der sich ebenso einer Belastung, die von einem Mobiliar ausgeht, entziehen möchte. Siehe hierzu besonders Linda Shortt: *Pathologies of Belonging? Generation, Place and Rebellion in Post-Unification German Literature.* Dissertation submitted to Univesity College Dublin (November 2008), S. 203-205.

21 Buhl, S. 56.

22 Buhl, S. 86.

deckt, die in diesem Haus gelebt hatten: Laura Ferber und Albert Rosenfeld. [23] Da er sonst über diese und deren Beziehung zum Haus nichts weiß, beginnt er sich jenen Moment vorzustellen, in dem die Beiden von der Gestapo abgeholt wurden und dies die anderen Mieter hörten. [24] Die Fantasie versucht hier deutlich die Lücke zu füllen, die sich zwischen den ihm bekannten Fakten, dem Haus und seinem Gefühl von Schuld auftut. Gero imaginiert, wie die Juden in seinem Haus wohnten. [25] Damit erzeugt er für sich ein Gedächtnis des Ortes, dass auf der überwiegenden imaginativen Auffüllung von wenigen Fakten beruht und das unbefriedigend bleiben muss.

Obwohl seine Recherchen seinen Verdacht nicht bestätigen, sucht er - von einer Ahnung vorangetrieben - weiter und stößt doch noch auf eine Schuld des sonst erdrückend heldenhaften Großvaters: Dieser hatte kurz vor dem Ende des Krieges den jüdischen Flüchtling Helmut Spiegler, den er bei sich im Billardzimmer versteckt hatte, an die Gestapo verraten und damit in den sicheren Tod geschickt. Die Frau des Flüchtlings, Eva Spiegler indes versteckte er rätselhafter Weise bis zu ihrer Rettung.

Aber neben den willentlich gelenkten Imaginationsleistungen, mit denen er die wenigen Fakten immer wieder zu größeren Bildern auffüllt, treten andere, spontanere Momente der Imagination, in denen der Journalist zu ahnen beginnt, dass es zwischen dem Ehepaar Spiegler und seinem Großvater, die zusammen auf einem besonderen Foto zu sehen sind, um eine Dreiecksgeschichte handelt: [26] Diese Bilder und sein Wissen um die Geschehnisse in der Wohnung scheinen sich dann in seiner Fantasie zu verselbstständigen und ihn zu neuen Einsichten zu führen. So beginnt er sich die Ankunft des Ehepaars Spiegler bei seinem Großvater in seiner Fantasie auszumahlen. [27]

Das Billardzimmer

Zentraler Ort all des Geschehenen in der Vergangenheit ist das Billardzimmer, das der Journalist schon zu Anfang des Romans in seiner Recherchetätigkeit betritt. Hier hatte der Großvater seine problematisch anmutenden Geschäfte abgewickelt, hier hatte er seinen Sohn gezüchtigt und hier hatte er die Juden versteckt.

---

23 Buhl, S. 82.
24 Buhl, S. 82.
25 Buhl, S. 138f.
26 Buhl, S. 92.
27 Buhl, S. 88.

Das Billard-Spiel steht für den Großvater für eine Lebensphilosophie: „Billard ist etwas für Menschen, die mit dem Unbekannten umgehen können, mit dem Chaos, und dennoch nicht daran verzweifeln. Klavierspielen ist etwas für schwache Menschen, die einen Halt brauchen.“ [28] Diese Lebensphilosophie erfährt der Leser in den wenigen Zeilen, die etwas über den Vater des Journalisten berichten: Dieser liegt psychisch schwer gestört und nicht ansprechbar in einer Klinik. Was der Großvater mit seiner Billard-Philosophie gemeint haben mag, wird in einer Entgegnung auf die Aussage von Eva Spiegler deutlich, die sagt, sie schulde ihm etwas, da er ihr Leben gerettet habe: „Schuld. Schuld, was soll das Gerede, sagte er. Es gibt keine Schuld. Daran glaube ich nicht. Nur an Ursache und Wirkung.“ [29] Die Billardphilosophie charakterisiert den Großvater als einen Menschen mit fragwürdigen moralischen Standards und macht zugleich deutlich, in welchem Maß das Billardzimmer der Raum im Haus ist, der symbolisch für den Großvater und sein zwielichtiges Tun steht.
Die Suche nach Informationen über den Großvater und die Vergangenheit führt darum den Enkel wie selbstverständlich in das Billardzimmer. Dort findet er das Lineal, mit dem der Großvater seinen Sohn, den Vater des Journalisten züchtigte; dieser - in schrecklicher Tradition - prügelte ebenso seine Kinder mit einem Lineal. Und so überrascht es nicht, wenn Gero, der sich dieser Gewalttradition entziehen will, für sich die Konsequenz zieht: „Gut, keine eigenen Kinder zu haben.“ [30] In dem Billardzimmer wird er aber nun nicht, wie erhofft, zum Schreiben der Ehrung des Großvaters inspiriert, denn: „Die Zeit in dem Zimmer war geronnen und schmeckte sauer.“ [31] Das Gedächtnis des Ortes beginnt nicht zum Journalisten zu sprechen, sondern es scheint vielmehr tot zu sein. Das einzige, zu dem ihm der Ort verhilft, ist eine symbolische Befreiung vom tyrannischen Großvater: So greift Gero zum Lineal, mit dem der Großvater die Kinder züchtigte, und schlägt mit ihm das Bild des Tyrannen von der Wand: „Touché, sagte er und fühlte sich wieder frei. Vermutlich war er der Erste, der Großvater im offenen Kampf besiegt hatte.“ [32] Nicht nur der Ort des Billardzimmers schweigt, sondern auch der Versuch des Journalisten ihm sich über die eigenen Erinnerungen zu nähern muss fehl schlagen, da er die bereits angesprochenen Schwierigkeiten mit seinem Gedächtnis hat: Er stellt fest, dass das Bild vom Großvater, an das er sich

28 Buhl, S. 136f.
29 Buhl, S. 117.
30 Buhl, S. 31.
31 Buhl, S. 31.
32 Buhl, S. 32.

zu erinnern sucht, immer so aussieht, wie das Foto von ihm, das vor kurzem noch an der Wand hing. [33]

2.3 Der zweite Erzählstrang und die Vergangenheit: Zeit der Flucht

Die rückblickende Erzählung Eva Spieglers entfaltet sich über mehrere Chrontopoi, in die Zeitwahrnehmungen eingearbeitet sind, die ein spezifisches Bild der Vergangenheit bieten:

Die Grenzstadt

Der übergreifende Topos dieses Erzählstranges ist Konstanz als Grenzstadt, in der die Zeit der Flucht herrscht: Diese Zeit ist geprägt von einer negativen liminalen Erfahrung. Laut Victor Turner kommt es in Riten sogenannter primitiver Völker dort zu liminalen Zuständen, wo Initianden einen Prozess durchlaufen, in dessen Folge ihnen all ihre gesellschaftlichen Bindungen und äußeren sozialen Markierungen genommen werden. [34] Die Individuen werden aus dem sozialen System herausgelöst und erlangen einen Status der Nicht-Identität, bei dem in Übergangsriten aber noch das grundlegend Menschliche als „prima materia" [35] erhalten bleibt. In Prozessen einer negativen Liminalisierung, werden indes, wie bei der Verfolgung der Juden im Nationalsozialismus, den Menschen die sozialen Einbindungen zerstört, während man zur selben Zeit durch Mittel des Terrors und der Verfolgung versucht, ihnen die Menschlichkeit und zuletzt auch das Leben zu nehmen. [36] Dies ist der Zustand, in dem sich die jüdischen Flüchtlinge befinden, die unerkannt und unbemerkt über die Grenze zu entkommen versuchen: Ihres bürgerlichen Lebens beraubt, versuchen sie sich dem Zugriff der Polizei, die sie festnehmen und ins KZ schicken will, zu entziehen. In zehn Tagen würden sie gezwungen sein den gelben Stern zu tragen, was bedeuten würde, dass ihre liminale Existenz für jeden sichtbar wäre und sie dem Zugriff der Polizei schutzlos ausgeliefert wären. [37] Wie sie erkennen, ist die Stadt voll von Flüchtlin-

---

33 Buhl, S. 37.

34 Victor Turner: *Das Ritual. Struktur und Antistruktur.* Frankfurt a. M./New York 1989, S. 95.

35 Victor Turner: *Morality and Liminality.* In: ders.: *Blazing the Trail. Way Marks in the Exploration of Symbols,* hrsg. von Edith Turner, University of Arizona Pr., Tucson/ London, 1992, (The Anthropology of Form and Meaning), S. 132-162, hier S. 137.

36 Zum Prozess der negativen Liminalisierung siehe Andreas Kraft: *Jüdische Identität im Liminalen: die Dichterin Nelly Sachs und der Holocaust.* http://www.ub.uni-konstanz.de/kops/volltexte/2007/2630.

37 Buhl S. 10.

gen: „Eine ganze Armee der Unsichtbaren, die nur sehen konnte, wer dazugehörte. Die Stadt war voll von ihrem Gewisper, ihren Träumen, ihrer Verzweiflung und ihrem Geld.“ [38] Auch bemerken sie, wie Flüchtlinge, die man tags zuvor noch gesehen hatte, nicht mehr sieht und man nicht wusste, was mit ihnen geschehen war: Zugleich kursieren unglaubliche Gerüchte über einen Ort, das KZ, die wahr sein mussten, weil kein Mensch sich so was ausdenken konnte. [39]

Die Zeit der Flucht in der Grenzstadt Konstanz ist für das jüdische Ehepaar Spiegler durch den unvorhersehbaren Wechsel von Stillstand und Beschleunigung charakterisiert. So leben die Flüchtlinge zum einen in einem Wartezustand: Die normale Zeit einer bürgerliches Existenz ist – so wie die Existenz selbst – aufgehoben und die Flüchtlinge warten darauf, dass sie jenseits der Grenze wieder ein normales Leben beginnen können. Zugleich ist dieses Warten ein Zustand der ständigen Angst vor der Verhaftung, deren lähmendes Warten immer wieder von hektischen Momenten der Flucht durchbrochen wird: Als nachts ein Transporter vor dem Versteck des Ehepaars mit quietschenden Reifen anhält, muss das Ehepaar sich übereilt in Sicherheit bringen. [40]

Die Wohnung/das Billardzimmer

Ihre Flucht in dieser Nacht führt sie zu einem weiteren Ort, der als untergeordneter Chronotopos die Handlung der Geschichte gestaltet: die Wohnung und hier besonders das Billardzimmer der Familie von Nohlen. Das flüchtende Ehepaar erlebt deutlich einen Unterschied zwischen der Wohnung der Familie von Nohlen von jener Grenzstadt, in der sich für sie die Angst und ihr aufgeschobenes Leben in einem unerträglichen Warten verbanden: „Wir traten ehrfürchtig über die Schwelle, denn wir waren schon lange nicht mehr in einer deutschen Wohnung gewesen. Die Normalität darin schockierte mich fast. Hier gab es keine Angst, es war unfassbar: eine Wohnung, in der man atmen konnte.“ [41] Diese Wohnung der Familie ist noch als Schutzhülle der Privatsphäre intakt: „Das Dritte Reich und der Krieg hatten keinen Zugang bekommen in die Wohnung Gero von Nohlens.“ [42] Als sie dann später erfahren, dass keiner mehr über die Grenze kommt, [43] wird den Flüchtlingen klar, dass sie in dieser fremden Wohnung festsitzen. Auch im Chronotopos des Billardzimmers herrscht

38 Buhl, S. 15.
39 Buhl, S. 18.
40 Buhl, S. 64.
41 Buhl, S. 67.
42 Buhl, S. 70.
43 Buhl, S. 75.

damit eine Zeit des Wartens, in der das Leben stillsteht, da es nicht gelebt werden kann: Im Gegensatz zum Chronotopos der Grenzstadt herrscht hier aber keine konkrete Bedrohung mehr und die Zeit der konkreten Angst, die zur Zeit der Flucht gehörte, ist für das Ehepaar erst einmal vorbei: Aber eine unterschwellige Furcht bleibt bestehen.

Eva Spiegler will, dass ihr Mann sich nicht allzu sehr einrichtet: „Das ist alles nur eine Vorbereitung, ein Übergang zu unserem späteren Leben." [44] Er indes will in der Gegenwart und nicht nur in der Hoffnung auf eine Zukunft leben. Seine Frau erkennt, dass die Strategie, mit der er den Zustand des Wartens bewältigen will, sich in seiner Musik als Pianist ausdrückt. [45] Er will in seiner Interpretation der Musik in eisige Höhen, in eine Ferne vorstoßen, in der er sich ästhetisch eine vergeistigt-apolinische Gegenwelt schafft, die ihm das Fehlen des Lebens erträglich macht. Sie indes wirft ihm vor, das Leben nicht ernst zu nehmen: Er spiele Chopin nur noch tot, ohne Leben, er indes findet dies schön, so „schön wie Kristall. Du sollst etwas für mich spielen, sagte ich ihm. Das ist nicht für mich." [46] Und: „Sein Blick war vollkommen glasig wie bei Heiligenbildern aus dem Barock oder Kretins. Wenn es einen Weg für mich gäbe, ihm in die Musik zu folgen, ich würde ihn gehen, doch ich fand keinen Eintritt." [47]

Ihre spätere Haltung angesichts der Situation ihres stillgestellten Lebens im Billardzimmer ist anders: „Ich will nicht überwintern, sondern leben, hier und jetzt, und wenn es in dieser Wohnung ist, wo mein Leben ist, dann ist es halt so." [48] Nun will sie also nicht erst nach der Rettung, sondern jetzt richtig leben. Nachdem sie von ihren Mann das Gefühl von körperlicher Nähe und Lebendigkeit nicht bekommt, bietet sie sich ihrem Beschützer, Gero von Nohlen an, dem gegenüber sie auch eine Schuld empfindet, die sie so zurückzahlen will. Anstatt ihr Angebot anzunehmen, macht von Nohlen sie zu seiner Buchhalterin, die sich um die Belange der Immobiliengeschäfte kümmern muss. [49] Diese Arbeit wird ihr zu einem „Fenster in eine andere Welt, eine Welt jenseits der Mauern dieser Wohnung" [50], wodurch sie wieder - wenn auch in einer eingeschränkten Weise - am Leben teilnehmen kann.

---

44 Buhl, S. 107.
45 Buhl, S. 107f.
46 Buhl, S. 109.
47 Buhl, S. 111.
48 Buhl, S. 114.
49 Buhl, S. 118.
50 Buhl, S. 119.

Der „Rote Engel“

Doch dieses Fenster in die Welt als Ersatz für das Leben reicht nicht aus, um den Wartezustand ohne Zukunft wirklich erträglich zu machen: Eva hat das Gefühl, sie sei eigentlich tot, das Leben sei aus ihr gewichen und sie hat nicht einmal mehr Angst. In ihrer unstillbaren Sehnsucht nach Leben verlässt sie die Wohnung [51] und besucht im Schutz des Nebels ein Gasthaus, den „Roten Engel", in dem illegalerweise Fasnacht gefeiert wird. [52]

Dieses Gasthaus ist ein Ort einer anderen Liminalität als jene negative, in der sich die Flüchtlinge befinden. Hier hat sich die bürgerliche Gesellschaft für die Zeit der Fasnacht von ihren Regeln gelöst und eine verkehrte Gegenwelt gebildet, in der all das ausgelebt werden darf, was sonst verboten ist: Indem viele Besucher sich maskierten und Männer Frauenkleidung tragen, werden gesellschaftlich anerkannte Identitäten und Genderrollen suspendiert. [53] Es wird getrunken, es werden Drogen genommen und ekstatisch zu wilder Musik getanzt. Alles in allem herrscht an diesem Ort eine liminale Zeit der Ekstase, die die Gaststätte in einen separaten Chronotopos in der Erzählung verwandelt.

Eva Spiegler lässt sich vom ekstatischen Sog dieser Liminalität erfassen, sie tanzt mit, reibt ihren Körper an den Menschen und fühlt sich in der Musik, die diese Szene begleitet, so viel lebendiger als bei jener ihres Mannes, da diese Musik im Ausnahmezustand der Fasnachtfeier „eine fleischliche Kraft hatte". [54]

Als plötzlich von Nohlen vor ihr steht, entladen sich schlagartig die sexuellen Spannungen, die sich im Laufe der Zusammenarbeit angestaut haben. In einem Rausch schlafen sie unter einem Tisch im Lokal miteinander und sie glaubt das Leben zu fühlen, dass sie so lange vermisst hat: „hier war die Musik des Lebens, hier, nicht an irgendeinem Klavier, dachte ich noch, mit dem winzigen Rest meines Hirns, der noch denken konnte, dann wurde auch das ausgelöscht und wir verstummten." [55]

Von Nohlen und Eva leben nun ihre Beziehung im Geheimen, im Billardzimmer, ohne dass die Ehefrau und Helmut Spiegler es merken. Sie glaubt, wenn sie eines Tages befreit würde, dann könnte sie die Beziehung zu ihrem Mann wieder aktivieren, da dann die Beziehung zu Nohlen ihr erscheinen würde wie „jenseits von Raum und Zeit". [56] Gegen Ende des Krieges, als sich wieder etwas wie eine mögliche Zukunft für

---

51 Buhl, S. 226f.
52 Buhl, S. 229.
53 Buhl, S. 233.
54 Buhl, S. 235.
55 Buhl, S. 236.
56 Buhl, S. 239f.

die beiden abzeichnet, wandelt sich nun die Musik von Helmut, sie wird wieder lebendiger und ihre kalte, kristalline Qualität nimmt ab. [57]

Doch dann betrügt Helmut – zur Überraschung von Eva – sie mit der Frau ihres Retters: Eva kann dies nicht wirklich glauben und fragt sich, ob sie den Ehebruch wirklich gesehen hat oder ob dass „alles eine Einbildung war, hervorgerufen durch die lange Gefangenschaft oder den Nebel, der sich in die Seele fraß." [58] Von Nohlen, der davon erfährt, rächt sich, indem er Helmut an die Gestapo verrät: Dies ist die Tat, mit der er sich schuldig machte.

Resümee

Auf der Erzählebene in der Gegenwart reist zuletzt der Journalist und Enkel in die USA, um dort Tony, die Enkelin von Eva Spiegler zu besuchen, die er über das Internet fand. Und dort begegnet er auch Eva Spiegler selbst, die noch lebt und die ihm ihre Geschichte erzählt: Hier wird dem Leser klar, dass das, was wir als Ich-Erzählung im zweiten Erzählstrang der Vergangenheit gelesen haben, genau jene Erzählung ist, die nun am Ende der Journalist erzählt bekommt. Die Zeitzeugin bietet damit dem Journalisten, der so schwer Fantasie von den Erinnerungen unterscheiden kann, am Ende doch noch eine authentische Version der Vergangenheit: Damit kann Gero von Nohlen den Wissensvorsprung, den der Leser während der Lektüre ihm gegenüber hatte, aufholen. Damit ist er in der Lage, sich das Gedächtnis der Orte, hier besonders des Billardzimmers, zu erschließen.

Durch die Darstellung spezifischer Chronotopoi, in die ein historischer Horizont in Form der charakteristischen Zeitreihe der Flucht eingeschrieben ist, entwirft der Text von M. Buhl ein Bild jener Vergangenheit, die der Protagonist durch die Befragung des Gedächtnisses der Orte zu entschleiern suchte. Interessant ist hierbei, dass die Erinnerungsleistung des Journalisten in ihrer Unzuverlässigkeit nicht den Schlüssel bietet: Es ist vielmehr eine Zeitzeugin, die es am Ende ermöglicht, dass das Billardzimmer als Familienort sein Gedächtnis preisgibt.

Der Text endet nicht mit diesem Zeitzeugenbericht sondern mit einem Traum des Journalisten: Es deutet sich am Ende des Romans in diesem Traum an, dass er eventuell nicht der Enkel des berühmten Mannes ist. Es scheint, als sei die Großmutter eben von jenem Pianisten, Helmut Spiegler, geschwängert worden. Dies würde auch die musische Begabung des Vaters und des Enkels – also des Journalisten – erklären, die der Groß-

57 Buhl, S. 241.
58 Buhl, S. 243.

vater in seiner Billardphilosophie so verachtete. Damit schließt der Roman mit einem Akt unkontrolliert-traumhafter Imagination des Enkels: Gewissheit über die Verwandtschaftsbeziehungen bietet der Text am Ende nicht. Was bleibt, ist ein neuer „Familienroman“ jenes phantasiebegabten Journalisten, von dem offen bleibt, ob es einer jener Romane ist, die Freud als Form einer neurotischen Wunscherfüllung beschrieben hat.

Literatur

Assmann, Aleida: *Erinnerungsräume. Formen und Wandlung des kulturellen Gedächtnisses.* C. H. Beck, München, 1998, S. 301-303.

Bachtin, Michail M.: *Chronotopos.* Aus dem Russischen von Michael Dewey. Suhrkamp, Frankfurt a. M., 2008.

Buhl, Marc: *Das Billardzimmer.* Eichborn, Frankfurt a. M., 2006.

Frank, Michael C./Mahlke, Kirsten: *Nachwort.* In: Michail M. Bachtin: *Chronotopos.* Suhrkamp, Frankfurt a. M., 2008, S. 201-242.

Gauch, Siegfrid: *Vaterspuren. Erzählung,* Frankfurt a. M. , 1997.

Habermas, Tilmann: *Geliebte Objekte. Symbole und Instrumente der Identitätsbildung.* Suhrkamp, Frankfurt a. M., 1999, S. 117-121.

Kraft, Andreas: *Dialog und Delegation in der Vaterliteratur der 68er,* in: Gebhard, Miriam/Wischermann, Clemens (Hrsg.): *Familiensozialisation seit 1933 – Verhandlungen über Kontinuität. Studien zur Geschichte des Alltags,* Band 25, Franz Steiner Verlag, Stuttgart, 2007, S. 119-131.

Kraft, Andreas: *Jüdische Identität im Liminalen: die Dichterin Nelly Sachs und der Holocaust.* http://www.ub.uni-konstanz.de/kops/volltexte/2007/2630.

Marcus, Clare Cooper: *House as a Mirror of the Self. Exploring the Deeper Meaning of Home Berwick.* Nicolas-Hays, Maine, 2006.

Ortheil, Hanns-Josef: *Abschied von den Kriegsteilnehmern,* btb, München, 2005.

Shortt, Linda: *Pathologies of Belonging? Generation, Place and Rebellion in Post-Unification German Literature.* Dissertation submitted to Univesity College Dublin, November 2008.

Turner, Victor: *Das Ritual. Struktur und Antistruktur.* Campus, Frankfurt a. M./ New York, 1989.

Turner, Victor: *Morality and Liminality.* In: ders.: *Blazing the Trail. Way Marks in the Exploration of Symbols,* hrsg. von Edith Turner, University of Arizona Pr., Tucson/ London, 1992, S. 132-162.

ANA SOBRAL

Generational Identities in post-1945 American Cult Literature: A comparison between the Baby Boomers and Generation X

Introduction

In the 1971 preface to the third edition of his seminal book *From Generation to Generation,* which he wrote fifteen years after its original publication (in 1956), sociologist Shmuel N. Eisenstadt observed a vastly increased „interest in intergenerational problems and relations and in youth activities" in America. Previously, interest in the topic had been restricted to relatively obscure academic disciplines. In the period between the different editions, the student movements and youth turbulence of the 1960s had taken the country by storm, prompting some observers to announce „the failure and death of modern civilization" while others celebrated the young rebels as „forerunners of a new civilization." [1] Now sociologists did field research on the problems of juvenile delinquency, psychologists studied youth's identity-formation and alienation in modern society, historians wrote about pre-modern rites of passage, literary critics analysed rock music lyrics.

The Baby Boomers, the generation which triggered „America's most furious and violent youth upheaval of the twentieth century" in the 1960s and which changed American culture, were at the centre of all the attention. [2] Their deviant behaviour, their identity and their distinctive symbols were a puzzle to many adults and an affront to social order. Founders of a powerful movement that went by the name of *counterculture* (including several student movements and subcultures, from the New Left to the hippies to the Black Panthers), they took active part in defining themselves as a totally new phenomenon, with songs such as „Talkin' bout My Generation" celebrating their indifference to adult authority or judgements. They produced fads and fashions that have changed the way young people look to this day, and they pushed for public awareness of such issues as racial and sexual intolerance.

---

1 Eisenstadt, Shmuel N.: *From Generation to Generation (Third Edition),* Transaction Publishers, London, 2003. p. xxv.

2 Strauss, William & Howe, Neil: *Generations: The History of America's Future, 1584 to 2069.* William Morrow, New York, 1991. p. 299.

Because of their role as crucial agents of social change, the Boomers have been elevated to the status of a historical generation. [3] Even decades after their youthful uprisings, they have remained central to American culture. Now middle-aged, the Baby Boomers have become part of American collective memory: countless books, films, documentaries, articles and debates are dedicated to them and their effect on American society. Whether with a nostalgic bent or a derogatory tone, the mythical 1960s and the generation that lived through them have acquired great historical weight - and have influenced current intergenerational discourses.

The following essay analyses the impact of Baby Boomers on post-war America. It shows how Boomer identity has been constructed by and is reflected in American cult fiction texts which were especially popular with young readers in the 1960s. It also demonstrates how the deviant themes propagated by these texts can be read as a manifesto against the parental generation, from which the Baby Boomers tried to distance themselves in their revolt. Additionally it looks at the way the descendants of the Boomers, known as Generation X, have used cult fiction as a method of dealing with the legacy of the 1960s and to define their own identity.

1. Generational Dynamics and Youth in American Culture

Infused with a mythology of opportunity, innovation and renewal, the United States of America provided successive generations with a fertile ground to find their own distinctive voice. According to the historians William Strauss and Neil Howe, the formation of generational identities and, by implication, the emergence of generational gaps and conflicts reflects „what happens when the power of tradition is removed" and when values, habits and even laws are no longer passed on unchanged from generation to generation. [4] America offered the first European settlers a break with the past (represented in the rigid system of the Absolutist states), and the possibility of a new beginning. It promised liberty for individual enterprise in a „virgin land" with plenty of space. Hailed as „Earth's only Paradise" (by the poet Michael Drayton, a contemporary of

3 This does not mean that every single member of this generation was directly involved in movements for social change, but rather that a considerable number of young people expressed their views and attitudes in such a „spectacular" way, that they inspired opinion makers (the media, the social observers) to identify this loud minority as representative of a general mood that affected a whole age cohort to greater or lesser degrees. As generations are predominantly defined retrospectively, only the most significant events and ideas stand out.

4 Strauss and Howe, ibid., p. 444.

Shakespeare), its very classification as the 'New World' implied that innovative ways of living and even new identities could be forged here.

This turn away from tradition was clearly symbolised in the American Revolution of 1776, when the settlers detached themselves politically and economically from their parent land, England. In fact the rhetoric of generational identities, and especially of generational distinction, dates from this period. Thomas Paine's *Dissertations on First Principles of Government*, one of the most famous American documents of the time, presents us with a manifesto which would be often repeated (with only slight variations) to justify the necessity of generational dissent in order to 'progress': „Every age and generation is, and must be (as a matter of right), as free to act for itself in all cases, as the age and generation that preceded it (…) Man has no property in man, neither has one generation a property in the generations that are to follow." [5] Here, Paine was mainly referring to the hereditary form of government which was still in vogue in feudalist Europe. However, these thoughts became the model for what is now widely referred to as the „generation gap". In his influential essay *Das Problem der Generationen*, sociologist Karl Mannheim considered the „Beschleunigung der gesellschaftlichen Dynamik," (the fast pace of social change) as the basis for the formation of a „neuen Generationsstil" (new generational style). [6] As American society turned from a bountiful and largely untamed new Eden into a burgeoning industrial nation in only two centuries, each generation had different experiences and developed its own expectations. This provided a prolific setting for generational contrasts: children opposed parental authority; they refused to pursue family trades and professions, and moved away (often westwards, along with the moving frontier) to seek their luck and build their own future.

If, on the one hand, the generation gap constitutes the very core of America's democratic ideals, there is, on the other, a strong emphasis on youth, which has been the focus of most generational rhetoric. As historian Pierre Nora pointed out, the American Revolution and the French Revolution, two of modernity's founding moments, were mainly upheavals where a younger generation rebelled against their elders who were in power. [7] Archetypically associated with transition and transformation, in modernity, youth became a symbol of the „storms and stresses" which

---

5 Paine, Thomas: *Dissertations on First Principles of Government.* Available at http://www.cooperativeindividualism.org/paine_dissertations_on_first_prin.html.

6 Mannheim, Karl: *Das Problem der Generationen*, in: *Wissenssoziologie: Auswahl aus dem Werk.* Luchterhand, Berlin, 1964. p. 550.

7 Nora, Pierre: *La Génération.* In: Nora (ed.), *Les Frances – Volume III: Partages de l'éspace-temp*. Gallimard, Paris, 1992. p. 942.

the Romantic Movement made famous. In this way, youth became associated not only with change but also with unpredictability, loss of control and even violence. As the cultural critic Jon Savage observed in his recently published study of the creation of youth culture, with the revolutionary movements of the late 18th century and the profound transformations of the Industrial Revolution, youth acquired a new status, representing „a future that could be subject to savage, atavistic forces". [8] It is this future-oriented quality of youth that makes it so prominent within the generational dynamics, which are spun between breach and continuity. In the words of Strauss and Howe, a generation is a group that „collectively feels historical urgency and finality". [9]

As it defines itself as a young country, America offers a paradigmatic case. In a society where the collective past is basically non-existent and the future remains open, the elders are less influential as role models, and it is the young who, with their energy and irreverence, should point the path of social progress. This view was put forward by Stanley Hall, the American psychologist who coined the term *adolescent,* at the beginning of the 20th century, to distinguish the phase of life between the ages of fourteen and twenty-four. Seeing it as a time of „rapid fluctuation of mood," when „the world seems strange and new," Hall celebrated the adolescent's creative and visionary potentials. According to him: „Youth is prophecy." By implication, America, which he called „a nation in adolescence", should also regard itself as a beacon for the future, open to all kinds of improvements. [10]

The strong emphasis on change and progress on the one hand, and the value of youth on the other, has made this age group the focus of attention in American society. Gathered in educational institutions, offered their own cultural enclaves, and exposed mainly to the influence of their peers, the young construct their own generational consciousness based on common values, socialization processes and historical experiences. Simultaneously, their yearning for distinctive symbols and codes leads them to oppose the older generation in a way which is often spectacular. Deviant behaviour and transgressive cultural products become particularly relevant for the formation and understanding of generational identities in this environment which is, to use a term coined by Pierre Nora, marked by „conflicts and divisions".

8 Savage, Jon: *Teenage: The Creation of Youth Culture.* Viking Penguin, London, 2007. p. 14.

9 Strauss and Howe, ibid., p. 63.

10 Hall, Stanley: *Adolescence.* D. Appleton and Company New York, 1904. Quoted in: Savage, ibid., pp. 70-73.

2. Deviance as Cultural Practice of Resistance and Innovation

The contrast between young and old mainly takes the form of dissent from predominant mores: generational identities are created through nonconformity with the predecessors' expectations. This constitutes an important qualitative change in human history: whereas in all previous eras, conformity with established values and rituals was the general rule, now each generation turns to experiment with deviant behaviour in order to distinguish itself. The transgression of norms, which was once a disturbing social factor (and was often punished through violence), has acquired a far more ambiguous position. Challenging and pushing the boundaries of 'normality', deviant behaviour and groups can be considered both a threat to society as well as an alternative to the established norms, prompting public debates on notions of right and wrong, and thus revealing social practices of integration and marginalization.

Deviance is a variable, contingent phenomenon, based mainly on the exposure and negative judgement of uncommon traits, beliefs, attitudes and behaviour. [11] Individuals or groups arouse the disapproval of influential social groups or moral agents by transgressing socially shared boundaries. The labelling of, and reactions to, deviance play an important social role, as they guarantee a certain degree of social stability: criminal laws, notions of mental health, limits to acceptable behaviour have been developed to ensure peaceful forms of social coexistence. However, modern pluralistic societies rely equally as much on permanent pockets of resistance that oppose the majority's moral codes, as well as the institutional rules and laws, and the tactics for discipline and punishment which are inflicted upon them. Social outcasts often react to stigma and marginalization by forming their own subcultures, effectively wearing their deviance as a „badge of honour". In this way, defying leading social values and morality contains the potential of protest, revolt and revolution.

Although it is mainly thought of as a negative model of society, deviance contains a strong element of creativity and innovation, which finds a special mode of expression in art and literature, music and film, fashion and leisure. As it is the public arena where values are propagated, exchanged and transformed, popular culture emphasises the dynamic role

11 This definition of deviance stems from the theory of 'labelling' or interaction which has been applied extensively in sociology since the 1960s. Instead of focusing on the behaviour itself, 'labelling' is concerned with the reaction to that behaviour. See Goode, Erich: *Deviant Behavior (Sixth Edition)*. Prentice Hall, New Jersey, 2001. pp. 111-119.

of deviance. It feeds on transgression and constant change in order to adapt to the needs and desires of consumers, as well as to provide adequate role models for a changing society. Artistic creations can act out and experiment with possible scenarios and alternative realities in the virtual realm. The symbolic violation of norms propagated in cultural products may then inspire individuals and groups to think outside of social boundaries, by revealing the limitations of any established definition of 'insiders' and 'outsiders', 'normality' and 'abnormality'. In fact, disobedience and dissent foment the formation of cults, turning certain nonconformist attitudes and beliefs into articulations of a group's dissatisfactions and complaints. As it is often a spectacular form of distinction and self-affirmation, nonconformity is then used to defend individual originality against a homogeneous mass.

Youth plays a central role in the consumption of subversive cultural products because of its thirst for experience. Its identity as a cohort is also still being formed: a generation distinguishes itself through opposing its predecessors and adopting deviant symbols. Consequently, much of what constitutes a generation gap tends to focus on youthful attitudes and leisure and consumption patterns. The feeling that „the kids have created a completely different world we don't have access to and don't understand" has been expressed by adults since (at least) the advent of youth culture in the 1950s. This has often led to real communication problems, especially when rather harmless cultural products such as music and fashion trigger widespread moral panics that cause the media, the public and the government institutions to equate certain youthful trends with criminal behaviour, mental disorders, and even the downfall of civilization.

Paradoxically, the very concept of modernity is based on a notion of dynamic evolution, i. e., continual developments in the forms of social organisation, governance, beliefs, attitudes and expressions. In this context, social change is promoted and nonconformists play a central role in turning away from prevailing standards. The generational perspective offers a valuable tool for understanding processes of cultural and social innovation here: as values evolve to accommodate diversity, that which was once considered deviant may later be viewed as 'normal' (or at least acceptable). This inspires a new generation of nonconformists to push the newly established boundaries.

Again, the United States of America constitute a particularly fitting example; the collective identity of this country is largely founded on a nonconformist strain. A defence of continual questioning and even subversion of authority can be found in America's most important document, *The Declaration of Independence*, composed largely by Thomas Jefferson: „We hold these truths to be self-evident, that all men are created equal, that they are endowed by their Creator with certain inalienable Rights, that among these are Life, Liberty, and the pursuit of Happiness (...). That whenever any Form of Government becomes destructive of these ends, it is the Right of the People to alter or to abolish it". [12] Simultaneously, the American ideal of the self-reliant individual who moves westwards, beyond civilization, and who builds his own system of values can be read as a celebration of rebellious energy, as expressed in Emerson's dictum „Whoso be a man must be a nonconformist ... No law can be sacred to me but that of my nature" [13] and Thoreau's defiant „I was not born to be forced. I will breathe after my own fashion".[14] With such apostles of independence and freethinking, American culture tends to foment dissent. However, the same ideals of individual enterprise, mobility and autonomy are upheld by mainstream discourse and by marginal groups, who simply interpret these factors differently. A challenge to social boundaries, the issue of deviance also becomes a means of debating the limits of liberty in America.

3. Cult Literature Propagates Deviant Symbols and as Generational Expression

In the realm of literature cult fiction occupies a special place as a medium for the expression of youthful disaffection. Similar to music, film and fashion, literary cults connect readers to a specific set of values, making them feel part of a special community. Cults are defined in terms of reception: certain texts that resonate with the readers in a deeply emotional way are adopted, celebrated and propagated as a genuine expression of their feelings and even of their identity. Readers of cult fiction feel that a text speaks not only *to* but also *for* them. [15] Echoing deep personal longings and conflicts on the one hand, and shared hopes and apprehensions on the other, the impact of a cult novel on readers can be so powerful as

12 *The Declaration of Independence*, in: Eliot, W. (Ed): *Harvard Classics: American Historical Documents, 1000-1904*. P.F. Collier & Son., New York, 1938. p. 150.

13 Emerson, Ralph Waldo: *Self-Reliance*, in: Spiller, R. E. (Ed): *Selected Essays, Lectures, and Poems of Ralph Waldo Emerson*. Simon & Schuster, New York, 1965. p. 243.

14 Thoreau, Henry David: *Civil Disobedience*, in: *Enriched Classics*. Walden and Civil Disobedience. Simon & Schuster, New York, 2004. p. 378.

15 Ian Hamilton first used this expression in his unofficial biography of J. D. Salinger, to refer to how 'The Catcher in the Rye' affected him. It was subsequently adopted by literary critic Thomas Reed Whissen to define cult fiction altogether. See Whissen, T. R.: *Classic Cult Fiction: A Companion to Popular Cult Literature*. Greenwood Press, New York, 1992. p. ix.

to cause them to imitate the attitudes and style of the protagonist, who acts as their ideal self. Hence, cult heroes (and often also their authors) become role models and spokespersons for a network of fans.
In general, cult fiction articulates feelings of uncertainty and crisis, presenting a dislocated hero who struggles to remain true to his/her values, usually in a hostile environment. Cult heroes are permanent outsiders who refuse (or are unable) to conform to social norms. Because of this quality, cult fiction is often defined as „literature from the margins and extremes". [16] The hero's conflict appeals particularly to readers who are equally disaffected. As Thomas Reed Whissen points out in his comprehensive study of cult fiction, the message of these novels is „denial and rebellion, and therefore, they gather together those who have privately dreamed of a different order in the universe." [17] With their emphasis on deviance, cult texts provide the reader with a longed for alternative.

Cults are particularly prolific during times of social or cultural shifts and ruptures, when the notion of personal identity and place in society may be questioned. In the United States (as well as in Western Europe), this branch of literature flourished particularly well in the 1960s. This was a period of turmoil, but it was also a time of experimentation with different modes of living. The paperback revolution and the increased numbers registered in colleges and universities meant that select books were enthusiastically read and disseminated amongst students (even if they had little or no connection to the literary canon taught in the classrooms), often influencing the formation of deviant subcultures, which fed on the values and attitudes promoted in the texts. Due to their intense appeal and influence, cult authors are often labelled the „voice of a generation", even though they may be considerably older than their readership. Because of its emotional connection to readers and the ability to communicate what the young feel and think, cult fiction may indeed provide insights into the moods, dissatisfactions and expectations of a generation. As they represent a particular generational consciousness and identity, cult novels may act as a „barometer of cultural history": even though some outlive the period in which they were elevated to a cult and they continue to influence readers in other eras, there is an actual peak in the impact and relevance of a text, a sort of „fever" according to Whissen, that „touches the nerve of its time with uncanny accuracy". [18] Just like other

16 Calcutt, Andrew, and Shephard, Richard: *Cult Fiction: A Reader's Guide*. Prion Books, London, 1999. p. x.
17 Whissen, ibid., xxiv.
18 Idem, ibid., xxxvii.

cultural artefacts, literary texts which are adopted by one generation are likely to remain forever attached to it.

4. Deviance and Post-1945 Generational Identities: A Comparison of Cult Texts

Youth culture has documented extensively the ways in which Baby Boomers and their descendants Generation X have reacted to historical circumstances and to their elders in order to form a generational identity. Seminal cult fiction texts associated with these two generations thus contain significant details about their distinctive styles and values. By focusing on the theme of deviance in these texts, we can observe each generation's attempt to move away from its predecessors and, perhaps most importantly, we can identify its apprehensions and uncertainties and its demands for the future.

Born around 1940-1960, the Baby Boomers have often been described as a „privileged" generation. They grew up during a time of post-war affluence, pampered by their liberal-minded parents and progressive educators who valued creativity and self-expression. They stormed colleges in unprecedented numbers, acquiring skills and knowledge that were endorsed by a booming economy. In spite of their comfortable upbringing and the „limitless opportunities" (a famous slogan at the time) which were open to them, it was often the „best and brightest" members of the Boomer generation who opposed aspects of American society most vehemently. The sources of their discontent included: the widespread disrespect of basic minority civil rights (this could be seen particularly in relation to African-Americans, who had begun demanding equal treatment and representation), the constraints of a technocratic state that valued trained experts but undermined critical thinking, the increased threats to personal safety which stemmed from the arms race between the USA and the Soviet Union (culminating in the 1962 Cuban Missile Crisis) and the escalating brutality of the Vietnam war. An increasing number of young Americans viewed these elements as obstacles and, in the 1960s, they joined radical student movements and subcultures which opposed their elders, known as the G. I. Generation. To disaffected Boomers, their adult counterparts constituted 'the Establishment', a negative connotation for the military-industrial complex that supported wars abroad under the banner of freedom and was incapable or unwilling to solve internal problems such as racial segregation.

The burgeoning youth culture had begun to develop in the 1950s, at the peak of post-war conformity (motivated by the 'Red Scare' that effectively silenced political opposition). At this time, youths began experimenting with outrageous behaviour, famously symbolised by irreverent rock-and-roll and James Dean's *Rebel Without a Cause* on the one hand, and the Beat Generation's hedonistic literary creations and lifestyle on the other. [19] By the time the Baby Boomers entered adolescence, there was a seemingly separate realm for their self-expression: comics, movies, music, fashion, coffee shops and college campuses constituted what were then known as „youth ghettos". These offered islands of resistance outside of the conformity and 'squareness' of adult society. [20] Challenging notions of authority, 'normality' or mental health, and exploring new forms of living on the margins of society, many of the cultural products of the late 1950s and 1960s offered Boomers a means of voicing their disaffection or even their sense of alienation from the values of the G. I. Generation.

Jack Kerouac's *On the Road* (1957) represents one of the most enduring manifestations of countercultural thinking. It also provided future artists, rebels or just dropouts with a blueprint for rebellion. Celebrating marginality in various forms including juvenile delinquency, drug use, hobo life and African-American ghettos, Kerouac's novel (and Beat literature in general) elevated deviants to a kind of saintly position. The character Dean Moriarty, a conman with no sense of restrictions or responsibilities, who pushes his own life to a limit, is at the centre of the book. Moriarty is always chasing „kicks" in order to achieve immediate gratification, no matter what the consequences are. At a time when nuclear annihilation loomed large on the horizon, living for the moment seemed to be a logical alternative, one which also indicated a stark opposition to the general celebration of discipline and efficiency promoted by the G. I. Generation. Kerouac's hero repeatedly breaks the law because it interferes with his desires and hence his freedom. To the narrator, a young promising uni-

---

19 Even though they called themselves a generation, the Beats failed to successfully introduce this term into mainstream discourse. People who came of age in the 1950s are generally referred to as the 'Silent Generation'. This seems to be an adequate label for a cohort that was basically „sandwiched" between the heroic G.I. and the revolutionary Boomers. Although not very prominent, the Silent Generation was crucial in sowing the seeds for the 1960s youth revolt; they provided most of the cultural icons and attitudes which Boomer children growing up in the 1950s would incorporate and expand, from rock n' roll music to the Civil Rights movement. The 'Silents' have been acknowledged as the mentors of the „Boom Awakening" and indeed many of the countercultural spokespersons and cult figures belonged to this generation.

20 See Jones, Landon Y.: *Great Expectations: America and The Baby Boom Generation*. Coward, McCann & Geochegan, New York, 1980. pp. 84-85: „Youth was no longer a stage of life but a community (...). The youth ghettos of the sixties were the first true countercultures, set up in what often became fierce opposition to adult society (...). They were *exclusively* of the young" (emphasis in the original).

versity student who feels that his life is „stultified", Moriarty's criminal impulses do not appear to be something which is negative or dangerous. Instead they are read as „a wild yea-saying overburst of American joy," which announces a whole new way of living, „long prophetical, long a-coming". [21] Encouraged by this, the narrator sets out on an apparently aimless journey, criss-crossing the country in a frenetic search for „It", the ultimate ecstasy which he lacked in his orderly life. In spite of Dean Moriarty's chaotic and even destructive energy, for readers of *On the Road*, the hero generally promised some sort of renewal, which was to be achieved primarily by rejecting mainstream morality. Towards the end of the 1950s and the beginning of the 1960s, the Beat Generation was disparaged by mainstream society. They were either treated as a passing fad, a teenage cult of little intellectual value and social relevance or, as one of its most vehement critics claimed, as a threat to society, a „conspiracy to overthrow civilization". [22] Paradoxically, after being labelled as criminal and barbarian, the Beat subculture, language and fashion spread quite effectively and became an inspiration and a common code for young dissenters; it was seen as an effective way to distance themselves from adult expectations.

Ken Kesey, a young athlete who became a writer, was inspired a lot by Kerouac and the Beat movement. With the publication of his debut novel, *One Flew Over the Cuckoo's Nest*, in 1962, Kesey was quickly elevated to the status of cult author. His novel celebrated the hedonistic conman (a character very similar to Dean Moriarty), the Native American and the madman as rebellious victims of an oppressive organisation that numbed people's minds and punished instinctual gratification. The protagonist, Randall Patrick McMurphy, a convict and gambler who fakes his way into a mental institution in order to avoid the drudgeries of prison work farm, takes on a clear revolutionary mission. Far from trying to dodge the rules of the ward and society at large, as Dean Moriarty did, McMurphy actually challenges and subverts them. Ironically, it is precisely this attitude that turns him into a proper „mental case" for the ward, prompting all sorts of 'therapeutic' measures (including electroshocks). In an organisation which defends obedience and orderly behaviour as a sign of mental health (which to many readers was an accurate reflection of their own society), the insubordinate individual is accused of pathological „unreason". McMurphy responds by celebrating „madness" as a liberating force.

---

21 Kerouac, Jack: *On The Road*. Penguin Books, London, 1972. p. 13.

22 See Podhoretz, Norman: *Where is the Beat Generation going?*, originally published in *Esquire* in 1958. Reprinted in McDarrah F. and McDarrah, T.: *Kerouac and Friends: A Beat Generation Album*. Thunder's Mouth Press, New York, 2002. pp. 205-219.

Through his behaviour the hero indicates that it is not just enough to cross the boundaries of acceptability and even law, but one should also try to shake away society's mental shackles. This is particularly inspiring for the narrator of the novel, an American Indian known as „Chief Broom Bromden". After he witnessed the displacement, and, consequently, the destruction of his tribe by the government, Bromden sought refuge in madness and extreme passivity. He is, in the words of one of the inmates, a true symbol of the „vanishing American".[23] The meeting with McMurphy, however, inspires Bromden and the other inmates to rise up against the forces which make them unhappy and apathetic. Kesey's novel sent a sign to a generation of disaffected youngsters: the only way to maintain one's integrity in an oppressive authoritarian system is to *fight*. Indeed throughout the 1960s young people, organised around radical political movements such as the Students for a Democratic Society (SDS), the Free Speech Movement or the New Left (whose passionately activist and anti-rational style shocked even the old leftists of the G.I. Generation), and they increasingly staged sit-ins, be-ins, marches and demonstrations, in an open revolt against prevailing morality and laws.

The most appreciated and celebrated cult authors are those who live in accordance with the nonconformist ideals laid down in their novels. In this way, they were seen to set a true example for readers to follow. Ken Kesey did precisely this: he gave up writing, left university and gathered a group of peculiar characters called the Merry Pranksters around himself. This group experimented with mind-expanding drugs (especially LSD). Having famously stated that he would rather „live in a novel" instead of writing one, Kesey actually became the protagonist and hero of one of the most acclaimed cult texts about the hippie subculture. Tom Wolfe's *The Electric Kool-Aid Acid Test* is a fiction-journalistic account of the adventures of the Merry Pranksters which was published in 1968. Crossing the country in an old school bus covered with psychedelic paintings and blaring the latest rock music anthems (from the Beatles and Bob Dylan to The Grateful Dead), Kesey and the Merry Pranksters proudly parade their difference. They decide to live outside the boundaries of law and order, repeatedly confronting and mocking authority figures such as police officers, FBI agents and federal court procedures. The eager members or followers of this unusual bunch, mostly students, sneer at their parents' „sloughing common order". Identifying themselves as „little devils" or „superkids", they decide to „drop out" from society, after they become hooked on „the experience" of LSD, which elevates them above

23 Kesey, Ken: *One Flew Over The Cuckoo's Nest*. Penguin Classics, London, 2002. p. 62.

outdated adult values (such as work and marriage) and institutions (particularly university).[24] Kesey and the Pranksters ridicule every aspect of American culture, from the laws and their enforcers to orderly student demonstrations against the Vietnam War. According to their reasoning, the only way out of this situation is via a complete rejection of the established system of thought and action; they should try to go „furthur", as the psychedelic bus announces in capital letters upfront. By the late 1960s and early 1970s, when America and Western Europe witnessed spectacular youth uprisings and riots, a significant number of youngsters began to reject modern civilization altogether, founding communes and experimenting with a whole new way of living which was more in line with the countercultural values of personal freedom, communal sharing and „peace and love".

Raised in a time of great technological innovations, political polarizations and worldwide social upheavals, the Baby Boomers clearly felt that „the times they are a'changin", as their spokesman Bob Dylan sang, and they embraced this possibility. Throughout the 1960s and into the 1970s, American youth, like its counterparts in Europe, felt that it was their duty to push for those changes in an open defiance of the prevailing order. For literary critic Leslie Fiedler, writing in 1965, the „beatniks or hipsters, layabouts or dropouts," who stared at adults (at home, in the classroom, on the street) with „hostility," were in fact a prophetic group. They were „new mutants" whose cultural symbols and texts reflected, „the relationship of the young to (...) the world we have made for them".[25] According to Fiedler (himself a member of the G.I. Generation), the Baby Boomers and their cultural heroes represented a real social menace because of their alienation from mainstream society and their celebration of all kinds of transgressive and illicit behaviour. But their exploration of new forms of expression also had great regenerative potential[26]: the Boomers widened the spectrum of social and cultural inclusion by breaking racial taboos (in their celebration of African-American culture, as seen in conjunction with Kerouac), by rejecting the primacy of reason over unreason (in their celebration of madness, as seen in Kesey), and by overturning traditional

---

24 Wolfe, Tom: *The Electric Kool-Aid Acid Test*. Black Swan Books, London, 1989. p. 61-2.

25 Fiedler, Leslie: *The New Mutants*, in: *The Collected Essays of Leslie Fiedler: Volume II*. Stein and Day, New York, 1973. p. 383.

26 Like Fiedler, other progressive G. I. thinkers of the time wrote best-selling books celebrating the promises of the younger generation. See especially Theodor Roszak's *The Making of a Counterculture* (1968) and Richard Reich's *The Greening of America* (1971).

male-female roles (in the hippies' adoption of sexually ambiguous or mixed looks, as seen in Wolfe).
The success of many novels adopted mainly by young readers during this period would have an impact on the intellectual and literary establishments, which started to pay more attention to texts that would have been previously disqualified as „low-brow". This also influenced the subsequent production of cult fiction. The literary „spokespersons" of the Baby Boomers had been recruited mostly from the preceding generation. Many of these figures were well over 30 at a time when one of youth's slogans was „Don't trust anyone over thirty". Clearly this motto was not to be applied to cult authors, who seemed to exist outside of this generational divide, if only because their texts were (read as) an affront to the dominant morality. In contrast to this, when the descendants of the Boomers reached youth in the 1980s and 1990s, there was already a handful of authors among them who were quickly identified as the „voice of their generation". Douglas Coupland, whose 1991 debut novel *Generation X* provided not only the name but also the very defining aspects of his cohort, is one of the most notable of these writers.

Born between 1960-1980, Generation X grew up in a changed society, which did not necessarily meet with the expectations of the rebellious Boomers. In fact, many of the values upheld by the Boomers soon proved to be rather idealistic. The bureaucratic state was not dissolved, sexual liberation led to rising divorce rates (which mainly affected Xer children) and it was curbed by AIDS, the „mind-liberating" drugs which were once celebrated lost their harmonious élan as they led to serious cases of addiction and abuse. In contrast to the post-war economic boom, post-1973 America went through a long period of 'stagflation', prompting cuts in domestic spending, growing unemployment, and thus a greater gap between rich and poor. The 1960s counterculture had been turned into a spectacle and commodity by the time Generation X arrived on the scene: what had seemed like a threat to the status quo was simply repackaged and sold back to the kids as fashion, prompting the notion that „counterculture has become over-the-counterculture". [27] The new generation gap, and, by implication, the generational identity of the Xers, has thus been very much based on the impact of the 1960s on American culture. The self-image of the Baby Boomers, now enhanced by nostalgia and mythological celebrations (as is quite typical of generational discourses and memory), is a permanent issue for the younger generation. In an attempt

27 Calcutt and Sheppard, ibid., p. 1.

to distinguish itself, Generation X confronted its predecessors with a mixture of envy for the good old days when the future still seemed promising, and ridicule for their failures and the commercialisation of their movement. Sceptical of redeeming ideals, Xers developed an ironically resigned discourse of their own, which is marked by cynical nihilism and the exploration of violent themes. Often criticised (mainly by the Boomers) for its hopeless attitudes, Generation X was in many ways reacting to the shortcomings but also expectations of its elders. As Xer writer Douglas Rushkoff put it, in a book exclusively dedicated to explaining „Us, by Us" to the American public: „Our willingness to accept our inheritance – to enjoy the wasteland bequeathed to us – has brought the members of Generation X under the critical scrutiny of those who created and now, ironically, reject us". [28]

Bret Easton Ellis was one of the first writers to emerge in 1985, as representative of a new generation (at a time when it still lacked an enduring label). He published his bleak debut novel *Less Than Zero* at the age of 21. Depicting a circle of bored, thoughtless and sadistic nouveau-riche youngsters in Los Angeles, Ellis produced a dystopian picture of the countercultural values of hedonism and lawlessness. The narrator and hero of the novel, a confused and inarticulate 18-year-old, moves between sexual encounters with young men and women whom he barely knows (or cares about), consumption of heavy drugs (particularly cocaine), and prostitution and rape, without ever finding the slightest satisfaction, much less a sense of communion or enlightenment. Like Kerouac's characters, Ellis's hero and his friends spend an inordinate amount of time driving around in search of „kicks". However, they are not excited by anything, except perhaps by violence or even death. When one of the more vicious characters is (faintly) criticised for his indifference towards the suffering of others (in this case a thirteen-year-old girl he is about to rape), he justifies his attitude by claiming that: „If you want something, you have the right to take it. If you want to do something, you have the right to do it". [29] This is a typical countercultural message. While the young indulge in all forms of abuse, parents themselves are depicted as self-absorbed, distant characters; they do not bother to communicate with their children except to maintain appearances. The idea of punishment for transgressions of boundaries or laws seems to not exist. Surrounded by ennui, the hero continues without any particular aim. He is constantly haunted by the words „Disappear Here", which he read on an advertising billboard and which he interprets as a personal message. It remains un-

28 Rushkoff, Douglas: *The GenX Reader*. Ballantine Books, New York, 1994. p. 3.
29 Ellis, Bret Easton: *Less Than Zero*. Simon and Schuster, New York, 1985. p. 189.

clear whether he actually fears or yearns for this. Ellis was simultaneously praised and vilified by critics for his cheerless themes and sparse writing style, which earned him the dismissive label of „MTV writer". Exploring mindless violence in a bland commercial culture became his trademark, prompting the identification of a type of (post-modern) literary movement known as „the Brat Pack". This movement included a number of cult writers who wrote about alienation, boredom and excess in the 1980s and 1990s, effectively announcing the death of the Boomer dreams of „peace and love".

With the publication of *Generation X* in 1991, Douglas Coupland overcame the extreme apathy of Ellis's characters. Instead, he presented a trio of smart, witty and self-confident youngsters who have retreated to the margins of society (ironically set in rented bungalows in the desert, just outside the posh Palm Springs) to prepare for the imminent end of the world. Tired of dull nine-to-five office jobs, TV entertainment and blind consumerism, the three friends now intentionally jump from one „McJob" to the next (a word coined by Coupland himself), choosing to picnic in run-down urban landscapes, and telling each other stories about failed space travels and atomic disasters. Although they apparently liberate themselves from what they consider to be the burden of modern life by abandoning the yuppie environment of the big city, Coupland's characters are left with few choices aside from building their private niche and waiting for the „thermonuclear cloud". The book is full of gloomy slogans on the margins, such as: „Use Jets While You Still Can" or „You Might Not Count in the New Order." Lacking perspectives and hopes, the protagonists of Generation X look upon the Baby Boomers as a luckier, but also as an undeserving generation: „I want to tell them that I envy their upbringings that were so clean, so free of *futurelessness*. And I want to throttle them for blithely handing over the world to us like so much skid-marked underwear." [30] In the meantime, the Boomers have actually become caricatures of themselves. This is epitomised by the „embittered ex-hippie", now turned yuppie, who runs an office and who constantly puts his younger, underpaid employees down. Having grabbed „the best piece of cake" at a time when it was still possible to achieve some financial security, the elders are now insensitive to the younger generation's inability to get by in life as a result of the worsening economic conditions. As the members of Generation X announce: „You'd last about ten minutes if you were my age these days". This is the ultimate manifesto for a generational cohort which Coupland has compiled with great sensitivity for the inter-

30 Coupland, Douglas: *Generation X: Tales For An Accelerated Culture*. St. Martin's Press, New York, 1991. p. 98.

generational conflicts of his time. It is an angry but also an elevating protest against a Boomer-dominated culture that failed to recognise the efforts of the first generation of Americans who, as President Bill Clinton acknowledged in 1994, would „do worse than their parents". [31]

The publication of Chuck Palahniuk's novel *Fight Club* in 1996, and, in particular, the film adaptation in 2000, catapulted the author to international fame, ensuring that the theme of violence previously explored by the Brat Pack returned to the centre of Xer culture. This time, however, it had a rebellious edge. The book tells the story of a lonely, frustrated and anxious young office worker who finds solace and ultimately redemption in the (unconscious) construction of a powerful and audacious alter ego (the now mythical Tyler Durden), and in the foundation of underground clubs where men engage in fist fighting to relieve their tensions. These fight clubs generate emotional bonds and the underground movement grows into a terrorist organization suggestively called „Project Mayhem". Boomer dreams of community are recovered through this organization, only now this group aims at outright destruction. Palahniuk's characters explore self-derision, disease and physical pain in their attempts to overcome their own sense of worthlessness. Their feelings of meaninglessness inspire them to follow Tyler's plan to reform the planet by annihilating civilization. This plan begins with all kinds of nasty pranks like pouring urine into the soup at a special high-society banquet, but it ultimately leads to the production of homemade explosives designed to blow up entire buildings. However, in between the violence, the bloodshed and the depictions of different personality twists and disorders, there is space for profound Buddhist observations. Adjusting the countercultural values of transcendence to a fin-de-siècle bitter mood, Tyler celebrates „hitting the bottom" as the only path to a true peace of mind. He repeatedly reminds his creator, followers and readers of the transitory qualities of everything, from their individual sufferings to the dismal state of the planet: „Nothing is static. Everything is falling apart." Ultimately, every person is reduced to a „space monkey"; they participate in something greater than themselves, which is outside of their control: „You do the little job you're trained to do ... You don't understand any of it, and then you just die." [32] Even Tyler, the ambiguous liberator, represents the loss of control over one's own mind. To the dismay of parents, educators and police authorities, the film and novel were so successful that they have inspired thou-

31 Speech by the President to the UCLA 75th Anniversary Convocation, May 20, 1994. Available at http://www.clintonpresidentialcenter.org/legacy/052094-speech-by-president-to-ucla-75th-anniversary-convocation.html.

32 Palahniuk, Chuck: *Fight Club*. Henry Holt & Co., New York, 1996. p. 184.

sands of youngsters all over America to organise illicit fights on school campuses and in backyards, city streets, public parks and gas stations. These brutal contests are often captured on video, and the recordings (with a hip-hop soundtrack) are oftentimes released or sold on the Internet.[33] Accused of promoting violence amongst teenagers, Palahniuk's novel has become a source of moral panic. And yet, as the author himself observed, it has also inspired many young people raised on television and computer games to engage in reading, thus perhaps ensuring that the cult fiction genre does not fizzle out completely.

It is still too early to evaluate the full impact of Generation X on American culture; this task will fall to the upcoming generation. In any case, the Xers have successfully (even if rather cheerlessly) explored deviant themes to draw a convincing portrait of themselves that is completely different from the mythical Boomers. They have also often adopted a corrective function. They challenge Boomer accounts of the past, highlighting that, although the celebrated counterculture had positive results from which they profited (they particularly benefited from the paths it opened for youth culture to be irreverent and innovative), it also had negative results (evident particularly in the commercialization of revolt) which their followers have tried to critically engage with.

5. Differences and Similarities between Baby Boomers and Generation X

The greatest difference which emerges from a comparative analysis of the cult texts consumed by Boomers and Xers concerns each generation's attitudes towards (social) change and the future. For Americans coming of age in the 1960s, the changes could be perceived as startling, but also as uplifting. Identified as the very agents of change, the Baby Boomers appeared to be largely united (perhaps even on a global scale) by their common goals which aimed to overcome outmoded values and structures, by reforming society and fighting for a better world. In many ways, the rebellious students of this period felt that they had started a revolution „by and for youth" that was „ricocheting around the world", an event that should be as momentous as 1789.[34] United against adult society, young people seemed „out of control" to some, „free" (at last) to others: they began to explore new forms of living and thinking, and they

33 See *Illegal, violent teen fight clubs face police crackdown*, by Michael McCarthy, in *USA Today*, 01.08.2006.

34 Gitlin, Todd: *The Sixties: Years of Hope, Days of Rage*. Bantam Books, New York, 1987. p. 241.

demanded a more just society which would help them to attain their goals. The deviant behaviour promoted by youth culture at the time therefore emphasised youth's struggle to steer their fate in a more favourable direction.

Americans coming of age in the 1980s and 1990s have often felt that they are the victims of a change that has become synonymous with disintegration. In this way, the Xers are more prone to retreating into a private universe to protect themselves or, alternatively, to impact negatively on the surrounding environment. They appear less unified than their predecessors and are notable for their diverse sub-cultural expressions that emphasise the idea of changing oneself over changing the world. The original attempts in the 1960s to eliminate boundaries and celebrate positive differences and co-existence (between races, sexes, lifestyles) has actually developed into an attempt by disaffected youngsters to draw clear lines between the different subcultures which separate them from each other and from mainstream society. Not surprisingly, the notion of „youth crisis" has become more widespread in the late 20th century, indicating a loss more than a challenge for members of Generation X, who look to the future with increasing apprehension and pessimism.

It is also interesting to examine the treatment of women in cult fiction. Although they are generally relegated to a secondary position, they have nevertheless gained more prominence with the passing of the decades. Whereas Boomer cult texts rarely represented women in an uplifting fashion, in the texts by Generation X they eventually appear as relevant characters and even as (almost) equals to their male counterparts. In Beat literature, women are reduced to the roles of wives and mothers. In Kerouac's novel they represent on the one hand the desired sexual object that promises the highest achievement of kicks, and, on the other hand, they present an obstacle to the hero's freewheeling existence, as they demand fidelity and marital responsibility. Ken Kesey goes even further: his unsympathetic portrayal of the Big Nurse as a ruthless castrator produces a disparaging image of women as oppressive mother figures. The counterpart to the Nurse is a young, pretty prostitute who, very much like Beat women, represents lust and pleasure, thereby inspiring the asylum inmates to pursue their desires. Her illicit activities correspond to the ultimate image of female deviance in the 1950s and 1960s. As Paul Goodman observed in *Growing Up Absurd*, „female delinquency" was almost exclusively concerned with sexuality, as seen in the problems of „incorrigibility" (for example, promiscuity) and „unmarried pregnancy." [35] According-

35 Goodman, Paul: *Growing Up Absurd: Problems of Youth in the Organized Society*. Random House, New York, 1960. p. 13.

ingly, in Wolfe's account of the adventures of the Merry Pranksters, he often refers to young women who have run away from home to join the hippie subculture, who get involved with several sexual partners and who end up producing babies that are then raised by the group. The issues of marriage and motherhood thus remain central, even if they are subverted to meet the ideals of the counterculture.

In Ellis's novel, women are described as vain, superficial and aimless, or as victims of sexual abuse. However, this does not distinguish them from men, who are equally insipid and are perhaps mistreated even more. This is particularly evident in one male character's need to resort to homosexual prostitution (and to endure humiliating violence) in order to finance his cocaine addiction. Hence, in a rather ironic fashion, men and women are finally granted equal treatment, just as the Boomers had demanded. The fairest image of women is provided by Coupland, who not only creates an intelligently amusing female character, but who also celebrates her decision to live in the desert as a true sign of her emancipation (acknowledging that it is more difficult for women to make such a step). Finally, even though Palahniuk's novel is often read as a tribute to 'true' male identity (to the point of being rejected by some feminists as an attack on women), much of it also focuses on a quirky and daring female who not only matches the males in her self-destructive and cynical attitudes, but who also represents the only possibility of true friendship and understanding. While Baby Boomers were still moving away from the strict gender roles of their parents, the members of Generation X, who were raised after the feminist struggles, have managed to incorporate female characters and personalities into their fiction. In spite of this, however, cult heroes and authors tend to be generally male. [36] As the *Reader's Guide to Cult Fiction* points out, because of the intense focus on alienation and anger, cult texts appeal mainly to disaffected men whose cultural image as heroes and successful providers is ever more questionable: „cult fiction is what young men read at a time when they can no longer harbour great expectations or offer grand actions." [37]

There are fundamental themes, nonetheless, which both generations have employed similarly, suggesting a common identity and a common set of ideals which go beyond generational divergences. The deviant hero in cult literature is ascribed the role of challenging society by remaining an outsider. Both Boomers and Xers reject and scorn the bourgeois values of

---

36 Classic cult female writers such as Sylvia Plath or Kathy Acker, whose heroines deviate precisely from traditional female roles, are exceptions to this.

37 Calcutt and Sheppard, ibid. p. xv

authority, work and self-control. The degree of nonconformity is simply intensified from one generation to the next, in accordance with the historical situation. While the Beats promoted marginality, irrationality and (petty) crime as suitable modes of expressing their desire to live differently and to assert their individuality against a conformist mass, the rebellious students of the 1960s used those deviant symbols in a more politicised fashion. They became part of youth's active struggle against an unjust system. With the eruption of Generation X on the cultural scene, deviance culminated into a more dejected but also destructive form of expression: violence and apocalyptic images were often employed to convey youth's frustrations and lack of perspectives.

On the other hand, all of the cult texts mentioned above reveal a difficult relationship with technological progress; this is mostly depicted as a dangerous and inhumane force. For Baby Boomers, technology was synonymous with the military-industrial complex that supported the Cold War and threatened their lives. It was also the faceless and insensitive corporation or „Organization" that expected all men to behave (and look) the same, while fulfilling their duties and living ordered lives in the suburbs. To oppose a society dominated by science and technology, the counterculture promoted the building of alternative, egalitarian, „back-to-nature" communities away from urban centres. At best, certain aspects of technology could be used for the benefit of „consciousness expansion": this was as advocated by the Merry Pranksters, who experimented extensively with all kinds of image and sound machines in their attempts to create new sensory experiences that could replicate their LSD trips. Despite this, the hippies were amongst the most vehement opponents to bureaucratic technocracy and would go down in history as Neo-Romantics. The descendants of the Baby Boomers felt just as overwhelmed by the industrial society and technological developments, which they perceive to be even more pervasive: it numbs them with mindless entertainment and makes them feel obsolescent, as they struggle to keep up with Coupland's „New Order" of late capitalism. It is significant that the ultimate rebellious icon of Generation X, Palahniuk's terrorist hero, actually defends a „complete and right-away destruction of civilization" and a return to hunter-gatherer times as the only form of „saving the world".

If we look behind the defiant attitudes of Boomers and Xers it is possible to observe a persistent paradox in American culture: it is based on a difficult balancing act between the ideals of freedom and unspoiled nature on the one hand, and social organization and technological innovation on the other. Literary critic Leo Marx noted in 1964 that the tension between „withdrawal from society into an idealised landscape" and a disruptive machine breaking the idyll was central to a large number of classic American fictional texts, and thus to American collective identity.[38] The metaphor of the „machine in the garden" has also been used effectively in cult fiction to articulate the same dilemma: the country which was once celebrated as a New Eden and which has elevated the „pursuit of Happiness" to a human right, has not managed to maintain those ideals during industrialization and its ascension to hegemonic power in the second half of the 20th century. Instead, these developments have, in the eyes of many critics (including the disaffected youth), led to a devaluation of human life and an increased appreciation of technocracy.

The generational identities of the Boomers and Xers are thus marked not only by a gap, but also by continuity. Each of them has evoked America's collective ideals of rugged individualism and self-reliance, transforming and adapting the original myths to fit their own situation, while simultaneously contrasting these myths with developments that are perceived as unfavourable or even life-threatening. In this way, deviance in American youth culture is not only a dynamic force that pushes the boundaries of acceptable behaviour and produces new values, it is also a method to carry the founding principles of liberty and independence into the future.

Literatur

Calcutt, Andrew, and Shephard, Richard: *Cult Fiction: A Reader's Guide*. Prion Books, London, 1999.

Clinton, Bill: *Speech by the President to the UCLA 75th Anniversary Convocation*, May 20, 1994.

Coupland, Douglas: *Generation X: Tales For An Accelerated Culture*. St. Martin's Press, New York, 1991.

Eisenstadt, Shmuel N.: *From Generation to Generation*, Transaction Publishers, London, 2003.

Ellis, Bret Easton: *Less Than Zero*. Simon and Schuster, New York, 1985.

Emerson, Ralph Waldo: *Self-Reliance*, in: Spiller, R. E. (ed.): *Selected Essays, Lectures, and Poems of Ralph Waldo Emerson*. Simon & Schuster, New York, 1965.

Fiedler, Leslie: *The New Mutants*, in: *The Collected Essays of Leslie Fiedler: Volume II*. Stein and Day, New York, 1973, p. 379-403.

38 Marx, Leo: *The Machine in the Garden: Technology and the Pastoral Ideal in America*. Oxford University Press, London, 2000. p.10.

Gitlin, Todd: *The Sixties: Years of Hope, Days of Rage*. Bantam Books, New York, 1987.

Goodman, Paul: *Growing Up Absurd: Problems of Youth in the Organized Society*. Random House, New York, 1960.

Goode, Erich: *Deviant Behavio*. Prentice Hall, New Jersey, 2001.

Hall, Stanley: *Adolescence*. D. Appleton and Company New York, 1904.

Jefferson, Thomas: *The Declaration of Independence*, in: Eliot, W. (ed.): *Harvard Classics: American Historical Documents, 1000-1904*. P.F. Collier & Son., New York, 1938.

Jones, Landon Y.: *Great Expectations: America and The Baby Boom Generation*. Coward, McCann & Geochegan, New York, 1980.

Kerouac, Jack: *On The Road*. Penguin Books, London, 1972.

Kesey, Ken: *One Flew Over The Cuckoo's Nest*. Penguin Classics, London, 2002.

Mannheim, Karl: *Das Problem der Generationen*, in: *Wissenssoziologie: Auswahl aus dem Werk*. Luchterhand, Berlin, 1964, p. 550.

Marx, Leo: *The Machine in the Garden: Technology and the Pastoral Ideal in America*. Oxford University Press, London, 2000.

Michael McCarthy, in *USA Today*, 01.08.2006.

Nora, Pierre: *La Génération*. In: Nora (ed.), *Les Frances – Volume III: Partages de l'éspace-temp*. Gallimard, Paris, 1992.

Palahniuk, Chuck: *Fight Club*. Henry Holt & Co., New York, 1996.

Paine, Thomas: *Dissertations on First Principles of Government*. Available at http://www.cooperativeindividualism.org/paine_dissertations_on_first_prin.html

Podhoretz, Norman: *Where is the Beat Generation going?*, originally published in

Esquire in 1958. Reprinted in McDarrah F. and McDarrah, T.: *Kerouac and Friends: A Beat Generation Album*. Thunder's Mouth Press, New York, 2002, p. 205-219.

Reich, Richard: *The Greening of America*, A. Lane, Middelsex, 1971.

Rushkoff, Douglas: *The GenX Reader*. Ballantine Books, New York, 1994.

Savage, Jon: *Teenage: The Creation of Youth Culture*. Viking Penguin, London, 2007.

Strauss, William & Howe, Neil: *Generations: The History of America's Future, 1584 to 2069*. William Morrow, New York, 1991.

Roszak, Theodor: *The Making of a Counterculture: Reflections on the Technocratic: Reflections on the Technocratic Society and Its Youthful Opposition*, California University Press, Califorina, 1968.

Thoreau, Henry David: *Civil Disobedience*, in: *Enriched Classics*. Walden and Civil Disobedience. Simon & Schuster, New York, 2004, p. 383-415.

Whissen, T. R.: *Classic Cult Fiction: A Companion to Popular Cult Literature*. Greenwood Press, New York, 1992.

Wolfe, Tom: *The Electric Kool-Aid Acid Test*. Black Swan Books, London, 1989.

BERNHARD GIESEN

Ungleichzeitigkeit, Erfahrung und der Begriff der Generation*

Manchmal sperren sich Schlüsselkonzepte einer Übersetzung in andere Sprachen. Hegels Bergriff der *Aufhebung* ist ein bekanntes Beispiel dafür. Ebenso kann die von Ernst Bloch 1935 [1] geprägte Vorstellung der *Ungleichzeitigkeit des Gleichzeitigen* nur ins Englische übertragen werden, wenn man seine Bedeutung auf drei Ausdrücke aufteilt: „noncontemporaneity", „asynchronicity", und „divided memories" erfassen jeweils unterschiedliche Aspekte von Ungleichzeitigkeit. Diese semantische Multidimensionalität des Begriffs lässt sich auch im Deutschen für einen Gewinn an analytischer Präzision nutzen. Wir werden also im folgenden zwischen „Unzeitgemäßheit", „Asynchronizität" und „getrennten Erinnerungen" unterscheiden.

Auf der allgemeinsten Ebene bezieht sich das Konzept der Ungleichzeitigkeit des Gleichzeitigen auf einen Gegensatz zwischen *Ereignissen* und dem *Hintergrund* vor dem sie geschehen. Ungleichzeitigkeit ist daher überraschend, auffallend und unerwartet. Sie fällt auf, weil sie sich vor einem Hintergrund abhebt, sie wird als Ereignis sichtbar, weil sie den Erwartungen nicht entspricht, sie geschieht plötzlich. Dieses Überraschende und Plötzliche verweist auf den Standpunkt und den Erwar-

---

* Der Text beruht auf früheren Überlegungen zum Thema der Ungleichzeitigkeit, zu Generationen, sowie zur historischen Unterscheidung von Epochen, die hier in aktualisierter und wesentlich erweiterter Form in einem neuen gemeinsamen Kontext dargestellt werden. Hierbei konnten zudem kritische Anmerkungen zu vormaligen Überlegungen verarbeitet werden. Ich danke hier insbesondere Aleida Assmann, Jürgen Reulecke, Heinz Bude und Sigrid Weigel für ihre wie immer anregenden Einwendungen, sowie dem Konstanzer Forschungszusammenhang. Vgl. Bernhard Giesen (2004) „Noncontemporaneity, Asynchronicity and Divided Memories", in: *Time & Society*, 13,1, pp. 27-40; Bernhard Giesen: „Vom historischen zum ethnographischen Begriff der Generation", öff. Vortrag im Rahmen der Tagung „Generationsidentitäten in Deutschland nach 1945" an der Universität Konstanz am 20. Januar 2006; Bernhard Giesen: „Über Achsenzeiten und andere Epochenschwellen", öffentlicher Vortrag am Kulturwissenschaftlichen Institut Essen am 23. Oktober 2006. Längere Einzelausarbeitungen dieser Themen werden auch im Band „Zwischenlagen" (Bernhard Giesen) erscheinen.

1 Ernst Bloch: *Erbschaft dieser Zeit*, Oprecht & Helbling, Zürich (1935) 1964

tungshorizont des Beobachters, vor dessen Hintergrund Ungleichzeitigkeit erst auffällt.

Die folgenden Bemerkungen beschäftigen sich mit den verschiedenen Paradigmen der Ungleichzeitigkeit des Gleichzeitigen, insbesondere mit einem bestimmten und wirkmächtigen Paradigma der Ungleichzeitigkeit, dem der Generation. Zunächst werden in den ersten drei Abschnitten drei grundsätzlich verschiedene Sichtweisen auf den Zusammenhang von Zeitlichkeit und Wandel vorgestellt: *Unzeitgemäßheit* begreift die Zeit in Begriffen geschichtlicher Periodisierung und betont die Einheitlichkeit dieser Perioden, *Asynchronizität* rückt Tempo- und Geschwindigkeitsunterschiede in den Mittelpunkt und nimmt ein relativistisches Modell der Zeit an, das Paradigma *getrennter Erinnerungen* schließlich konzentriert sich auf zeitliche Horizonte von Gemeinschaften, die z. B. durch Gründungsereignisse bestimmt werden. Daran anschließend werden in Abschnitt 4 und 5 die Bedingungen betrachtet, die die Einheit des kollektiven Gedächtnisses einer Generation sowie die Differenz gegenüber anderen Generationen hervorbringen. Zuletzt wird in den Abschnitten 6 und 7 der gesellschaftliche und begriffliche Prozess der Relativierung und Auflösung generational gefasster Ungleichzeitigkeit untersucht.

1. Unzeitgemäßheit als Perspektive der Moderne

Wenn wir von Unzeitgemäßheit reden, beziehen wir uns zumeist auf die Koexistenz von Phänomenen, die wir mit unterschiedlichen historischen Perioden oder unterschiedlichen Entwicklungsstufen in Verbindung bringen (Bloch 1964, Ogburn 1964, Koselleck 2000). Handlungsweisen oder Gegenstände, die wir vergangenen Gesellschaften zuordnen, finden sich gelegentlich neben anderen Handlungsweisen, die wir als Teil der zeitgenössischen Kultur verstehen: Wir pflanzen in unserem häuslichen Garten Gemüse und gehen kurz darauf in einen Schnellimbiss. Als Touristen beobachten wir einen Beduinen, der in direkter Nähe zu einem Ölförderturm ein Kamel reitet. Wir surfen im Internet und beziehen unseren Wein bei einem Winzer aus der Umgebung, den wir schon seit Jahren kennen usw. Das, was in diesen Fällen unsere Aufmerksamkeit auf sich zieht, ist die überraschende Kopräsenz vermeintlich heterogener oder dissynchroner Phänomene an einem Ort. Wir nehmen davon Notiz, weil wir unbewusst von einer umfassenden Einheit der Gesellschaft ausgehen, in der die Bedeutung jedes Phänomens konsistent in die eines anderen Phänomens übersetzt oder darauf bezogen werden kann. Das Sinnnetz der Gesellschaft sollte hiernach weder Brüche noch Risse aufweisen, es sollte eine klare Architektur der Symbole geben, sinnlose Phänomene sollten beseitigt werden – kein Schmutz in einem sauberen Raum, kein Müll auf dem Tisch der Kultur.

Sozialer und kultureller Wandel treten - aus dieser Perspektive - nur als umfassende Verschiebungen auf, die Institutionen, Techniken und kulturelle Muster der Vergangenheit vollständig entwerten und auflösen. Wie Müll sollten sie nur in abgeschotteten Bereichen und nicht ernsthaften Daseinsformen überdauern. Besondere Rahmen wie Theater, Geschichte, Museen, Tourismus, Spiel, Schmuck und Sport umgeben diese eingeklammerten, nicht ernsthaften Daseinsformen und ermöglichen so ein Fortbestehen des Vergangenen. Nur wenn diese Vermittlung zwischen den Phänomenen unterschiedlicher geschichtlicher Epochen durch besondere symbolische und institutionelle Rahmen versagt, nur wenn nichts die Phänomene der Vergangenheit und der Gegenwart trennt, nur dann empfinden wir ihre Koexistenz als Unzeitgemäßheit.

Obwohl immer noch weit verbreitet, ist diese Vorstellung jedoch zu einfach, um die Zeitlichkeit der geschichtlichen Wirklichkeit angemessen erfassen zu können. In der Geschichtsschreibung folgte die Technik der *Periodisierung* und *Epochenabgrenzung* lange Zeit dem eben skizzierten Paradigma der Unzeitgemäßheit. Diese Technik gerät jedoch fachintern immer weiter unter Druck. [2] Historiker wählen immer häufiger Gesichtspunkte, die gleichsam quer zu den klassischen Epocheneinteilungen liegen. Diese werden im Gegenzug immer stärker als vormalige Konstruktionen der Geschichtswissenschaft sichtbar, die sich nicht für alle Bereiche und für alle Ebenen gleichermaßen als zweckmäßig erweisen. Angemessener scheint dagegen eine Gliederung nach Funktionsfeldern oder Medien, die sich in Hinblick auf Veränderungsrhythmus und Temporalitäten deutlich unterscheiden: Märkte haben einen anderen Umschlagsrhythmus als Verfassungen, Fernsehnachrichten haben eine andere Verfallszeit als religiöse Altarbilder (zu den unterschiedlichen Geschwindigkeiten im nächsten Abschnitt).

Weitaus grobschlächtiger sind die Verhältnisse allerdings noch in dem von mir vertretenen Fach: Angeleitet durch ihre klassischen Theoretiker betrachten Soziologen nicht selten alles, was vor der französischen und industriellen Revolution, dem Tor zur modernen Gesellschaft, geschah, noch schlicht als Angelegenheit überschaubarer, relativ stabiler und bodenständiger Gemeinschaften, als traditionale Gesellschaft also, die auf eine zeitlose und staatenlose Vorgeschichte so genannter primitiver Gesellschaften folgte, deren Erforschung man gerne den Ethnologen überließ.

---

2 Nachdem zunächst das nationalstaatliche Containermodell als Paradigma der Geschichtsschreibung in Frage gestellt wurde, scheint sich nun nicht nur die gewohnte räumliche Eingrenzung, sondern auch die zeitliche Gliederung ihres Gegenstandes aufzulösen.

Warum neigen wir zu solchen groben Gliederungen, zur Erwartung von *zeitlicher Einheitlichkeit*, die jedem genaueren Blick als oberflächlich und undifferenziert erscheint? Ein erster Grund liegt wohl in der Logik menschlichen Erzählens - Geschichten müssen einen Anfang und ein Ende haben, Momente des Umschlags und der Entscheidung müssen herausgestellt werden und von dem einfachen „und so weiter" unterschieden werden. Anfang, Wendepunkte und Ende werden in der Regel durch Mythen beschrieben, die stärkere Glaubwürdigkeit beanspruchen als die Beschreibung des normalen und ordentlichen Fortgangs der Dinge. Mythen machen wegen ihrer stärkeren Glaubwürdigkeit unwahrscheinliche Wandlungsvorgänge plausibel - sie berichten über Schöpfungsakte und Gründungen, Triumphe und Traumata, über Außerordentliches also, das in den Rahmen einer Erzählung gefasst wird. Am Ende dieser Erzählung ist nichts mehr so wie es vorher war - ein neuer Anfang ist gemacht. Es mag die Aufgabe der historischen Wissenschaften sein, immer wieder diese mythischen Anfangserzählungen als Fiktionen auszuweisen und die Vorläufer und Nachzügler, die allmählichen Übergänge, die Persistenzen und Regresse aufzuzeigen und damit die genaue Periodisierung als Angelegenheit von Pedanten und Schulmeistern auszuweisen - letztlich entgeht aber auch die noch so genaue Analyse nicht diesen sequentiellen Ordnungen des Erzählens, die eben nicht ohne Anfang und Ende auszukommen vermögen.

Aber es geht nicht nur um diese Zwänge des Erzählens, wenn wir Epochen säuberlich voneinander unterscheiden und ihre innere Einheit behaupten. Wenn wir vor dem Hintergrund einer Epocheneinteilung in Tradition und Moderne von der Wahrnehmung von Unzeitgemäßheit überrascht werden, dann können wir sehen, dass diese Wahrnehmung gerade durch die perspektivische Verzerrung jenes Standpunktes gefördert wird, den wir die Moderne nennen. Der zweite Grund für die Erwartung zeitlicher Einheitlichkeit liegt demzufolge in der bereits historisch werdenden Epoche, in der wir selbst lebten.

Denn die moderne Vorstellung eines radikalen Gegensatzes zwischen Vergangenheit und Zukunft fördert die Sensibilität für Ungleichzeitigkeit: Die Gegenwart gilt dem modernen Zeitbewusstsein als ein Wendepunkt zwischen einer Vergangenheit, die niemals zurückkehren wird und die keine in die Zukunft übertragbaren Erfahrungen bietet, und einer Zukunft, die als Feld von Schöpfergeist, Überraschung und Erfindung wahrgenommen wird (Koselleck 2000). Die Zukunft sollte dieser Vorstellung nach nicht mit der Vergangenheit belastet werden. Selbst wenn wir diese Beziehung zwischen Vergangenheit und Zukunft umkehren und eine goldene Vergangenheit idealisieren, die im Gegensatz zu einer dekadenten Gegenwart und einer katastrophalen Zukunft steht, bleiben der radikale Gegensatz und die Inkommensurabilität der beiden zeitlichen Horizonte bestehen. Aus der Sicht der Moderne erscheint vor allem das Neue, das noch nie da gewesene im Blickfeld, welches das Vorangegangene gänzlich zu entwerten scheint. Eine solche Vorstellung ist modernistisch und historistisch - das Vermengen verschiedener historischer Kulturen, und dementsprechend eine Mischung verschiedener Perioden erscheint ihr unangemessen und unrein zu sein. Historische Fremdkörper irritieren und stören das Bild wie Müll den sauberen Haushalt. Überflüssiges, nicht Dazugehöriges, Fremdes und Dissonantes ist zu vermeiden, es scheint nur noch als museale, exotische Kuriosität, als Residuum wie Pareto dies einmal genannt hat, zu überleben. Die Stilreinheit der Zeitperiode wirkt demgegenüber als Steigerung der Stilfigur und ist unbedingt vorzuziehen. Doch wenn wir die Perspektive der Moderne einnehmen, sehen wir nur die neuen Kleider und vergessen den alten Körper, den sie verdecken.

Denn weniges ist wirklich neu und, wenn es wirklich neu ist, so erkennen es die Zeitgenossen zumeist noch nicht. Es spricht vieles für diese modernitätsskeptische Gegenposition: Fast alle institutionellen Muster und kulturellen Unterscheidungen, mit deren Auftreten jeweils eine neue Entwicklungsstufe begründet wurde, sind auch in unserer Gesellschaft immer noch vorhanden.[3] Die Gleichzeitigkeit des aus modernitätsgewisser Sicht Unzeitgemäßen ist also eben nicht, wie man noch am Anfang des vergangenen Jahrhunderts vermuten konnte, der bemerkenswerte Ausnahmefall, sondern sie ist die Regel. Die Einheit der Epoche wird damit von der selbstverständlichen Voraussetzung zum ungesicherten Gegenstand der Forschung.

Diese Perspektive findet sich zugespitzt in der Perspektive der Postmoderne. Deren Signatur sind Hybridität und Synkretismus, Bricolage und Fragment, Ironie und Zitat, Inkommensurabilität und die Auflösung der einen großen Geschichte in eine Vielzahl von kleinen Geschichten. Im Rahmen der Postmoderne gehen wir nicht mehr davon aus, dass Ungleichzeitigkeit ein außerordentlicher und verwirrender Zustand ist, der komplexe Erklärungen verlangt. Stattdessen nehmen wir an, dass diese historische Inkonsistenz die normale Beziehung zwischen Vorgängen in

---

3 Sind wir nicht immer noch Totemisten, wenn wir unsere T-Shirts mit den Namen von Fußballclubs schmücken, streben wir nicht immer noch in das Schlaglicht des höfischen Zentrums, wenn wir uns um Fernsehauftritte bemühen? Wir unterscheiden in Organisationen und Verbänden immer noch zwischen patronisierenden Herren und Klienten, die jungen Männer der Vorstädte wollen immer noch Helden sein, die die Regeln verachten, und der Staat ist auch in der Weltgesellschaft nicht bloß ein schwächliches Relikt aus längst vergangenen Zeiten, wir denken immer noch in nationalen Kategorien - zumindest auf dem Fußballplatz und bei Verteilungskonflikten in der Europäischen Union etc.

locker verbundenen Systemen ist. Das Einheitsprojekt der Moderne gilt aus dieser Perspektive als totalitär, die Vorstellung des kreativen Neuen wird belächelt. *Gleichzeitigkeit* und *Synchronizität* dagegen betrachten wir nun eher als einen erklärungsbedürftigen Zustand. Wenn wir so die Perspektive umkehren, erscheinen Übersetzungen, Stückwerk und Synkretismen zwar nicht mehr unzeitgemäß und deshalb erklärungsbedürftig zu sein, aber wir riskieren auch unser Phänomen zu verlieren – Blochs *Ungleichzeitigkeit des Gleichzeitigen* droht als besonderes Phänomen unsichtbar zu werden.

2. Asynchronizität als Beobachtung von Geschwindigkeiten

Asynchronizität unterscheidet sich nachdrücklich vom oben beschriebenen Konzept der Unzeitgemäßheit. Zeit wird hier nicht mehr als transhistorische und transsoziale Voraussetzung variierender sozialer Prozesse verstanden, sondern die Beziehung zwischen Zeitlichkeit und Sozialität wird umgekehrt: die jeweilige Zeitlichkeit wird als ein variierendes Produkt sozialer Konstruktion begriffen (Luhmann 1990, Giesen 1992). Unterschiede in der zeitlichen Struktur, in Tempo und Rhythmus werden hier durch unterschiedliche institutionelle Ordnungen oder soziale Systeme bestimmt. Aus dieser Perspektive erscheint die soziale Ordnung als ein relativ dauerhafter und kontinuierlicher Rahmen für eine bestimmte Abfolge von Ereignissen. In diesen Ereignissen aktualisiert und reproduziert sich die Ordnung. Das Tempo, der Rhythmus oder die Geschwindigkeit dieser Abfolge ergeben sich aus der Logik des Systems oder der Struktur des Feldes und verändern sich im Einklang damit. So stehen z. B. soziale Systeme, die die Zeit mit Uhren messen, im Gegensatz zu Systemen, die ihre Zeit anhand natürlicher Ereignisse strukturieren („Wir treffen uns bei Sonnenuntergang"), die Zeitperspektive der Finanzmärkte ist kürzer als die der sog. „Realwirtschaft", der Rand eines ökonomischen Systems hängt relativ zu dessen Zentrum hinterher, Märkte insgesamt haben ein größeres Umschlagstempo als der Austausch von Geschenken, Austauschsysteme wiederum ermöglichen und benötigen eine schnellere Abfolge von Ereignissen als politische Verfassungen etc.

Asynchronizität entsteht aus verschiedenen Ereignistempi in Systemen, die gegenseitig eng aneinander gekoppelt sind. Langsamere Ereignistempi eines anderen Systems behindern bei enger Koppelung die schnelleren Systeme und die schnellere Ereignisabfolge kann umgekehrt von den langsamen Systemen nicht angemessen bewältigt werden. Koordination wird notwendig. Diese Koordination kann von einer zentralen Kontrollinstanz wie einer Regierung erzeugt werden, die in verschiedenen Teilen der Gesellschaft die gleichen Entwicklungen und strukturellen Veränderungen herbeiführt. Machtzuwächse der zentralen Kontrollinstanz gelten dabei als Gegenmittel zu Asynchronizität. Die Geschwindigkeitsdifferenz zwischen langsamen Systemen wie traditionellen Bürokratien und schnellen Systemen wie etwa Märkten lässt sich durch Beschleunigung der langsamen oder durch Bremsung der schnellen Systeme überwinden. Eine dem Fortschritt verpflichtete Sichtweise schlägt hier vor, die Geschwindigkeit zu steigern, zu beschleunigen, zu den schnellen Systemen aufzuschließen. Allerdings kann auch das Gegenteil empfohlen werden. Seit Burkhardt und Seume ist der Widerstand gegen die Beschleunigungskräfte der Moderne ein Zeichen kritischer Distanz zu ihr.

Diese Unterschiede in Tempo und Geschwindigkeit erscheinen der planenden Vernunft zwar als ein Koordinationsproblem zwischen Systemen, aber sie sind auch die unverzichtbare Grundlage für die Wahrnehmung sozialer Zeit. Die Geschwindigkeit, Schnelligkeit oder Langsamkeit zeitlicher Abfolgen kann eben nur relativ zur Geschwindigkeit des Beobachters wahrgenommen werden - wie das berühmte Bild von Einsteins Zug andeutet. Ohne das Paradigma der Asynchronizität, der Geschwindigkeitsunterschiede würden wir riskieren, den Blick auf unser Phänomen - die Ungleichzeitigkeit des Gleichzeitigen - erneut aus den Augen zu verlieren [4].

Das Modell der Asynchronizität begreift die Zeit als eine sequentielle Reproduktion von Ereignissen und stellt nicht die Frage des Ursprungs oder des Anfangs. Das hat auch Folgen für den Begriff „Ereignis". Im modernistischen oder historistischen Paradigma ergab sich ein Ereignis aus der überraschenden Koexistenz geschichtlich nicht zusammenhängender Elemente an einem bestimmen Ort. Im Paradigma asynchroner Geschwindigkeiten entstehen Ereignisse hingegen aus der Logik der Reproduktion. Die Bedeutung dieser Ereignisse kann nur in Bezug zur Ordnung oder dem System verstanden werden und Ordnungen und Systeme können ihrerseits nur durch Ereignisse reproduziert und in greifbare Wirklichkeit umgesetzt werden. Beide, Ordnung und Ereignis, sind nicht inkonsistent, sondern zusammenhängend. Inkonsistenz taucht nur auf, wenn zwei Abfolgen von Ereignissen nicht koordiniert sind, was auf die Schlüsselannahme des Modells der Asynchronizität hindeutet: Die Gesellschaft wird als System aufeinander bezogener Subsysteme gesehen,

4 Die Wahrnehmung eines beschleunigten Wandels deutet im Übrigen auf einen Bezug, den niemand beschleunigen möchte - menschliches Reifen und Altern. Anstatt den Prozess des Alterns zu beschleunigen versuchen wir ihn zu hemmen und die menschliche Lebensspanne zu verlängern. Wir steigern die Zeit, die wir in unserem Leben auf Lernen und Bildung verwenden usw. Daher entsteht der Eindruck der Beschleunigung nicht nur aus einer zunehmenden Geschwindigkeit sozialer Systeme, sondern auch aus der Verlangsamung des Reifens und Alterns.

welche, idealer Weise, eng miteinander verknüpft sein und die Informationen untereinander exakt und rechtzeitig austauschen sollten. Asynchronizität wird nur als Abweichung von diesem Ideal wahrnehmbar, als Mangel zentralisierter Kontrolle und Koordinierung oder als Verzögerung in der wechselseitigen Anpassung.

Gesellschaftliches Leben vollzieht sich jedoch nicht nach einem funktionalistischen Fahrplan - es funktioniert über Verzögerungen, Auslassungen, diffuse Beziehungen und vage Ausrichtungen, Beschleunigungen und Flexibilitäten und es kann Zusammenbrüche nur vermeiden, weil seine Bestandteile nicht eng, sondern nur lose miteinander verknüpft sind. Wie diffus und vage die soziale Wirklichkeit auch sein mag, ihre Asynchronizität stellt sich uns vor allem dar vor dem Hintergrund der Vorstellung einer ordentlich und sauber fortschreitenden, einer zeitlich koordinierten und exakt prozedierenden Systemwirklichkeit. Asynchronizität ergibt sich also aus dem Versuch, sich die „Unvollkommenheit“ sozialer Wirklichkeit im Hinblick auf die Vorstellung exakter und „idealer“ Ordnung einzugestehen.

Ein etwas anderes Modell von Geschwindigkeitsunterschieden bildet den Kern der Unterscheidung zwischen verschiedenen Ebenen oder Schichten historischen Wandels, wie sie Fernand Braudel (1984) oder Reinhart Koselleck (2000) vorgestellt haben. Wie Braudel die *histoire événementielle* von der *longue durée* kulturellen Wandels unterscheidet, trennt Koselleck die Ebene einzelner Personen und ihrer Wahrnehmung von Ereignissen von generationalen Erfahrungen und diese von langfristigem strukturellen oder institutionellem Wandel. Üblicherweise verringert sich die Geschwindigkeit des Wandels, wenn wir von individuellen Biographien zu Generationen und von Generationen zu institutionellen oder kulturellen Systemen wechseln. Aber in modernen Gesellschaften kann man diese Beziehung auch umgekehrt beobachten. Hier kann das Innovationstempo in kulturellen Systemen, wie z. B. der wissenschaftlichen Forschung oder in Gütermärkten das relativ geringe Lerntempo von Einzelpersonen übersteigen: Wissenschaftliche Bildung, die man ein Leben lang gültig wähnt, ist bald überholt, neue Automodelle lösen einander schneller ab, als die Kunden bereit sind, ihre alten Autos durch neue zu ersetzen usw. Wenn die Innovation schneller ist als die Fähigkeit der Individuen darauf zu reagieren oder damit zurechtzukommen, wird der Wandel als Schwindelgefühl wahrgenommen, als Lärm oder als Verwirrungsgefühl. Wenn, im Gegensatz dazu, der Generationenwechsel nicht mit einem Wandel institutioneller oder kultureller Muster einhergeht, neigt die neue Generation dazu, die Gesellschaft für zu konservativ oder gar repressiv zu halten (zu Generationen im weiteren noch ausführlich).

Asynchronizität bezieht sich jedoch weniger auf tatsächliche Geschwindigkeitsunterschiede, z. B. zwischen der Ebene der Biographien und der Institutionen, als auf die Sichtbarkeit dieser Unterschiede. Geschwindigkeitsunterschiede finden sich überall, aber die meisten entgehen unserer Aufmerksamkeit und Wahrnehmung - Innovationsprozesse, Wachstum und Wandel gehen unbemerkt an uns vorbei, bis sie durch besondere Medien, durch Daten und Aufzeichnungen sichtbar gemacht werden, oder bis der Wandel direkt vor unseren Augen und Ohren in unserem Alltagsleben stattfindet. Eine Analyse von Asynchronizität läuft also auf die Erforschung der Sichtbarkeit bestimmter Geschwindigkeitsunterschiede hinaus oder - in anderen Worten - der sozialen Konstruktion von Geschwindigkeitsunterschieden.

3. Getrennte Erinnerungen

Wie kann man nach alldem die Einheit einer Epoche überhaupt noch denken? Die traditionellen Antworten der Schulbücher auf diese Frage verweisen zumeist auf bestimmte begrenzende Schlüsselereignisse: Luthers Thesenanschlag in Wittenberg, der westfälische Friedensschluss, der Sturm auf die Bastille in Paris, die Schüsse von Sarajewo etc. Was für das Neue gilt, trifft allerdings auch auf die Ereignisse zu, die eine Wende markieren: ihre epochale Bedeutung wird nicht selten erst im Nachhinein, aus der Perspektive der Nachgeborenen, sichtbar. Die Entdeckung Amerikas durch Columbus, die Bostoner tea party oder der Sturm auf das Winterpalais in Sankt Petersburg, ja selbst der Sturm auf die Bastille sind Beispiele solcher Ereignisse, deren epochale Bedeutung den Teilnehmern zunächst nicht bewusst war. Aufwertung und Entwertung der Epochenschwellen sind hier unvermeidlich. Sie verweisen wiederum darauf, dass die Epocheneinteilung von der jeweiligen historischen Perspektive bestimmt wird. Es scheint mir jedoch, dass wir die Einheit einer Epoche nur über das, was sie in den Köpfen der Zeitgenossen ausmacht, angemessen beschreiben können.

Das dritte Paradigma verschiebt die Perspektive auf Zeitlichkeit in zweierlei Hinsicht: Die erste betrifft das Verhältnis zwischen Ordnung und Ereignis, die zweite die Träger der Zeitlichkeit. Das Gedächtnisparadigma der getrennten Erinnerungen unterscheidet sich von der Asynchronizität durch eine umgekehrte Beziehung zwischen Ordnung und Ereignis. Im Paradigma der Asynchronizität sind Ereignisse einfache Schnittpunkte in der zeitlichen Abfolge, Umsetzungen einer Ordnung, Struktur oder Regel. Solche Ereignisse wären zum Beispiel ein regelmäßig zur selben Zeit stattfindendes Mittagessen, oder die Fernsehnachrichten, die man sich täglich zur selben Zeit anschaut. Das Gedächtnisparadigma nimmt Ereignisse ganz anders wahr: Ereignisse folgen in dieser Sichtweise keinen Regeln, sie werden nicht von einem System, einer institutionellen Ordnung, oder einem Mechanismus hervorgebracht, sie können nicht aufgrund der exakten Kenntnis des Systems, der Ordnung oder des Mechanismus vorhergesagt werden. Im Gedächtnisparadigma gelten Ereignisse als unerwartet, außerordentlich, überraschend. Ereignisse treten plötzlich auf, sie brechen die Regeln, unterbrechen die Abfolge, sprengen die übliche Ordnung der Dinge – die Welt ist nicht mehr die gleiche, nachdem ein Ereignis stattgefunden hat. Unsere Pläne müssen revidiert, unsere Geschichten neu geordnet, unsere Identitäten müssen neu gestaltet werden (Koselleck 2000). Auf der anspruchsvollsten Ebene treten Ereignisse als Epiphanien des Heiligen oder Dämonischen in unserem Alltagsleben auf – sie führen zu einer Krise in unserem Alltagsverständnis, sie sprengen unser Bedeutungsnetz, sie entwerten unsere traditionelle Erfahrung und bereiten die Bühne für eine neue Geschichte. Der Angriff auf das World Trade Center oder der Fall der Berliner Mauer sind solche Ereignisse, die einen traumatischen Eindruck in der kollektiven Erinnerung hinterlassen haben, oder den geschichtlichen Horizont für eine triumphale Wende geöffnet haben.

Träger und Schrittmacher einer bestimmten Zeitlichkeit sind hier nicht verschiedene Felder, Systeme oder Institutionen, sondern soziale Gemeinschaften mit kollektiven Erinnerungen. Im gemeinsamen Versuch der Erinnerung begegnen soziale Gruppen unterschiedlichen zeitlichen Horizonten, und stellen dabei fest, dass sie unterschiedliche Ereignisse als historische Wendepunkte einstufen. Selbst wenn zwei Gruppen übereinstimmend einem bestimmten Ereignis eine zentrale Bedeutung zuschreiben, können sie sich bezüglich der Interpretation dieses Ereignisses doch sehr stark unterscheiden. Der Sieg, an den die eine Seite sich erinnert, ist eine bittere Niederlage für eine andere. Aus dieser Perspektive gesehen erscheint Ungleichzeitigkeit als eine Grenze des Verstehens oder der Übersetzung zwischen verschiedenen Gemeinschaften bzw. verschiedenen kollektiven Erinnerungen *innerhalb* einer Gesellschaft. (Halbwachs 1992, Assmann 1999, Giesen 2001). Kollektive Erinnerungen können dabei so unterschiedlich ausfallen wie individuelle Erinnerungen: Brüche und Aufspaltungen am Horizont des Gedächtnisses sollten daher nicht überraschen.

Diese Normalität getrennter Erinnerungen wird noch deutlicher, wenn wir das kollektive Gedächtnis von Generationen betrachten. ‚Generation' ist ein fundamental verzeitlichtes Konzept (Mannheim 1968, Matthes 1985, Bude 2000). Geht man von der Normalität getrennter Erinnerungen aus, ergibt sich eine neue Fragestellung: Unter welchen Umständen verschmelzen Individuen ihre Erinnerungen, um das kollektives Gedächtnis einer Generation zu bilden und – vor allem – unter welchen Bedingungen wird diese Trennung zu einem Problem?

4. Die Teilnahme an generationaler Erfahrung

Die Einheit einer Generation und ihrer kollektiven Erinnerung entsteht aus grundlegenden Erfahrungen, die die Erfahrungen der vorhergehenden Generation entwerten (Koselleck 2000). Die generationalen Erfahrungen liefern einen gemeinsamen Bedeutungshorizont, der Außenseitern jedoch nur begrenzt zugänglich ist. Die Anderen können es nicht verstehen - sie sollten sogar nicht in der Lage sein, es zu verstehen.

Die grundlegenden Erfahrungen und Ereignisse müssen dabei nicht einmalig oder beispiellos sein, um zum Kern einer kollektiven Erinnerung zu werden, aber die betroffenen Individuen müssen es so sehen. Diese Tendenz wird durch die besondere Situation Heranwachsender verstärkt. Zwischen der Normalität ihrer Elternfamilien und der Normalität ihrer künftigen Leben als Erwachsene, in einer entwurzelten Lage begegnen Heranwachsende dem Außergewöhnlichen, Unvertrauten und sogar Unheimlichen. Sie gehen mit dieser Situation um, indem sie sich, wörtlich oder indirekt, einer „Bewegung" anschließen (Reulecke 1995). Sie ändern ihren Wohnort, wohl wissend, dass sie dort nicht bleiben werden, sie reisen mit Gleichaltrigen, sie stoßen zu einer Bewegung, die danach strebt, die Gesellschaft oder die Kultur zu verändern, sie leben in einer Stimmung des Nicht-mehr und Noch-nicht. Dieser soziale Zustand des ‚in-Bewegung-Seins' wird durch eine gesteigerte Bereitschaft widergespiegelt, sich von der Vergangenheit zu lösen und etwas Neues, bislang nie da gewesenes zu entdecken - selbst wenn das neu Entdeckte aus der Außenperspektive wie die Wiederholung eines altbekannten Musters wirkt. Der Übergangscharakter der Jugendphase begünstigt das Vergessen und verstärkt die Faszinationskraft der Zukunft als das Feld künftiger Ereignisse. Die Entwertung von Tradition und die Erfindung des Neuen bilden die kollektive Erinnerung einer Generation.

Das kollektive Selbstbewusstsein einer Generation hängt nun - wie schon angedeutet - weniger von seiner tatsächlichen Einzigartigkeit ab, als von seiner Glaubwürdigkeit und Authentizität (Trilling 1974). Die kollektive Erfahrung sollte nicht zu gut in wohlbekannte Muster passen, sie muss unvergleichlich, unmittelbar und authentisch wirken. Ein Ereignis erreicht diese Glaubwürdigkeit gewöhnlich durch einen Bezug auf persönliche, insbesondere körperliche Erfahrung. Eine Erfahrung, die in den Körper eingeschrieben ist, ist direkt und kann weder zurückgewiesen noch entfremdet werden - Narben sind bessere Zeugen des Kampfes als Worte (Scarry 1987, Hahn 1993). Diese Betonung des Körperlichen ist nicht zuletzt eine Reaktion auf das moderne Risiko von Imitation und Verflüssigung. Während in traditionellen Gesellschaften kollektive Identität vor allem aus Attributen abgeleitet wird, die jedem Wandel oder Versuch, sie zu verändern, widerstehen, sehen sich moderne Gesellschaften von sich auflösenden sozialen Grenzen und durch sich verflüssigende soziale Kommunikation herausgefordert. Wenn jedoch alles verhandelt, kommuniziert, hinterfragt und erworben werden kann, berührt diese Auflösung möglicherweise auch jene Grundlagen, die unveräußerlich und unverfügbar bleiben sollten. Diesem Risiko der Moderne wirken Körperlichkeit und Erlebnis entgegen. Eine erste und grundlegende Form der so hervorgehobenen, körperlichen Erfahrung stellt die Anwesenheit am Ort eines Ereignisses dar. Eine starke kollektive Erinnerung einer Generation - insbesondere ihres männlichen Teils (Reulecke 2001) - liegt in der tatsächlichen Anwesenheit am Ort des Geschehens - man war an der Barrikade oder lag unter Gewehrfeuer, in Lagern oder war Teil von Flüchtlingsströmen, man war da, als die Berliner Mauer geöffnet wurde oder die Türme des World Trade Centers in sich zusammenfielen, man war in Verdun, Berlin, New York, Seattle oder Gorleben.

Aber in einem zweiten Schritt ist es nicht mehr entscheidend, ob man oder frau an der Stätte des außerordentlichen Erlebnisses tatsächlich leiblich anwesend war oder ob er oder sie aufgrund ihrer Lage oder ihres Selbstverständnisses dabei hätten sein können. Nicht nur diejenigen, die wirklich in Langemarck oder Verdun gekämpft oder als Trümmerfrauen Steine geklopft haben, die 1968 tatsächlich in Straßenschlachten mit der Polizei verwickelt waren oder später in Gorleben an Sitzblockaden teilgenommen haben, die den Fall der Mauer selbst in Berlin erlebt haben oder am elften September in New York durch den Angriff auf die Twin Towers geschockt wurden, nicht nur diese unmittelbaren Teilnehmer nehmen das jeweilige generationsprägende Erlebnis für sich in Anspruch. Auch die medial vermittelte Teilnahme am Außerordentlichen ist eine Teilnahme und kann diese körperliche Präsenz erzeugen, wenn auch in abgeschwächter Form. Die fehlende Anwesenheit wird dabei durch die Gleichzeitigkeit der medialen Wahrnehmung ausgeglichen: wir alle werden am Fernsehschirm, im Radio und selbst vermittelt durch die Presse, auf eine bestimmte Weise gleichzeitig Zeugen des außerordentlichen Ereignisses: Die meisten von uns erinnern sich an den Moment, an dem sie die Nachricht von der Niederlage Deutschlands 1945, die Eroberung Saigons 1974, die Öffnung der Berliner Mauer 1989 oder den Angriff auf das World Trade Center erhielten und dieser Augenblick verbindet so die eigene leibliche Anwesenheit mit dem geschichtlichen Ereignis. Die unmittelbaren körperlichen Erlebnisse können, ebenso wie die medial vermittelten, dann im Nachhinein durch verschiedene Formen kollektiver Rituale verstärkt und erinnert werden (Turner 1969, Van Gennep 1977, Bell 1997, Giesen 1999).

Generationale Erlebnisse und Erinnerungen können in verschiedenen Formen symbolisch repräsentiert werden, welche wiederum als stilbildend von einer Generation übernommen werden können. Das Entstehen der Einheit einer Generation vollzieht sich in jedem Falle also nicht als einfache Selbstbestimmung eines vorgängig existierenden kollektiven Akteurs, sondern als ein komplexer Prozess, an dem strukturelle Positionen innerhalb und auch außerhalb einer Alterskohorte beteiligt sind. [5] Eine wichtige Unterscheidung in diesem Zusammenhang bezieht sich auf die bekannte Weber'sche Unterscheidung zwischen Virtuosen und Laien; sie trennt diejenigen, die die Gemeinsamkeit einer Generation in Literatur, Musik und Lebensentwürfen symbolisch artikulieren und exemplarisch repräsentieren, von denjenigen, die diese symbolischen Repräsentationen übernehmen und kopieren. Besonders überzeugend wirkt dabei, wenn - wie etwa Bob Dylan oder Alan Ginsberg - der Autor selbst auch die lebende Verkörperung der symbolischen Repräsentation ist, die von einer Generation übernommen wird. Aber auch in den Fällen, in denen die symbolischen Repräsentationen reine Erfindungen sind und ihr Erfinder im Hintergrund bleibt, können sich starke Identifikationen einstellen. Weiterhin müssen die Repräsentanten der Generation keineswegs charismatische Heroen, Führer einer Bewegung, Kriegshelden, Genies aus Kunst und Literatur oder Poprebellen sein - auch Goethes Werther und die gescheiterten und gebrochenen Antihelden des Existentialismus der Nachkriegszeit repräsentieren eine generationale Erfahrung und luden zur Identifikation ein. Entscheidend für die Identifikation mit einer symbolischen Repräsentation ist einerseits die Möglichkeit durch die symbolische Figur eigene - wenn auch noch so diffuse - Erlebnisse und Erfahrungen auszudrücken, darstellen und repräsentieren zu können, und andererseits die mediale Verbreitung dieser symbolischen Darstellung unter den Angehörigen einer Altersgruppe.

Symbolische Repräsentationen treffen nicht auf eine völlig unstrukturierte Rezeptionslandschaft, sondern sie verhelfen einem vorhandenen Erlebnishintergrund zum Ausdruck und geben diffusen Erfahrungen Kontur (Strauss 1969). Gerade aus der Spannung zwischen dem vorsprachlichen, nach Artikulation drängenden inneren Erlebnis und der von außen angebotenen symbolischen Form beziehen sie ihre Chance (Cassirer 1972). Ob jedoch diese oder eine andere symbolische Repräsentation einer Generation einleuchtet und ihr zur Selbstdarstellung verhilft, entscheidet sich vor allem durch ihre mediale Zirkulation innerhalb der Altersgruppe. Symbolische Angebote, die nicht verfügbar sind, können nicht angenommen werden. Aber die Zirkulation der symbolischen Darstellungen innerhalb einer Altersgruppe hat auch noch eine Bedeutung, die über die schiere Verfügbarkeit hinausgeht: Die symbolische Deutung des eigenen

5 Dies vor allem aufgrund der notwendigen Anerkennung durch Dritte, vgl. Giesen (1999)

Erlebnishintergrundes ist immer unsicher und ambivalent. In solchen Lagen nicht oder nicht schnell auflösbarer Unsicherheit neigt man dazu, sich an den anderen auszurichten, die sich in einer ähnlichen Lage befinden. Was zunächst eine eher zufällige Korrespondenz war, kann sich so schnell verbreiten und zu einer allgemein geteilten symbolischen Deutung innerhalb einer Generation führen, und sogar weitere Verbreitung innerhalb der Gesellschaft erfahren.

Bei der Erinnerung und bei der Übernahme der Erinnerungen anderer sind mündliche Erzählungen gegenüber denjenigen, denen man ähnliche Erlebnisse unterstellen kann, ein überall verfügbares Medium zur symbolischen Konstruktion der kollektiven Identität. Musik, Lyrik und Literatur kommen fast immer hinzu (Reulecke 1996). In jenen besonderen Fällen, in denen traumatische Erinnerungen sogar von weiten Teilen einer Gesellschaft übernommen werden, werden die symbolischen Repräsentationen eines Generationserlebnisses auch in Denkmäler und Gedenktage übersetzt. Ein Wechsel vom eigenen Erleben zu der symbolischen Repräsentation, an der viele teilhaben können, riskiert allerdings auch einen Verlust an Authentizität. Wenn auch diejenigen, die nicht dabei waren, sich der Erlebnisgemeinschaft einer Generation zurechnen dürfen, wenn alle mitsingen können, wenn alle die Geschichten vom Mai '68, von den letzten Kriegstagen, von der Maueröffnung und von Gorleben erzählen können, dann gerät die Grenze auch leicht in unklares Gelände und das in den Leib eingeschriebene Erlebnis wird tendenziell zur Option, das generationale Gedächtnis wird zum kulturellen Gedächtnis einer ganzen Gesellschaft. [6]

Die Übersetzung der angenommenen Einheit des Erlebens in symbolische Repräsentationen ermöglicht einerseits den Anschluss derjenigen, die nicht selbst dabei waren, andererseits aber auch die Spaltung der Generation in mehrere Lager. Die gemeinsame Erfahrung ist grundsätzlich symbolisch mehrdeutig, sie lässt sich durch unterschiedliche Repräsentationen abbilden und in verschiedene und auch ganz gegensätzliche Bewegungen umsetzen. Das generationsstiftende Erlebnis der Schützengräben des Ersten Weltkrieges konnte so in Jüngers „In Stahlgewittern" wie auch in Remarques „Im Westen nichts Neues" literarisch repräsentiert werden, es konnte Anlass zu pazifistischen wie zu revanchistischen Bewegungen geben, die Niederlage 1945 konnte in eine rechtsradikale wie in eine sozialdemokratische Politik umgesetzt werden, oder aber zur Ablehnung jedes politischen Engagements führen etc. Bei der sozialen Konstruktion einer Generation ergeben sich so öffentliche Kämpfe um die

6 Waters (1990) hat Analoges für ethnische Zugehörigkeiten gezeigt.

angemessene symbolische Repräsentation des gemeinsamen Erlebnishintergrundes. In diesen Kämpfen setzen sich einige Selbstdeutungen durch, andere treten zurück, können aber wieder an Resonanz gewinnen, wenn nach einiger Zeit die Verhältnisse sich ändern. [7]

5. Triumph und Trauma

In vielen Fällen wurde das Generationsbewusstsein jedoch in der Tat von einem geteilten leiblichen Erlebnis in Krieg oder Gefangenschaft, auf der Barrikade oder auf der Flucht bestimmt, das sich der Erzählbarkeit und dem Verständnis für Unbeteiligte versperrte. Die unvorstellbare Not, der unerwartbare Sieg, die unvernünftige Hoffnung, der unwirkliche Traum einer anderen Welt oder die unbedingte Gewissheit der künftigen Katastrophe bildeten einen Erlebniskern, über den die Vorfahren oder Nachfahren nicht verfügten und der ihnen auch nicht mitgeteilt werden konnte. Erfahrungen, die die kollektive Erinnerung einer Generation auf diese Weise formen können, erwachsen aus gewonnenen oder verlorenen Kriegen, Verfolgung und Einkerkerung, Ausgestoßensein und Vertreibung, Bombenangriffen und dem Leben in verwüsteten Gebieten, der Teilnahme an sozialen, politischen oder kulturellen Bewegungen. Diese Ereignisse bieten kollektiver Erinnerung ein Rückgrat, weil und insoweit sie sich auf starke körperliche Erfahrungen beziehen, an die man sich auch als solche erinnern kann (Merleau-Ponty 1966, Rittner und Kamper 1976, Meyer-Drawe 1984).

Diese starke Form körperlicher Erfahrung wird von der Anwesenheit eines gemeinsamen Feindes verstärkt, der die Integrität des eigenen Köpers genauso bedroht wie die der anderen Angehörigen der eigenen Generation. Die Gegenwart des Feindes, das Bewusstsein der Gefahr, die Wahrnehmung des Risikos erzeugen die kollektive Identität einer Generation - zumindest ihres männlichen Teils. Sie kann von außen erzwungen oder sogar von uns selbst herbeigesehnt sein, denn den eigenen Körper in Gefahr zu erleben erzeugt ein authentisches Gefühl der Außerordentlichkeit, das schwer zu übertreffen ist. Die außerordentliche Erfahrung von Gefahr und Gewalt lässt das Vertrauen in den elterlichen Schutz und die Überlegenheit der älteren Generation schwinden - ein neuer Naturzustand öffnet sich, die alten Regeln verlieren ihre Gültigkeit, die Erfahrungen der älteren Generationen verlieren ihren Wert, die neue

7 Nimmt der zeitliche Abstand zu den generationsstiftenden Erlebnissen zu, erhalten auch die Fremddeutungen nicht nur durch Außenstehende, sondern auch durch nachfolgende Generationen stärkeres Gewicht (siehe hierzu den Abschnitt 6 „Vom Zentrum zur Peripherie").

Generation kann sich nicht mehr als Fortführung der älteren begreifen. Sie treten aus deren Schatten und stehen für sich selbst. (Buford 1991). Zur selben Zeit wird die neue Generation durch die Begegnung mit der Gefahr, die ein Zusammentreffen mit dem Feind mit sich bringt, zum ersten Mal mit ihrer eigenen Sterblichkeit konfrontiert - sie sind keine Kinder mehr. Kinder können sich den Tod nur als den Tod anderer vorstellen, nicht als die unausweichliche Begrenzung ihres eigenen Lebens. Dieser Augenblick, in dem der Tod sie berührt, hat die größte Erfahrung von Körperlichkeit zur Folge, aber diese Erfahrung kann in dem Moment, in dem sie erfahren wird, noch nicht mental verarbeitet oder symbolisch repräsentiert werden - erst später, in der Rückschau, beim Erinnern, werden wir uns des Momentes der absoluter Gefahr bewusst. Der Verstand kann mit dem schockierenden Moment des möglichen Todes nicht umgehen, er muss zunächst ignoriert werden und, anstatt davon zu erzählen, muss der persönliche, ebenso wie der kollektive Verstand ihn für eine gewisse Zeit verschweigen (Caruth 1996a/1996b, Alexander et al. 2004). Das gemeinsame Erlebnis von Lebensgefahr kann so ein kollektives Trauma erzeugen, das zunächst in die Körper seiner Träger eingeschlossen ist und erst später, aus der Distanz, ausgesprochen werden kann, zunächst nur jenen gegenüber, die ähnliche Erfahrungen gemacht haben, später, wenn die Augenzeugen immer weniger werden, wird es auch mit Außenstehenden geteilt. Diese traumatische Erinnerung an den Augenblick, in dem der Schutz der Eltern versagte, stellt den ultimativen Bezugshorizont für die kollektive Erinnerung einer Generation. Das kollektive Trauma erzeugt - wie keine andere Erfahrung - eine Grenze des Verstehens zwischen den Generationen. Diese Barriere besteht, solange die Augenzeugen noch leben - die nachfolgende Generation kann nicht verstehen, weil sie die Vertreibung und die Flüchtlingszüge nicht erlebt hat, nicht an der Ostfront, nicht in den Schützengräben von Verdun war. So erzeugt das kollektive Trauma einer Generation einen charakteristischen geschichtlichen Horizont (Koselleck 2000), ein Gründungsereignis der Geschichte, das für die Lebenszeit einer Generation weder mit der vorhergehenden, noch mit der folgenden Generation geteilt wird. Erst später, wenn die Generation dahinschwindet und das Schreckliche ausgesprochen werden kann, wenn das, was bis dahin ein unveräußerliches Trauma gewesen ist, zum Gegenstand historischer Rekonstruktion wird, erst dann löst die Grenze des Verstehens auf und das Gründungsereignis wird in eine Abfolge historischer Erzählungen eingebunden. Diese Verschiebung aus dem generationalen Gedächtnis in die Geschichte geschieht jedoch in den meisten Fällen erst dann, wenn die Generation als lebende Gemeinschaft verschwindet (Assmann 2002).

Aber die Erfahrung der eigenen Sterblichkeit ist nur ein Horizont oder Bezugspunkt für den Aufbau einer starken kollektiven Erinnerung einer

Generation. Das Gegenstück ist die Erfahrung eines unerwarteten Sieges gegen die feindliche Welt – der kühne Versuch, der gegen den Rat der Eltern unternommen wurde und der dennoch sieg- und erfolgreich war, die Erfahrung von Glück und Triumph. In diesem Fall liegt dem kollektiven Gedächtnis einer Generation nicht die Erfahrung der eigenen Sterblichkeit und Gefahr zugrunde sondern die kollektive Gewissheit, geboren worden zu sein (Fanon 1968, Jennings 1999, Sorel 1999, Giesen 2004). Dieser Bezug auf die Geburt reicht nicht bis zur körperlichen Geburt der einzelnen Mitglieder einer Generation zurück, sondern zu ihrer Geburt als autonome Gemeinschaft, die die Mahnungen ihrer Eltern zur Vorsicht unbeachtet ließ, das Risiko einging, das Unvernünftige, das Außerordentliche, nie da Gewesene zu tun. Die Teilnahme an neuen sozialen Bewegungen, Revolutionen oder Unabhängigkeitskämpfen erzeugt, wenn sie von Erfolg gekrönt ist, ein solches Gefühl der Wiedergeburt, des Sichselbst-findens und des Für-sich-stehens. Der Befreiungskrieg gegen die Napoleonische Besatzung 1815, die deutsche Revolution 1848 oder die Studentenbewegung 1968 boten diese Erfahrungen kollektiven Heldentums und Triumphes.

6. Vom Zentrum zur Peripherie

Weder die kollektiven Erinnerungen an Triumphe noch die an Traumata dauern ewig. Neue Generationen betreten die Bühne und auch sie entwerten die Erfahrungen der vorangegangenen. Die neuen Generationen versuchen Abstand zur Welt der Erwachsenen aufzubauen, die aus ihrer Sicht ihr Gespür für das Neue und die außerordentliche Erfahrung verloren haben. Was für die alte Generation eine außergewöhnliche Erfahrung war, wird nun eine jämmerliche Nachricht von gestern. Nicht nur die Generation jener Deutschen, die mit Hurra in den ersten Weltkrieg stürzte oder die Generation, die Hitler ins Amt gewählt hat, auch die Generation der 68er, die sich über die Erfahrungen der Nachkriegsgeneration lustig gemacht hatte, musste sich der Neuinterpretation ihrer eigenen Gründungserfahrungen stellen. Jene, die sich für – wenn auch besiegte – Helden hielten, wurden von folgenden Generationen als Übeltäter, Feiglinge oder Opfer verachtet, jene, die sich für Revolutionäre hielten, die sich dem Allgemeinwohl verschrieben hatten, wurden im Nachhinein als Terroristen oder unverantwortliche Extremisten entlarvt, bestenfalls als Opportunisten, jene, die glaubten, die Welt von der ‚Unterdrückung' zu erlösen, indem sie sich Sex, Drogen und Rock'n Roll hingaben, wurden später als verkappte Sexisten oder leichtsinnige Hedonisten gesehen. Diese Verschiebungen der Interpretationsachsen der kollektiven Erinnerungen führen zu einem verbitterten Gefühl gespaltener Erinnerung auf Seiten der älteren Generation. Nicht nur können sie Jüngeren ihre Geschichten nicht erzählen, sondern diese wenden sich gelangweilt ab, wenn sie die alten Geschichten der Menschen von gestern hören; der älteren Generation wird die Gelegenheit verweigert, ihre eigenen Erinnerungen öffentlich darzustellen, sie werden aus der Kerngruppe, die das Beste der Nation verkörpert, gedrängt. Die Erinnerungen ihrer Generation passen nicht mehr in das öffentliche Konstrukt nationaler Identität. Schließlich halten sie sich selbst für eine Generation, die fatale Fehler beging und schuldig wurde. Der Rückzug aus dem Vordergrund öffentlicher Aufmerksamkeit und das Schweigen in Bezug auf die eigene Vergangenheit deuten auf eine Bewegung vom Zentrum in die Peripherie der Gesellschaft (Bude 1997).

Im Gegensatz dazu begegnet die jüngere Generation unterschiedlichen Erinnerungen, wenn die Angehörigen der älteren Generation im politischen und gesellschaftlichen Zentrum verharren und diese Position gegen die Jüngeren, die sie ersetzen wollen, verteidigen. Folglich greifen sie die Machthaber an, indem sie ihre Vergangenheit skandalisieren, indem sie Untaten und Verbrechen enthüllen, die diese sorgsam verborgen oder ignoriert haben, kurz: indem sie die Legitimität der Herrschaft der älteren Generation infrage stellen. So wird, was als unvermeidlicher Unterschied zwischen den Generationenerinnerungen hätte zusammen existieren können, zum Gegenstand einer öffentlichen Debatte über kollektive Erinnerung. Da Schlüsselereignisse der kollektiven Erinnerung einer Generation auch Schlüsselereignisse einer Nationalgeschichte sind, läuft die öffentliche Diskussion Gefahr, einen Unterschied ins Zentrum zu rücken und zu vertiefen, der weder überraschend, noch vermeidbar ist: Die getrennten Erinnerungen von Generationen.

7. Das Verschwimmen des Unterschieds

Die Grenzen zwischen Generationen können umstritten und umkämpft sein, aber sie können auch in einer allgemein akzeptierten Weise öffentlich erklärt werden und sie können von Literatur und Medien dargestellt werden. Der Klassenkampf als Mythomoteur der Geschichte wurde teilweise vom Wechsel der Generationen abgelöst. Diese Verzeitlichung der Sozialstruktur spiegelt sich in der Aufmerksamkeit wider, die die Öffentlichkeit den Generationenunterschieden zuwendet. Soziologen, Zeitgeistintellektuelle und Lifestyle-Experten entdecken und rufen immer neue Generationen aus: Der skeptischen Generation folgt die kritische Generation, die Aussteigergeneration räumt das Feld für die Computerkids, die Generation 98, die Generation Golf, die Generation Berlin usw. Geringfügige Veränderungen im Lebensstil werden zu grundlegenden Unterschieden aufgeblasen, eine Verantwortung für künftige Generationen wird zum neuen moralischen Bezugspunkt für die Politik, der Generationenvertrag entwickelt sich zum Schlüsselthema für Renten- und Sozialpolitik, ‚Generation' wird zum mythischen Schlüsselbegriff in Werbespots und Lebensart. Die inflationäre Verwendung des Konzepts deutet darauf hin, dass die Grenzen zwischen den Generationen allgemein anerkannt sind. Diese allgemeine Anerkennung trägt jedoch das Risiko in sich, die Barrieren als Grenzen des Verstehens zu entwerten. Generationsunterschiede beziehen sich heute immer weniger auf die eben angesprochenen unveräußerlichen körperlichen Erfahrungen, sondern auf Lebensstile, die sich fast jeder, ungeachtet des Alters, zu eigen machen kann.

Diese Verschiebung von der körperlichen Erfahrung zu Lebensstil, Subkultur und Mode als Marker einer Generation ist nicht völlig neu. Auf geschichtliche Generationen, die von einer traumatischen oder triumphalen Entwertung der elterlichen Erfahrungen geformt werden, folgen oft von Generationen, die sich nicht auf ein besonders historisches Projekt oder eine besondere Erfahrung beziehen konnten. Stattdessen versuchten diese „subkulturellen" Generationen eine Grenze zu den vorhergehenden Generationen zu ziehen, indem sie einen Stil aufgreifen, der sich so stark von Geschmack der Eltern unterschied, dass sie zumindest für eine gewisse Zeit gegen Nachahmung gefeit waren. Oft wurde diese Grenze mit körperlichen Attributen markiert, die im Verlauf der Zeit immer weiter ins Extreme verschoben werden mussten, um sich dem Verständnis durch die Generation der Erwachsenen zu entziehen: die Haare müssen sehr lang oder sehr kurz sein, Piercing und Tätowierung sind (scheinbar) unveränderliche Marker, Drogen und Schmutz halten die normale Ordnung auf Distanz.

Aber selbst diese verzweifelten Versuche, Barrieren gegen Verständnis und Nachahmung aufzubauen, wurden oft durch das elterliche Streben, die Grenzen zwischen den Generationen aufzuheben, überwunden. Heute versuchen Eltern häufig ihren Kindern als ihre besten Freunde zu erscheinen, sie meiden autoritäres Verhalten und weigern sich, die Grenze, die diesmal ihre Kinder setzen, anzuerkennen. Und es gibt Hinweise darauf, dass sie Erfolg haben. Eine steigende Anzahl junger Erwachsener in westlichen Gesellschaften sehen in ihren Eltern in der Tat „ihre besten Freunde" und wohnen noch im Elternhaus - nicht aus Notwendigkeit, sondern aus Bequemlichkeit. Es ist ihnen nicht wichtig, subkulturelle Unterschiede und Grenzen zu inszenieren; sie nutzen die Vorteile des „Hotel Mama". Somit werden, der zeitdiagnostischen Erfindung immer neuer Generationen zuwiderlaufend, in der Familie die tatsächlichen Barrieren zwischen subkulturellen Generationen eingerissen. Die unüberwindbare Kluft, die die kollektiven Erinnerungen der Generationen voneinander trennt, wird ihrerseits durch Grenzen ersetzt, die die Familie als „sicheren Hafen in einer herzlosen Welt" (Sennett 2006) umgeben. Das

Verschwimmen der generationalen Grenze auf der gesellschaftlichen Ebene mag eine Reaktion auf die oben erwähnte inflationäre Verwendung der Generationen-Metapher auf der öffentlichen Ebene sein, sie könnte aber auch ein Hinweis auf den unerwarteten Aufstieg starker, neuer, makrostruktureller Konfliktlinien sein, die auf die Bühne drängen und ihrerseits der Familie als Schutzraum neues Gewicht verleihen.

Diese Harmonisierung der Generationsbeziehungen zwingt die sozialwissenschaftlichen Beobachter in eine kompensatorische Wende. Wenn in der Wirklichkeit die offensichtlichen Barrieren zwischen den Generationen zu schwinden drohen, sieht sich der Sozialwissenschaftler vor die Aufgabe gestellt, verborgene Unterschiede freizulegen und das Trennende eher im Alltäglichen zu suchen. Dieses Motiv wird zusätzlich erhellt, wenn man - kursorisch - auf die Karriere des Begriffs der Generation zurückblickt.

Die meisten Gruppen in vormodernen Gesellschaften waren noch altersheterogen (Tenbruck 1965, Eisenstadt 1966). Das Selbstbewusstsein einer „Generation" verweist somit auf die Verzeitlichung der Sozialstruktur, die mit dem Übergang zur Moderne einsetzt: Die Unterscheidung zwischen verschiedenen Generationen innerhalb einer Gesellschaft wird erst prominent, wenn die Geschichte über den Bruch zwischen Vergangenheit und Zukunft begriffen wird, wenn die Geschichte als Entwicklung und Fortschritt begriffen wird, also nach der Sattelzeit Kosellecks, im 18. Jahrhundert (Koselleck 1979). Die obrigkeitliche Herrschaft wird bei dieser Umstellung zum „Ancien regime", die Elite zur „Avantgarde" umcodiert.[8] Die Charismatisierung des Neuen gehört seither zum Kern des modernen Denkens. Bevor der Generationenbegriff im 19. Jahrhundert dann zur Beschreibung einer gesellschaftlichen Großgruppe eingesetzt wurde, war er zunächst für die Unterscheidung von Altersgruppen bei Künstlern oder Literaten reserviert. Die Sturm- und Drang-Generation im Deutschland des späten 18. Jahrhunderts oder die Generation des Jungen Deutschland im Vormärz sind bekannte Beispiele von Autorengruppen, die temporalisierende Metaphern einsetzten, um ihre Besonder-

8 Der Versuch, das Neue und Junge gegen das Alte und Bekannte zu stellen, ist dabei natürlich keine reine Erfindung des 18. Jahrhunderts. Er setzt sich im ästhetischen Diskurs schon in der frühen Neuzeit durch. Zu Beginn des 16. Jahrhunderts versuchten die italienischen Manieristen, um fast jeden Preis die Titanen der Hochrenaissance, Michelangelo, Raffael und Leonardo, zu übertreffen. Seit der *Querelle des Anciens et des Moderns* schließlich rückte der Versuch, in der Überwindung der Klassik und Tradition Identität und Originalität zu gewinnen, in das Zentrum des kulturellen Programms der Moderne. Kunst konnte sich nur dann als Kunst erweisen und von bloßem Handwerk unterscheiden, wenn sie Unbekanntes sichtbar machte und Unerhörtes verkündete (vgl. Giesen 1992).

heit zu markieren. Als Bezeichnung einer gesellschaftlichen Lage taucht der Begriff der Generation zum ersten Male in den dreißiger und vierziger Jahren des 19. Jahrhunderts auf, als sich politische und literarische Revolutionen eng aufeinander bezogen. Zum Thema theoretischer Überlegungen wurde die „Generation" spätestens mit Dilthey und schließlich mit Mannheim. Was zuvor der Selbstbeschreibung einer kleinen kulturellen Avantgarde vorbehalten war, wird mit dem Aufstieg des Generationsbegriffs im 20. Jahrhundert zu einer Zentralkategorie der gesellschaftlichen Selbstthematisierung. Die Ungleichheit wird über den zeitlichen Leisten geschlagen, alle Altersgenossen werden gleichermaßen historisiert. Damit wird jedoch nicht nur einfach die Sozialstruktur temporalisiert, sondern auch die Deutungshoheit in Sachen gesellschaftlichen Wandels wird selbst verzeitlicht: das jeweils von der neuen Generation ausgerufene Stilprogramm und Geschichtsprojekt ist sozusagen automatisch und auf natürliche Weise (vgl. Weigel 2006) den Vorgängern überlegen – ähnlich wie die Mode von Morgen die Mode von Heute bald zur Mode von Gestern macht – wer ihr nachtrauert, zeigt damit nur, dass er nicht mehr mitspielen kann.

Dieser Drang, das Bestehende durch Neues zu übertreffen und die Geschichte in eine offene Zukunft zu beschleunigen, hat sich mit dem ausgehenden 20. Jahrhundert zunehmend erschöpft.[9] Die Utopien – wie oft ist es schon ausgerufen worden – verlieren ihre motivierende Kraft zumindest im Westen, die Zukunft mutiert vom Feld der verheißenen Perfektion zum Raum drohender Katastrophen, von Revolution redet selbst die Werbung kaum noch, und in der Imagination der Sozialstruktur werden historisierende und vertikalisierende Metaphern zunehmend von Bildern des Nebeneinander und der Gleichzeitigkeit im Modus der postmodernen Bricolage verdrängt.

Gerade weil die Gleichzeitigkeit des Ungleichzeitigen nun der Normalfall ist, wie wir auch in den ersten zwei Abschnitten dargelegt haben, ergibt sich heute ein verschärftes Bedürfnis nach gesellschafstheoretischen Etikettierungen, die, in wie vereinfachter Weise auch immer, sozusagen kontrafaktisch die Einheit der Gesellschaft durch einen Begriff behaupten: also Risikogesellschaft, Netzwerkgesellschaft, Wissensgesellschaft etc. Das was früher der anspruchsvolle Diskurs selber leistete, nämlich die Synthese des Ganzen vorzustellen, ist heute in die Nische soziologi-

---

9 Die Kunst ist hier – wie so häufig – ein besonders sensibler Seismograph künftiger Erschütterungen. Schon in den achtziger Jahren des vergangenen Jahrhunderts wird die Vorstellung der Avantgarde durch die „transavanguardia" oder durch die Idee der „zeitgenössischen Kunst" ersetzt und damit in gewisser Weise enthistorisiert.

scher Zeitdeuterei, insbesondere aber auch die der Entdeckung von Generationen ausgewandert.

Die Entdeckung immer neuer Generationen durch Sozialwissenschaftler und Publizisten hat heute etwas ethnographisches: man entdeckt einen neuen Stamm, gibt ihm einen neuen Namen und beschreibt seine kulturellen Praktiken, bevor er auszusterben droht. Damit gerät die publizistische Beobachtung der Generationen allerdings in gefährliches Gelände. Sie sucht einerseits das Trennende zwischen den Generationen zu entdecken, entschärft es aber andererseits durch die Rede von der Abfolge der Generationen. Sobald eine Lebensform als „Generation" beschrieben wird, verliert sie in dieser Beschreibung ihre Widerborstigkeit und skandalöse Unbedingtheit, ihr Projekt des richtigen Lebens wird verharmlost und neben andere, gleichfalls mögliche gestellt, auf eine Generation wird die nächste folgen, wie auf eine Mode eine andere. Die öffentliche Rede von Generationen relativiert und distanziert, erlaubt ein ungefährliches Nebeneinander und eine bunte Beliebigkeit. Auch hierin weist sie Parallelen zur ethnographischen Beschreibung auf. Die Mitglieder einer kulturellen Gemeinschaft nehmen sich nicht als Kultur oder Ethnie wahr, sondern als Angehörige einer selbstverständlichen und normalen, jedenfalls nicht begründungsbedürftigen Lebensform. In ähnlicher Weise sehen die Angehörigen einer Generation sich in ihrer Formationsphase nicht - weise und abgeklärt - als eine Generation neben anderen, sondern als die Vertreter der einzig angemessenen Art zu leben. Das Selbstverständnis einer Generation unterliegt einer elementaren egozentrischen Perspektive und erst, wenn diese Perspektive zugunsten einer Beobachtungsstandpunktes aufgegeben wird, werden Generationen als Generationen sichtbar.

Selten wird dies so deutlich wie im Falle der so genannten 68iger-Generation. In ihrer Formationsphase sah sie sich eben nicht als bloße Generation, sondern als außerparlamentarische Opposition, als revolutionäre Bewegung eines geschichtlichen Projektes, als radikale Alternative zum Establishment, zum System oder einfach: zu den Herrschenden. Als Generation wurde sie erst dann beschreibbar, als ihr Projekt institutionell verankert wurde und ihre Angehörigen sich anschickten, die Macht im Staate und die Deutungshoheit in der Öffentlichkeit zu übernehmen. Damit zeigt der Generationsbegriff sein zunächst verborgenes integratives Potential. Er wird in den Lagen plausibel, in denen es weniger um das Anschärfen von Differenzen, als um ihre Relativierung geht.

Dennoch: So harmonisch und gemütlich diese neue Koexistenz verschiedener Generationen scheinen mag, sie beendet den Wechsel der Generationen als solchen nicht. Wie andere Generationen markiert auch die Generation „Hotel Mama" ihre Identität im Kontrast zur vorhergehenden Generation. Sie tut dies in einer paradoxen Wendung, indem sie das Projekt ihrer Elterngeneration entwertet, die als Heranwachsende auf getrennten Erinnerungen und Grenzen des Verstehens bestanden. Ihre künftigen Kinder könnten jedoch durchaus zu Widerstand und Rebellion zurückkehren.

Literatur

Alexander, Jeffrey/Giesen, Bernhard/Smelser, Neil/Szompka, Piotr: *Cultural Trauma and Collective Identity.* University of California Press, Berkeley, 2004.

Assmann, Aleida: 4 Formen von Gedächtnis, in: *Ethik und Sozialwissenschaft. Streitforum für Erwägungskultur,* Westdeutscher Verlag, Wiesbaden, 2002, S. 183-190.

Assmann, Jan: *Das kulturelle Gedächtnis. Schrift, Erinnerung und politische Identität in frühen Hochkulturen.* C. H. Beck, München, 1999.

Bell, Catherine M.: *Ritual, Perspectives and Dimensions.* Oxford University Press, New York, 1997.

Bloch, Ernst: *Erbschaft dieser Zeit.* Suhrkamp, Frankfurt am Main, 1964.

Braudel, Fernand: Geschichte und Sozialwissenschaften. *Die „longue durée"*, in: H. U. Wehler (Hrsg.) *Geschichte und Soziologie.* Athenäum, Königstein, 1984.

Bude, Heinz: *Das Altern einer Generation. Die Jahrgänge 1938 bis 1948.* Suhrkamp, Frankfurt am Main, 1997.

Bude, Heinz: ‚Qualitative Generationsforschung', in: U. Flick, E. von Kardorff and I. Steinke (Hrsg.) *Qualitative Forschung. Ein Handbuch,* S. 18-94. Rowohlt, Reinbek, 2000.

Buford, Bill: *Among the Thugs.* Secker & Warburg, London, 1991.

Caruth, Cathy: *Unclaimed Experience: Trauma, Narrative and History.* Johns Hopkins University Press, Baltimore, 1996a.

Caruth, Cathy (Hrsg.): *Trauma: Explorations in Memory.* Johns Hopkins University Press, Baltimore, 1996b.

Cassirer, Ernst: *An Essay on Man: an Introduction to a Philosophy of Human Culture.* Yale University Press, New Haven (CT), 1972.

Dilthey, Wilhelm: *Über das Studium der Wissenschaft vom Menschen, der Gesellschaft und dem Staat,* in: Ders.: Gesammelte Schriften, Bd. 5, Vandenhoeck und Ruprecht, Göttingen, 1964.

Eisenstadt, Shmuel: *From Generation to Generation: Age Groups an Social Structure.* The Free Press, New York, 1966.

Fanon, Frantz: *The Wretched of the Earth.* Grove Press, New York, 1968.

Giesen, Bernhard: *‚The Temporalization of Social Order: Some Theoretical Remarks on the Change'*, in: N. Smelser/H. Haferkamp (Hrsg.): Social Change and Modernity, University of California Press, Berkeley/Los Angeles, 1992, S. 294-319.

Giesen, Bernhard: *Kollektive Identität*. Suhrkamp, Frankfurt am Main 1999.

Giesen, Bernhard: *Voraussetzung und Konstruktion. Überlegungen zum Begriff der kollektiven Identität,* in: C. Bohn/H. Willems (Hrsg.): Sinngeneratoren. Fremd- und Selbstthematisierung in soziologisch-historischer Perspektive, Universitätsverlag Konstanz, Konstanz, 2001, S. 91-111.

Giesen, Bernhard: *Triumph and Trauma*. Paradigm, Boulder/CO 2004.

Hahn, Alois: *Handschrift und Tätowierung*, in: Gumbrecht, Hans Ulrich/Pfeiffer, K. Ludwig (Hrsg.): *Schrift*, Fink, München, 1993, S. 201-219.

Halbwachs, Maurice: *On Collective Memory*. University of Chicago Press, Chicago, 1992.

Jennings, Jeremy (Hrsg.): *Sorel: Reflections on Violence*. Cambridge University Press, Cambridge, 1999.

Koselleck, Reinhart: *Vergangene Zukunft. Zur Semantik geschichtlicher Zeiten*. Suhrkamp, Frankfurt am Main, 1997.

Koselleck, Reinhart: *Zeitschichten. Studien zur Historik*. Suhrkamp, Frankfurt am Main, 2000.

Luhmann, Niklas: ‚Gleichzeitigkeit und Synchronisation', in: N. Luhman: *Soziologische Aufklärung 5. Konstruktivistische Perspektiven*, Westdeutscher Verlag, Opladen, 1990, S. 95–131.

Mannheim, Karl: *Das Problem der Generationen*, in: Ders.: *‚Wissenssoziologie. Auswahl aus dem Werk*. Hrsg. v. Kurt H. Wolff, Luchterhand, Neuwied, 1964, S. 509-565.

Matthes, Joachim: *Karl Mannheims „Das Problem der Generationen" neu gelesen*, Zeitschrift für Soziologie 14, 1985, S. 363-372.

Merleau-Ponty, Maurice: *Phenomenology of Perception*. Routledge and Kegan Paul, London, 1966.

Meyer-Drawe, Käte: *Leiblichkeit und Sozialität. Phänomenologische Beiträge zu einer pädagogischen Theorie der Inter-Subjektivität*. Fink, München, 1984.

Ogburn, William F.: *On Culture and Social Change: Selected Papers*. University of Chicago Press, Chicago, 1964.

Reheis, Fritz: *Die Kreativität der Langsamkeit. Neuer Wohlstand durch Entschleunigung*. Wissenschaftliche Buchgesellschaft, Darmstadt, 1998.

Reulecke, Jürgen: *‚Jugendbewegung als Objekt der Geschichtswissenschaft – neue Ansätze in der Forschung'*, Ludwigsteiner Blätter 187, 1995, S. 6–23.

Reulecke, Jürgen: *‚Ein Herz im Strassenstaub: der Fall Forestier'*, in: P. U. Hein and H. Reese (Hrsg.) Kultur und Gesellschaft der Bundesrepublik Deutschland, Lang, Frankfurt am Main, 1996, S. 39-50.

Reulecke, Jürgen: *Ich möchte einer werden so wie die. Männerbünde im 20. Jahrhundert.* Campus, Frankfurt am Main, 2001.

Rittner, Volker/Kamper, Dietmar: *Zur Geschichte des Körpers.* Hanser, München, 1976.

Scarry, Elaine: *The Body in Pain. The Making and Unmaking of the World.* Oxford University Press, New York, 1987.

Sennett, Richard: *Der flexible Mensch.* Berliner Taschenbuch Verlag, Berlin, 2006.

Sorel, Georges: *Reflections on Violence.* Cambridge University Press, Cambridge, 1999.

Strauss, Anselm L.: *Mirrors and Masks. The Search for Identity.* Sociol. Press, Mill Valley, 1969.

Tenbruck, Friedrich H.: *Jugend und Gesellschaft: Soziologische Perspektiven.* Rombach, Freiburg, 1965.

Trilling, Lionel: *Sincerity and Authenticity.* Oxford University Press, Oxford, 1974.

Turner, Victor: *The Ritual Process: Structure and Anti-Structure (The Lewis Henry Morgan Lectures 1966).* Routledge & Kegan Paul, London, 1969.

Van Gennep, Arnold: *The Rites of Passage.* Routledge & Kegan Paul, London, 1977.

Waters, Mary C.: *Ethnic Options. Choosing Ethnic Identities in America.* University of California Press, Berkeley, 1990.

Weigel, Sigrid: *Genea-Logik. Generation, Tradition und Evolution zwischen Kultur- und Naturwissenschaften.* Fink, München, 2006.

OLIVER NEUN

Zur Kritik am Generationenbegriff von Karl Mannheim

Das Generationenkonzept Karl Mannheims, dessen Aufsatz „Problem der Generationen" noch immer einen Schlüsseltext in der Diskussion um den Generationenbegriff darstellt, ist in Deutschland in den letzten Jahren unter massive Kritik geraten: Es wurden nationalistische, sexistische und sogar präfaschistische Anklänge in seiner Theorie ausgemacht. [1] Ein grundsätzliches Problem besteht dabei in der derzeitigen Dominanz der (Kultur-)Historiker und Literaturwissenschaftler [2], die zum einen zwar massive Kritik an der sozialwissenschaftlichen Aneignung des Generationenbegriffes üben [3], zum anderen aber fundierte Kenntnisse der soziologischen Debatte vermissen lassen. Bei allem Bemühen um einen übergreifenden Gebrauch des Generationenbegriffes scheint es von Disziplin zu Disziplin unterschiedliche Traditionen zu geben, die dessen Anwendung beeinflussen. Einige der in der Auseinandersetzung genannten Einwände sollen deshalb hier genauer betrachtet werden und als unzutreffend zurückgewiesen werden. [4] Da häufig eine Fokussierung allein auf den Generationenaufsatz Mannheims stattfindet und dieser nicht in sein

1 Dies ist aber eine Besonderheit der deutschen Debatte, im angelsächsischen Raum wird dagegen eine Renaissance von Mannheim gefordert (vgl. Pilcher, Jane: Age and Generation in Modern Britain. Oxford 1995; Edmunds, June/Turner, Bryan S.: Generations, Culture and Society. Buckingham/Philadelphia 2002).

2 In dem von Ulrike Jureit und Michael Wildt herausgegebenen Sammelband „Generationen" stehen drei Soziologen sieben Historikern gegenüber (vgl. Jureit, Ulrike/Wildt, Michael (Hrsg.): Generationen. Zur Relevanz eines wissenschaftlichen Grundbegriffs. Hamburg 2005; vgl. auch das 2005 in Göttingen gegründete Graduiertenkolleg „Generationengeschichte").

3 Lutz Niethammer redet von den „sozialwissenschaftlichen Rezeptionsweisen in theoretischen Kurzformeln" (Niethammer, Lutz: Generation und Geist. Eine Station auf Karl Mannheims Weg zur Wissenssoziologie. In: Tänzler, Dirk/Knoblauch, Hubert/Soeffner, Hans-Georg (Hrsg.): Neue Perspektiven der Wissenssoziologie. Konstanz 2006. S. 209-234; hier S. 211).

4 Damit soll nicht gesagt werden, dass keine Weiterentwicklung der Mannheimschen Theorie notwendig ist. In welche Richtung diese gehen könnte, kann an dieser Stelle aber nicht genauer entwickelt werden.

Gesamtwerk eingebettet wird, sollen dazu noch weitere Arbeiten von ihm herangezogen werden. [5]

Im Einzelnen entzündet sich die Kritik an dem Mannheimschen Konzept an folgenden Punkten:

1. Generation als objektive Generationenlagerung

Eine zentrale Kritik an dem Konzept wendet sich dagegen, Generationen, wie Mannheim es tut, als objektive Generationenlagerung aufzufassen. Es wird dagegen vorgeschlagen, Generationsdiagnosen allein als Deutungsmuster zu untersuchen, da durch diese eine Einheit einer Generation nur *imaginiert* werde. [6] Der Begriff der Generation solle dabei besser durch den der „Generationalität" ersetzt werden. Reulecke definiert diesen Begriff folgendermaßen: „Gemeint ist damit eine spezielle Selbst- oder Fremdverortung von Menschen in ihrer Zeit - ähnlich, wenn auch bezogen auf andere Felder, wie ‚Regionalität', ‚Nationalität', ‚Klassen'- oder ‚Schichtzugehörigkeit'. [...] Stärker als die genannten anderen Verortungen bezeichnet ‚Generationalität' jedoch bloß eine Potenzialität: Weder berührt sie alle Menschen einer Altersgruppe und alle Altersgruppen in einer Gesellschaft in gleich durchschlagender Weise, noch ist sie immer regelhaft und selbstverständlich vorhanden." [7] Der Ausdruck „Generationalität" verweist also eher auf die (strategischen) Selbstverortungsversuche der Beteiligten als auf objektive Strukturen. [8]

---

5 Umgekehrt wird der Generationenaufsatz in einschlägigen Monographien zum Werk Mannheims kaum behandelt, also auch von dieser Seite keine Einbettung des Konzeptes in sein Gesamtschaffen geleistet, (vgl. Niethammer: Generation und Geist. S. 213.) dies trifft auch auf neuere Arbeiten zu Mannheim zu. (Vgl. Jung, Thomas: Die Seinsgebundenheit des Denkens. Karl Mannheim und die Grundlegung einer Denksoziologie. Bielefeld 2007.)

6 Vgl. Roseman, Mark: Generationen als „Imagined Communities". Mythen, generationelle Identitäten und Generationenkonflikte in Deutschland vom 18. bis zum 20. Jahrhundert. In: Jureit/Wildt: Generationen. S. 180-199.

7 Reulecke, Jürgen: Generationen und Biographien im 20. Jahrhundert. In: Strauß, Bernhard/Geyer, Michael: Psychotherapie in Zeiten der Veränderung. Historische, kulturelle und gesellschaftliche Hintergründe einer Profession. Opladen 2000. S. 26-41; hier S. 27f. In einer Untersuchung von J. P. Roos ordnen sich aber immerhin 60% der Befragten einer Generation zu. (Vgl. Roos, J. P.: Life's Turning Points and Generational Consciousness. In: Burkart, Günter/ Wolf, Jürgen (Hrsg.): Lebenszeiten. Erkundungen zur Soziologie der Generationen. Opladen 2002. S. 119-134; hier S. 131.)

8 Vgl. die Definition von Reulecke in diesem Band

Das Ausblenden objektiver Faktoren ist aber nicht zwingend. So verbindet sich eine massive Kritik an der Generationenforschung häufig mit einer Akzeptanz der Kohortenforschung, die als unproblematisch eingestuft wird. [9] Unklar bleibt, wieso dann eine solch massive Kritik am Generationskonzept geübt wird. Allein in der deutschen Diskussion findet zudem eine Fokussierung auf den Aspekt der Selbstthematisierung bei der Generationenbildung statt, was wohl auf die schon vorher angesprochene derzeitig beherrschende Stellung der (Kultur-)Historiker in der Auseinandersetzung zurückgeführt werden kann.

Die Kritik von geschichtswissenschaftlicher Seite übersieht, dass die Mischung von objektiven und subjektiven Faktoren, wie sie im Begriff der Generation vorliegt [10], auch für andere soziologische Strukturkategorien wie z.B. den Milieubegriff charakteristisch ist. [11] In neueren Klassentheorien, die sich häufig auf Überlegungen Max Webers stützen, wird ebenfalls auf den Konstruktionscharakter der Klassenbildung verwiesen, also den Subjekten ein interpretativer Anteil zugestanden. [12] Mannheim selbst weist auf die Parallele der Generationen- zur Klassenbildung hin, wobei

---

9 Vgl. Benninghaus, Christina: Das Geschlecht der Generation. Zum Zusammenhang von Generationalität und Männlichkeit um 1930. In: Jureit/Wildt: Generationen. S. 127-158; hier S. 129; Lepsius, Rainer M.: Kritische Anmerkungen zur Generationsforschung. In: Jureit/Wildt: Generationen. S. 45-52; hier S. 47f.

10 Vgl. dazu die Definition von Bude: „Generationen können als durch materielle Umstände bedingte und durch die Eigeninterpretationen der Betroffenen hervorgebrachte soziale Realitäten betrachtet werden." (Bude, Heinz: Deutsche Karrieren. Lebenskonstruktionen sozialer Aufsteiger aus der Flakhelfer-Generation. Frankfurt a. M. 1987. S. 34; vgl. auch Lüscher, Kurt/Liegle, Ludwig: Generationenbeziehungen in Familie und Gesellschaft. Konstanz 2003. S. 96; Roseman: Generationen als „Imagined Communities". S. 199.)

11 Vgl. Hradil, Stefan: Alte Begriffe und neue Strukturen. Die Milieu-, Subkultur- und Lebensstilforschung der 80er Jahre. In: Ders. (Hrsg.): Zwischen Bewusstsein und Sein: Die Vermittlung „objektiver" Lebensbedingungen und „subjektiver" Lebensweisen. Opladen 1992. S. 15-55; hier S. 31f.

12 Auch auf der allgemeinen soziologischen Theorieebene ist eine Verbindung von Handlungs- und Strukturebene durch verschiedene Theorieangebote z. B. durch Anthony Giddens „Theorie der Strukturierung", Pierre Bourdieus „Habitustheorie" oder Hans Joas „Kreativität des Handelns" versucht worden.

er gerade die Webersche Klassentheorie als Referenz benutzt. [13] Entsprechend der Klassenlage legt die Generationslagerung (d. h. die ökonomischen Verhältnisse, die demographische Entwicklung, zeitgeschichtliche Ereignisse wie Kriege etc.) die „Lebenschancen", d.h. auch den Handlungsrahmen einer Generation fest, in deren Grenzen erst verschiedene Deutungsmuster entwickelt werden können. [14]

Eine Kritik an der Mischung von objektiven und subjektiven Motiven müsste deshalb nicht allein gegen den Generationenbegriff, sondern auch gegen andere Strukturbegriffe der Soziologie vorgebracht werden. Die theoretische Entwicklung geht aber eher in die von Mannheim angedeutete Richtung, was eine mögliche Erklärung für die Aktualität des Generationenbegriffes darstellt, da gerade in der Verknüpfung der beiden Ebenen ein elementarer Vorzug seines Konzeptes liegt.

2. Generation als einzige Sozialstrukturkategorie

Ein weiterer Vorwurf an dem Mannheimschen Generationenentwurf lautet, dass damit das Konzept der Klasse ersetzt [15] und dadurch eine Homogenität der Generation unterstellt werden solle. [16]

Mannheim hebt aber explizit hervor, dass der Generationenbegriff nur eines von mehreren möglichen theoretischen Erklärungsmustern darstellt

---

13 Laut Mannheim betrachtet insbesondere Max Weber „die soziale Schichtung in ihrer Reichhaltigkeit". (Vgl. Mannheim, Karl: Das Problem einer Soziologie des Wissens. In: Ders.: Wissenssoziologie. Auswahl aus dem Werk. Hrsg. v. Kurt H. Wolff: Berlin/Neuwied 1964. S. 308-387; hier S. 381.) Diese Nähe Mannheims zu Weber wird in der Sekundärliteratur selten betont (vgl. aber Loader, Colin: The Intellectual Development of Karl Mannheim. Culture, Politics, and Planning. Cambridge 1985), meist steht sein Verhältnis zu George Lukács im Vordergrund.

14 Vgl. Corsten, Michael: Biographie, Lebensverlauf und das „Problem der Generationen". In: BIOS 14 (2002), H. 2. S. 32-59; hier S. 48f. Ein Gedankenexperiment dazu: Hätte sich die „Vietnam-Generation" als „Greatest-Generation" beschreiben können? Das zeigt, dass nicht jedes Deutungsmuster zu jeder Zeit möglich ist. Die Frage, welchen Realitätsgehalt die Konstrukte haben, wird häufig als irrelevant ausgeblendet, dennoch herrscht häufig ein kritischer Unterton vor, der gerade deren Instrumentalisierung im Blick hat.

15 Grathoff spricht von einem „Wechsel von der Klassen- zur Generationsanalyse" bei Mannheim. (Vgl. Grathoff, Richard: Milieu und Lebenswelt. Einführung in die phänomenologische Soziologie und die sozialphänomenologische Forschung. Frankfurt a. M. 1989. S. 127; vgl. auch Schneider, Christian/Stillke, Cordelia/Leineweber, Bernd: Trauma und Kritik. Zur Generationengeschichte der kritischen Theorie. Münster 2000. S. 27.)

16 Vgl. Jureit, Ulrike: Generationsforschung. Hamburg 2006. S. 47.

und daher notwendig einseitig ist.[17] Konkurrierend zur Generationentheorie nennt er noch die Klassen- oder Rassentheorie. Obwohl die Klassenstruktur für ihn sogar die wichtigste Kategorie bleibt[18], ist sie für ihn als Beschreibung einer Gesellschaft allein aber nicht ausreichend: „Die Differenzierung innerhalb der geistigen Welt ist viel zu reichhaltig, als dass man einfach einer jeden Richtung, einem jeden Standorte eine entsprechende Klasse im oben definierten Sinne zuordnen könnte."[19] Er beabsichtigt also mit dem Generationenbegriff nicht - wie ihm unterstellt wird - andere soziologische Begriffe zu ersetzen und eine monokausale Erklärung zu liefern, sondern verweist im Gegenteil auf die Komplexität der gesellschaftlichen Strukturierung, die einen differenzierten theoretischen Zugang erfordert.

Wie verhält sich nun die Generationszugehörigkeit zu diesen anderen Sozialstrukturkategorien? Mannheim deutet diese Verbindungen nur an[20] und auch in der späteren Diskussion seiner Wissenssoziologie wird das Verhältnis meist nicht hinreichend thematisiert.[21] Durch die Zuhilfenahme des Milieubegriffes ist es aber z.B. möglich, eine genauere sozialstrukturelle Einteilung der Generationen vorzunehmen.[22] Auch Mannheims Konzept der Generations*einheiten* kann in diese Richtung interpretiert werden: Helmut Fogt macht dazu den Vorschlag, dass sich die „sozialstrukturelle Heterogenität",[23] z. B. Geschlecht, Ethnie, Sprache, gerade in den Generationseinheiten zeigt.[24]

---

17 Vgl. Mannheim, Karl: Das Problem der Generationen. In: ders.: Wissenssoziologie. Auswahl aus dem Werk. Hrsg. v. Kurt H. Wolff: Berlin/Neuwied 1964., S. 509-556; hier S. 555.

18 Vgl. Mannheim, Karl: Ideologie und Utopie. 3. Aufl. , Frankfurt a. M. 1952. S. 237.

19 Mannheim: Soziologie des Wissens. S. 381.

20 Vgl. Bremer, Helmut: Von der Gruppendiskussion zur Gruppenwerkstatt. Ein Beitrag zur Methodenentwicklung in der typenbildenden Mentalilitäts-, Habitus- und Milieuanalyse. Münster 2004. S. 53; vgl. auch Murdock, Graham/McCron, Robin: Klassenbewusstsein und Generationsbewußtsein. In: Clarke, John et. al.: Jugendkultur als Widerstand. Milieus, Rituale, Provokationen. Hrsg. v. Axel Honneth, Rolf Lindner und Rainer Paris. Frankfurt a. M. 1979. S. 15-38; hier S. 21.

21 Vgl. Fogt, Helmut: Politische Generationen. Empirische Bedeutung und theoretisches Modell. Opladen 1982. S. 98f.; Jaeger, Hans: Generationen in der Geschichte. Überlegungen zu einer umstrittenen Konzeption. In: Geschichte und Gesellschaft 3 (1977). S. 429-452; hier S. 450.

22 Vgl. Zinnecker, Jürgen: „Das Problem der Generationen". Überlegungen zu Karl Mannheims kanonischem Text. In: Reulecke, Jürgen (Hrsg.): Generationalität und Lebensgeschichte im 20. Jahrhundert. München 2003. S. 33-58; hier S. 45-49.

23 Fogt: Politische Generationen. S. 45; vgl. auch Edmunds/Turner: Generations, Culture and Society. S. 19f.

24 Vgl. Fogt: Generationen. S. 45.

Bleibt Mannheim daher selbst in der Bestimmung des Verhältnisses der verschiedenen Kategorien offen, so ist es möglich, den Generationenbegriff mit anderen Begriffen zu verknüpfen und damit eine präzisere Beschreibung von Generationen vorzunehmen.

3. Generation ohne genealogische Dimension

Ein weiterer zentraler Einwand wird von individual- oder familienpsychologisch ausgerichteten Forschern geübt, die die Betonung auf die Überlieferung *zwischen* den Generationen, auf die „Transgenerationalität" oder anders formuliert: auf den *genealogischen* Charakter der Generationen legen. Um diese Dimension herauszuarbeiten, unternimmt Sigrid Weigel eine Genealogie des Generationsbegriffes im doppelten Sinne: Zum einen untersucht sie die Herkunft des Konzepts, das zunächst an der Grenze zwischen Natur- und Geisteswissenschaften angesiedelt war, und zeigt durch eine Begriffsgeschichte, dass die genealogische Ebene früher im Generationsbegriff mitangelegt war. Zum anderen will sie die genealogische Bedeutungsdimension des Begriffes offen legen, die sich z. B. in der Abfolge von Generationen zeigt. [25] Wie andere Autoren auch illustriert sie den Effekt der „Transgenerationalität" am Beispiel der nach dem Zweiten Weltkrieg Geborenen [26], die sich mit ihren Eltern auseinandersetzen mussten, und sieht dabei unter Berufung auf Ergebnisse von Psychoanalytikern ein *„Fortwirken des Nationalsozialismus im Unbewußten"*. [27]

25 Vgl. Weigel, Sigrid: Genea-Logik. Generation, Tradition und Evolution zwischen Kultur- und Naturwissenschaften. München 2006. S. 16. Auf diese Begriffsgeschichte Weigels beziehen sich u.a. Niethammer und Jureit. (Vgl. Niethammer: Generation und Geist. S. 211; Jureit: Generationenforschung. S. 30-32)

26 Vgl. Schneider/Stillke/Leineweber: Trauma und Kritik. S. 29, 34. Auch für Gabriele Rosenthal stellen die Nachkriegsgenerationen das Paradigma für Generationenbildungen dar. Sie schränkt aber stärker als andere Autoren die Verallgemeinerungsfähigkeit dieses Beispieles ein: „Mag sich bei einer Generation insbesondere das innerfamilale Beziehungsgeflecht zwischen den Generationen generationsbildend ausprägen, so können es bei einer anderen Generation außerfamiliale Erfahrungen sein, wie z. B. das Erleben eines Krieges als Soldat oder als Zivilistin." (Rosenthal, Gabriele: Historische und familiale Generationenfolge. In: Kohli, Martin/ Szydlik, Marc (Hrsg.): Generationen in Familie und Gesellschaft. Opladen 2000. S. 162-178; hier S. 177.)

27 Weigel: Genea-Logik. S. 102. Dies wird als Zeichen für eine „Nachträglichkeit" im Sinne von Freud interpretiert, d.h. dass die Symptombildung sich über die Zeit fortsetzt. (Vgl. Reulecke: Generationen und Biographien. S. 37f.) Freuds Analyse der Generationenverhältnisse erhält für Weigel daher „in der Nachgeschichte des Zweiten Weltkriegs und der Shoah eine besondere Relevanz". (Weigel: Genea-Logik. S. 141.)

Mit Mannheims Fassung des Generationenkonzepts sei aber, so ihre These, diese diachrone Dimension gegenüber der synchronen in den Hintergrund getreten und die ursprüngliche Bedeutung des Generationenbegriffes vergessen worden. [28]

Die theoretischen Konsequenzen, die Weigel aus der Etymologie des Generationenbegriffes zieht, sind aber nicht zwingend. Bei anderen sozialwissenschaftlichen Begriffen sind ebenfalls spezifische Bedeutungsinhalte verschwunden, ohne dass dies zu der Forderung der Revision ihres heutigen Gebrauches geführt hätte. Der Milieubegriff umfasste z. B. früher noch die geographischen Gegebenheiten wie das Klima, was in neueren Theorien keine Rolle mehr spielt. [29] Die Begriffsgeschichte allein kann daher nicht ausschlaggebend für die heutige Anwendung des Generationenbegriffes sein.

Auch die Einengung des Konzeptes „Generation" auf die Zeit nach 1945 in Deutschland ist willkürlich und macht ihn unbrauchbar für Anwendungen in anderen Ländern. In den USA stellt z.B. die 1960er Generation eine Kriegsgeneration dar – sie wird deshalb auch „Vietnam-Generation" genannt –, für die die Auseinandersetzung mit den Vätern nicht von der zentralen Bedeutung ist wie in Deutschland. Entsprechend fehlen auf der theoretischen Ebene in der angelsächsischen Diskussion die in Deutschland hervorgehobenen Bezüge zum „transgenerationellen" Aspekt oder zum Trauma-Begriff im psychoanalytischen Sinne. Inhaltlich werden die Unterschiede zwischen elterlicher Sozialisation und Generationenprägung in der Wahl- und politischen Sozialisationsforschung aber schon länger untersucht. [30]

Der Vorwurf, dass Mannheim gänzlich die diachrone Dimension vernachlässigen würde, ist ebenfalls nicht haltbar. Insbesondere im vierten Abschnitt seines Generationen-Aufsatzes mit dem Titel „Grundtatsachen im Gebiete der Generationserscheinungen" beschäftigt er sich auch mit diesem Problem. Als allgemeines Charakteristikum des Generationswechsels nennt er dort die *„Notwendigkeit des steten Tradierens, Übertragens des er-*

---

28 Vgl. ebd. S. 97.

29 Vgl. Matthiesen, Ulf: Milieus in Transformationen. Positionen und Anschlüsse. In: Ders. (Hrsg.): Die Räume der Milieus. Neue Tendenzen in der sozial- und raumwissenschaftlichen Milieuforschung, in der Stadt- und Raumplanung. Berlin 1998. S. 17-79.

30 Vgl. zum Überblick über die amerikanische Diskussion Spitzer, Alan B.: The Historical Problem of Generations. In: American Historical Review 78 (1973). S. 1353-1385; Kertzer, David I.: Generation as a Sociological Problem. In: Annual Review of Sociology 9 (1983). S. 125-149; Elder, Glen H. Jr./Pellerin, Lisa A.: Linking History and Human Lives. In: Dies. (Hrsg.): Methods of Life Course Research. Qualitative and Quantative Approaches. Thousand Oaks 1998. S. 264-294.

erbten Kulturgutes". [31] Die besondere Bedeutung von Generationen liegt darin, dass diese jeweils einen „*'neuen Zugang'* zum akkumulierten Kulturgut" haben [32] und es damit zu einer „Aneignung, Verarbeitung und Fortbildung des Vorhandenen" [33], zu einer „Revision im Bereiche des Vorhandenen" [34] kommt.

Mannheim beschreibt die Mechanismen dieser Vermittlung auch genauer. Für die Tradierung ist die unbewusste Sozialisation, das „Hineinwachsenlassen der neuen Generation in die ererbten Lebenshaltungen, Gefühlsgehalte, Einstellungen" am wichtigsten. [35] Was unproblematisch ist, wird auf diesem Wege weitergegeben, die Gehalte werden erst reflexiv, wenn sie in irgendeiner Form durch eine Veränderung äußerer Umstände problematisch geworden sind. Die unbewusste Tradierung ist aber dem Umfang nach erheblich bedeutender als das bewusst Gelernte [36]: „Deshalb ist auch jener Fonds, der in der ersten Jugendzeit durch ‚Milieuwirkung' einfach einsickert, oft die historisch älteste Schicht im Bewusstsein, die als solche die Tendenz hat, sich als natürliches Weltbild festzulegen und zu stabilisieren." [37] Dieser unbewusste Prozess ist nach Mannheim mit ca. 25 Jahren abgeschlossen. [38]

Auch die reflexiven Gehalte werden zunächst unproblematisch übernommen. Erst mit ca. 17 Jahren entwickelt sich die „Möglichkeit des In-Frage-Stellens [...] der Bewußtseinsgehalte und Einstellungen, die durch *neue* soziale und geschichtliche Lagerung problematisch und deshalb reflexiv geworden ist." [39] Die Kritik setzt aber nur bei den bewussten Inhalten an, erfasst zunächst nicht die tieferen Schichten. [40] Mannheim äußert auch Zweifel, ob es überhaupt möglich ist, diese zu verändern. [41]

31 Mannheim: Problem der Generationen. S. 538. Mannheim spricht selbst von sozialer Erinnerung (Ebd. S. 533.) und dem Erfordernis, dass Geschichte immer wieder neu aktualisiert werden muss. (Ebd. S. 532.) Dies geschieht in zwei Formen, zum einen als bewusste Vorbilder oder unbewusst (z. B. in Form von Werkzeugen).

32 Ebd. S. 530.

33 Ebd. S. 531.

34 Ebd. S. 532.

35 Ebd. S. 538.

36 Vgl. ebd. S. 534.

37 Ebd. S. 538.

38 Vgl. ebd. Die Sprache ist für diese Grenze ein wichtiges Kriterium: bei Kindern und Jugendlichen ist noch eine Revision der Sprache und des Dialektes möglich, anders beim Erwachsenen, der sich nicht mehr in dieser Form anpassen kann. (Vgl. ebd.)

39 Vgl. ebd. S. 539.

40 „Denn es scheint so zu sein, dass die tieferen Bestände sich nicht ohne weiteres auflockern, und dass, wenn dies nötig ist, der Prozeß an der Ebene der Reflexion einsetzt und von hier aus Habituelles umgestaltet." (Ebd. S. 539.)

41 Ebd. S. 539.

Einerseits findet zwar dadurch ein gewisser Verlust von Tradition statt, der notwendig für das (soziale) Vergessen ist, andererseits heißt dies aber auch, dass nach Mannheim durch eine neue Generation keine völlige Diskontinuität eintritt, sondern eine Weiterentwicklung des Gegebenen. Bei ihm sind die diachrone und die synchrone Dimension also miteinander verknüpft.

4. Nicht nur Jugend als prägende Phase

Ein weiterer Einwand lautet, dass nicht allein die Jugendphase von prägender Bedeutung sei, sondern auch spätere Lebensphasen stärker als bisher berücksichtigt werden müssten. [42] Häufig steht hinter den Vorwürfen eine Identitätstheorie, die nicht von einer über einen längeren Zeitraum stabilen Persönlichkeit, sondern von einer ständigen und permanenten Identitätsbildung und -arbeit ausgeht. [43]

Ulrike Jureit, die diese Position vertritt, schreibt an anderer Stelle aber selbst: „Die Tatsache, dass Menschen verwandter Jahrgänge historische Ereignisse aus derselben lebenszeitlichen Perspektive heraus wahrnehmen, ist unmittelbar einleuchtend und an sich wenig erklärungsbedürftig. Sozialisation beruht im Kern auf kohortenspezifischer Prägung." [44] Die Aussage, dass Mannheim mit seinem Generationenansatz „jedoch weit darüber hinaus" wolle, bleibt bei ihr unbegründet. [45] Mannheim selbst schränkt sogar die angenommene Sozialisationswirkung ein und spricht nur von einer „Tendenz [!] auf bestimmte Verhaltungs-, Gefühls- und Denkweisen", die durch die Generationenlagerung entsteht. [46] Er geht nur von einer bestimmten Chance der Entwicklung aus und unterstellt kein streng deterministisches Verhältnis. Die Prägung, die der These Mannheims nach zwischen dem 17. und dem 25. Jahr stattfindet, schließt auch spätere Lernprozesse nicht aus – sie erklärt bloß, wieso diese es

42 Vgl. Jureit: Generationenforschung. S. 47; Rosenthal: Historische und familiale Generationenabfolge. S. 165-166.

43 Vgl. ebd. S. 27.

44 Ebd. S. 29.

45 Ebd.

46 Mannheim: Problem der Generationen. S. 528.

schwieriger haben, sich gegen frühere Schichten durchzusetzen. [47] Solch eine postulierte dauerhafte Wirkung ist auch der Kern von Bourdieus Habitustheorie, stellt also keinen theoretischen Sonderweg von Mannheim dar. [48]

Die theoretischen Annahmen lassen sich auch empirisch bestätigen. Eine der Lebensverlaufsuntersuchungen, in der die Frage behandelt wird, ob die politische Einstellung der Kinder der der Eltern ähnelt, kommt zu dem Ergebnis, dass nach dem Abzug anderer Faktoren die Erfahrungen am College die zentrale Rolle in der politischen Meinungsbildung einnehmen. [49] Die Untersuchungen von Howard Schuman/Jaqueline Scott und von J. P. Roos deuten ebenfalls daraufhin, dass die Eindrücke, die in der Jugend und der frühen Erwachsenenzeit gemacht wurden, von den Befragten als die wichtigsten Ereignisse angesehen werden. [50] Die Studie von Schuman und Scott stützt zudem die These, dass das gleiche Erlebnis von unterschiedlichen Altergruppen mit differenten Erfahrungen verbunden wird. [51]

5. Generation nur als politische Generation

Desweiteren wird kritisiert, dass sich Mannheim allein mit der politischen Dimension beschäftigen würde. Häufig wird der Einwand mit dem Vor-

47 Dass frühere Lebensphasen für die *hier* diskutierte Fragestellung nicht von so hoher Bedeutung sind, liegt daran, dass sich das *politische* Bewusstsein erst mit der Adoleszenz ausbildet und deshalb die hier gemachten Erfahrungen stärker wirken als spätere Erlebnisse. (Vgl. Schuman, Howard/Scott, Jaqueline: Generations and Collective Memories. In: American Sociological Review 54 (1989). S. 359-381; hier S. 360f.; Braungart, Richard G./Braungart, Margaret M.: Life-Course and Generational Politics. In: Annual Review of Sociology 12 (1986). S. 205-231; hier S. 210.) Auch besteht erst in der Adoleszenzzeit die soziale Anforderung, eine eigenständige Identität auszubilden, was sich insbesondere im Kontakt mit Gleichaltrigen bewerkstelligen lässt. (Vgl. Corsten: Biographie, Lebensverlauf und das „Problem der Generationen". S. 56.) Dass für andere Fragestellungen, z. B. bei der Entstehung von familiären Beziehungsmustern, frühere Phasen eine höhere Relevanz besitzen, bleibt damit unbestritten.

48 Mannheim verwendet in diesem Zusammenhang sogar selbst den Begriff des „Habituellen". (Vgl. Mannheim: Problem der Generationen. S. 539.)

49 Vgl. Braungart/Braungart: Life-Course and Generational Politics. S. 215.

50 Vgl. Schuman/Scott: Generations and Collective Memories. S. 365f.; vgl. auch Roos: Life's Turning Points. S. 127. Bei Roos verschiebt sich die Grenze auf den Zeitraum zwischen 25 und 30 Jahren. Sie kommt aber nur in Bezug auf positive Erlebnisse, nicht aber für negative Erlebnisse zu diesem Ergebnis. (Vgl. Roos: Life's Turning Points. S. 130.)

51 Vgl. Schuman/Scott: Generations and Collective Memories. S. 378.

wurf verbunden, dass sein Generationenkonzept ein exklusives Konzept sei, da es nur auf politische Eliten abzielen würde. [52]

Zwar trifft die Feststellung zu, dass Mannheim sich hauptsächlich auf Beispiele aus dem politischen Bereich beschränkt – so bezieht er sich in seinem Werk häufig auf die Strömungen des Konservatismus, Liberalismus und Sozialismus –, seine Begründung für die Fokussierung auf diese politisch-ideengeschichtliche Ebene muss aber näher betrachtet werden. Sie lautet zum einen, dass bis zu seinem Aufsatz (1928) das Problem der Generationen vorrangig anhand der Literatur- und der Kunstgeschichte untersucht wurde – er bezieht sich dabei u.a. auf das Werk des Kunsthistorikers Wilhelm Pinder –, zum zweiten, dass *„die Struktursituation der gesellschaftlich treibenden Impulse und auch die Generationsdifferenzierung hier am klarsten ablesbar wird"*. [53] Diese Feststellung trifft allerdings, wie er selbst einräumt, nicht für jeden Zeitraum zu: „Diese Bezeichnung will keineswegs anzeigen, dass wir der Ansicht sind, dass in der Entwicklung des geistigen Kosmos das Politische irgendwie immer einen Primat hat, sondern nur, dass die grundlegenden Strömungen des Geistigen in der zu untersuchenden Epoche ganz besonders von den politischen Strömungen aus charakterisierbar und erfassbar sind." [54]

Der politische Bereich besitzt also für ihn nicht immer die größte Bedeutung, dies lässt die Möglichkeit offen, dass in anderen Zeiten andere Gebiete im Vordergrund stehen können. Neuere Generationsbeschreibungen, die wie die „postheroischen" Generationsbeschreibungen auf massenkulturelle Phänomene abheben [55], stehen damit nicht zwangsläufig im Widerspruch zur Konzeption Mannheims, sondern erfassen allein eine andere, vielleicht in der heutigen Zeit wichtigere Ebene. Auf diese Unterscheidung zielt auch Bernhard Giesen ab, wenn er zwischen einer durch gemeinsame Erfahrungen gebildeten (Mannheimschen) Generation und subkulturellen Generationen unterscheidet, die nicht die Dauerhaftigkeit der ersten Variante aufweisen und sich im Übergang zum Erwachsenenalter verlieren. [56]

Generell sind neuere Generationsmodelle, wie z. B. das der „Wohlfahrtsstaatsgeneration", nicht als Widerlegung der Theorie Mannheims zu

---

52 Vgl. Niethammer: Generation und Geist. S. 228, 230.

53 Mannheim: Problem der Generationen. S. 557.

54 Mannheim, Karl: Konservatismus. Ein Beitrag zur Soziologie des Wissens. Hrsg. v. David Kettler, Volker Meja und Nico Stehr. Frankfurt a. M. 1984. S. 67.

55 Vgl. Maase: Farbige Bescheidenheit. Anmerkungen zum postheroischen Generationsverständnis. S. 237.

56 Vgl. Giesen, Bernhard: Generation und Trauma. In: Reulecke, Jürgen (Hrsg.): Generationalität und Lebensgeschichte im 20. Jahrhundert. S. 59-71.

begreifen.[57] Dass erst in jüngerer Zeit entsprechende Vorschläge aufgekommen sind, liegt daran, dass zum einen sich erst nach dem 2. Weltkrieg ein entscheidender Einfluss des Sozialstaates nachweisen lässt, andererseits auch Ereignisse wie Kriege fehlen, die sonst Generationen generieren. Dies schließt nicht aus, dass bei veränderten Rahmenbedingungen, z. B. bei einschneidenden politischen Veränderungen, die Konzeption von Mannheim wieder an Bedeutung gewinnt. Auch die Fruchtbarkeit der Anwendung seines Modells für historische Fragestellungen wird dadurch nicht berührt.

6. Generation als männlich konnotierter Begriff

Der Begriff der Generation soll zudem einen *männlichen* Bias aufweisen.[58] Ausführlich wird die Kritik von Christina Benninghausen entwickelt, die sich zum Ziel setzt, die Kategorie „Generation" „als einen Aspekt spezifischer Männlichkeitsentwürfe" zu dekonstruieren.[59] Der Begriff der „Generation" sei zweifach männlich konnotiert: zum einen werden männliche Erwachsene als stabile Persönlichkeiten angesehen, während weibliche Erwachsene solch eine feste Identität nicht ausbilden würden[60], zum anderen wären Frauen im politischen Bereich unterrepräsentiert.[61] Der 1. Weltkrieg, insbesondere das Fronterlebnis, sei z. B. entsprechend für die weibliche Bevölkerung nicht im dem Maße wie für Männer prägend gewesen. Benninghaus vertritt deshalb die These, dass Generationenbe-

---

57 Vgl. Bude, Heinz: „Generation" im Kontext. Von den Kriegs- zu den Wohlfahrtsstaatsgenerationen. In: Jureit/Wildt: Generationen. S. 28-44.

58 Vgl. Maase: Farbige Bescheidenheit. Anmerkungen zum postheroischen Generationsverständnis. S. 228, vgl. auch Niethammer, Lutz: Sind Generationen identisch? In: Reulecke, Jürgen (Hrsg.): Generationalität und Lebensgeschichte im 20. Jahrhundert. München 2003. S. 1-16; hier S. 13.

59 Benninghaus: Geschlecht der Generation. S. 129.

60 Der Einwand ähnelt dem oben schon genannten, geschlechtsneutral formulierten von Jureit.

61 Sie geht daher davon aus, dass sich der Begriff allein überzeugend auf bestimmte, machtbesitzende Gruppen von Männern anwenden ließe: „Die hier erforschten Eliten, die am öffentlichen Geschehen Anteil hatten und aufgrund ihrer sozialen Herkunft erwarten konnten, zumindest in Zukunft politische Macht zu haben, und die über soziale Netzwerke verfügten, die zur Grundlage ihrer Generationseinheiten werden konnten, vereinigten in sich gerade diejenigen Eigenschaften, die dem generationellen Subjekt zugeschrieben werden." (Ebd. S. 138.)

schreibungen als Zeichen eines „männlichen Hegemonialanspruchs" zu verstehen seien. [62]

Dass die Berücksichtigung des Geschlechtsunterschiedes die Anwendung des Generationenbegriffes aber nicht ausschließt, zeigt Verena Sparschuh in ihrer Untersuchung der DDR-Soziologie. Sie betont zwar ebenfalls die Bedeutung der Gender-Frage, geht trotzdem davon aus, dass in bestimmten Situationen die Generations- die Geschlechterzugehörigkeit an Bedeutung übersteigen kann. [63] Die Untersuchung von Schuman und Scott zeigt ebenfalls kaum Unterschiede zwischen den Geschlechtern in der Beurteilung, welches geschichtliche Ereignis als zentral und damit als prägend angesehen wird [64], was nicht bedeutet, dass die damit verbundenen Erfahrungen identisch sind. [65] Auch in der Studie von Roos lassen sich nur minimale Gender-Unterschiede ausmachen, als entscheidender und signifikanter für die Ergebnisse der Studie erweisen sich die Bildungsunterschiede der Befragten. [66]

Es ist zudem nicht prinzipiell ausgeschlossen, dass sich Frauen selbst als Generation verorten, so liegt ein erster nur auf das weibliche Geschlecht bezogener Generationsentwurf mit dem Buch „Generation Ally" vor. [67]

---

62 Ebd. S. 158. Sie weitet den Vorwurf noch weiter aus und geht auch bei den Begriffen wie „Klasse", „Partizipation", „Professionalität" und „Öffentlichkeit" von einem männlichen Bias aus. (Ebd. S. 138.)

63 Vgl. Sparschuh, Vera: Von Karl Mannheim zur DDR-Soziologie. Generationendynamik in der Wissenschaft. Hamburg 2005. S. 134.

64 Vgl. Schuman/Scott: Generations and Collective Memories. S. 365, 371. Die einzige Differenz besteht darin, dass überwiegend weibliche Befragte die Frauenbewegung als zentrales Ereignis oder wichtige Veränderung in ihrem Leben nennen neben den führenden Kategorien u. a . des 2. Weltkrieges und des Vietnamkrieges. (Vgl. ebd. S. 371.) Aber nur 1,4 % der Befragten nennen sie als das wichtigste Ereignis. (Vgl. ebd. S. 363.)

65 Theoretisch lassen sich die Ergebnisse mit der Mannheimschen Theorie insofern vereinbaren, als dass Geschlechter als Generations*einheiten* zu betrachten sind, die auf das gleiche Ereignis unterschiedlich reagieren, also eine andere Erfahrung damit machen.

66 Vgl. Roos: Turning Points and Generational Consciousness. S. 124. Bei der Darstellung der Ergebnisse zur Selbstzuschreibung als Generation unterscheidet Roos nicht nach dem Geschlecht (ebd. S. 131), auch bei Markus Klein empirischer Überprüfung des Konzeptes der „Generation Golf", bei der er grundsätzlich zu einem positiven Ergebnis kommt, liegt keine Differenzierung nach Geschlecht vor. (Vgl. Klein, Markus: Gibt es die Generation Golf? Eine empirische Inspektion. In: Kölner Zeitschrift für Soziologie und Sozialpsychologie 55 (2003). S. 99-115.) Es bleibt damit unklar, ob dies darauf zurückzuführen ist, dass es keine signifikanten Unterschiede in den Ergebnissen gab oder ob die Variable in der Untersuchung nicht berücksichtigt wurde.

67 Vgl. Maase: Farbige Bescheidenheit. Anmerkungen zum postheroischen Generationsverständnis. S. 228.

Zudem gibt es weibliche Generationsdiagnosen, die sich und andere gemäß der Generationentheorie Mannheims einordnen. Die politische Philosophin Hannah Arendt verwendet an mehreren Stellen in ihrem Werk den Generationenbegriff [68], so z. B. in ihrer Erklärung der Entstehung der 68-Bewegung. [69] Da sie in den Sommersemestern 1927 und 1928 bei Mannheim in Heidelberg als Studentin zwei Veranstaltungen besucht hatte [70], kannte sie wahrscheinlich sogar dessen Generationenkonzept aus erster Hand. In einer neueren Anwendung des Generationenbegriffes von weiblicher Seite aus zeigt Karin Wieland, dass Generationsunterschiede auch bei dem Verhältnis von Ruth Fischer, der Vorgängerin von Ernst Thälmann als Vorsitzende der KPD in den 20er Jahren, zu Rosa Luxemburg eine Rolle spielten. [71]

Dass faktisch die überwiegende Mehrzahl der *Selbstverortungen* als Generation von Männern vorgelegt wurde, ist daher zwar auf die bisherige Dominanz der Männer in der politischen Sphäre zurückzuführen, lässt aber keine Rückschlüsse über die prinzipielle Anwendbarkeit auch von

---

68 Vgl. Althaus, Claudia: Erfahrung denken. Hannah Arendts Weg von der Zeitgeschichte zur politischen Theorie. Göttingen 2000. S. 144. In einem Essay über Brecht unterscheidet Hannah Arendt drei Generationen: Die erste nennt sie die „verlorene Generationen", die zweite Generation, zu der sie sich selbst zählt, ist durch Revolution, Inflation und Arbeitslosigkeit geprägt, und die dritte durch die Konzentrationslager der Nazis, den Spanischen Bürgerkrieg und den Moskauer Schauprozessen. (Vgl. Arendt, Hannah: Bertolt Brecht (1971). In: Dies.: Menschen in finsteren Zeiten. Hrsg. v. Ursula Ludz. München 1989. S. 243-290; hier S. 254f.) Auch bei Hermann Broch untersucht sie die generationelle Prägung durch das Weltkriegserlebnis. (Vgl. ebd. S. 147.)

69 Vgl. Arendt, Hannah: Macht und Gewalt. München 1970. S. 17-35, S. 107.

70 Vgl. Blomert, Reinhard: Intellektuelle im Aufbruch. Karl Mannheim, Alfred Weber, Norbert Elias und die Heidelberger Sozialwissenschaften der Zwischenkriegszeit. München/Wien 1999. S. 198, 427.

71 Vgl. Wieland, Karin: Lenins Hoffnung. Ruth Fischer und der deutsche Kommunismus. In: Merkur 51 (1997), H. 580. S. 608-617. Ruth Fischer benutzt in einem autobiographischen Fragment selbst den Generationenbegriff. Sie grenzt sich dort von Luxemburg als einer Figur des vergangenen 19. Jahrhunderts ab, da diese noch nicht um den Einfluss des Krieges und der Bedeutung der „jungen Generation", den „Frontkämpfer[n] des Weltkrieges" für die politische Entwicklung gewusst hätte. (Fischer, Ruth/Maslow, Arkadij: Abtrünnig wider Willen. Aus Briefen und Manuskripten des Exils. München 1990. o. S.; zit. n. Wieland: Lenins Hoffnung. S. 614.)

weiblicher Seite zu. [72] Denn bei den im vorigen genannten Befragungen ergeben sich, wie gesehen, nur geringe Geschlechterdifferenzen in der Generationenzuordnung.

7. Generationenkonzept als nationalistisches Konzept

Das Generationenkonzept Mannheims soll zudem eine nationalistische Komponente beinhalten, die sich in seiner Ablehnung des (französischen) Positivismus und dem Bezug zur deutschen romantischen Tradition von Dilthey zeige [73] und den zu der Zeit gängigen Topos der Abgrenzung der (deutschen) „Kultur" von der (französischen) „Zivilisation" widerspiegele.

Es kann aber keineswegs von einer Abgrenzung Mannheims speziell von einer französischen Position gesprochen werden. So identifiziert er positivistische Elemente z. B. auch bei dem österreichischen Soziologen Wilhelm Jerusalem. [74] Zudem sieht er explizit Mängel *sowohl* in der positivistischen *als auch* in der historisch-romantischen Tradition und bemängelt gerade die fehlende theoretische Integration: „Die geistes- und sozialwissenschaftlichen Disziplinen der einzelnen führenden Länder nehmen nur gelegentlich Kenntnis von den gegenseitigen Ergebnissen. So nahm ganz besonders die deutsche Forschung im Gebiete des Generationsproblems keine Kenntnis von der ausländischen Lage." [75]

Auch nach Mannheims Emigration nach England ist insbesondere das Gespräch zwischen den verschiedenen kulturellen Traditionen sein Anliegen. [76] Das von Weigel skizzierte Bild als Nationalist läuft somit dem expliziten Wortlaut des Generationentextes entgegen und ist auch als Gesamteinschätzung dem Schaffen Mannheims nicht angemessen.

---

72 Auch die Mehrzahl von Klassen-, Schicht- und Milieudiagnosen wurden von Männern vorgelegt, ohne dass an deren wissenschaftlicher Aussagekraft gezweifelt wurde. Generell gilt, dass andere Kritiken, die am Generationenbegriff geübt werden, ebenfalls auf andere sozialwissenschaftliche Kategorien bezogen werden könnten. Der „Mittelschicht-Bias" des Generationenbegriffes z. B., den Maase diagnostiziert, (vgl. Maase: Farbige Bescheidenheit. Anmerkungen zum postheroischen Generationsverständnis. S. 230) ist nicht allein für diesen Begriff charakteristisch, so wurden wenige Klassendiagnosen von Arbeitern selbst vorgelegt.

73 Vgl. Weigel: Genea-Logik. S. 116f.; vgl. auch Jureit: Generationsforschung. S. 36f.

74 Vgl. Mannheim: Ideologie und Utopie. S. 266.

75 Vgl. Mannheim: Problem der Generationen. S. 522.

76 Vgl. Hofmann, Wilhelm: Karl Mannheim zur Einführung. Hamburg 1996. S. 10.

8. Anklänge des Generationskonzepts an die Lebensphilosophie

Das Generationenkonzept wird auch als nicht tragfähig bezeichnet, weil es noch zu sehr durch lebensphilosophisch-existentialistische Elemente und damit durch Mannheims frühere geisteswissenschaftliche Phase geprägt sei. [77] Als „Hauptindiz" führt Lutz Niethammer den von Mannheim benutzten Begriff der „Entelechie" an, den Mannheim von Pinder übernimmt, sowie die Begriffe der „Wollung" und der „Weltwollung". [78]

Diese Lesart des Generationenenaufsatzes überschätzt die Relevanz des „Entelechie"-Begriffes für das Mannheimsche Konzept. Das Werk von Pinder „Kunstgeschichte nach Generationen", auf das Mannheim sich bezieht, erscheint erst 1926, Mannheim schlägt aber schon für seinen Habilitationsvortrag am 8. Februar 1926 „Das soziologische Problem der Generationen" als Thema vor. [79] Die Grundideen muss er daher schon vor diesem Zeitpunkt und damit vor dem Erscheinen des Textes von Pinder ausgearbeitet haben. [80]

Inhaltlich wird dies dadurch belegt, dass Mannheim schon in seiner 1925 erschienen Habilitationsschrift „Konservatismus" die Grundthesen seiner Generationentheorie entfaltet. Dem generationell bedingten Wechsel der konservativen Denkrichtung geht er hier anhand der Kontrastierung der Auffassungen der Staatsrechtler Gustav Hugo und Friedrich Karl von Savigny nach. Zentrale Bedeutung besitzt für Mannheim deren unterschiedliche Stellung zur Französischen Revolution: Hugo ist 1789 schon 25 Jahre, Savigny zu dem Zeitpunkt erst zehn Jahre alt und Mannheim zufolge deshalb „noch keineswegs politischen Eindrücken zugänglich". [81] Savignys prägende Erfahrungen sind sein Zusammentreffen mit

77 Zu dem Einfluss der Lebensphilosophie auf Mannheim vgl. Suber, Daniel: „Existenz" und „Denken". Zu den (lebens)philosophischen Grundlagen der Wissenssoziologie Mannheims. In: Tänzler, Dirk/Knoblauch, Hubert/Soeffner, Hans-Georg (Hrsg.): Neue Perspektiven der Wissenssoziologie. Konstanz 2006. S. 235-270.

78 Niethammer: Generation und Geist. S. 224f.; vgl. Weisbrod, Bernd: Generation und Generationalität in der Neueren Geschichte. In: Aus Politik und Zeitgeschichte 55 (2005), H. 8. S. 3-9. Schon Max Horkheimer kritisiert in seiner Besprechung von „Ideologie und Utopie" die Verwendung der Begriffe „Wollungen" oder „Weltwollungen" von Mannheim. (Vgl. Horkheimer, Max: Ein neuer Ideologiebegriff? In: Meja, Volker/Stehr, Nico (Hrsg.): Der Streit um die Wissenssoziologie. Zweiter Band. Frankfurt a. M. 1982. S. 474-496; hier S. 488, 490.)

79 Die beiden anderen Themen, die Mannheim zur Auswahl bereitstellt, sind „Max Webers Soziologie" und „Das soziologische Problem der Intelligenz". Die Prüfer wählten das erste Thema. (Vgl. Woldring, Henk E. S.: Karl Mannheim. The Development of His Thought. Philosophy, Sociology, and Social Ethics. New York 1986. S. 26).

80 Vgl. Niethammer: Generation und Geist. S. 217.

81 Mannheim: Konservatismus. S. 205.

den Romantikern 1799 in Jena, bei dem er Schelling kennen lernt, die preußischen Befreiungskriege und die Schlacht von Jena. Diese biographischen Differenzen schlagen sich laut Mannheim in ihren theoretischen Auffassungen nieder: „Die Verschiedenheit der entscheidenden Erlebnisse in den empfänglichsten Jahren bedeutet eine Verschiedenheit der Prägung der beiden Typen von Konservatismus, deren Vertreter sie sind. Sie sind auf diese Weise zugleich Sinnbilder zweier Etappen desselben Stromes; der Schicksalswandel im selben Lebensraume prägt sich in der Verschiedenheit des Lebensgefühls zweier Generationen aus.“ [82]

Zentrale Elemente seiner späteren Generationentheorie sind hier also schon angedeutet: Die Idee, dass es eine bestimmte, besonders wirksame Prägungszeit gibt, weshalb gleiche Ereignisse unterschiedliche Wirkung haben können und die These, dass der Einfluss der prägenden Erlebnisse auch im intellektuellen Werk der Betroffenen zu finden ist. Die Auffassung, dass es eine gewisse Kontinuität gibt, taucht ebenfalls auf, wenn er trotz der generationell bedingten Unterschiede Gemeinsamkeiten in den Auffassungen von Hugo und Savigny aufzeigt, so z. B. den Sinn für Geschichte oder die Bejahung des positiven Rechts. [83] Dies ist ein weiterer Beleg dafür, dass die Grundzüge des Mannheimschen Generationen-Konzeptes schon vor dem Erscheinen des Artikels von Pinder entwickelt worden sind.

Der Begriff der „Entelechie“ taucht zudem im späteren Werk von Mannheim an keiner Stelle mehr auf. Da aber sein Generationenaufsatz ein Beispiel für seinen allgemeinen wissenssoziologischen Ansatz darstellt, muss man die anderen Begriffe betrachten, die Mannheim verwendet, um die Verbindung zwischen sozialer Lagerung und den entsprechenden Wissensformen zu beschreiben. In dem Aufsatz „Soziologie des Wissens“ von 1924 spricht er zunächst von einem „Engagiertsein“ [84] und in seiner schon erwähnten Habilitationsschrift „Konservatismus“, die sich als akademische Qualifikationsschrift an professionellen Normen orientiert [85] und daher frei ist von lebensphilosophischen Vokabular, dann von dem „Interesse“ einer bestimmten Gruppe, das sich in unterschiedlichen Weltanschauungen ausdrückt: „Demgegenüber ist als Tatsache festzustellen, dass z. B. mit dem interessenmäßigen politischen Konservatismus zugleich ein weltanschaulicher verbunden ist, mit einer politischen Fort-

82 Ebd.

83 Vgl. ebd.

84 Vgl. Mannheim: Soziologie des Wissens. S. 378.

85 Vgl. Kettler, David/Meja, Volker/Stehr, Nico: Karl Mannheim. Chicester/London 1984. S. 71.

schrittlichkeit eine spätere historische Stufe des Weltbildes auftritt usw."[86] In seinem späteren Werk „Ideologie und Utopie" aus dem Jahre 1928 lehnt er die Interessentheorie dann ab und hält sie nur für den „partiellen", nicht für den „totalen" Ideologiebegriff anwendbar. Er spricht lieber von einer „Korrespondenz", die nicht notwendig eine kausale Erklärung beinhaltet: „Bei dem partikularen Ideologiebegriff setzt man voraus, dass dieses oder jenes Interesse kausal zu einer Lüge oder Verhüllung zwingt, bei dem totalen Ideologiebegriff ist man der Ansicht, dass dieser oder jener Lagerung diese oder jene Sicht, Betrachtungsweise, Aspekt *entspricht.*" [87]

Auch wenn Mannheim also in der Begrifflichkeit schwankt und die Vielfalt der von ihm benutzten Begriffe zum Verhältnis von sozialer Struktur und den entsprechenden Wissensformen schon früh in der Sekundärliteratur zu Kritik geführt hat, [88] zeigt die knappe Übersicht, dass er in anderen Schriften als dem Generationsaufsatz keine lebensphilosophisch orientierten Begriffe benutzt, um diese Verbindung zu beschreiben. Auch in empirischen Untersuchungen, die sich auf Mannheims Generationenkonzept stützen, spielt der „Entelechie"-Begriff keine Rolle, operationalisiert wird die generationelle Prägekraft meist über die Untersuchung von Parteipräferenzen oder anderen Einstellungen. Interpretationen des Generationenartikels, die den „Entelechie"-Begriff in den Mittelpunkt stellen, sind daher einseitig.

Grundsätzlich ist zudem zu fragen, ob die Einflüsse der Lebensphilosophie auf Mannheim generell als negativ zu bewerten sind oder ob sich durch sie nicht auch neue Fragestellungen eröffnet haben. Max Weber z. B. wurde u. a. durch die Beschäftigung mit der Lebensphilosophie Friedrich Nietzsches dazu angeregt, dem Element des Irrationalen in sozi-

---

86 Mannheim: Konservatismus. S. 73.

87 Mannheim: Ideologie und Utopie. S. 55. Mannheim vermeidet den Interessenbegriff u. a., weil er nicht von einem deterministischen Verhältnis, sondern wie Weber von einer Wechselwirkung zwischen den verschiedenen Bereichen ausgeht. (Vgl. Longhurst, Brian: Karl Mannheim and the Contemporary Sociology of Knowledge. Basingstoke 1989. S. 52, 54.) Die Relevanz der Wissenssoziologie wird nach Zimmermann aber nicht dadurch berührt, ob man von einer funktionalen oder kausalen Betrachtungsweise ausgeht. (Vgl. Zimmermann, Peter: Soziologie als Erkenntniskritik. Die Wissenssoziologie Karl Mannheims. Bern/Stuttgart/Wien 1998. S. 32.)

88 Vgl. Merton, Robert: Karl Mannheim and the Sociology of Knowledge. In: Ders.: Social Theory and Social Structure. Revised and Enlarged Version. Glencoe, Ill. 1957. S. 489-508; hier S. 498-502.

alen Beziehungen genauer nachzugehen. [89] Ähnlich registriert Mannheim zwar das Irrationale, bewertet dieses aber nicht als positiv, sondern als Problem. [90] In seinem Werk „Ideologie und Utopie" nennt er als Aufgabe der Wissenssoziologie gerade die „Kontrolle des kollektiven Unbewussten" durch die „allmähliche Aufdeckung der irrationalen Grundlagen des rationalen Wissens". [91] In seinen späteren Werken ist seine Kritik am Irrationalismus dann, beeinflusst durch die politischen Entwicklungen in Deutschland, die ihn zur Emigration zwingen, noch stärker. [92] Zimmermann versteht Mannheim daher zu Recht als Rationalist in der Tradition der Kantschen Vernunftkritik. [93]

9. Verwendung des Generationenbegriffes durch Konservative

Auf einer anderen Ebene wird noch versucht, Mannheims Begriff der Generation dadurch in Frage zu stellen, dass er bevorzugt zur *Selbstbeschreibung* von Nazi-Kadern und als Sendungsauftrag von kulturkonservativen Kreisen („Tat-Kreis"), [94] der bündischen Jugend und der völkischen Studentenschaft gebraucht wurde. Auch die Bedeutung, die Mannheim der Jugend in Generationsfragen beimisst, wird in diesen Kontext gestellt und auf Affinitäten zu den Jugendorganisationen der Kampfbünde und anderer rechtsradikaler Organisationen hingewiesen. [95] Schneider et. al. spitzen die angenommenen Parallelen zu der Aussage zu: „Die Nationalsozialisten hatten den traumatogenen Kern des geschichtlichen

---

89 Ein Beispiel für diese Beschäftigung Webers ist sein Konzept des „Charisma". Lange Zeit wurde die Auseinandersetzung mit Nietzsche auch nicht hinreichend berücksichtigt, bei Hans-Peter Müller nimmt sie nun neben der Beschäftigung Webers mit der marxistischen Theorie eine Schlüsselstellung für die Interpretation des Werkes von Weber ein. (Vgl. Müller, Hans-Peter: Max Weber. Eine Einführung in sein Werk. Köln 2007. S. 22-25.)

90 Vgl. Zimmermann: Soziologie als Erkenntniskritik. S. 28.

91 Mannheim: Ideologie und Utopie. S. 29f.

92 Vgl. z. B. Mannheim, Karl: Die Gegenwartsaufgaben der Soziologie. Ihre Lehrgestalt. Tübingen 1932.

93 Vgl. Zimmermann: Soziologie als Erkenntniskritik. S. 56f.

94 Vgl. Gründel, Ernst Günther: Die Sendung der Jungen Generation. Versuch einer umfassenden revolutionären Sinndeutung der Krise. München 1932.

95 Vgl. Honold, Alexander: „Verlorene Generation". Die Suggestivität eines Deutungsmusters zwischen Fin de siècle und Erstem Weltkrieg. In: Weigel, Sigrid/ Parnes, Ohad/Vedder, Ulrike/Willer, Stefan (Hrsg.): Generation. Zur Genealogie des Konzepts – Konzepte von Genealogie. München 2005. S. 31-56; hier S. 52.

Denkens in Generationen erfasst. In diesem Sinne lässt sich von einer ‚faschistischen Imprägnierung' des Begriffes sprechen." [96]

Jedoch nicht nur Kulturkonservative, sondern schon die ersten (emigrierten) Forscher, die sich mit dem Aufstieg der Nationalsozialisten beschäftigen, benutzten dafür als Erklärungsmuster ein Generationenmodell. [97] Die einseitige Betonung der Untersuchung der Nazi-Kader in Deutschland lässt auch in den Hintergrund treten, dass „Jugend" schon seit der Strömung des „Sturm und Dranges" und damit dem Ende des 18. Jahrhunderts als Schlagwort für neue Bewegungen in Deutschland galt. [98] Zudem war in der Zwischenkriegszeit der Anteil der jugendlichen Mitglieder und Wähler nicht nur in der NSDAP, sondern auch in der KPD sehr hoch, [99] was bei der Fokussierung auf die Geschichte der NSDAP und deren Mitglieder in den Hintergrund tritt. „Jugend" ist deshalb nicht als ein genuin konservativer oder sogar prä-faschistischer Begriff zu sehen. Mannheim ist in diesem Punkt genauer, wenn er zwar die Jugendbewegungen als Beispiel für seine Generationstheorie heranzieht, aber darauf verweist, dass dies nichts Prinzipielles über die jugendliche politische Ausrichtung aussagt: „Ob eine bestimmte Jugend konservativ, reaktionär oder progressiv ist, entscheidet sich (wenn auch nicht ausschließlich, aber doch in erster Reihe) dadurch, ob sie am vorgefundenen Status

---

96 Schneider/Stillke/Leineweber: Trauma und Kritik. S. 26. Das Trauma besteht den Autoren zufolge in Folgendem: „Der psychohistorische Kern des Generationsbegriffs ist ein kumulatives Trauma, das jede Generation in diesem Jahrhundert erlitten und der nächsten weitergegeben hat, das Trauma, geboren zu sein, um geopfert zu werden." (Ebd.)

97 Vgl. Neumann, Sigmund: The Conflict of Generations in Contemporary Europe. In: Vital Speeches 5 (1939). S. 623-628; ders.: Permanent Revolution. The Total State in a World at War. New York 1942. S. 234-243.

98 Vgl. Roseman: Generationen als „Imagined Communities". S. 180. Dies ist wieder ein Beispiel dafür, wie speziell deutsche Forschungsschwerpunkte in Hinblick auf den Generationenbegriff zu bestimmten Schlüssen führen, die, wenn man sie mit dem Gebrauch in anderen Ländern vergleicht, nicht zwingend sind. Stände die Auseinandersetzung mit der 1960er Generation in den USA im Vordergrund, würde eine genuine Verbindung zwischen dem Generationenbegriff und konservativen Überzeugungen nicht unterstellt werden.

99 Vgl. ebd. S. 194.

der Gesellschaft von ihrem sozialen Orte aus Chancen der eigenen sozialen und geistigen Förderung erwartet." [100]

Die propagandistische Benutzung des Generationenbegriffes durch bestimmte rechtsgerichtete Gruppen besitzt auch keine Aussagekraft über die sozialwissenschaftliche Verwendung des Begriffes. Häufig wird von den in den 1920er Jahren inflationär verwendeten Generationsbeschreibungen auf das Konzept von Mannheim kurzgeschlossen, d.h. Kritiken an diesen Beschreibungen auf Mannheims Ansatz übertragen und entsprechende Intentionen (z. B. ein „Sendungsauftrag") in ihn hineingelesen. Bei der Diskussion des Generationenbegriffes ist aber genau zwischen der Anwendung im sozialwissenschaftlichen und im ideologischen, alltäglichen Kontext zu unterscheiden, was häufig nicht geschieht. Entsprechend wird z. B. auch nicht die sozialwissenschaftliche Klassentheorie dadurch beschädigt, dass der Klassenbegriff im real existierenden Sozialismus und in der politischen Auseinandersetzung als Kampfmittel gebraucht wurde und wird. [101]

Zusammenfassung

Es sind zentrale Kritiken an dem Generationenkonzept Mannheims genannt und zurückgewiesen worden, da sie sich entweder am Text nicht belegen lassen oder einer empirischen Überprüfung nicht standhalten. Auch die explizite Einengung der Anwendung des Generationenbegriffes auf die Zeit nach 1945 in Deutschland ist willkürlich und macht den Begriff unbrauchbar für Anwendungen in anderen Ländern. [102] Dagegen ist ein Blick über den nationalen Rahmen hinaus gerade sinnvoll, da z. B. die

---

100 Mannheim: Problem der Generationen. S. 535. Mannheim benutzt den Generationenbegriff selbst zuerst zum ersten Mal im Herbst 1917 öffentlich bei einem Vortrag in Budapest vor der „Freien Schule" um die Verbundenheit des progressiven „Sonntags-Kreises" um Georg Lukács zu beschreiben, der sich 1915 nach Lukács Rückkehr aus Heidelberg gebildet hatte und zu dessen Gründungsmitglied Mannheim neben dem Dichter Béla Bálazs gehörte. (Vgl. Mannheim, Karl: Seele und Kultur. In: Ders.: Wissenssoziologie. Auswahl aus dem Werk. Hrsg. v. Kurt H. Wolff. Berlin/ Neuwied 1964. S. 66-84; hier S. 67.) Es sind also nicht nur die von Mannheim selbst genannten Jugendbewegungen, die repräsentativ für Generationserscheinungen sind. Diese Wahl des Beispieles lässt sich vielleicht dadurch erklären, dass er ein für die deutsche Leserschaft bekannte Gruppe wählen wollte.

101 Auch die Definition eines Geschlechtes mit bestimmten Merkmalen wird in der politischen Diskussion von interessierten Gruppen gezielt eingesetzt, ohne dass dies Rückschlüsse auf den theoretischen Gebrauch zulässt.

102 Schneider et. al. postulieren apodiktisch: „Generationengeschichte schränkt ihren Geltungsbereich *historisch* auf die Geschichte nach dem Zivilisationsbruch [...] ein." (Schneider/Stillke/Leineweber: Trauma und Kritik. S. 34.)

Verwendung des Generationenbegriffes in den USA interessante und aufschlussreiche Unterschiede zur deutschen Diskussion aufweist. Neben den schon genannten inhaltlichen Differenzen ist auffällig, dass hier die Schärfe der streckenweise unsachlichen Diskussion in Deutschland fehlt.

Eine vorschnelle Verabschiedung des Generationenbegriffes von Mannheim verhindert, dass dessen theoretische Möglichkeiten in ihrer Breite erst ausgelotet werden. In der Wissenschaftsgeschichte z. B. wurde das Konzept lange Zeit nur selten angewendet, obwohl sich gerade hier ein Potential zeigt, das bisher noch nicht ausgeschöpft wurde. [103] Die Zurückhaltung der Forschung in dem Punkt ist erstaunlich, wenn man bedenkt, dass Mannheim selbst an mehreren Stellen die Bedeutung von Generationseffekten für die Dynamik der Geisteswissenschaften betont. [104]

Die hier behandelten Einwände sind aber meist nicht mehr interessiert an der Verbesserung der Anwendbarkeit, sondern zielen auf eine Ersetzung des Konzeptes ab. Trotz der massiven Kritik ist allerdings noch keine gleichrangige Konkurrenz zu dem Mannheimschen Generationenbegriff formuliert worden: Einerseits stehen neuere Generationsansätze zu ihm nicht zwangsläufig in Widerspruch, zum anderen müssen diese ihre theoretische Konsistenz und ihre Fruchtbarkeit für die empirische Forschung erst noch unter Beweis stellen. Maßstab dafür bleibt die Generationentheorie Mannheims.

Literatur

Althaus, Claudia: *Erfahrung denken. Hannah Arendts Weg von der Zeitgeschichte zur politischen Theorie*. Göttingen, 2000.

Arendt, Hannah: *Bertolt Brecht* (1971). In: Dies.: *Menschen in finsteren Zeiten*. Hrsg. v. Ursula Ludz. München, 1989. S. 243-290.

Arendt, Hannah: *Macht und Gewalt*. München, 1970.

---

103 Vgl. Jaeger: Generationen in der Geschichte. S. 451; Daniel, Ute: Kompendium Kulturgeschichte. Theorien, Praxis, Schlüsselwörter. Frankfurt a. M. 1991. S. 342; Edmunds/Turner: Generations, Culture and Society. S. 1; Schulz, Andreas/Grebner, Gundula (Hrsg.): Generationswechsel und historischer Wandel. München 2003. S. 23; Niethammer: Generation und Geist. S. 228.

104 Vgl. Mannheim, Karl: Die Bedeutung der Konkurrenz im Gebiete des Geistigen. In: Ders.: Wissenssoziologie. Auswahl aus dem Werk. Hrsg. von Kurt H. Wolff. Neuwied, 1964. S. 566-613; hier S. 569; Mannheim: Problem der Generationen. S. 564; Mannheim: Konservatismus. S. 205.

Benninghaus, Christina: *Das Geschlecht der Generation. Zum Zusammenhang von Generationalität und Männlichkeit um 1930.* In: Jureit, Ulrike/Wildt, Michael (Hrsg.): *Generationen. Zur Relevanz eines wissenschaftlichen Grundbegriffs.* Hamburg, 2005. S. 127-158.

Blomert, Reinhard: *Intellektuelle im Aufbruch. Karl Mannheim, Alfred Weber, Norbert Elias und die Heidelberger Sozialwissenschaften der Zwischenkriegszeit.* München/Wien, 1999.

Braungart, Richard G./Braungart, Margaret M: *Life-Course and Generational Politics.* In: Annual Review of Sociology 12 (1986). S. 205-231.

Bremer, Helmut: *Von der Gruppendiskussion zur Gruppenwerkstatt. Ein Beitrag zur Methodenentwicklung in der typenbildenden Mentalitäts-, Habitus- und Milieuanalyse.* Münster, 2004.

Bude, Heinz: *„Generation" im Kontext. Von den Kriegs- zu den Wohlfahrtsstaatsgenerationen.* In: Jureit, Ulrike/Wildt, Michael (Hrsg.): *Generationen. Zur Relevanz eines wissenschaftlichen Grundbegriffs.* Hamburg, 2005. S. 28-44.

Bude, Heinz: *Deutsche Karrieren. Lebenskonstruktionen sozialer Aufsteiger aus der Flakhelfer-Generation.* Frankfurt a. M., 1987.

Corsten, Michael: *Biographie, Lebensverlauf und das „Problem der Generationen"*. In: BIOS 14 (2002), H. 2. S. 32-59.

Daniel, Ute: *Kompendium Kulturgeschichte. Theorien, Praxis, Schlüsselwörter.* Frankfurt a. M., 1991.

Edmunds, June/Turner, Bryan S.: *Generations, Culture and Society.* Buckingham/Philadelphia, 2002.

Elder, Glen H. Jr./Pellerin, Lisa A.: *Linking History and Human Lives.* In: Dies. (Hrsg.): *Methods of Life Course Research. Qualitative and Quantative Approaches.* Thousand Oaks, 1998. S. 264-294.

Fischer, Ruth/Maslow, Arkadij: *Abtrünnig wider Willen. Aus Briefen und Manuskripten des Exils.* Hrsg. v. Peter Lübbe. München, 1990.

Fogt, Helmut: *Politische Generationen. Empirische Bedeutung und theoretisches Modell.* Opladen, 1982.

Giesen, Bernhard: *Generation und Trauma.* In: Reulecke, Jürgen (Hrsg.): *Generationalität und Lebensgeschichte im 20. Jahrhundert.* Oldenbourg, München, 2003. S. 59-71.

Grathoff, Richard: *Milieu und Lebenswelt. Einführung in die phänomenologische Soziologie und die sozialphänomenologische Forschung.* Frankfurt a. M., 1989.

Gründel, Ernst Günther: *Die Sendung der Jungen Generation. Versuch einer umfassenden revolutionären Sinndeutung der Krise.* München, 1932.

Hofmann, Wilhelm: *Karl Mannheim zur Einführung.* Hamburg, 1996.

Honold, Alexander: *„Verlorene Generation". Die Suggestivität eines Deutungsmusters zwischen Fin de siècle und Erstem Weltkrieg*. In: Weigel, Sigrid/Parnes, Ohad/Vedder, Ulrike/Willer, Stefan (Hrsg.): *Generation. Zur Genealogie des Konzepts - Konzepte von Genealogie*. München, 2005. S. 31-56.

Horkheimer, Max: *Ein neuer Ideologiebegriff?* In: Meja, Volker/Stehr, Nico (Hrsg.): *Der Streit um die Wissenssoziologie*. Zweiter Band. Frankfurt a. M., 1982. S. 474-496.

Hradil, Stefan: *Alte Begriffe und neue Strukturen. Die Milieu-, Subkultur- und Lebensstilforschung der 80er Jahre*. In: Ders. (Hrsg.): *Zwischen Bewusstsein und Sein: Die Vermittlung „objektiver" Lebensbedingungen und „subjektiver" Lebensweisen*. Opladen, 1992. S. 15-55.

Jaeger, Hans: *Generationen in der Geschichte. Überlegungen zu einer umstrittenen Konzeption*. In: Geschichte und Gesellschaft 3 (1977). S. 429-452.

Jung, Thomas: *Die Seinsgebundenheit des Denkens. Karl Mannheim und die Grundlegung einer Denksoziologie*. Bielefeld, 2007.

Jureit, Ulrike: *Generationsforschung*. Hamburg, 2006.

Jureit, Ulrike/Wildt, Michael (Hrsg.): *Generationen. Zur Relevanz eines wissenschaftlichen Grundbegriffs*. Hamburg, 2005.

Kertzer, David I.: *Generation as a Sociological Problem*. In: Annual Review of Sociology 9 (1983). S. 125-149.

Kettler, David/Meja, Volker/Stehr, Nico: *Karl Mannheim*. Chicester/London, 1984.

Klein, Markus: *Gibt es die Generation Golf? Eine empirische Inspektion*. In: Kölner Zeitschrift für Soziologie und Sozialpsychologie 55 (2003). S. 99-115.

Lepsius, Rainer M.: *Kritische Anmerkungen zur Generationsforschung*. In: Jureit, Ulrike/Wildt, Michael (Hrsg.): *Generationen. Zur Relevanz eines wissenschaftlichen Grundbegriffs*. Hamburg, 2005. S. 45-52.

Loader, Colin: *The Intellectual Development of Karl Mannheim. Culture, Politics, and Planning*. Cambridge, 1985.

Longhurst, Brian: *Karl Mannheim and the Contemporary Sociology of Knowledge*. Basingstoke, 1989.

Lüscher, Kurt/Liegle, Ludwig: *Generationenbeziehungen in Familie und Gesellschaft*. Konstanz, 2003.

Maase, Kaspar: *Farbige Bescheidenheit. Anmerkungen zum postheroischen Generationsverständnis*. In: Jureit, Ulrike/Wildt, Michael (Hrsg.): *Generationen. Zur Relevanz eines wissenschaftlichen Grundbegriffs*. Hamburg, 2005. S. 220-242.

Mannheim, Karl: *Das Problem der Generationen*. In: Ders.: *Wissenssoziologie. Auswahl aus dem Werk*. Hrsg. v. Kurt H. Wolff. Neuwied, 1964. S. 509-565.

Mannheim, Karl: *Das Problem einer Soziologie des Wissens*. In: Ders.: *Wissenssoziologie. Auswahl aus dem Werk*. Hrsg. v. Kurt H. Wolff. Neuwied, 1964. S. 308-387.

Mannheim, Karl: *Die Bedeutung der Konkurrenz im Gebiete des Geistigen.* In: ders.: *Wissenssoziologie. Auswahl aus dem Werk.* Hrsg. v. Kurt H. Wolff. Neuwied, 1964. S. 566-613.

Mannheim, Karl: *Die Gegenwartsaufgaben der Soziologie. Ihre Lehrgestalt.* Tübingen, 1932.

Mannheim, Karl: *Ideologie und Utopie.* 3. Aufl. Frankfurt a. M., 1952.

Mannheim, Karl: *Konservatismus. Ein Beitrag zur Soziologie des Wissens.* Hrsg. von David Kettler, Volker Meja und Nico Stehr. Frankfurt a. M., 1984.

Mannheim, Karl: *Seele und Kultur.* In: ders.: *Wissenssoziologie. Auswahl aus dem Werk.* Hrsg. v. Kurt H. Wolff. Neuwied, 1964. S. 66-84.

Matthiesen, Ulf: *Milieus in Transformationen. Positionen und Anschlüsse.* In: ders. (Hrsg.): *Die Räume der Milieus. Neue Tendenzen in der sozial- und raumwissenschaftlichen Milieuforschung, in der Stadt- und Raumplanung.* Berlin, 1998. S. 17-79.

Merton, Robert: *Karl Mannheim and the Sociology of Knowledge.* In: ders.: *Social Theory and Social Structure. Revised and Enlarged Version.* Glencoe (Ill.), 1957. S. 489-508.

Müller, Hans-Peter: *Max Weber. Eine Einführung in sein Werk.* Köln, 2007.

Murdock, Graham/McCron, Robin: *Klassenbewusstsein und Generationsbewußtsein.* In: Clarke, John et. al.: *Jugendkultur als Widerstand. Milieus, Rituale, Provokationen.* Hrsg. von Axel Honneth, Rolf Lindner und Rainer Paris. Frankfurt a. M., 1979. S. 15-38.

Neumann, Sigmund: *Permanent Revolution. The Total State in a World at War.* New York, 1942.

Neumann, Sigmund: *The Conflict of Generations in Contemporary Europe.* In: Vital Speeches 5 (1939). S. 623-628.

Niethammer, Lutz: *Generation und Geist. Eine Station auf Karl Mannheims Weg zur Wissenssoziologie.* In: Tänzler, Dirk/Knoblauch, Hubert/Soeffner, Hans-Georg (Hrsg.): *Neue Perspektiven der Wissenssoziologie.* Konstanz, 2006. S. 209-234.

Niethammer, Lutz: *Sind Generationen identisch?* In: Reulecke, Jürgen (Hrsg.): *Generationalität und Lebensgeschichte im 20. Jahrhundert.* München, 2003. S. 1-16.

Pilcher, Jane: *Age and Generation in Modern Britain.* Oxford, 1995.

Reulecke, Jürgen: *Generationen und Biographien im 20. Jahrhundert.* In: Strauß, Bernhard/Geyer, Michael: *Psychotherapie in Zeiten der Veränderung. Historische, kulturelle und gesellschaftliche Hintergründe einer Profession.* Opladen, 2000. S. 26-40.

Reulecke, Jürgen (Hrsg.): *Generationalität und Lebensgeschichte im 20. Jahrhundert.* Oldenbourg/München, 2003.

Roos, J. P.: *Life's Turning Points and Generational Consciousness.* In: Burkart, Günter/Wolf, Jürgen (Hrsg.): *Lebenszeiten. Erkundungen zur Soziologie der Generationen.* Opladen, 2002. S. 119-134.

Roseman, Mark: *Generationen als „Imagined Communities". Mythen, generationelle Identitäten und Generationenkonflikte in Deutschland vom 18. bis zum 20. Jahrhundert.* In: Jureit, Ulrike/Wildt, Michael (Hrsg.): *Generationen. Zur Relevanz eines wissenschaftlichen Grundbegriffs*. Hamburg, 2005. S. 180-199.

Rosenthal, Gabriele: *Historische und familiale Generationenfolge*. In: Kohli, Martin/Szydlik, Marc (Hrsg.): *Generationen in Familie und Gesellschaft*. Opladen, 2000. S. 162-178.

Schneider, Christian/Stillke, Cordelia/Leineweber, Bernd: *Trauma und Kritik. Zur Generationengeschichte der kritischen Theorie*. Münster, 2000.

Schulz, Andreas/Grebner, Gundula (Hrsg.): *Generationswechsel und historischer Wandel*. München, 2003.

Schuman, Howard/Scott, Jaqueline: *Generations and Collective Memories*. In: American Sociological Review 54 (1989). S. 359-381.

Sparschuh, Vera: *Von Karl Mannheim zur DDR-Soziologie. Generationendynamik in der Wissenschaft*. Hamburg, 2005.

Spitzer, Alan B.: *The Historical Problem of Generations*. In: American Historical Review 78 (1973). S. 1353-1385.

Suber, Daniel: *„Existenz" und „Denken". Zu den (lebens)philosophischen Grundlagen der Wissenssoziologie Mannheims*. In: Tänzler, Dirk/Knoblauch, Hubert/Soeffner, Hans-Georg (Hrsg.): *Neue Perspektiven der Wissenssoziologie*. Konstanz, 2006. S. 235-270.

Weigel, Sigrid: *Genea-Logik. Generation, Tradition und Evolution zwischen Kultur- und Naturwissenschaften*. München, 2006.

Weisbrod, Bernd: *Generation und Generationalität in der Neueren Geschichte*. In: Aus Politik und Zeitgeschichte 55 (2005), H. 8. S. 3-9.

Wieland, Karin: *Lenins Hoffnung. Ruth Fischer und der deutsche Kommunismus*. In: Merkur 51 (1997), H. 580. S. 608-617.

Woldring, Henk E. S.: *Karl Mannheim. The Development of His Thought. Philosophy, Sociology, and Social Ethics*. New York, 1986.

Zimmermann, Peter: *Soziologie als Erkenntniskritik. Die Wissenssoziologie Karl Mannheims*. Bern/Stuttgart/Wien, 1998.

Zinnecker, Jürgen: *„Das Problem der Generationen". Überlegungen zu Karl Mannheims kanonischem Text*. In: Reulecke, Jürgen (Hrsg.): *Generationalität und Lebensgeschichte im 20. Jahrhundert*. München, 2003. S. 33-58.

Jürgen Reulecke

Kriegskindergenerationen im 20. Jahrhundert: zwei Väter- und Söhnegenerationen im Vergleich

Erfahrungsgeschichtliche Hinweise und persönliche Anmerkungen

Der folgende Beitrag fällt insofern möglicherweise etwas aus dem Ensemble der übrigen Beiträge des vorliegenden Bandes heraus, als er auch einige persönliche Anmerkungen des Verfassers zum Thema liefern wird. Dabei wird davon ausgegangen, dass einerseits bei allen gesellschaftswissenschaftlichen Forschungen in gewissem Umfang grundsätzlich, andererseits aber in ganz besonderer Weise bei der Generationengeschichte ein Phänomen eine Rolle spielt, welches die Psychowissenschaften „Eigenübertragung" nennen. Das heißt: Ob man es will oder nicht, ob man sich darüber im klaren ist oder nicht - die eigene Erfahrungswelt, das subjektive „mentale Gepäck", die autobiographische Selbstverortung und individuelle „Zeitheimat" im doppelten Sinn (zum einen als Altersgenosse von Gleichaltrigen in Absetzung von anderen Altersgruppen und zum anderen als in einem bestimmten Lebensalter sich Befindender) spielen bei dem Umkreisen des Forschungsgegenstandes eine nicht unerhebliche, manchmal sogar entscheidende Rolle. Einleitend daher sogleich eine erste persönliche Reminiszenz: Als wir, d.h. Hans Mommsen, Ulrich Herrmann, Hans Jäger und einige andere 1984 auf dem Historikertag in Berlin erstmalig in einer Sektion einen Vorstoß in Richtung Generationengeschichte unternahmen [1], waren wir - und waren es im Grunde noch bis vor wenigen Jahren - durchaus noch darauf aus, Generationen als konkrete Entitäten zu begreifen, wie es manche sozialwissenschaftliche Generationenforscher immer noch tun. Inzwischen favorisieren wir stattdessen aber sehr viel stärker den Begriff der „Generationalität" und meinen damit den Konstruktcharakter aller Generationenzuschreibungen, gleichzeitig aber auch die altersspezifischen Selbst- oder Fremdverortungen von Individuen (wie auch von Kollektiven) beim Durchmarsch durch ihre jeweilige Lebensspanne. Noch zugespitzter ausgedrückt: „Generationalität" meint eine einem Menschen subjektiv anhaftende oder von außen zugeschriebene Eigenart, die etwas mit seinem altersspezifischen Her-

---

1 Siehe den Sektionsbericht in: Bericht über die 35. Versammlung deutscher Historiker in Berlin. Stuttgart, 1985. S. 211-219.

kommen, seiner „Generationslagerung" (Karl Mannheim), zu tun hat. Das „Generationelle", falls es sich als Konstrukt historisch überhaupt einigermaßen klar fassen lässt, wird auf diese Weise mit der Subjektivität von Personen (oder Personengruppen) als ein Spezifikum ihrer „Identität" und mentalen Ausstattung in Verbindung gebracht. „Generationalität" zielt demnach nicht auf eine (rückblickende oder aktuelle) mehr oder weniger idealtypische Konstruktion von quasi „objektiv" fassbaren Generationenstrukturen ganzer Alterskohorten (etwa: die „68er", die „skeptische Generation", die „Generation Golf"), sondern auf eine Annäherung an die individuelle Selbsthistorisierung von Menschen in ihrer Zeit und deren damit verbundenen Sinnstiftungen - dies mit Blick auf die von ihnen erlebte Geschichte ebenso wie die Kontexte, die sie umgeben, die sie in spezifischer Weise wahrnehmen und in denen sie ihre Erfahrungen machen/gemacht haben. [2] Nun soll jetzt jedoch im Folgenden auf dieser abstrakten Ebene nicht weiterargumentiert, aber doch einleitend festgestellt werden, dass ich selbst erst spät zu begreifen begonnen habe, dass wichtige Impulse zur Beschäftigung mit dem Generationenthema, die mich seit Anfang der 1980er Jahre in wachsendem Ausmaß neugierig werden ließen, auch und nicht zuletzt etwas mit meiner eigenen „Generationalität" zu tun haben.

Eine spezielle Variante und durchaus besondere Herausforderung im Rahmen des Generationendiskurses besteht - dazu gibt es bisher allenfalls erste Vorstöße - darin, die Generationalitätsproblematik zusätzlich auch geschlechtsspezifisch anzugehen. Dazu als Einstieg ein paar Hinweise aus männlicher Perspektive: Beginnen will ich mit einem Zitat von Friedrich Dürrenmatt (geb. 1921), den als bereits in höherem Alter befindlicher Mann bei der Beerdigung seines 1881 geborenen Vaters folgender Gedanke überfiel: „Generationen überschlagen sich wie Wellen, werden von der Zeit davongetragen, und ihre Spuren sind für spätere Generationen oft rätselhaft, oft rührend, selten grandios und manchmal nicht ohne höhere Komik." [3] Und er gestand sich dabei am Grabe seines Vaters bedauernd ein, dass er diesen nun toten Mann eigentlich gar nicht richtig gekannt hatte und auch nichts über sein Verhältnis zu dessen Vater wusste. Aleida Assmann hat in einem Interview einmal beiläufig gesagt, Söhne begännen erst als über 60-jährige (nachfragende) Väterliteratur zu schrei-

---

2 S. dazu auch Ute Daniel: Kompendium Kulturgeschichte. Theorien, Praxis, Schlüsselwörter, 5. ergänzte Aufl. Frankfurt a. M., 2006. S. 330-345.

3 Friedrich Dürrenmatt: Labyrinth. Stoffe I-III, Werkausgabe, Bd. 28, Zürich, 1998. S. 176.

ben, in der sie ihre Väter mit Du anredeten! [4] Warum das im Einzelfall so ist oder auch nicht ist, ist hier nicht das Thema, aber doch eine besonders in der deutschen Geschichte des 20. Jahrhunderts ausgeprägte, höchst vielschichtige Befindlichkeit, die plakativ auf den Begriff „vaterlose Gesellschaft“ gebracht worden ist und seit dem Ersten Weltkrieg durchgängig, einige Male in recht zugespitzter Weise zur Debatte stand. Dabei ist selbstverständlich klar, dass hierbei zwei zwar miteinander verbundene, aber letztlich unterschiedliche Phänomene auseinander zu halten sind: ein eher metaphorisch gemeinter gesellschaftlicher Zustand mit dem Etikett „Vaterlosigkeit“ und eine ganz konkrete, nach zwei Weltkriegen viele Millionen Kinder und Jugendliche betreffende Art des Auf-den-Lebensweg-geschickt-Werdens, wobei selbstverständlich spezifische Unterschiede des vaterlosen Aufwachsens von Söhnen und Töchtern anzunehmen sind. Als zwar selbst betroffener, aber bis vor wenigen Jahren kaum darüber reflektierender Historiker bin ich erst durch ein konkretes Forschungsprojekt und dann seit dem Erscheinen des Buches des Kasseler Psychoanalytikers Hartmut Radebold „Abwesende Väter“ [5] in dieses Thema von diversen Psychowissenschaftlern, allen voran von Radebold selbst, hereingezogen worden, denn es bestand bei ihnen angesichts des deutlichen Zunehmens der Zahl älterer Männer, die mit Depressionen in ihre Praxen kamen, das nachdrückliche Bedürfnis, sich mit historischen, besonders mit erfahrungs- und generationengeschichtlichen Zusammenhängen vertraut zu machen. Ich habe als jemand, der sich für solche Themen zu interessieren begann, diese Einwerbung geradezu als Abenteuer erlebt, das in ein breites Feld bemerkenswerter neuer Impulse gerade auch für die Geschichtswissenschaft geführt hat. In diesem Kontext ist dann ein Buch mit dem Titel „Söhne ohne Väter“ entstanden, das sich mit den Reflexionen und den Lebenswegen von heute ca. 65- bis 70-jährigen, in der Kriegs- und Nachkriegszeit vaterlos aufgewachsenen Männern beschäftigt. [6] Anschließend konnten wir erleben, dass wir häufig in mehr oder weniger fordernder Weise von Leserinnen darauf aufmerksam gemacht wurden, dass es ja schließlich auch die gleiche Zahl von vaterlosen Töchtern gegeben habe und wir diese gleichrangig hätten mitberücksichtigen müssen. Ich gebe zu, dass unser Zugriff aus den erwähnten Gründen ein stark von der männlichen Sicht ausgehender war und ist. Es wäre

4 Interview der „taz“ mit Aleida Assmann und Harald Welzer, abgedruckt unter dem Titel „Das ist unser Familienerbe“ in: taz, 22.01.2005.

5 Hartmut Radebold: Abwesende Väter. Folgen der Kriegskindheit in Psychoanalysen, mehrere Auflagen, 1. Auflage, Göttingen, 2000.

6 Schulz, Hermann/Radebold, Hartmut/Reulecke, Jürgen: Söhne ohne Väter. Erfahrungen der Kriegsgeneration, Berlin, 2004.

bei diesem Thema auch wohl vermessen, als Mann die weibliche Perspektive gleichrangig mitbehandeln zu wollen! In diesem Kontext ist übrigens von der Siegener Psychologin Insa Fooken ein m. E. einleuchtender neuer Begriff geprägt worden, der auf die zumindest partielle Andersartigkeit männlichen Aufwachsens im individuellen wie kollektiven generationellen Zusammenhang hinweisen soll, nämlich „Söhnlichkeit."

Ausgehend von dem Schlagwort von der (im genannten doppelten Sinn) „vaterlosen Gesellschaft" soll es im Folgenden um zwei Aspekte dieses Themas gehen: Der erste Aspekt geht auf eine zunächst fast beiläufig geäußerte Beobachtung von Sigmund Freud aus dem Jahre 1912 zurück. [7] Freud fragte damals danach, „wieviel man der psychischen Kontinuität innerhalb der Generationsreihen zutrauen kann und welcher Mittel und Wege sich die eine Generation bedient, um ihre psychischen Zustände auf die nächste zu übertragen"; denn - so Freud - „keine Generation (sei) imstande ..., bedeutsamere seelische Vorgänge vor der nächsten zu verbergen." Anspielend auf das Einleitungszitat von Dürrenmatt: Was bedeutet es für das von Freud angesprochene Weiterwirken der seelischen Zustände der Elterngeneration in der nachfolgenden Söhnegeneration, wenn sich die Väter zurückziehen oder es in vielen Fällen keine konkreten Väter mehr gibt?

Der zweite Aspekt pointiert diese Frage noch zusätzlich - ausgehend von einem Sufi-Sprichwort: „Der Mann wird dreimal geboren, einmal von der Muter, einmal vom Vater und einmal von sich selbst." Konkreter und unter Hinzuziehung eines psychologischen Begriffs heißt das: Zum Werden eines reifen „Selbst" gehört die Erfahrung der „Triangulierung", das heißt die frühkindliche Erfahrung einer weiblichen und einer männlichen Bezugsperson. Der deutsch-amerikanische Psychoanalytiker Heinz Kohut hat einmal die Entstehung des reifen „Selbst" ebenfalls mit drei Phasen in Verbindung gebracht, indem er von drei Arten des „psychischen Sauerstoffs" gesprochen hat, die man brauche, um schließlich ein selbstsicheres, profiliertes und sich voll anerkennendes „Selbst" zu sein:

1. das Erlebnis von Empathie im Kleinkindalter,
2. das Erlebnis von Vorbildern, einschließlich des Kennenlernens von Idealen (= „väterliche Welterschließung") in der Zeit des Heranwachsens, und
3. die Widerspiegelung des Ich im Anderen bzw. die Fähigkeit, sich in den Anderen zu sehen (= „Selbstgeburt"). [8]

---

7 Sigmund Freud: Die infantile Wiederkehr des Totemismus, in: ders.: Totem und Tabu, hier zit. nach der Ausgabe Frankfurt a. M., 1962. S. 176.

8 Heinz Kohut: Die Heilung des Selbst (suhrkamp taschenbuch wissenschaft 373), Frankfurt a. M., 1999. passim.

Es sollen jetzt jedoch nicht noch weitere Anleihen bei den Psychowissenschaftlern gemacht, sondern vor dem bisher angesprochenen Fragehorizont einige historische Facetten aus einem noch kaum beackerten Forschungsfeld mehr oder weniger additiv vorgeführt werden, die das Generationalitätsthema mit dem Väter-Söhne-Thema verbinden. Dabei spielt die zugegeben etwas überzogen zugespitzte Frage eine Rolle, ob nicht die These von der Vaterlosigkeit zweier deutscher Nachkriegsgesellschaften durch die These von einer gleichzeitig von dieser Vaterlosigkeit hervorgerufenen defizienten, zumindest beschädigten „Söhnlichkeit" ergänzt werden müsste.

Um mit dem autoritären Vaterbild im späten Kaiserreich einzusteigen, das zunächst für die Kriegskinder des Ersten Weltkriegs noch weitgehend prägend war: Das beginnende 20. Jahrhundert ist um 1900 enthusiastisch als „Jahrhundert des Kindes" oder auch als „Jahrhundert der Jugend" begrüßt worden. Dass es ein Jahrhundert werden sollte, das stattdessen über viele Jahrzehnte von martialischer Männlichkeit bestimmt wurde und mehrere Kinder- und Jugendgenerationen mit zum Teil erheblichen seelischen Belastungen und psychischen Verletzungen auf ihren Lebensweg schickte, ahnte keiner der damaligen fortschrittsoptimistischen Propagandisten eines „neuen Menschen". Sie glaubten noch, durch die neuen naturwissenschaftlich-medizinischen Erkenntnisse, durch Lebensreform und Reformpädagogik, zum Teil auch bereits durch Sozial- und Rassenhygiene einen Nachwuchs heranziehen zu können, der – so die schwedische Pädagogin Ellen Key – in einer künftig besseren Welt dem „Kampf ums Dasein edlere Formen zu verleihen" imstande sei. [9] Doch die mentalitätsgeschichtlichen Weichenstellungen wiesen trotz solcher idealistischen Hoffnungen in andere Richtungen, die erheblich wirksamer waren: Die in den Jahren vor dem Ersten Weltkrieg heranwachsenden Jungen wurden mit Männlichkeitsvorstellungen aufgezogen, die in erster Linie von militärisch-soldatischen Tugenden, von Härte, männlicher Kraft und Ehre sowie vom Stolz des Mannes bestimmt waren. Wie die deutsche Eiche sollte er in den Stürmen der Zeit „seinen Mann" stehen! In einem „Ratgeber für den Guten Ton" aus dem Jahre 1910 heißt es zum Beispiel: Der wahre deutsche Mann breche „lieber über die Welt den Hals, als er von ihr den auf richtiger Überzeugung gewurzelten Kopf sich brechen ließe. Der Mann (müsse) Schierling trinken und in Lava baden können, wenn es (gelte) (...), um für andere und fürs Gute zu handeln und zu leiden." Dieses Gute war selbstverständlich in erster Linie die Nation und das deutsche Vaterland. Wenn dann ein solcher deutscher Mann selbst

9 Ellen Key: Das Jahrhundert des Kindes (dt. 1902), hier zit. nach dem Nachdruck Königstein/Ts., 1978. S. 5.

Vater war, sollte er - so der zitierte „Ratgeber" - entsprechend streng und unnachsichtig, d. h. „mit seiner ganzen Autorität" auch seine Söhne erziehen. [10] Doch dieses Erziehungsideal geriet bereits vor 1914 ins Wanken; jüngere Zeitkritiker bemerkten schon damals, dass sich zwischen dem autoritären Vatergehabe und den Ansprüchen ihrer Söhne eine immer größer werdende Kluft aufzutun begann: Immer mehr Söhne von Vätern aus der Generation der sog. „Wilhelminer" (geboren in den 1850er und frühen 1860er Jahren) [11] begannen Auswege aus dem rigiden Vater-Sohn-Schema zu suchen, distanzierten sich und probten Alternativen, wenn sie nicht resignierten oder gar unter dem autoritären Druck des Elternhauses und der Schule zerbrachen. [12] Viele literarische Zeugnisse wie der berühmte „Brief an den Vater" von Franz Kafka (1919) bis hin zu Vatermordphantasien liefern Beispiele für die zum Teil erdrückende Situation. [13] Dann allerdings überdeckten die Ereignisse und jungmännlichen Erfahrungen in den „Stahlgewittern" des Ersten Weltkriegs für einige Zeit, d. h. bis zum deprimierenden Zusammenbruch im November 1918, die Vater-Sohn-Probleme der spätwilhelminischen Zeit.

Die Kriegsniederlage, die Revolution von 1918/19, der als „Schmachfriede" empfundene Friedensschluss von Versailles und die Gründung der Weimarer Republik stellten dann jedoch - und von nun an in mehreren Wellen das gesamte 20. Jahrhundert hindurch - die Rolle der Väter in zum Teil höchst aggressiver Weise auf den Prüfstand. Ein Vorwurf lautete, das schuldhafte Versagen und die Charakterlosigkeit der Väter seien der Grund für die deutsche Katastrophe von 1918/19 gewesen. Und parallel, aber mit anderer Stoßrichtung prägte der Wiener Freud-Schüler Paul Federn (1871-1950) erstmals im Mai 1919 das Schlagwort von der „vaterlosen Gesellschaft": Der Sturz des bisher verehrungswürdigen Va-

10 Franz Albrecht: Der Ratgeber für den Guten Ton in jeder Lebenslage. Berlin, o. J. (1910). S. 27f. und S. 82.

11 S. zu dieser „Generation der Wilhelminer" Martin Doerry: Übergangsmenschen. Die Mentalität der Wilhelminer und die Krise des Kaiserreichs. Weinheim/München, 1986.

12 S. aus zeitgenössischer Perspektive Ludwig Gurlitt: Schülerselbstmorde. Berlin o. J. (1908). Grundsätzlich dazu Joachim Schiller: Schülerselbstmorde in Preußen. Spiegelungen des Schulsystems? Frankfurt/Main 1992.

13 Franz Kafka: Brief an den Vater (1919). Neu hrsg. von Hans-Gerd Koch. Berlin 2004. S. auch Thomas Koebner: „Der riesige Mann, mein Vater, die letzte Instanz". Familiendrama und Generationskonflikt in der deutschen Literatur zwischen 1890 und 1920, sowie Karl Prümm: Jugend ohne Väter. Zu den autobiographischen Jugendromanen der späten zwanziger Jahre; beide Beiträge in: Koebner, Thomas/Janz, Rolf-Peter/Trommler, Frank (Hrsg.): „Mit uns zieht die neue Zeit". Der Mythos Jugend. Frankfurt a. M., 1985. S. 500-518 und S. 563-589.

terbildes habe die Menschen zu Vaterlosen gemacht und werde sie zu Vatergegnern machen, die sich in Streiks und Straßenkampf aufrieben, weil „kein Vater mehr die Seelen der Söhne zu friedlicher Arbeit" vereine. Allerdings - so prophezeite Federn - warteten diese desorientierten Söhne nur darauf, dass sich eine geeignete Führerpersönlichkeit finde, die ihrem Vaterideal entspreche, um sich ihr dann bedingungslos anzuschließen. [14] „Der Krieg, das waren unsere Väter", lautete schließlich in Ernst Glaesers Roman „Jahrgang 1902" das Kernmotto. [15] Und in Eduard Sprangers 1922/23 geschriebenem Standardwerk „Psychologie des Jugendalters" heißt es mit gewisser Sympathie des Verfassers, in der jungen Generation werde zur Zeit die Idee eines „Jugenddiktators" diskutiert, „d.h. eines Mannes, der an der Spitze der Jugend die neue Welt heraufführt, wenn die alte endgültig in ihrer Sackgasse gescheitert ist." [16] In der Folgezeit entstand eine Fülle entsprechender, zum Teil radikaler Quasiphilosophien! Eine z. B. lautete: In die in den Nachkriegsjahren propagierte familienferne, männerbündisch geprägte Männlichkeit könne nur der junge Mann hineinwachsen, der sich von den Vätern befreit und die Sphäre der Familie verlassen habe, denn (so der spätere NS-Philosoph Alfred Baeumler): „Nicht die Familie ist die Keimzelle des Staates, er wird geschaffen durch die Taten und die Vereinigung freier Männer." Wenn der heranwachsende Mann nicht dort den Platz finde, wo er seine heroischen Kräfte entfalten könne, dann habe „er nur die Wahl, zum nüchternen Geschäftsmann, zum Weiberknecht oder zum versimpelten Familienvater zu werden." [17] Und der Chefideologe des „Dritten Reiches", Alfred Rosenberg, malte die potentielle Degeneration des Mannes durch einen in einer demokratisch-urbanen Großstadtzivilisation erzeugten zunehmenden Verfall männlicher Werte mit folgendem Szenario an die Wand: In einem vom Niedergang heroischer Männlichkeit geprägten zukünftigen „Frauenstaat" sei nur noch mit „zarten trippelnden Männchen in Lackschuhen und lila Strümpfen, mit Armbändern behangen, mit zarten Ringen am Finger, mit blau untermalten Augen und roten Nasenlöchern" zu rechnen! [18] Mit solchen und ähnlichen Parolen und Schlagworten wurde

---

14 Paul Federn: Zur Psychologie der Revolution: Die vaterlose Gesellschaft, in: Der österreichische Volkswirt. 11. Jg. (1919). S. 571-574 und S. 595-598; hier S. 598.

15 Ernst Glaeser: Jahrgang 1902 (1928). Nachdruck Kronberg/Ts., 1978. Klappentext.

16 Eduard Spranger: Psychologie des Jugendalters (hier zit. nach der 3. Auflage, Leipzig, 1925). S. 164.

17 Alfred Baeumler: Männerbund und Wissenschaft. Berlin 1934. S. 42.

18 Alfred Rosenberg: Der Mythus des 20. Jahrhunderts. Eine Wertung der seelisch-geistigen Gestaltenkämpfe unserer Zeit, zuerst München, 1930, hier zit. nach der 95.-98. Auflage. München, 1936. S. 506f.

in der Zeit ihres Heranwachsens die Generation meines Vaters, also die Kriegsjugendgeneration des Ersten Weltkriegs traktiert.

Wie wird ein Mann zum Mann? In der ersten Hälfte des 20. Jahrhunderts konkurrierten also zunehmend zwei Modelle miteinander: Einerseits wurde immer wieder und immer noch die traditionelle Auffassung beschworen, dass es in erster Linie der Vater sein sollte, der streng und unnachsichtig, „mit seiner ganzen Autorität" seine Söhne zu kraftvollen und standhaften Männern zu erziehen habe. Andererseits traten daneben aber diverse männerbündische Gruppierungen, die den Vätern diese Rolle nicht mehr zutrauten, sondern sich selbst als Institutionen zur Anerziehung von Männlichkeit anboten. Statt der „bankrotten Väter" sollte eine neue „Führerjugend" das Heft in die Hand nehmen, womit gleichzeitig die Frage zur Debatte stand, wer denn als Führer einer neuen Jugend voranschreiten sollte. In den Freikorps, in den Gruppierungen der bündischen Jugend und in den Soldatenverbänden traten nun diverse charismatische Männerbundhelden auf, die diese Rolle für sich reklamierten.

Was in dieser Form in den 1920er Jahren erstmalig zu beobachten war, sollte sich dann nach dem Zweiten Weltkrieg in ähnlicher Weise noch einmal wiederholen: dass es einerseits eine breite Diskussion über das Versagen der Vätergeneration und über eine „vaterlose Gesellschaft", kulminierend 1963 in Alexander Mitscherlichs Buch „Auf dem Weg zur vaterlosen Gesellschaft" , gab (s. u.) und dass andererseits viele Tausende vaterlose Söhne von gefallenen Soldaten aufwuchsen, die sich ohne Orientierung an einem konkreten Vater ein Männerbild zurechtbasteln mussten. Zunächst aber noch einmal zurück zur Endphase der Weimarer Republik: Die Rede davon, die Väter hätten durch ihr Versagen das Erbe und damit die Zukunft ihrer Söhne verspielt, durchzog als öffentlichkeitswirksamer Globalvorwurf die Weimarer Republik, richtete sich zugleich gegen die Regierungen und die bürgerlichen Parteiführer und mündete schon 1927 in die demagogische Forderung Gregor Strassers (1892-1934): „Macht Platz, Ihr Alten … ihr Ehrlosen und Gemeinen, ihr Verräter und Feiglinge!" [19] Kurze Zeit später überspitzte Peter Suhrkamp (1891-1959) die radikale Zeitdiagnose noch mit seinem Satz „Der Vater ist tot!" Er meinte damit, dass das „System von Weimar" den nachwachsenden Generationen letztlich keine überzeugenden „Väter, Lehrer und Meister" mehr bereitgestellt habe, die junge Generation also einem von den Vätern verschuldeten Chaos „preisgegeben" und nun zu einem „mit Jammer, Hass und Wut und edler Empörung geladene(n) Material" ge-

---

19 Gregor Strasser: Macht Platz, ihr Alten! In: ders.: Kampf um Deutschland. Reden und Aufsätze eines Nationalsozialisten. München, 1932. S. 171-174.

worden sei.[20] Die schon in den frühen 1920er Jahren formulierte Sehnsucht nach einer „Führerjugend“, die sich bis zur eigenen Selbstaufopferung treu einem großen Führer anschließen und so aus dem Gefühl der Orientierungs- und Zukunftslosigkeit erlöst werden würde, haben dann die Nationalsozialisten demagogisch geschickt zumindest zeitweise auf Hitler zu projizieren verstanden. Da eine vaterlose Jugend, so hieß es 1934, immer zugleich eine staatenlose sei, musste den entwurzelten Söhnen also, wenn schon die eigenen Väter keine überzeugenden Väter mehr waren, sondern zumeist bloß aus dem Krieg zurückgekommene „Zerbrochene, Wehleidige, Klagende oder Erstarrte“[21], vom NS-Regime ein Übervater in der Gestalt des „Führers“ angeboten werden.

Vollzog sich diese Debatte auch im Wesentlichen bloß auf der publizistischen, z. T. rhetorisch-demagogischen Ebene, so beeinflussten die in der Öffentlichkeit in heterogener Breite gehandelten Männerbilder die meisten der heranwachsenden jungen Männer dennoch in irgendeiner Weise, auch wenn die Wirkung dieser Bilder bei den mit und den ohne konkreten Vater aufwachsenden Jungen recht unterschiedlich gewesen sein dürfte: Bei den ersteren stellten diese Angebote Ergänzungen und Korrekturen zum konkreten Vatererlebnis dar, bei den anderen füllten sie jedoch in jeweils individueller Ausformung eine Lücke aus, hatten eine viel weiter gehende existenzielle Orientierungsbedeutung, hinterließen insofern – wie wir heute wissen – deutlichere Spuren und führten zu ganz erheblichen lebenslaufprägenden Auswirkungen.

Dass der Krieg nicht nur millionenfache Männerverluste in einer bestimmten Altersgruppe bewirkt hatte, sondern auch für viele Kinder den Ausfall des Vaters mit mancherlei psychischen, für Jungen und Mädchen zum Teil unterschiedlichen Folgen bedeutete, ist interessanterweise in den 1920er Jahren durchaus schon beobachtet und diskutiert worden, in den Jahrzehnten nach dem Zweiten Weltkrieg dagegen allenfalls nur am Rande – dies bis in die letzten Jahre hinein! So wurde in der zweiten Hälfte der 1920er Jahre in Württemberg eine größere Untersuchung mit dem Anspruch einer gewissen Repräsentativität durchgeführt, bei der es um die Frage ging, wie der „Werdegang vaterloser Halbwaisen“ durch das besondere Verhältnis von „Mutter und Sohn“ bestimmt wurde und zu

20 Peter Suhrkamp: Söhne ohne Väter und Lehrer. Die Situation der bürgerlichen Jugend, in: Neue Rundschau 43 (1932). S. 681-696. Zitat S. 696. S. grundsätzlich dazu Barbara Stambolis: Mythos Jugend. Leitbild und Krisensymptom. Ein Aspekt der politischen Kultur im 20. Jahrhundert. Schwalbach/Ts., 2003.

21 Karl Rauch: Schluss mit „junger Generation“! Leipzig, 1934. S. 19f.

welchen Erziehungsschwierigkeiten dieses Verhältnis führen konnte.[22] Mit Hilfe von Fragebögen sowie Interviews mit betroffenen Jungen, mit Müttern und Lehrern entstand ein beachtliches Bild vom Heranwachsen vaterloser Söhne nach dem Ersten Weltkrieg - dies aufgeschlüsselt nach Alter, sozialer Schicht, Schulform u. ä. (189 Fälle). Zentraler Ausgang war bei den Initiatoren der Studie die Befürchtung zunehmender Verwahrlosung, psychischer Schädigung, unmännlicher Verweichlichung und unnationaler Einstellung bei den vaterlosen Söhnen. Ausgehend von der Grundannahme, dass zu jeder erfolgreichen Erziehung immer Mann und Frau, Vater und Mutter zusammenwirken müssten, ging die Interpretation der Befunde von vornherein von der Annahme aus, dass es sich beim Heranwachsen vaterloser Söhne um eine Defizitbewältigung handelte, wobei zwar keine völlig neuen, noch unbekannten Erziehungsmängel aufträten, aber die bekannten häufiger und in extremerer Ausprägung zu beobachten seien. Dabei wurden idealtypisch zwei Müttertypen (und auch Söhnetypen) unterschieden: Aktive Mütter (eher aus den Unterschichten stammend) seien energisch darauf aus, den Vater zu ersetzen, während „kontemplative" Mütter - oft inkonsequent, ängstlich, unsicher - zwar mit sorgender Liebe an ihren Söhnen hingen und intensiv versuchten, deren Lage nach Kräften zu verbessern, sie aber aus Hilflosigkeit häufig sich selbst überließen, da sie sich in „spezifisch knabenhafte Betätigungsweisen" nicht hineindenken könnten. Sie seien dann besonders froh, wenn sich männliche Berater und Vorbilder wie z.B. Lehrer und Jugendführer fänden, die dem Sohn männliche Verhaltensweisen vorlebten. Aktive Söhne nutzten allerdings diese Haltung oft massiv aus, würden zu kleinen Tyrannen, entwickelten sich zu zuchtlosen und respektlosen Individuen sowohl gegenüber der Mutter als auch in der Schule und als „Rädelsführer" unter Gleichaltrigen. Kontemplative Söhne von kontemplativen Müttern hätten dagegen zunächst meist ein besonders enges Verhältnis zur Mutter. Ihre Bereitschaft, der Mutter im Haushalt zu helfen, führe zu „femininen Strukturen". Sie seien bildungswillig, läsen viel, legten sich Sammlungen an und beschäftigten sich viel mit sich selbst. Aber: Die Schule werde dabei oft vernachlässigt. Allerdings suchten diese Jungen in der Zeit der Pubertät gern Anschluss an männliche Ältere, „geleitet von dem Bedürfnis, der durch das Fehlen des Vaters entstandenen Vernachlässigung der geistigen Interessen Einhalt zu tun." Das führe dann, nicht selten zum Leidwesen der Mütter, zu einer Entfremdung. Besonders die kontemplativen Mütter hätten ihren Söhnen gegenüber oft den Vater als idealisierten Heldenvater gezeichnet, was

22 Zum Folgenden s. Karl Clauß: Mutter und Sohn. Vom Werdegang vaterloser Halbwaisen. Langensalza 1931. passim.

wiederum bei diesen zur Idealisierung bestimmter männlicher Tugenden geführt habe: vor allem zu männlichem Mut, zum Bemühen um Entschlossenheit, zu „Haltung", Zuverlässigkeit und Ausdauer, zum Willen zu ernster Bewährung usw.

Die Frage liegt nahe, ob eine vergleichbare Untersuchung nach dem Zweiten Weltkrieg zu ähnlichen Ergebnisse geführt hätte, aber die Problematik der vaterlosen Söhne aus einem solchen Blickwinkel spielte nach 1945 nahezu keine Rolle. Zur Überleitung in die Zeit nach dem Zweiten Weltkrieg bietet sich ein Hinweis auf eine seinerzeit offenbar vom Publikum mit starken Emotionen aufgenommene Szene aus Carl Zuckmayers Drama „Des Teufels General" (Züricher Uraufführung 1946, verfilmt 1955) an, nämlich auf das Gespräch des jungen Leutnants Hartmann mit der Hauptfigur des Stückes, dem Fliegergeneral Harras (im Film von Curd Jürgens dargestellt), das die Situation von vaterlosen Knaben des Ersten Weltkriegs nun im Zweiten Weltkrieg in einer solch anrührenden Weise charakterisierte, dass anschließend Zuckmayer eine Fülle von Briefen mit dem Tenor erhielt: „Ich bin Ihr Leutnant Hartmann"! [23]

Zuckmayer porträtierte den jungen Leutnant Hartmann als idealistischen Nationalsozialisten, der bei einem Fest bekümmert abseits steht. Als aber dann dessen Fliegerstaffel unvermutet zur Front zurückbefohlen wird, hellt sich seine Miene sofort auf. Harras ist darüber verwundert und will der Sache auf den Grund gehen. Es kommt heraus, dass sich seine ehrgeizige Verlobte von ihm getrennt hatte, weil in seinem Stammbaum ein jüdischer Vorfahre aufgetaucht war. Eine erhoffte Parteikarriere war damit unmöglich geworden. Er könne, so Hartmann (in der Nacherzählung von Ulrike Weckel), „die gelöste Verlobung nicht so leicht nehmen, sei vielleicht wirklich lebensuntüchtig, wie sie ihm gesagt habe, aber einen großen Tod auf dem Schlachtfeld, den könne er allemal sterben. Harras liest ihm kräftig die Leviten: Die Idee von Rassenreinheit sei albern, seine Verlobte, die Harras wie alle Hochdekorierten auf der Feier schamlos angeflirtet hat, eine Gans und bestenfalls ,'n Spaß für acht Tage Urlaub' und Todessehnsucht alles andere als Heroismus. Mit rauer Zärtlichkeit versichert der General dem Vaterlosen (,Ich hatte nie ein Zuhause (...) bis ich zur Hitler-Jugend kam. Meine Heimat war das Schulungslager. Die Ordensburg. Und dann – die Truppe'), wie sehr er sich wünsche, dass Hartmann von seinem Einsatz an der Ostfront lebend zurück-

23 Die folgende Zusammenfassung beruht auf einem Beitrag von Ulrike Weckel: Eingeschränkte Vieldeutigkeit. Die Verfilmung von Carl Zuckmayers Theatererfolg *Des Teufels General* (1955), in: WERKSTATT*GESCHICHTE* 39 (14. Jg., Mai 2005). S. 89-101, bes. S. 96ff.

kehre, das Leben genieße und alt werde." Für Zuckmayer sei, so Ulrike Weckel, Leutnant Hartmann der „Lichtblick" seines Dramas gewesen: „Ohne die Hoffnung auf ihn und für ihn hätte ich das Stück nie schreiben können", behauptete er in seinen 1948 veröffentlichen Notizen. [24] In zahlreichen Treffen mit jungen Kriegsheimkehrern erfuhr Zuckmayer dann tatsächlich, dass sich viele von ihnen in dem Leutnant Hartmann wiedergefunden hatten.

Neben die vaterlosen Söhne des Ersten Weltkriegs vom Typ Hartmann traten jetzt als nächste Altersgruppe die vaterlosen Söhne des Zweiten Weltkriegs in einer erneut als „vaterlos" apostrophierten Gesellschaft. Zwar fiel dieser Begriff zunächst nicht ausdrücklich, doch ging es in der Folgezeit um die grundlegende Kritik am deutschen Männerbild. Zu einem Vaterbild gehört ja wohl immer auch ein überzeugendes Männerbild, und daran haperte es. Frauenzeitschriften wie der damals vielgelesene „Regenbogen" brachten es in den späten 1940er Jahren auf den Punkt: „Die stolze, bewunderte männliche Welt hat - warum es leugnen? - ein klägliches Ende gefunden." [25] Und an anderer Stelle heißt es programmatisch: „Das Matriarchat wird unsere Zukunft tragen ... oder wir haben keine mehr." [26] Männlichkeit war also nun ebenfalls desavouiert, nachdem vorher bereits die erwähnte Demontage des Vaters stattgefunden hatte und in jene erste Argumentationswelle mit dem Etikett „vaterlose Gesellschaft" eingemündet war. Wenn diese vaterlosen jungen Väter den Krieg überlebt hatten und zurückkamen, standen sie einerseits vor Kindern, die sie kaum kannten und zu denen sie in vielen Fällen auch keine für beide Seiten befriedigende Väterlichkeit mehr entwickeln konnten. Andererseits begann in den Jahren nach dem Kriegsende, vor allem unterstützt durch die bundesrepublikanische Familienpolitik der 1950er Jahre unter dem Minister Wuermeling, das Leitbild der „Mutterfamilie" zu dominieren. [27] Wer die Frauenzeitschriften, die Leserfragenkolumnen in den großen Illustrierten (z. B. „Fragen Sie Frau Irene" in der HÖR ZU) und nicht zuletzt die Mitte der 1950er Jahre in großer Zahl auf den Markt kommende Ratgeberliteratur und vielen Anstandsbücher durchsieht, fin-

---

24 Zit. ebd, S. 97.

25 Der Regenbogen. H. 7. 1946. S. 3. Hierzu und zum Folgenden Jürgen Reulecke: Defiziente „Söhnlichkeit"? Fragen an die westdeutsche Nachkriegsgeschichte aus erfahrungsgeschichtlicher Sicht, in: Jürgen John u. a. (Hrsg.): Zeit-Geschichten. Miniaturen in Lutz Niethammers Manier. Essen, 2005. S. 192-197.

26 Der Regenbogen. H. 1. 1947. S. 3.

27 S. dazu ebd. H. 9, 1951: „Die Mutterfamilie. Eine Umfrage". Vgl. auch Angela Seeler: Ehe, Familie und andere Lebensformen in den Nachkriegsjahren im Spiegel der Frauenzeitschriften, in: Freier, Anna-Elisabeth/Kuhn, Annette (Hrsg.): Frauen in der Geschichte, Bd. V. Düsseldorf, 1984. S. 99-119; hier S. 102.

det fast durchgängig, wenn es um die Rollenverteilung in der Ehe und bei der Kindererziehung geht, dass es die Ehefrauen und Mütter waren, denen in nahezu jeder Hinsicht die Hauptverantwortung zugewiesen wurde. Profilierte Männerbilder tauchen dagegen in dieser von Erica Pappritz als oberster Anstandshüterin im Bonner Protokoll und ihrem „Buch der Etikette“ [28] bestimmten Zeit nicht mehr auf: Zwar erfolgte eine intensive Restauration der traditionellen Umgangsformen, um gegen die Verwahrlosung und angebliche Sittenlosigkeit der vorausgegangenen Trümmerzeit einen Damm zu errichten, doch spielte dabei der Versuch, ein profiliertes Männer- und Vaterbild zu reetablieren, nahezu keine Rolle. Nur einige wenige Beispiele für viele [29]: 1948 war z. B. in der HÖR ZU-Rubrik „Fragen Sie Frau Irene“ zu lesen: „Tausende und aber Tausende von Männern kamen gebrochen, in ihrem Charakter geschwächt und fast lebensuntauglich aus der Gefangenschaft. Dann war es entscheidend, wie sich die Frauen zu ihrem Mann stellten. Ob sie die Charakterstärke hatten, den Schwachen zu stützen, den Abgeglittenen zu halten …“ Der Mann wurde geradezu zum Produkt weiblicher Modellierungskunst erklärt, wie 1953 in der HÖR ZU zu lesen war: „Sowohl die Ehe wie der Ehepartner - das sollten wir Frauen uns besonders hinter die Ohren schreiben - sind genau das, was wir aus ihnen machen. Die Frau ist verantwortlich für die Atmosphäre, für die Luft in der Ehe, für die Lust an der Ehe.“ Und in einem Heft der evangelischen Schülerzeitschrift „Jungenwacht“ aus dem Jahre 1958 mit dem bezeichnenden Titel „Vater - unser ärmstes Stück?“ war zu lesen, die heutigen Väter bräuchten von Seiten ihrer Kinder Nachsicht: Sie hätten es nach den deprimierenden Erfahrungen mit der NS-Zeit, mit Krieg, Gefangenschaft und Nachkriegsnot „schwer, Autorität zu sein.“ [30] Sie seien müde und nervös, und da sie nicht mehr viel an Lebensmut ausstrahlten, könnten sie ihren Kindern auch oft keinen verlässlichen Weg mehr zeigen und keine gültigen Antworten mehr geben. Anlass für dieses deprimierende Väterbild mögen evtl. auch die 1957/58 die Öffentlichkeit stark aufrüttelnden so genannten „Halbstarkenkrawalle“ gewesen sein.

Schlagartig war der Slogan von der „vaterlosen Gesellschaft“ jedoch wieder auf dem Markt der gesellschaftlichen Deutungen präsent, als 1963 Alexander Mitscherlich seine „Ideen zur Sozialpsychologie“ unter dem

---

28 Karlheinz Graudenz, unter Mitarbeit von Erica Pappritz: Das Buch der Etikette, 1. Aufl. Marbach 1956. 5. Aufl. Marbach, 1961.

29 Die folgenden Zitate entstammen der Arbeit von Lu Seegers: Hör zu! Eduard Rhein und die Rundfunkprogrammzeitschriften (1931-1965). Potsdam, 2001. bes. S. 378ff.

30 Jungenwacht. Heft 5. 1958. S. 6ff.

Titel „Auf dem Weg zur vaterlosen Gesellschaft" veröffentlichte.[31] Mitscherlich behandelte in seinem Bestseller allerdings ausdrücklich nicht die konkrete Vaterlosigkeit konkreter Söhne, sondern einen seiner Meinung nach rasant voranschreitenden gesellschaftlichen Prozess, mit dem „die paternitäre Gesellschaftsordnung sich selbst in eine kritische Lage manövriert" habe.[32] Die „unterweisende Funktion des Vaters" verschwinde ebenso wie das „Arbeitsbild des Vaters" immer mehr; Folgen seien eine „Verwerfung des Vaters", seien Entfremdung und deren seelische Entsprechungen: Angst und Aggressivität.[33] Speziell bei den männlichen Jugendlichen führe dies zu einem psychopathologisch schweren und langen Verlauf der Adoleszenzkrise, zu dauerhafter Unsicherheit und im Extremfall zu einem gewalttätigen Schmarotzertum, nur den Trieben gehorchend und ohne Sozialbindung. Auf solche Weise verkümmere – und hier mündet Mitscherlichs Vaterlosigkeitsdiagnose in ein umfassendes Negativpanorama der modernen Massenzivilisation und massenmedial gelenkten Gesellschaft – „die Fähigkeit zu einem differenzierteren intellektuellen und emotionalen Kontakt, zur Entfaltung einer zärtlichen und angeregten Atmosphäre."[34]

Dass wenige Jahre später die antiautoritäre Studentenbewegung mit ihrem Slogan „Trau keinem über 30!" sowie ein paralleler aggressiver Feminismus, der Männer als permanente Triebtäter und Väter als nur noch biologische Notwendigkeit, sonst aber bei der Kindererziehung als überflüssige, sogar schädliche Wesen verstand, eine „vaterlose Gesellschaft" geradezu als positive Zukunftsvision herbeireden wollte[35], muss hier nicht weiter erläutert werden. Odo Marquard (geb. 1928) hat dann die Aufbruchbewegungen der 68er-Zeit treffend als „nachträglichen Ungehorsam" charakterisiert: Die zwischen 1933 und 1945 „ausgebliebene Revolte gegen den Diktator (den Vater der vaterlosen Gesellschaft)" sei jetzt „stellvertretend nachgeholt (worden) durch den Aufstand gegen das, was nach 1945 an die Stelle der Diktatur getreten war."[36] Und von Lutz

---

31 Alexander Mitscherlich: Auf dem Weg zur vaterlosen Gesellschaft. Ideen zur Sozialpsychologie, zuerst München 1963. 10. unveränderte Auflage 1996, Neuauflage Weinheim, 2003. S. dazu die erneute kritische Auseinandersetzung mit Mitscherlichs Thesen in Robert Heim: Utopie und Melancholie in der vaterlosen Gesellschaft. Gießen, 1999. Bes. S. 109-159.

32 Mitscherlich. S. 177 (hier zit. nach der Taschenbuchausgabe Zürich 1996).

33 Ebd.

34 Ebd., S. 340.

35 S. dazu den kritischen Essay von Matthias Matussek: Die vaterlose Gesellschaft. Überfällige Anmerkungen zum Geschlechterkampf. Reinbek bei Hamburg, 1998.

36 Odo Marquard: Abschied vom Prinzipiellen. Philosophische Studien. Stuttgart, 1982. S. 10.

Niethammer stammt folgender zugespitzter Gedanke, der über die von Alexander Mitscherlich 1963 formulierten These von der kollektiven Vaterlosigkeit der bundesrepublikanischen Gesellschaft hinausgeht: Die deutsche Besonderheit der Politisierung des spektakulären Generationenkonflikts von 1968 habe - so Niethammer [37] - im Gegensatz zu England, den USA und auch Frankreich darin bestanden, dass dieser Konflikt in einer vaterlosen Gesellschaft ausgetragen worden sei, in der die tatsächlich vorhandenen Väter zurückgewichen seien und „spätpubertierenden Akademikern" das Feld für deren „phantastische Identifikationen" überlassen hätten. Da die eigenen Väter keine wirklichen Reibeflächen geboten hätten, seien „die vermeintlich Vaterlosen" zur Bekämpfung von global agierenden Ersatzvätern vor allem im Pentagon und im Kreml" angetreten und hätten sich zu Wahlverwandten antikolonialer Befreiungsbewegungen stilisiert.

Bei dem Propheten Hesekiel im Alten Testament heißt es: „Die Väter haben saure Trauben gegessen, und den Söhnen sind die Zähne stumpf geworden." [38] Wenn es an Vätern bzw. an deren klarer Väterlichkeit gefehlt hat, dann dürfte also auch die „Söhnlichkeit" defizient gewesen sein. Söhnlichkeit heißt auch, zusammen mit dem Vater, wenn auch altersversetzt zu ihm, älter zu werden, d. h. sich je nach beider Lebensalterstufe - von Mann zu Mann, in Austausch mit und Beziehung zueinander - zu erleben (was selbstverständlich keineswegs in allen Phasen harmonisch sein muss!), dabei im Hinblick auf seine Geschlechtsrolle ständig hinzuzulernen und so jenes reife „Selbst" unter Beweis zu stellen, von dem oben mit Bezug auf Ideen Heinz Kohuts bereits die Rede war. Beide Kriege des 20. Jahrhunderts mit ihren vielfältigen, nicht zuletzt psychohistorischen Auswirkungen in den Lebensgeschichten der Menschen dieses Jahrhunderts haben dazu geführt, dass nicht nur in Einzelbiographien millionenfach diese Zusammenhänge massiv gestört worden sind, was z. T. zu traumatischen, jetzt erst allmählich besprechbar werdenden Langzeitfolgen geführt hat [39], sondern möglicherweise auch bisher von der Geschichtswissenschaft kaum beachtete kollektive Wirkungen anzunehmen sind. Gibt es so etwas wie eine *kollektive* „Söhnlichkeit", und was

---

37 Lutz Niethammer: Sind Generationen identisch? In: Jürgen Reulecke (Hrsg.): Generationalität und Lebensgeschichte im 20. Jahrhundert (= Schriften des Historischen Kollegs 58). München, 2003. S. 1-16, bes. S. 4f.

38 S. auch die ähnliche Formulierung in den Klageliedern Jeremiä: „Unsere Väter haben gesündigt und sind nicht mehr vorhanden, und wir müssen ihre Missetat entgelten."

39 S. dazu Hartmut Radebold (Hrsg.): Kindheiten im II. Weltkrieg und ihre Folgen, Gießen 2004, sowie ders.: Die dunklen Schatten unserer Vergangenheit. Ältere Menschen in Beratung, Psychotherapie, Seelsorge und Pflege. Stuttgart, 2005.

bedeutet es für eine Gesellschaft und deren generationelle Zusammenhänge, deren „Generativität" also, wenn diese „Söhnlichkeit" über viele Jahrzehnte hinweg defizient war? Welche Folgen hat es z. B. für die Politik bis hin zur konkreten Sozial- und Bildungspolitik und das gesellschaftlich-kulturelle Leben, wenn bedeutsame Teile der politischen und sonstigen Führungskreise keine überzeugende Väterlichkeit kennen gelernt haben? [40] Fragen über Fragen an eine Erfahrungsgeschichte des 20. Jahrhunderts also, die nur interdisziplinär angegangen werden können und neue Herausforderungen für die Geschichtswissenschaft ebenso wie für ihre Nachbarwissenschaften darstellen!

Literatur

Albrecht, Franz: *Der Ratgeber für den guten Ton in jeder Lebenslage*. Herlet, Berlin, o. J. (um 1900).

Assmann, Aleida/Welzer, Harald: *Das ist unser Familienerbe*. In: taz, 22.01.2005.

Baeumler, Alfred: *Männerbund und Wissenschaft*. Junker und Dünnhaupt, Berlin, 1934.

Clauß, Karl: *Mutter und Sohn. Vom Werdegang vaterloser Halbwaisen*. Beyer & Söhne, Langensalza, 1931.

Doerry, Martin: *Übergangsmenschen. Die Mentalität der Wilhelminer und die Krise des Kaiserreichs*. Juventa, Weinheim/München, 1986.

Dürrenmatt, Friedrich: *Labyrinth. Stoffe I-III*, Werkausgabe, Bd. 28. Diogenes, Zürich, 1998.

Federn, Paul: *Zur Psychologie der Revolution: Die vaterlose Gesellschaft*. In: *Der österreichische Volkswirt*. Jg.11, S. 571-574 und S. 595-598, 1919.

Freud, Siegmund: *Totem und Tabu. Einige Übereinstimmungen im Seelenleben des Wilden und des Neurotiker*. Fischer, Frankfurt a. M., 1994.

40 Vgl. etwa das mit Blick auf den vaterlos aufgewachsenen Exkanzler Gerhard Schröder von den Medien geprägte ironische Etikett „Generation Gerd" für diese Altersgruppe (vgl. etwa den Artikel von Stefan Willeke: Aus und vorbei. Warum Rot-Grün mich enttäuscht hat und ich es trotzdem vermissen werde, in: Die Zeit Nr. 23 vom 02.06.2005, S. 75). Anregungen, in dieser Richtung weiter zu denken, liefert z. B. das Buch von Jürgen Leinemann: Höhenrausch. Die wirklichkeitsleere Welt der Politiker, München 2004., bes. die Kapitel „Die Kriegskinder" und „Die Trümmerkinder".

Glaeser, Ernst: *Jahrgang 1902*. Athenäum, Kronberg/Ts., 1978.

Graudenz, Karlheinz: *Das Buch der Etikette*. Unter Mitarbeit von Erica Pappritz. Perlen-Verlag, Marbach, 1956.

Gurlitt, Ludwig: *Schülerselbstmorde*, Concordia Deutsche Verlags-Anstalt Hermann Ehbock, Berlin, o. J. (1908).

Heim, Robert: *Utopie und Melancholie der vaterlosen Gesellschaft*. Psychosozial-Verlag, Gießen, 1999.

Kafka, Franz: *Brief an den Vater. Mit einem unbekannten Bericht über Kafkas Vater als Lehrherr und anderen Materialien*. Wagenbach, Berlin, 2004.

Key, Ellen: *Das Jahrhundert des Kindes*. Königstein, Berlin, 1978.

Koebner, Thomas: *„Der riesige Mann, mein Vater, die letzte Instanz". Familiendrama und Generationskonflikt in der deutschen Literatur zwischen 1890 und 1920*. In: Koebner, Thomas/Janz, Rolf-Peter/Trommler, Frank (Hrsg.): *„Mit uns zieht die neue Zeit". Der Mythos Jugend*, S. 500-518. Suhrkamp, Frankfurt a. M., 1985.

Kohut, Heinz: *Die Heilung des Selbst*. Suhrkamp, Frankfurt a. M., 1999.

Leinemann, Jürgen: *Höhenrausch. Die wirklichkeitsleere Welt der Politiker*. Blessing, München, 2004.

Marquard, Odo: *Abschied vom Prinzipiellen. Philosophische Studien*. Reclam, Stuttgart, 1982.

Matussek, Matthias: *Die vaterlose Gesellschaft. Überfällige Anmerkungen zum Geschlechterkampf*. Rowohlt, Reinbek, 1998.

Mitscherlich, Alexander: *Auf dem Weg zur vaterlosen Gesellschaft. Ideen zur Sozialpsychologie*. Piper, München/Zürich, 1996.

Niethammer, Lutz: *Sind Generationen identisch?* In: Reulecke, Jürgen (Hrsg.): *Generationalität und Lebensgeschichte im 20. Jahrhundert*, S. 1-16. Oldenbourg, München, 2003.

Prümm, Karl: *Jugend ohne Väter. Zu den autobiographischen Jugendromanen der späten zwanziger Jahre*. In: Koebner, Thomas/Janz, Rolf-Peter/Trommler, Frank (Hrsg.): *„Mit uns zieht die neue Zeit". Der Mythos Jugend*, S. 563-589. Suhrkamp, Frankfurt a. M., 1985.

Radebold, Hartmut: *Abwesende Väter. Folgen der Kriegskindheit in Psychoanalysen*. Vandenhoeck & Ruprecht, Göttingen, 2000.

Radebold, Hartmut: *Kindheiten im II. Weltkrieg und ihre Folgen*. Psychosozial-Verlag, Gießen, 2005.

Radebold, Hartmut: *Die dunklen Schatten unserer Vergangenheit. Ältere Menschen in Beratung, Seelsorge und Pflege*. Klett-Cotta, Stuttgart, 2005.

Rauch, Karl: *Schluss mit „junger Generation"!* Lindner, Leipzig, 1934.

Reulecke, Jürgen et al.: *Generationenkonstellation und Jugendprotest in Deutschland 1890 bis 1933*. In: Bericht über die 35. Versammlung deutscher Historiker in Berlin, S. 211-219. Klett, Stuttgart, 1985.

Reulecke, Jürgen: *Defiziente „Söhnlichkeit"? Fragen an die westdeutsche Nachkriegsgeschichte aus erfahrungsgeschichtlicher Sicht.* In: John, Jürgen/Niethammer, Lutz (Hrsg.): *Zeit-Geschichten. Miniaturen in Lutz Niethammers Manier*, S. 192-197. Klartext, Essen, 2005.

Rosenberg, Alfred: *Der Mythos des 20. Jahrhunderts. Eine Wertung der seelisch-geistigen Gestaltenkämpfe unserer Zeit.* Hoheneichen-Verlag, München, 1936.

Schulz, Hermann/Radebold, Hartmut/Reulecke, Jürgen: *Söhne ohne Väter. Erfahrungen der Kriegsgeneration.* Links, Berlin, 2004.

Seegers, Lu: *Hör zu! Eduard Rhein und die Rundfunkprogrammzeitschriften (1931-1965).* Verlag für Berlin-Brandenburg, Potsdam, 2001.

Seeler, Angela: *Ehe, Familie und andere Lebensformen in den Nachkriegsjahren im Spiegel der Frauenzeitschriften.* In: Freier, Anna-Elisabeth/Kuhn, Annette (Hrsg.): *Frauen in der Geschichte*, Bd. V, S. 99-119. Schwann, Düsseldorf, 1984.

Spranger, Eduard: *Psychologie des Jugendalters.* Quelle & Meyer, Leipzig, 1925.

Stambolis, Barbara: *Mythos Jugend. Leitbild und Krisensymptom. Ein Aspekt der politischen Kultur im 20. Jahrhundert.* Wochenschau-Verlag, Schwalbach/Ts., 2003.

Strasser, Gregor: *Macht Platz, ihr Alten!* In: ders: *Kampf um Deutschland. Reden und Aufsätze eines Nationalsozialisten*, S. 171-174. Eher, München, 1932.

Suhrkamp, Peter: *Söhne ohne Väter und Lehrer. Die Situation der bürgerlichen Jugend.* In: Die Neue Rundschau 43, S. 681-696. 1932.

Ute, Daniel: *Kompendium Kulturgeschichte. Theorien, Praxis, Schlüsselwörter*, 5. ergänzte Aufl., Suhrkamp, Frankfurt a. M., 2006.

Weckel, Ulrike: *Eingeschränkte Vieldeutigkeit. Die Verfilmung von Carl Zuckmayers Theatererfolg „Des Teufels General" (1955).* In: WERKSTATTGESCHICHTE 39, Jg. 14, S. 89-101. 2005.

Willeke, Stefan: *Aus und vorbei. Warum Rot-Grün mich enttäuscht hat und ich es trotzdem vermissen werde.* In: Die Zeit, Nr. 23 vom 02.06.2005, S. 75

Reimer Gronemeyer

Die Alzheimer-Gesellschaft. Über die Barbarisierung des Alters

„... so wie die Dinge heute stehen, halte ich den Optimismus für den schlimmsten Feind der Menschheit, egal in welcher Form er sich äußert. Er entspricht nämlich schlicht und einfach der Weigerung zu denken, aus Angst vor den Schlussfolgerungen, zu denen man gelangen könnte."
Nicola Chiaramonte

Über alte Leute ist vor allem eins zu sagen: dass sie unsympathisch sind. Warum? Nun, nachdem alle Weisheit des Alters zu Asche verbrannt ist, haben sie nichts mehr beizutragen als das Taschengeld für die geldgierigen Enkel oder steingewordene Lebenslügen. Das erweckt ganz allgemein wenig Mitleid - vielmehr Abneigung. Die Art und Weise, wie Alte fast ausnahmslos von der unbedingten Richtigkeit der Meinungen, die sie vertreten, überzeugt sind, macht sie lästig und langweilig. Sie glauben vor allem sich selbst - und gegebenenfalls noch ihren Ärzten.

„Wir haben damals mit zwei Tassen angefangen ..." Tante Hilde und Onkel Fritz sind bald sechzig Jahre verheiratet, die Tante backt wie eh und je Kuchen zum Geburtstag, bringt Eingemachtes aus dem eigenen Garten auf den Tisch und sondert auf Verlangen Rezepte ab, während der Onkel von seinen Erinnerungen an die Zeit in der SS nicht spricht, sondern seinen braven Sohn lobt. Der ist in Wirklichkeit ein Alkoholiker. Onkel Ernst hingegen möchte noch einmal in den Osten, wo er als junger Kerl auf dem Rückzug eine Pistole versteckt hat - er erinnert sich genau wo, und möchte nachsehen, ob sie noch da ist. Mit der Schwägerin hat man sich über die Frage zerstritten, ob auf das Grab der Mutter drei oder zwei Reihen Stiefmütterchen zu pflanzen sind. Das wird sich wieder einrenken, sagt die Tante, man muss nur ein paar mal „den unteren Weg gehen". Für den Herbst ist eine Reise in das Heilige Land gebucht. Die Bindung an die Kirche ist zwar lange schon auf Weihnachten und die goldene Konfirmation beschränkt, aber sicher ist sicher: Vielleicht ist ja doch was dran, und dann ist es gut, das Plätzchen da oben durch eine rechtzeitige Reise ins Heilige Land gesichert zu haben.

Philemon und Baucis auf deutsch: Bescheiden lebt man in Häuschen und Garten und genießt die geordneten Verhältnisse. Beim geringsten Anlass allerdings entgleitet das Gespräch, das sich gerade noch um das Unkraut im Garten drehte, in eine kaltgepresste Tirade gegen Juden, Asylanten und Ausländer. „Verstockt" nennt Luthers Bibeldeutsch solche

Haltung. Die Verhärtung geht in merkwürdiger Weise einher mit Flexibilisierungen: Die Scheidungsrate bei den Älteren ist erheblich schneller gestiegen als bei den Jüngeren. Rechthaberische Verstockung schließt die gleichzeitige Verflüssigung sozialer Verhältnisse eben nicht aus.

Noch nie hat es in Deutschland - wie übrigens in allen reichen Gesellschaften der Gegenwart - so viele Senioren und Seniorinnen gegeben. Noch nie ist das Alter zugleich finanziell so gut abgesichert gewesen wie heute. [1] Gewiss gibt es Altersarmut - insbesondere bei Frauen. Aber Arme wird man heute eher bei kinderreichen Familien zu suchen haben als bei den Alten, denen die Werbung für Pfandbriefobligationen gilt. Die strickende Oma, deren spitze Nase zwischen Brille und Blusenschleifchen aus dem Gesicht hervorstach, ist zum Mitglied einer interessanten Käuferpopulation geworden. Das wird sich erst wieder ändern, wenn diejenigen das Pensionsalter erreicht haben, die jetzt ein lückenhaftes Arbeitsleben absolvieren. [2]

Heute ist das Elend des Alters selten ein materielles. Das Elend des Alters liegt vielmehr in der beispiellosen kulturellen Verarmung, die zu einer Verwüstung des dritten Lebensabschnitts geführt hat. Eine entfesselte Marktgesellschaft, die dem Neuen als dem höchsten Gott huldigt, muss dem Alten und den Alten zwangsläufig mit Verachtung gegenübertreten. Die Alten ihrerseits nehmen eine Entwicklung, die diese Verachtung mehr und mehr als gerecht erscheinen lässt.

Damit räumt unsere Moderne kulturelle Bastionen, die in einem langen Prozess der Zivilisation mühsam errichtet und befestigt worden sind. Blickt man zurück in die Geschichte, dann kann man sehen, dass die Alten in vielen Kulturen als „nutzlose Esser" vernachlässigt, ausgesetzt oder ermordet wurden. Eine Wertschätzung des Alters entwickelte sich erst allmählich und blieb immer ein fragiles kulturelles Gut. Vielleicht ist dies überhaupt der bedeutendste kulturelle Sprung in der Geschichte der Menschen: Dass sie die Alten zu respektieren begannen, statt sie im

---

1 Vgl. dazu u. a.: Bundesministerium für Familie, Senioren, Frauen und Jugend (Hrsg.): Alter und Gesellschaft. Dritter Altenbericht. Stellungnahme der Bundesregierung. Bericht der Sachverständigenkommission vom 19.01.2001, Bundesdrucksache 14/5130. Berlin, 2001. Außerdem: Lebenslagen in Deutschland. Der erste Armuts- und Reichtumsbericht der Bundesregierung. Bundesdrucksache 14/5990. Berlin 2001. Vgl. Auch Petra Gehring: Was ist Biomacht? Vom zweifelhaften Mehrwert des Lebens. Frankfurt am Main, 2006.

2 Die Differenz in der Lebenserwartung zwischen Frauen und Männern wird sich vermutlich mit der Integration der Frauen in die Lohnarbeitsgesellschaft verringern. Von 1990 bis 2000 sank z. B. in der Schweiz die Lebenserwartung einer 65jährigen Frau um mehr als ein halbes Jahr (vgl. Die Weltwoche vom 17. Mai 2001).

Augenblick der körperlichen Schwäche zu stürzen und zu ermorden. Die „blinde Stärke", die „große Beherrscherin aller menschlichen Dinge", musste erst in ihre Schranken gewiesen werden, ehe das Alter respektiert werden konnte, sagt Friedrich Schiller im Siebten Brief über die ästhetische Erziehung des Menschen. Der Sieg des Verstandes über die Faust ist indessen niemals endgültig gesichert, sondern muss immer wieder neu errungen werden: Nicht zufällig lässt - so Schiller - der Mythos die Weisheit in voller Rüstung aus Jupiters Haupt steigen. Die Weisheit, die aus dem Kopf geborene, muss ihre Kraft immer wieder unter Beweis stellen und wird nicht zur automatischen Eigenschaft des Alters. Sie bleibt in ewigem Streit mit der „blinden Stärke". Teiresias, der blinde Weise und Seher, kann kein Schwert mehr führen, aber seine Weitsicht greift tiefer ein in Menschenschicksal, als eine waffenführende Faust es jemals könnte.

In diesem Sinne konnten sich die Alten in europäischen, afrikanischen, asiatischen und amerikanischen Gesellschaften lange Zeit als Hüter der Weisheit der Ehrerbietung erfreuen - auch wenn sie als Krieger oder Bauern nicht mehr „nützlich" waren. Man darf annehmen, dass die Verantwortung, die ihnen zugewiesen war für die Wahrung von Traditionen und für überlegte Entscheidungen in der Gemeinschaft, sie auch hat wachsen lassen. Weil Weisheit von ihnen erwartet wurde, wurden sie auch weiser. Die tragische Dummheit, die heute vielfach mit dem Alter einhergeht, erwächst aus kulturellen Verödungsprozessen. Da niemand von ihnen etwas erwartet, kann es nicht verwundern, dass sie sich selbst nichts abverlangen. Was sollen sie geben, wenn niemand mehr etwas von ihnen begehrt?

Ganz allgemein steht das „Du" in unserer Gesellschaft auf der roten Liste: Es stirbt aus. Das lebensstiftende, spannungsvolle Gegenüber von Ich und Du weicht einer neuen Klebrigkeit (man möchte sich vor allem „identifizieren") oder einem niederen Gezänk. Den Alten ist das Du abgestorben als die Gesellschaft begann, sie als erledigte Fälle zu betrachten, oder sie zu Konsumenten degradierte. Seitdem bevölkern sie Fitnessstudios, besetzen - noch bevor sie das Frühstücksbuffet abräumen - mit ihren Handtüchern eilig Liegestühle am Swimmingpool oder besuchen Kongresse zum Thema „Erfolgreiches Altern". Den materiell Schlechtgestellten begegnet das Du allenfalls noch in distanzlos-herablassenden Vertraulichkeiten des Pflegepersonals, die Bessersituierten und Jüngeren quittieren das verlogene Du, mit dem der Animateur die Alten am Strand zur Seniorengymnastik anstachelt, mit infantiler Kumpanei. Wen kann es wundern, dass aus solcher Infantilisierung eine Persönlichkeitsverkümmerung herausschaut, die dann auch jene geschulte Freundlichkeit, die man neuerdings dem Konsumenten entgegenbringt, gezwungenermaßen für bare Münze nimmt. Wo kein Du mehr ist, wird man dankbar für die gekünstelte Telefonfreundlichkeit, die mit ihrem „Mein Name ist Detlev

Franke, was kann ich für Sie tun?" daherkommt und einen so schon zum Kunden deformiert, bevor man den Mund aufgemacht hat.

Das Elend des Alters besteht heute also eher selten darin, sich um Brot und Obdach sorgen zu müssen. Das Elend besteht darin, dass die Alten eine Existenzberechtigung nur noch als Konsumenten haben. Ein Scheinleben, das sie dazu verflucht, ständig nach der hingehaltenen Wurst zu schnappen, wobei die Sprünge immer atemloser werden, bis man eben aufhören muss und nicht mehr mithüpfen und mitschnappen kann.

So ist es heute fast unmöglich geworden, auf einen weisen alten Mann oder eine weise alte Frau zu treffen: Die Möglichkeit zur Weisheit ist – unter den Imperativen von Flexibilität, Deregulierung und Modernisierung – systematisch beseitigt worden, und die allgemeine Barbarisierung, die alle zu Konsumenten und Klienten macht, trifft die Alten mit doppelter Härte, weil ihnen nicht einmal mehr die Verpackungen und Illusionen, die die Marktgesellschaft für die Jüngeren und Aktiven zur Verfügung stellt, zufallen. Die Älteren sind so mit einer gesellschaftlichen Entwicklung konfrontiert, die sie vor zwei Alternativen stellt. Entweder sie resignieren vor diesem Modernisierungsimperativ. Oder sie versuchen, Schritt zu halten und um jeden Preis jung und flexibel zu bleiben. Im einen Fall geben sie ihre gesellschaftliche Überflüssigkeit zu, im anderen Fall leugnen sie das Alter. Beides bleibt nicht ohne Einfluss auf ihr Bewusstsein, auf ihre Fähigkeit, „alt" zu sein.

Warum also sind alte Leute so unsympathisch? Weil ihnen die moderne Gesellschaft – so kann man resümieren – keine andere Möglichkeit lässt. In einem langen Prozess der Zivilisierung waren die Alten von unnützen Essern zur Quelle der Weisheit und damit zu Respektspersonen geworden. Die entfesselte Marktgesellschaft beseitigt diese Möglichkeit der Weisheit und den daraus erwachsenden Respekt. Ihr Grundzug – die Beschleunigung aller Lebensverhältnisse – macht aus den Kennern, die die Alten waren, Geschwindigkeitskrüppel. „In einer Zeit, in der sich der historische Wandel immer schneller vollzieht, stellt die Ausgrenzung der Alten eine unabänderliche, unleugbare Tatsache dar ... Der alte Mensch wird immer mehr zu dem, der kein Wissen hat, vergleicht man ihn mit den jungen, die bereits mehr Wissen haben als er." [3] Alle müssen dementsprechend entweder dem Jugendlichkeitswahn hinterher hasten oder sich als humanoiden Entsorgungsfall verstehen. Vom „sozialverträglichen Frühableben" ist hierzulande schon öffentlich die Rede gewe-

3 Norberto Bobbio: Das Alter – De senectute. Berlin, 1997. S. 26.

sen.[4] Nicht von „unnützen Essern" wird gesprochen, aber von der Belastung der Krankenkassen durch die Versicherungsleistungen an Senioren. Unnütze Pillenschlucker also.

Da sie nicht länger Produzenten sind und ihrem Kopf keine Weisheit mehr entsteigt, ergibt sich die Existenzberechtigung der Alten nur noch aus ihrer Rolle als Konsumenten. Sobald sie für ihren Konsum nicht mehr bezahlen können, ist Schluss mit lustig. Das wird sich in einer zunehmenden Rationierung von Gesundheitsleistungen für Ältere abbilden. Die faktisch schon realisierte Zweiklassenmedizin wird die reichen Alten davon natürlich ausnehmen: Gutsituierte werden schon jetzt von einer technologisch dominierten Medizin gestützt, der es vor allem darum geht, die letzte Lebensphase von reichen, meist weißen und alten Menschen zu verlängern. Generell ist es jedoch höchst fraglich, ob es eine signifikante Beziehung zwischen den Geldaufwendungen für Gesundheit und der Langlebigkeit der Bevölkerung gibt.

Die Alten selbst sind aber keineswegs nur Opfer moderner Kaltherzigkeit. Sie haben jene Prozesse durch ihre Taten mit in Gang gesetzt, die nun die Möglichkeit zur Weisheit vernichten. Aus ihrem Schoß ist der Turbokapitalismus geboren worden, der sie nun selbst wegsaugt. Der moralisch gebändigte Kapitalismus des neunzehnten und zwanzigsten Jahrhunderts konnte immerhin noch den Schein aufrechterhalten, dass es vom Markt ausgesparte Bereiche geben könne. Über den Niederungen des Marktes schwebte Kants kategorischer Imperativ wie der Geist Gottes über den Wassern. Nun ist der kategorische Imperativ im Toben des Marktgeschehens untergegangen. Der Markt beginnt eine globalisierte Alleinherrschaft anzutreten. Die moralischen Synkopen, mit denen der Markt bisher ausgestattet war, sind nicht mehr zu hören, die sozialstaatlichen Einbindungen der Ökonomie werden weggesprengt. Kaum war die Rentenreform im Mai 2001 verabschiedet, annoncierte der Arbeitsminister die Reform in großen Zeitungsanzeigen unter dem Slogan „Solidarität mit Gewinn". Ein schönes Oxymoron, eine widersinnige Formulierung, heißt doch solidarisch (wörtlich „in Übereinstimmung") eine Haltung, bei der es gerade nicht um den Gewinn auf Kosten des anderen geht.

Der Industriekapitalismus hatte die Alten noch mit bisweilen romantisch-sentimentalen Resten von Respekt ausgestattet, hat sie als Vertreter der Tradition, der Moral, der Orientierungen und der Weisheit eine Zeit-

4 Zum Zusammenhang von Langlebigkeit und medizinischen Kosten vgl. W.A. Forbes: Longevity and Medical Costs. In: New England Journal of Medicine. 277. 1967. S. 81-88. Zitiert bei Ivan Illich: Die Nemesis der Medizin. Die Kritik der Medikalisierung des Lebens. München, 1995. S. 236. Dort weitere Literatur zu diesem Thema.

lang im Abendlicht der untergehenden christlich-humanistischen Sonne sitzen lassen. Nun ist diese Abendsonne verschwunden, die Aura der Alten verblasst, das, was ihnen noch an Respekt entgegengebracht wurde, ist weggewischt. Was nun den Horizont zu erhellen beginnt, das ist das Lodern des globalisierten Marktes, das die Individuen nicht wärmt, sondern sie frieren lässt, weil ihre Lebensverhältnisse, die Schutzhütten, in denen sie Zuflucht gesucht und gefunden hatten, gleich mit in die Glut des Marktfeuers geworfen werden, um es weiter zu entfachen.

Die bekannten Worte aus dem Manifest der Kommunistischen Partei von 1848 gewinnen heute eine neue Aktualität: „Die Bourgeoisie, wo sie zur Herrschaft gekommen ist, hat alle feudalen, patriarchalischen, idyllischen Verhältnisse zerstört ... und kein anderes Band zwischen Mensch und Mensch übrig gelassen, als das nackte Interesse, als die gefühllose ‚bare' Zahlung ... Sie hat die persönliche Würde in den Tauschwert aufgelöst." Diese Sätze beschreiben eben auch die Barbarisierung des Alters: In keiner Menschengruppe hat sich der Prozess der Ökonomisierung der Beziehungen tiefer eingebrannt als bei den Alten.

Die Marktgesellschaft frisst ihre Erfinder, Förderer, Betreiber, sie frisst die Alten und speit sie als Entsorgungsfälle wieder aus. Das Alter, das in einem langen Prozess der Zivilisierung zu einem Zustand der Weisheit geworden war, zersetzt sich in dumpfe Fäulnis. „Sweetest things turn sourest by their deeds./Lilies that fester smell far worse than weeds", so beschreibt William Shakespeare den Vorgang. Das Alter, das wie ein Magnet Weisheit angezogen hat, wird zu dumpfem Elend, weil darin nur noch die Kapitalisierung des Lebens ihr Unwesen treibt.

In dieses Bild fügt sich, dass die Alten in wachsendem Maß allein sind. Die Gewohnheit, dass sie bei ihren verheirateten Kindern leben, ist praktisch ausgestorben. Während um 1900 nur jeder vierte alte Mensch allein oder in Hausgemeinschaft mit seinem Ehepartner lebte, sind es 1975 schon über 80 Prozent der alten Menschen gewesen, die allein oder nur mit ihrem Ehepartner lebten.

Wohin die Entwicklung führen kann, hat die niederländische linksliberale Gesundheitsministerin Els Borst-Ellers avisiert, als sie am 16. April 2001 öffentlich die kontrollierte Abgabe von Selbsttötungspillen an Lebensmüde erwogen hat. Kurz zuvor hatte die niederländische Regierung die gesetzliche Regelung der aktiven Sterbehilfe verabschiedet, die im April 2002 in Kraft getreten ist. Sie setzte damit konsequent um, was auf breiter Ebene längst Konsens zu sein scheint. Die Statistik stützt die niederländische Regierung: Umfragen lassen den Schluss zu, dass die aktive Sterbehilfe im Allgemeinen breite Zustimmung in der Bevölkerung findet. [5] Wieso also nicht eine Pille für Lebensmüde? Eine solche Giftpille sollte nach den Äußerungen der niederländischen Gesundheitsministerin schließlich nur an betagte Menschen ausgegeben werden, die „innerlich mit ihrem Leben abgeschlossen haben“. [6] Man stellt sich sogleich Psychologen vor, die Testreihen entwickeln, um diesen inneren Zustand zu messen. Erst eine Beratung, dann ein Test, dann die Pille - so wird es vermutlich laufen. „Lebensmüdigkeit“ wird so vorgestellt als ein Leiden, das in keiner direkten Beziehung zu gesundheitlichen Beschwerden und Krankheiten steht. Es ist wohl eher an so etwas wie eine leere Batterie gedacht. [7]

Im gleichen Maße wie der Anfang des Lebens zu einem medizinisch-technisch kontrollierten Prozess geworden ist, gerät auch das Ende des Lebens in den Sog von Überwachungs- und Kontrollsucht. „Wenn man bei der Präimplantationsdiagnostik aus bestimmten Gründen Embryonen verwerfen kann, kann man genauso gut kranke Menschen ohne Heilungschancen abspritzen“, meinte Frank Ulrich Montgomery als Vorsitzender des Marburger Bundes. Menschliches Leben gleicht sich damit dem Zyklus eines Produktes an: Herstellung, Gebrauch, Entsorgung. Was Biographie war, ist dabei, sich in einen Produktionszyklus zu verwandeln. „Werden“ und „Vergehen“ können tendenziell ersetzt werden durch Reproduktionsmedizin einerseits und Euthanasiegesetze andererseits. Dem Reagenzglas für den Embryo am einen Ende entspricht das Sterbehospiz für den Moribunden am anderen Ende.

Weil das Leben nicht mehr als Geschenk aus der Hand Gottes oder der Götter verstanden werden kann, nimmt es die Gestalt eines langlebigen Konsumgutes an. Das heißt auch, dass die Epoche der Säkularisierung vorbei ist: Alter kann nicht einmal mehr der Lebensabschnitt sein, in dem die metaphysische Obdachlosigkeit des Menschen besonders schmerzlich

---

5 Zum Überblick und zur Kritik verschiedener Umfragen speziell in der deutschen Bevölkerung vgl. etwa ZEIT ONLINE 43/2005 [http://www.zeit.de/online/2005/43/Sterbehilfe] und 44/2005 [http://www.zeit.de/2005/44/Sterbehilfe]

6 So Frau Els Borst-Ellers in einem Interview mit dem NRC-Handelsblad (zitiert nach B.O.A.-Nachrichten [http://www.boa-muenchen.org/boa-kuenstlerkooperative/n0205170.htm], letztes Update: 17.05.2002)

7 Die einzelne Meldung mag man abtun. Aber die Idee der Selbstabschaltung oder des administrativ organisierten Ablebens kriecht aus allen Ecken. Die Schweizer Sterbehilfeorganisation „Dignitas“ hat im November 2007 zwei Deutsche auf einem Parkplatz in der Schweiz in den „Tod begleitet“. Vgl. dazu auch Reimer Gronemeyer: Sterben in Deutschland. Wie wir dem Tod wieder einen Platz im Leben einräumen können. Frankfurt am Main, 2007; Klaus Dörner: Leben und Sterben, wo ich hingehöre. Neumünster, 2003 sowie Michael Ewers/Doris Schaeffer (Hrsg.): Am Ende des Lebens. Versorgung und Pflege von Menschen in der letzten Lebensphase. Bern, 2005.

spürbar wird, sondern wird ein „Leben", das der Bewirtschaftung, der (medizinischen) Überwachung und immer deutlicher auch der qualitätskontrollierten Abwicklung bedarf. Insofern ist die Rede vom Elend des Alters sogar noch zu milde. Ein Mensch, der sich als Ware mit Verfallsdatum begreift oder als sich selbst regulierendes System, der kann nicht einmal mehr Elend für sich reklamieren.

Das niederländische Euthanasiegesetz und die projektierte Pille für Lebensmüde sind insofern Zukunftsfanale. Es geht gar nicht um die Frage, ob das hier in Deutschland auch gemacht werden soll oder nicht. Soweit nicht die medizinische Praxis de facto schon längst in diese Richtung weist, ist jedenfalls die Selbstauffassung der Menschen, sich als funktionierende oder eben nicht funktionierende Subsysteme zu begreifen, in allen spätmodernen Gesellschaften verbreitet. Und wo sich der Systemgedanke mit dem Marktgedanken verknüpft, da gewinnt die prometheische Scham des Menschen (Günther Anders) eine neue Dimension: Ein bewirtschaftetes Subsystem, dessen Haltbarkeitsdatum überschritten ist, muss sich als ökonomisch und technisch überflüssig auffassen. Deshalb kommt zwangsläufig die Idee der Pille für Lebensmüde auf: Die Gesellschaft - das Obersystem - suggeriert, nein, informiert seine Subsysteme über einen Zustand der Unbrauchbarkeit, woraufhin das Subsystem sich als lebensmüde definiert. Der psychosozialen Konstitution nach sind wir also dort angekommen, wohin Aldous Huxley seine Zukunftsvisionen entworfen hat.

Moderne Gesellschaften sind Veranstaltungen zur Vernichtung des Alten. Werden sie auch Veranstaltungen zur Vernichtung der Alten? Die Zahl der Hochbetagten wird zwischen 1995 und 2040 um 70 Prozent steigen. Somit wird auch die Zahl der Demenzkranken steigen. Wenn jetzt circa 1,18 bis 1,59 Millionen gezählt werden, dürften das 2030 1,87 bis 2,53 Millionen sein. Welcher Gesundheitsadministrator, welcher Ethikbeirat, welcher Sozialpolitiker wird zuerst das Langlebigkeitsrisiko indizieren und Patientenverfügungen empfehlen, die freiwillige Ablebenshilfe bei Demenz festlegen? Ethikbeiräte sind ja ganz allgemein dazu da, Moral in Verwaltungspraxis zu überführen. Schärfer noch könnte man sagen: So wie die Treuhand dazu da war, die DDR-Ökonomie abzuwickeln, so sind Ethikbeiräte dazu da, Moral abzuwickeln.[8] Das heimlich-unheimliche Lernziel, das sie verbreiten, ist das des ökonomischen Zwanges, in dessen Konsequenz die Selbstabschaltung derer liegt, deren ökonomischer Nutzen nicht mehr erkennbar ist.

8 Der seinerzeit vom Bundeskanzler Gerhard Schröder berufene nationale Ethikrat hat zum Beispiel offenbar die Aufgabe, die moralischen Barrieren, die dem Embryonenhandel noch im Wege stehen, einzureißen.

1997 wurde an deutschen Kliniken das Computerprogramm Riyad eingeführt. Dieses Programm berechnet die Überlebenschancen von Intensivpatienten. „Das Programm dient der Qualitätsüberprüfung unserer Mediziner", verlautet aus der Berliner Charité, der schon zitierte Frank Ulrich Montgomery hingegen sagt: „Wenn das Überleben eines Menschen von wirtschaftlichen Kriterien abhängig gemacht wird, dann sind wir ethisch da, wo die Nazis aufgehört haben". Das Programm berechnet nämlich nicht nur, wie schlimm es um einen Patienten steht, sondern auch, wie viel die Behandlung schon gekostet hat.

Die Alten sind heute das beste Beispiel für einen Prozess, in dem Fortschritt und Barbarei miteinander verschmelzen. Was Hänschen nicht lernt, lernt Hans nimmermehr: Der Satz dreht sich in sein Gegenteil um. Wer den Imperativen der Flexibilisierung nicht mehr gewachsen ist, ihnen nicht gehorchen kann, fällt heraus. Gerade der alte Hans also muss sich mit aller Macht dehnen, beugen, flexibel halten, wenn er dabei sein will. Wir müssen lebenslang Hänschen bleiben. Der Innovationswahn hat sich im Steuerungszentrum unserer Kultur wie ein Bandwurm eingenistet und frisst alles auf. Und gleichzeitig hat es noch nie Gesellschaften gegeben, die so von den Alten besetzt waren. Entsprechend steigt die Zahl der Alzheimer-Kranken, deren Krankheit gleichsam zum Symbol der anbrechenden Zeiten mutiert, weil sich in den Erkrankten das Programm der Gesellschaft bis zur Kenntlichkeit umgesetzt hat: Orientierungslosigkeit und Erinnerungslosigkeit - eine Alzheimer-Gesellschaft.

Literatur

Bundesministerium für Familie, Senioren, Frauen und Jugend (Hrsg.): Alter und Gesellschaft. Dritter Altenbericht. Stellungnahme der Bundesregierung. Bericht der Sachverständigenkommission vom 19.01.2001, Bundesdrucksache 14/5130. Berlin, 2001.

Bobbio, Norberto: *Das Alter – De senectute*. Berlin, 1997.

Borst-Ellers, Els in einem Interview mit dem NRC-Handelsblad (zitiert nach B.O.A.-NACHRICHTEN [http://www.boa-muenchen.org/boa-kuenstlerkooperative/n0205170.htm], letztes update: 17.05.2002)

Dörner, Klaus: *Leben und Sterben, wo ich hingehöre*. Neumünster, 2003

Ewers, Michael/Schaeffer, Doris (Hrsg.): *Am Ende des Lebens. Versorgung und Pflege von Menschen in der letzten Lebensphase*. Bern, 2005.

Forbes, W. A.: *Longevity and Medical Costs*. In: New England Journal of Medicine. 277(2), 1967, S. 71-78.

Gehring, Petra: *Was ist Biomacht? Vom zweifelhaften Mehrwert des Lebens*. Frankfurt am Main, 2006.

Gronemeyer, Reimer: Sterben in Deutschland. Wie wir dem Tod wieder einen Platz im Leben einräumen können. Frankfurt am Main 2007.

Illich, Ivan: *Die Nemesis der Medizin. Die Kritik der Medikalisierung des Lebens*. München, 1995.

Lebenslagen in Deutschland. Der erste Armuts- und Reichtumsbericht der Bundesregierung. Bundesdrucksache 14/5990. Berlin, 2001.

Schuler, Katharin: *Instrumentalisierte Umfragen. Sind die Deutschen für oder gegen aktive Sterbehilfe? Meinungsforscher kommen zu unterschiedlichen Ergebnissen*. In: ZEIT ONLINE 43/2005 [http://www.zeit.de/online/2005/43/Sterbehilfe] und 44/2005 [http://www.zeit.de/2005/44/Sterbehilfe]

MARK WEISSHAUPT

Generationale Gattungen – Widerstände der Biographie*

Man soll nicht mehr von Generationen reden - das beabsichtigte zumindest Karl Mannheim mit seinem Text „Das Problem der Generationen" - genauer: Man soll nicht mehr schlicht von ihnen als „Generationen" sprechen.[1] Durch die Abstufung in „Generationslagerung", „Generationszusammenhang" und „Generationseinheit" sollte der dynamische, fragile und keineswegs deterministische Prozess beschrieben werden, der mit dem Wandel der Generationen spätestens seit der Moderne verbunden ist. Bei aller Arbeit an der Generationenthematik, die in den letzten Jahren von Historikern, Soziologen und Kulturwissenschaftlern geleistet worden ist,[2] wird nicht immer deutlich, inwiefern dem Gedanken der Generationendynamik als offenem Prozess Rechnung getragen wird. Man kann angesichts der nur schwer zu vereinbarenden Vielfalt der Einzeluntersuchungen, ihrer Methoden, Daten und disziplinären Einbettungen zudem begründete Zweifel haben, ob die sogenannte „Generationenforschung" überhaupt einen gemeinsamen Gegenstand hat.[3] Auf geläufige Weise hat sich dennoch eine Klammer für die verschiedenen Forschungen - vor allem außerhalb der Soziologie - ergeben, denn wenn kein eindeutiges Einschlusskriterium vorliegt, dann wird Einheit über gemeinsame Abgrenzung erzeugt. Konsequenterweise wurde hierfür auf den soziologischen „Urvater" der Generationenforschung[4] selbst zurückgegriffen. Unter dem Eindruck des ausufernden Generationendiskurses in der Öffentlichkeit, mit betrieben von Soziologen und Sozialwissenschaftlern, hat die Kritik am Mannheim'schen Generationenbegriff besonders in den letzten Jahren vor allem die kulturwissenschaftlichen und historischen Beschäftigungen mit dem Thema zusammengehalten wo sonst kaum ein gemeinsamer Gegenstand vorlag. Die Klammer der Generationenfor-

---

* Der Text verarbeitet in Teilen einen Vortrag anlässlich der Tagung „Generationsidentitäten im Diskurs" vom 2.-3. Nov. 2007, Titel: *„Von der Komödie zur Tragödie – Rahmen der Generationenerzählung"*.

1 Mannheim (1964), S. 553.

2 vgl. etwa nur im deutschsprachigen Raum Jureit/Wildt (2005), Weigel (2006), Fietze (2009), Bohnenkamp/Manning/Silies (2009).

3 vgl. den sehr gut recherchierten Überblick den Jureit (2006) gibt, der die Vorstellung der Einheit des Feldes der Generationenforschung im gleichen Maß abzubilden sucht wie faktisch unterlaufen muss.

4 Mannheim (1964 [1928]): *Das Problem der Generationen*.

schung wurde insofern vor allem durch die interne Kritik an ihr selbst erzeugt. Doch die nachvollziehbare Kritik an der Generationenschablone als inflationär und allzu grob angewandter begrifflicher Universalerklärung für gesellschaftlichen Wandel bzw. an dem für jeden Diskurs beugbarem Deutungsmuster hat den Blick auf den Prozesscharakter des Klassikers dabei jedoch vernebelt.[5] Dieser Prozesscharakter liegt in den komplexen Wechselwirkungen zwischen dem, was man „generationale Erfahrung" nennen kann, und den gesellschaftlichen Kräften, welche die Gestalt von Generationszusammenhängen im kulturellen Raum formen. Stattdessen ergibt sich heute vielfach die Anforderung, zwischen zwei schlechten Alternativen zu wählen: Falle auf den Generationendiskurs herein oder dekonstruiere ihn.

Die Anforderung an eine kritische Haltung gegenüber dem Generationsdiskurs ist dabei wohlbegründet. Denn die kommunikativen Grenzziehungen zwischen Generationen sind in den verschiedensten Orten und Arenen des gesellschaftlichen Diskurses zu finden - nicht zuletzt auch in Arenen, wo sie strategisch eingesetzt werden. Dadurch kommt der Verdacht auf, dass es sich bei Generationen eigentlich „nur um Erzählungen" handelt, und nicht um etwas „Wirkliches."[6] Zudem besteht der Verdacht, dass mit der Anwendung des Generationenschemas unterschwellig ideologische Deutungsmuster mitgeführt werden, die den am Diskurs Beteiligten weitgehend intransparent sind.[7] Einerseits könnte es sich bei der Vorstellung von gesellschaftlichen Generationen also um einen „kulturell unbewussten" Verdrängungsmechanismus handeln, der entlang generationaler Deutungsmuster aus der Vergangenheit in die Gegenwart drängt, andererseits könnte aber ein politisch-strategisches Interesse vorliegen, welches irreale Konstruktionen und bloße „Erzählungen" öffentlich thematisiert. Beiden Alternativen ist die Vorstellung gemeinsam, einen Mechanismus in der Generationendebatte entlarven zu können, der diese antreibt oder steuert, dabei selbst jedoch verborgen bleibt. Im ebenso schillernden wie unspezifischen, zumeist ideologiekritisch gemeinten Begriff der „Identitätspolitik" sind beide Verdachtsmomente in gewisser Weise zusammengerückt.[8] Wenn man nun die Frage der Identität verfolgt, kann man den Verdacht aber auch auf die Mannheim'sche Grund-

5 vgl. zur Kritik an Mannheims Text auch Oliver Neun in diesem Band.

6 vgl. z. B. May (2009).

7 Weigel (2005).

8 Schillernd ist die Kritik der Identitätspolitik insofern sie oft eher suggestiv als argumentativ funktioniert, und man sich bei dieser Art der Kritik unentschieden zu halten gestattet, ob die anderen Akteure im Generationendiskurs nun mad (psychoanalytisches Modell) oder bad (Interessenpolitik bzw. Priestertrugsmodell) sind.

argumentation zurückspiegeln und fragen: Wie kann eine Identitätsbildung bzw. eine Identitätsherstellung durch den Generationendiskurs genau vorgestellt werden? Und spezifischer: Welche Wirkungen haben die Erzählungen im Diskurs auf die Lebensgeschichten von Individuen? Auf welche Weise sind zeitgenössische Einzelbiographien tatsächlich in „generationale Erzählungen" eingebettet? Es soll im Folgenden also der „Identitätszusammenhang" zwischen öffentlichen Erzählungen von Generationen und Identitätsnarrationen auf privater biographischer Ebene genauer untersucht werden.

Widerstände der Biographie. Drei Erzählungen

Im Folgenden sollen Einzelinterviews mit drei Generationen aus einer Familie in Auszügen dargestellt werden. Die Analyse des Fallbeispiels ermöglicht die Untersuchung bestimmter Strukturen im Prozess der Generationen, die im Anschluss als die Ausformungen „generationaler Gattungen" gekennzeichnet werden sollen.

Fallbeispiel [9]: Respondentin Sonja, zum Zeitpunkt des Interviews (Januar 2004) 33 Jahre

Die Respondentin ist in Berlin geboren, hat ein Studium in Medienwissenschaften abgeschlossen, danach verschiedene Jobs angenommen, und lebt zum Zeitpunkt des Interviews in Köln.

„ (...) ich hab' mich auch lange als so 'ne Art Opfer empfunden meiner ganzen (...) Familie und meiner ganzen ... meines Lebens (...) gesehen ..."

In diesem Interakt stellt sich stark verdichtet die Erfahrung dar, die die Respondentin im Verlauf ihrer Erzählung zum Ausdruck bringt. Sie führt hier zunächst ein vergangenes Ich vor, das mit dem gegenwärtigen nicht

9 Das Fallbeispiel entstammt einem Projekt zur biographischen Kommunikation unterschiedlicher Generationen, angesiedelt im SFB 485 an der Universität Konstanz. Hierbei wurden 22 lebensgeschichtliche Einzelinterviews mit Angehörigen der 68er Generation, sowie mit ihren Eltern und Kindern geführt. Die Strukturen zeitgenössischer, erzählter Biographien werden hierbei insbesondere im Hinblick auf den Interaktionsprozess von Familie und Generation untersucht, welcher durch die fallweise Variation der Generation der Interviewer noch zusätzlich perspektiviert wurde. Methodisch wird eine Erweiterung der Biographieanalyse im Hinblick auf die rhetorisch-ästhetischen Mittel der Biographie-Strukturierung angestrebt. Hierzu auch Weißhaupt (2008). Die Fallbeispiele werden hier anonymisiert wiedergegeben.

identisch ist: „habe mich lange ...", d. h. jetzt sieht sie sich anders, sie ist jetzt kein Opfer mehr, was sich im Weiteren als die zentrale strukturierende Figur, als die Leitdifferenz ihrer Biographie herausstellt. Wie werden nun die frühere und die spätere biographische Sonja in eine Geschichte gebettet, wie wird der Übergang gestaltet?

Bei der Figur des Opfers kommt es entscheidend darauf an, wie es begründet wird, d. h. ob das Opfer einen wie auch immer gearteten Sinn ergibt, oder ob das Opfer wahllos und zufällig erscheint. [10] Welcher Art ist das Opfer in dieser Geschichte? Sonja beschreibt im Anschluss, dass ihr das Lesen eines Buches sehr geholfen hat, ein Buch über 1968. Es half ihr, „zu verstehen ... dass ... nicht so nur meine Mutter war so und wie konnte sie nur so sein ..." In der Form der erlebten Rede wird hier eine frühere Ich-Figur zitiert, die fassungslos vor der Figur ihrer Mutter steht. Sonja erzählt über diese Figur nun folgende Geschichte: Ihre Eltern sind geschieden; die Mutter war links, der Vater war noch linker - man musste sich deswegen trennen. Das ereignete sich zu Beginn der Studentenbewegung, kurz nach der Geburt Sonjas. Insgesamt hält sich im ersten Teil der biographischen Narration das Motiv einer verlorenen Kindheit aufgrund der „zerbrochenen Familienverhältnisse." Mehrere Ersatzväter sind gekommen und gegangen. Zudem habe die Mutter die Priorität immer auf die Politik gelegt und die Kinder (Sonja hat noch einen Bruder) haben darunter gelitten. Man kann den für die Struktur der Biographie exemplarischen Satz hier nochmals genau betrachten, um seine Struktur deutlicher zu machen: Wenn man den Satz ins Verhältnis zu seiner Rahmung setzt, wird ein performativer Riss in der Erzählung deutlich: Das Motiv des Satzes ist das Verstehen der Mutter, nur scheint eben dieses Verstehen nicht ganz zu gelingen. „zu verstehen ... dass ... nicht so nur meine Mutter war so UND wie konnte sie nur so sein ..." (Hervorhebung M. W.). Im Satz bleiben zwei Ebenen auf spezifische Weise unverbunden, genauer: Sie werden durch einen zeitlichen Bruch zwischen mehreren, in verschiedenen Zeitschichten gelagerten Ich-Figuren getrennt: die in der Jetzt-Zeit angesiedelte, „verstehende" Ich-Figur (nicht nur meine Mutter war so), die in der Vergangenheit angesiedelte fassungslose Figur (wie konnte sie nur so sein), sowie die implizite Opferfigur in der Vorvergangenheit. Dadurch wird zunächst zweierlei bewirkt: Einerseits wird die Mutter in ihren generationalen Zusammenhang eingeordnet. Durch diese Verallgemeinerung wird sie - auf distanzierende Weise - entschuldigt

10 Gerade an der Stelle der nachträglichen Einfassung von Verlusterfahrungen kann sich entscheiden, inwiefern man von einem (biographischen) Trauma sprechen kann. Zur Thematik vgl. auch Hartmann (2004), Giesen (2001a) und in diesem Band, LaCapra (2009) und Kraft/Weißhaupt in diesem Band.

und „verstanden." Doch sofort bricht die weiter in der Vergangenheit liegende Perspektive der Ich-Figur wieder im undistanzierten Modus der erlebten Rede durch: Wie konnte sie nur so sein? Das Unverständnis wird also nicht aufgehoben, sondern durch die Konstellation der Sätze nun auf die ganze Generation übertragen: Wie konnten die alle nur so sein? Der Vorwurf wird so metonymisch verschoben: Die Mutter steht in einer Teil-Ganzes-Beziehung zur Generationseinheit, die als solche den Akteursstatus gewinnt, den die Mutter dadurch einbüßt. Sonja versucht nun, Gründe und Motive der 68er anzugeben.

„[das Buch über die 68er] hat mit 'n bisschen mehr Verstehen gegeben, warum, also woher sie kamen, aus welcher alten, älteren Generation, was sie vielleicht 'n Stück weit bewirken wollten und woraus sie sich vielleicht befreien wollten oder so […] dass es eben wirklich, ja wirklich ja auch 'n Umbruch gebracht hat, so wie ich das verstehe … äh, diese Zeit oder diese Achtundsechziger […] ja, ich denk' eben auch in diesen Beziehungsbereich, also was dann daraus geworden ist, war vielleicht auch nicht das beste…, aber wie ich es verstanden hab', war es ja vorher schon sehr eng, dass halt eben der Mann war so das Oberhaupt, die Frau hatte nichts zu sagen …"

Im Folgenden sollen die Bruchlinien dieses „Verstehens" untersucht werden: Man kann hier vier Perspektiven unterscheiden, die miteinander ringen, und die die Biographie als Ganze strukturieren. Eine Perspektive versucht zu verstehen, und das eigene Opfer mit einem Sinn zu versehen, eine zweite Perspektive führt die Anklage gegen die Mutter bzw. gegen deren ganze Generation. Diese perspektivische Ambivalenz der ersten beiden Aspekte kennzeichnet die Opfer-Figur als Ganze. Diese Ambivalenz setzt sich nun in einer Art perspektivisch-dialektischem Prozess fort, welcher der Generation ihrer Mutter gemacht wird. Die Opfer-Figur ruft Zeugen auf, um sich Klarheit zu verschaffen: Die dritte Perspektive tritt in den Zeugenstand: die Rolle des Buches über die 68er. Dieses Buch vermittelt, was man als eine identitäre generationale Erzählung der 68er bezeichnen kann, die auch öffentlich verfügbar ist: *Wer wir waren, warum wir rebellierten, was wir wollten und was wir erreicht haben*; in Sonjas Worten „dass es eben wirklich ja auch 'n Umbruch gebracht hat, so wie ich das verstehe … […] in diesem Beziehungsbereich […] war es ja vorher schon sehr eng, dass halt eben der Mann war so das Oberhaupt, die Frau hatte nichts zu sagen …" Die Erfolgsgeschichte zumindest der privaten Kulturrevolution der 68er spricht also für den Sinn des Opfers. Aber dazwischen hatte schon der Gegenzeuge, die vierte Perspektive, gesprochen: „was dann daraus geworden ist, war vielleicht auch nicht das beste ..." Es ist die Figur, die in der Mythentheorie als *agroikos* bezeichnet wird, [11] die Figur welche die tragische Handlung kritisiert, die immer fragt: War das nötig? Man kann annehmen, dass die Respondentin durch diese vierte Perspektive auch an den öffentlichen Diskurs anschließt, wo zum Zeitpunkt des Interviews (Anfang 2004) das Erfolgsnarrativ der 68er verstärkt kritisiert wurde. Diese vierte, kritische Perspektive hat aber in jedem Fall zur Folge - ihre Funktion besteht geradezu darin - den Sinn des Opfers in Frage zu stellen. Der Zeuge der Anklage erzählt also eine andere Geschichte von 1968 und seinen Folgen als das 68er-Buch. Man könnte sich nun die Frage stellen: Wieso eigentlich fragt Sonja die Mutter nicht, wenn sie sie und ihre Gründe verstehen möchte? Wieso kommt es zu den Verschiebungen und Bezügen auf generationale Motive, zu Diskussionen über die (Miss-)erfolge der 68er? Wieso braucht Sonja ein Buch? Im Interview wird die Frage dann auch gestellt - es ist die Frage nach der Grenze des Verstehens:

I: „Und das hatte Ihre Mutter Ihnen vorher nicht so vermitteln können?"
Sonja: „Na ja, ich denk' mal so. Also einerseits war immer mein Gefühl, dass sie selber auch nicht gerade sehr glücklich war über die Zeit ..."

Die Figur der Mutter kann hier nicht mehr positiv an ihre 68er–Zeit anschließen. Ihre Geschichte wird von Sonja nun als tragisches persönliches Scheitern erzählt (hierzu im Anschluss). Für Sonja bedeutet das, dass sie den „Sinn des Opfers" selbst ergründen muss. Das führt dazu, dass die gegenwärtige Vergangenheit der Erzählung der eigenen Mutter weniger zugänglich ist als die Form der reinen Vergangenheit, die ein Sachbuch bietet. Sonja hatte damit begonnen, dass sie sich nun nicht mehr als Opfer sieht, sie kann also schließlich eine neue biographische Figur von der Opfer-Identität absetzen. Dies erfolgt in der Form einer Konversion, dies jedoch nicht nur im übertragenen Sinne. [12] Sonja hat sich taufen lassen und ist Mitglied einer christlichen Vereinigung geworden. Am Ende der Geschichte fallen Erzählerin und erzählte Figur in folgendem Interakt wieder zusammen. Sonja redet hier über zwei Dinge gleichzeitig, über ihre „Entscheidung für Gott" und über ihre Mutter:

„...ich denke, wenn man sich für Gott interessiert, das hat ja auch was damit zu tun, wie sehr stell' ich mich der Wahrheit und auch mir selber und dem was wirklich einen ausmacht. Und ich denke, wenn eben jemand das nicht so gerne

11 Frye (2000), hier „Third Essay - Archetypal Criticism", S. 131-242.
12 vgl. Ulmer (1988).

möchte, sich dem stellen, seine eigene Persönlichkeit und so, da ist auch schnell so 'ne Abwehrhaltung dem gegenüber. [...] und setz' mich nicht damit auseinander, wie könnte mein Leben anders sein, oder was denkt jetzt Gott über diese ganzen Beziehungen, 'Heute hier 'n Mann und übermorgen den nächsten [...] is' ja auch schwer, wenn man so 'ne Vergangenheit hat, vielleicht sich auch einzugestehen, dass nicht alles gut war, oder so ..."

Die sich hier einstellende neutrale bzw. „gnädige" Redeweise gegenüber der Mutter hat nun eine andere Qualität als zuvor. Sie ist immer noch negativ wertend bezüglich der Beziehungsverhältnisse der Mutter, aber die Redefigur klingt weniger verletzt, sie ist distanzierter gehalten. Die kritische Perspektive wird hier an eine andere Instanz abgegeben - Gott.

Die vorhin eingeführte Figur des *agroikos*, der Kritiker der tragischen Handlung, steht immer in enger Verbindung zum *Chor* des Stücks, und ist damit ein Repräsentant der äußeren Zuschauer in der Geschichte. Zuvor war es dieser Perspektive um eine äußere, dem öffentlichen Diskurs entsprechende, kritische Wertung der „Handlungen der 68er Generation" zu tun gewesen. Diese Perspektive wird hier durch Gott als äußeren Zuschauer ersetzt: Was denkt Gott über diese ganzen Beziehungen? Eine Funktion dieser Externalisierung der Beobachtung, der Abspaltung der Anklage auf eine göttliche Perspektive, liegt darin, dass Sonja nach dem Prozess der Erzählung der Mutter gegenüber eine „neutrale", distanzierte Haltung, eine Haltung relativen „Verstehens" einnehmen kann, während sie diese dem kritischen Auge Gottes überlässt (mehr hierzu im Anschluss).

Ricoeur beschrieb diesen Prozess als Re-Konfiguration: die bewegliche Kunst, Figuren und Handlung zu verknüpfen.[13] Er ging davon aus, dass das an sich Undarstellbare, das Selbst, nur über eine Erzählung dargestellt und auf dem Weg der immer neuen Positionierung und Entwicklung von Figuren in der Handlung gewonnen werden kann. Man kann hier sehen, dass das erzählende Ich sich in der Erzählung in verschiedene Zeiten, Figuren, Funktionen und Perspektiven aufspaltet, um sich eine Identität langsam im Prozess der Erzählung zu erarbeiten, nicht zuletzt, um sie sich selbst zu erzählen. Die Re-Konfiguration wird besonders im Fall des Aufscheinens von Kontingenz wichtig: wenn das eigene Leben vom Zufall abhängig erscheint, wenn biographische Einbrüche narrativ bewältigt und daraus sinnhafte Entwicklungen erzeugt werden müssen. Bei Sonja zeigt sich dieser Moment der Ausgeliefertheit im Bild ihres kindlichen Opfers:

---

13 Ricoeur (1985, 1987).

„hat sie mir auch mal erzählt, dass mal diese Frage war, ob sie nicht in' Untergrund gehen könnte in' politischen … und das hätte ja bedeutet uns Kinder dann irgendwie allein oder sonste nich' wie zu lassen. Das hat sich dann irgendwie nicht so entwickelt. Also aus irgend 'nem Grund wurde dann, war das nicht mehr gefragt, dass sie da in diese Rolle reingeht, aber zu mindestens dieser Gedankengang war da gewesen, ob sie den Weg gehen möchte und so. Und da hab' ich schon gemerkt, dass es für mich also dann schwer war, das so nachzuvollziehen … auch 'n Gefühl von … also, als sie 's mir 's erste Mal erzählt hatte, wo ich so dachte, ‚Mensch'… Also dann hab' ich dann geweint, zu dem Moment, wo ich dachte, Mensch, ich war dann als Kind so allein gelassen, so ausgeliefert dieser Politik."

Hier scheint die Szenerie auf, die in der Struktur der Narration von Anfang an angelegt war: Das hilflose kindliche Opfer auf dem Altar der Politik. Dabei ist nicht entscheidend, dass es nicht zur Opferung im gemeinten Sinne kam, dass also die Mutter nicht wirklich in den Untergrund ging. Als Schmerzpunkt bleibt im Narrativ, dass sie dies als Möglichkeit erwogen hatte. Erzählt wird es so, dass die Mutter sich nicht *entschieden* hat, das Kind nicht zu opfern, sondern der „Gang in den Untergrund" war plötzlich von Seiten des Umfeldes der Mutter nicht mehr gefragt. Infolgedessen bleiben motivisch der Verdacht und die Angst bestehen, dass sich die Mutter vielleicht gegen sie entschieden hätte, dass sie sie in Gedanken schon geopfert hatte. Gleichzeitig wird hier deutlich, dass die *Erzählung* der Mutter selbst das schmerzliche Erlebnis für die Tochter war, die sie in ihrer eigenen Erzählung zu heilen sucht: Der Diskurs der anderen kann insofern das eigene Trauma darstellen. Oder anders formuliert: Das Trauma ist die Geschichte der anderen, die man nicht los wird. [14]

Die Erzählung der Mutter wird durch die erzählte Konversion Sonjas umgearbeitet - es zeigt sich ein biographischer Widerstand, der die Geschichte(n) der anderen dadurch zwar nicht los wird, aber auf erträgliche Weise einzufassen sucht. Damit kehrt man zur Anfangsfrage zurück, welcher Art das Bild des Opfer ist, das Sonja von sich in ihrer Biographie zeichnet. Hier lohnt es sich, eine Unterscheidung zweier Opfer-Typen zu rekapitulieren, die auch mit spezifischen rhetorischen Formen zusammenhängen. Sie finden sich sowohl in biblischen als auch in klassischen tragischen Gattungen wieder: das unvermeidliche sowie das unmäßig bestrafte Opfer. [15] Ersteres entspricht dem Typus Adams: dieser wird schuldig und bestraft, weil er der menschlichen Natur folgt. Die Strafe ist

14 In diesem Sinne formuliert von Hayden White anlässlich der Tagung „Trauma and Narration." Konstanzer Meisterklasse 2009, vom 19.07.-27.07.2009.

15 Frye (2000), hier S. 42.

insofern unvermeidlich, da Adam Teil der menschlichen Gesellschaft ist, in der schuldig zu werden unvermeidlich zum Leben gehört. Beim zweiten Typus, der unmäßigen Bestrafung des Opfers, wird hingegen der Versuch, die Schuld zu verallgemeinern und dem Opfer Mitschuld zuzusprechen, konterkariert durch den gerade dadurch aufscheinenden Eindruck der Unschuld des Opfers; der Idealtypus dieses Opfers ist die Figur Jesus', dazu geboren, selbst unschuldig, alle Strafe auf sich zu nehmen. In der Rhetorik von Sonjas Biographie figuriert sie nun zu Beginn als unschuldiges, kindliches Opfer, welches unmäßig für die politische Tätigkeit der Mutter bestraft wird. Der Bereich des Politischen konstituiert hier gegenüber dem Begriff der Familie eine böse/gut Unterscheidung, die die Erzählung in eine groteske Form bringt. Die Folge ist die Unmöglichkeit, die Biographie in eine erzählerische und ästhetische Distanz zu bringen, so dass die Erzählarbeit, die mit Ricoeur darin besteht, eine narrativ sinnvolle Entwicklung und erträgliche biographische Figuration zu etablieren, misslingt. Eine direkte Kontinuität der unmäßigen Opferfigur in der Vergangenheit bis zur Jetzt-Zeit der Erzählerin wäre jedoch kaum erträglich. Erst durch die Konversion und ihre Erzählung gelingt eine Neurahmung der Biographie. Über die groteske Unterscheidung von gut und böse erhebt sich durch die Konversion am Ende eine (göttliche) Komödie, die das Opfer in einer neuen Ordnung integriert - wenn auch in keiner weltlichen - und dabei seine Identität transformiert und anerkennt. Dies ermöglicht nun auch eine narrative Re-Integration der Mutter, die vorher in der Position des Antagonisten oder als Repräsentantin ihrer Generation figurieren musste. Unter dem „Blick Gottes" werden nun alle Handelnden, auch die Mutter, zu unvermeidlichen Opferfiguren, die man mit Distanz verstehen kann. „is' ja auch schwer, wenn man so 'ne Vergangenheit hat, vielleicht sich auch einzugestehen, dass nicht alles gut war, oder so ..." Die Katharsis gelingt nun - allerdings um den Preis der Distanzierung von der Figur der Mutter. Und wo zuvor noch die Generation der 68er als schuldiger Akteur figurierte, erfolgt am Ende der Geschichte eine Enthistorisierung der Schuld im Sinne eines im weitesten Sinne Augustinischen Verständnisses vom Weltplot: Die Welt (bzw. die Familien) waren auch vor den 68ern schon kaputt. Dies ermöglicht nun auch eine Art der Annahme dieser Geschichte. Sonja: „Vorher hatt' ich ja auch immer schnell gesagt, 'meine Mutter, meine Väter sind schuld' und jetzt hab' ich schon mehr auch gesehen, was mein Teil is' in dem ganzen Schlamassel."

Man kann an diesem ausführlich dargestellten Fallbeispiel sehen, dass generationale Erzählungen, die im gesellschaftlichen Diskurs situiert sind, komplexere Verbindungen mit familiären und biographischen Narrativen aufweisen als dies in der Perspektive von generationaler „Identitätspolitik" erkennbar wird. Eine weitere Analyse der rhetorischen Mittel dieser Erzählung und der Verbindung zu den Generationenerzählungen der anderen soll am Schluss erfolgen. Es zeigt sich hier zunächst, dass biographische Erzählungen zwar auch in öffentlichen Generationenerzählungen eingebettet sind, aber der öffentliche Diskurs wird zugleich gemäß der Struktur der biographischen Erzählung genutzt. In diesem Beispiel haben zwei verschiedene Versionen der 68er Geschichte Zeugenfunktionen um in einem narrativen Prozess die Konversion der Erzählerin zu begründen. Bevor weitere Schlussfolgerungen gezogen werden und theoretische Weiterungen erfolgen, sollen zunächst wenige Auszüge aus den Interviews mit der Mutter und der Großmutter betrachtet werden, da die Unterschiede sich insbesondere im Vergleich mit den anderen Erzählungen in der Familie zeigen.

Respondentin Dorothea, Sonjas Mutter, zum Zeitpunkt des Interviews (Dezember 2003) 53 Jahre

Die Respondentin ist in Köln geboren, hat nach dem Abitur in Berlin gearbeitet und war in der beruflichen Bildung tätig. Nach einer Ausbildung im Bereich Sozialberatung arbeitet sie zum Zeitpunkt des Interviews als Trainerin in Berlin.

Dorothea beschreibt ihren, schon von Sonja angedeuteten, biographischen Einbruch nach der politisch begründeten Trennung von ihrem zweiten Mann folgendermaßen:

„... und in dem Moment, wo das auseinander ging äh bin ich in 'ne sehr, sehr schlimme Lebenskrise gekommen, würd' ich sagen, also da is' irgendwie so dieses ganze Gebäude, was ich mir da aufgebaut habe, also das es 'ne gute Sache ist für die ich da kämpfe sozusagen, also irgendwie diese, diese Gesellschaft äh revolutionär umzugestalten, damit am Ende irgendwie 'ne bessere Gesellschaft (lacht) rauskommt, äh das ist irgendwie, wie so 'n Kartenhaus ineinander gefallen für mich, ja. Also es war halt auch 'ne Zeit, wo es mir wirklich sehr, sehr dreckig ging und es gab dann Kommentare von Genossen, die sagten, 'ich soll' mich nicht so wichtig nehmen, was das eigentlich is', mein Schmerz gegenüber dem Ziel der Weltrevolution', und ich hab' gemerkt, das interessiert mich überhaupt nicht mehr. Das war wie so 'n, ja Aufwachen durch was anderes ... durch, durch'n schlimmen Schock auch, würd' ich sagen."

Hier deutet sich zunächst eine mit der Biographie der Tochter vergleichbare Möglichkeit an, aus einem traumatisch erscheinenden Verlust eine Opfernarration zu entwickeln. Doch dieser hier dargestellte Bruch wird – so wie andere Brüche in Dorotheas Biographie – von ihr in eine gänzlich andere Erzählstruktur eingeordnet. Sie spricht von Schuldgefühlen ihren

Kindern gegenüber, weil sie zu viel Zeit in die politische Arbeit investiert habe und von persönlichen Krisen in der „nachpolitischen Zeit", als sie allein zwei Kinder erzogen hat. Doch liegt hier keine konversionsähnliche Struktur der Erzählung vor, da trotz der angesprochenen Krisen die biographische Figur narrativ im Modus der *Konstanz* [16] weitergeführt wird. Die symbolische Werteordnung, in der die Figur situiert wird, ändert sich nicht.

„Und ich kann einfach für mich auch sagen also, dass so die Motive, die mich ursprünglich dahingeführt haben, dass ich die immer noch wertschätze [...] Und mit dem, was ich heute tue möchte ich dazu auch auf 'ne gewisse Weise immer noch beitragen, dass irgendwas, da wo ich wirke (lacht) besser wird, als es ist."

Trotz äußerer Brüche stellt sich in der Biographie eine innere Konstanz der Werteordnung dar. Vor dem Hintergrund biographischer Konstanz werden die Krisen, trotz der damit einhergehenden und als einschneidend beschriebenen Verlusterfahrungen, in der Form von Episoden eingeklammert. Zugleich zeigt sich - als eine weitere durchgängige Struktur in dieser Biographie - die Verschränkung des Privaten mit dem Politischen. Dieses Motiv wird in Dorotheas Erzählung zunächst auf die Vergangenheit und die Konflikte in ihrer Herkunftsfamilie bezogen, die Bereiche bleiben aber auch in der „nachpolitischen Zeit" auf das engste verzahnt. Die Begründung für ihr politisches Engagement verortet Dorothea in den autoritären Strukturen ihrer Elternfamilie. Erst später habe sie dann bemerkt, dass die in den K-Gruppen gepflegte rigide Kultur ihr auch deshalb zugesagt habe, weil sich darin ihre eigene habituelle Strenge, und damit zugleich die Strenge ihres Vaters widerspiegelten.

Die Ambivalenz, die darin besteht, zwar einige Entscheidungen zu bedauern, jedoch zugleich keine Zweifel an der grundlegenden Richtigkeit ihrer politischen Arbeit zu zeigen, wird in der konstanten Figuration einer bitteren Heldinnenfigur gerade durch die verschiedenen „persönlichen Krisen" und Verluste, die sie durchlebt hat, in der Erzählung stabilisiert. Die 68er-Bewegung bleibt in Dorotheas Narration dann auch eine Erfolgsgeschichte, vor allem im Bereich der Befreiung aus konservativen Familien- und Beziehungsformen. An dieser Stelle zeigt sich auch die Bruchlinie mit ihrer Tochter Sonja, deren religiöse Wende sie als „verspätete Abgrenzung" wertet und in einen konfrontativen Zusammenhang mit ihrem eigenen generationalen Engagement bringt.

16 vgl. hierzu auch Martin Kohlis klassische Unterscheidung von Konstanz, Kontinuität und Konsistenz. Konstanz meint hierbei eine innere Gleichheit trotz äußerer Veränderungen. Kohli (1980), hier S. 514f.

„die hat sich religiös orientiert […] in 'ner Weise, für die ich kein Verständnis habe und wo erstmal, wobei ich sagen würde, das ist auch was Oberflächliches, 'ne ganze Menge Positionen drin sind, die all das für das ich mal gestritten habe und für das ich auch heute stehe … äh also zum Beispiel, die Körperbejahung wäre ein Beispiel […] ist auch ein Teil, das kommt aus der Achtundsechziger Bewegung … […] da hab' ich's mitgebracht und ich hab's im Grunde transportiert in, in meine nachpolitische Zeit, […] alle diese Fragen Partnerschaft und so, kommt jetzt einfach 'ne ja … eher sehr, sehr konservative Haltung von ihr […] 'ne sehr reglementierte auch und das war schon sehr schwierig zwischen uns und is' es auch zum Teil immer noch."

Weiteres zu den Strukturen der Biographie Dorotheas folgt am Schluss im Zusammenhang mit den anderen Erzählungen, auch der Erzählung der Großmutter Elfriede.

Respondentin Elfriede, Dorotheas Mutter, Sonjas Großmutter, zum Zeitpunkt des Interviews (November 2003) 76 Jahre

Die Respondentin ist in Köln geboren, hat eine Ausbildung als Apothekerin angefangen und nach mehreren Semestern ein Studium der Philologie abgebrochen, um zu heiraten und um dann ihr erstes von vier Kindern zu bekommen. Sie arbeitete später als Hausfrau halbtags im Anwaltsbüro ihres Mannes. Elfriede lebt zum Zeitpunkt des Interviews in Köln.

Die Lebenserzählung von Elfriede beschreibt die Überforderung, die zum einen durch die Erziehung von zwei – später sogar vier Kindern – und der ehelichen Situation entstand. „… da war ich voll mit beschäftigt mit diesen zwei Kindern und wie ich mit dieser Ehe zu dritt fertig [werde] …" Die „Ehe zu dritt", die faktisch durch eine Nebenbeziehung des Ehemannes bestanden hat, stellt sich als eines der Motive der Tochter Dorothea heraus, mit der elterlichen Familie zu brechen: ihr ausgesprochener Vorwurf, dass Elfriede sich ihrem Mann unterordne und die untragbaren ehelichen Verhältnisse dulde. Elfriede beschreibt den Bruch mit ihrer damals schwangeren Tochter, als diese das Haus im Zuge der 68er-Bewegung verlässt, um in Berlin ihr Kind mit ihrem damaligen Freund zu bekommen.

„Damals hat et mir einfach nur weh jetan, […] war 'ne unheimliche Verletzung, weil ich glaubt', ich war eine liebevolle Mutter un' sie hätte noch wat mehr erklären müssen […] aber da war Schweigen, ne oder Trotz dem Vater jejenüber. Ich war ja dem dann hörich, nach ihrer Meinung nach un' wenn 'n Kind einfach wegjeht, dann is' schon schlimm, nich'…"

Der Bruch wird von Elfriede jedoch im Nachhinein in generational bedingte Verstehensgrenzen eingeordnet. Hierbei wird ihr *fehlendes* privates Aufbegehren gegen den Ehemann mit dem öffentlichen Aufbegehren der „jungen Generation" in ein Spiegel-Verhältnis gesetzt.

„... Also dieses Aufbegehren hab' ich ja dann ... wir war ja zu vielen Eltern, die entsetzt waren über lange Haare un' linke Szene un' Aufbegehren. Wir war'n ja noch die Aufbaugeneration und waren selbst erzogen worden, alle halten zusammen und alles ... Friede, Freude, Eierkuchen ..."

Der politische Teil der 68er-Bewegung kommt dabei in Elfriedes Erzählung kaum vor. Die Bewegung von 1968 wird stattdessen als Familienkonflikt beschrieben. Der innerfamiliäre Bruch wird zugleich auf einer historisch-genealogischen Achse vollzogen, auch um eine symbolische Distanz zum familieninternen Konflikt im Narrativ zu schaffen. Die 68er-Themen werden entsprechend „gefiltert"; in Elfriedes Erzählung kann deswegen aus den möglichen Themen der 68er-Bewegung am ehesten an Diskussionen über verschiedene Erziehungsstile angeschlossen werden.

„aber dat Politische: nein', war mir zu extrem, und antiautoritäre Erziehung schon gar nicht. Wie soll dat gehen? [...] Ich musste bei vier Kindern'n Zettel schreiben, 'mach du heut' dat und mach du heut' dat.' Doro hat ihre Kinder nur so erzogen. Sie war alleinerziehende Mutter nachher. Die mussten einmal de Woche ... Küchendienst hatte einer un' der andere Badezimmerdienst. Ich weiß dat ganz jenau. Un' die ham dat murrend, aber dann auch ... äh gemacht ..."

Indem der Erziehungsstil ihrer Tochter entgegen dem 68er-Topos der antiautoritären Erziehung in Kontinuität zu dem Erziehungsstil Elfriedes gesetzt wird, deutet sich die bestimmende Grundstruktur der Re-Integration einer familiären Kontinuitätserzählung an. In Verbindung mit der Pflege und dem Tod des Ehemannes kommt es in der Erzählung zur Versöhnung mit der Tochter Dorothea, was zusammen einen biographischen Wendepunkt markiert.

„... Un' nachher, die Jespräche sind viel später jekommen, aber ich hatte die Kraft zu Jesprächen erst, als ich selber äh ... durch Doro ... die Hilfe, wie man anders mit seinen Tiefs aus dem Leben umgehen kann, also eher lernen, als wie sich beklagen."

Dorothea, die inzwischen als Coach und Lebensberaterin arbeitet, empfiehlt ihrer Mutter diverse Beratungskurse und wird über das Wortfeld der „persönlichen Entwicklung" in den Wendepunkt der Biographie Elfriedes mit eingeschrieben. Im Gegensatz zu ihrer Tochter Dorothea deutet die Großmutter die glückliche Entwicklung jedoch wiederum religiös. Die Art und Weise der Verkettung der verschiedenen Bereiche und Stationen ihres Lebens wird in eine teleologische Entwicklungsgeschichte eingewoben, wo jede Verlusterfahrung in die Trope „wertvollen Leidens" und Lernens eingeordnet werden kann.

... Un' ich bin Gott un' dem Leben un' meinen Kindern dankbar, dat wir äh ... super zueinander jefunden haben [...] Also et sind viele Verwurzelungen, Verzweigungen dieser sehr großen Familie. Ich ... Also ich ... ich ... ich steh' mit Danken auf un' gehe mit Danken ins Bett, weil das alles nicht selbstverständlich ist. Ich glaube heute, durch die Tiefen mit meinem Mann, mit den Kindern, ich offen wurde für zu lernen, Mensch dat war dat doch alles sinnvoll, ne. Dat waren Etappen."

In der rhetorischen Form der Synekdoche werden die Etappen und das Lernen aus der Vergangenheit als Grundlage, als „Wurzel" einer höheren Einigkeit der Familie in der Biographie dargestellt, die scheinbar alle Verstehensgrenzen überwindet. Sowohl Dorotheas Motiv der „Arbeit an der eigenen Entwicklung" als auch der religiöse Weltbezug Sonjas werden in dem sich entwickelnden „natürlichen" Familiennarrativ in der Biographie Elfriedes integriert.

Über die Generationen hinweg kann in den drei Biographien eine Affinität zu (quasi-)religiösen Motiven bei der Arbeit am Selbst festgestellt werden. Die Opfergeschichte Sonjas, die von Verlusterfahrungen geprägte Geschichte Dorotheas, und die von der Figur glücklicher Fügung gekennzeichnete Geschichte Elfriedes sind alle auch Leidensgeschichten, *passion stories,* und die biographische Erzählung kathartische Arbeit an den eigenen Verletzungen.

Wie ist nun diese Arbeit an der narrativen Identität mit den öffentlichen Generationenerzählungen verbunden? Zunächst zeigte sich, dass der explizite Bezug, die Verwendung des Begriffs der „Generationen" über die drei Lebensgeschichten stark variiert: die Geschichte der 68er als Erfolgsgeschichte (Dorothea) gegenüber einer Unglücksgeschichte (Sonja), die Generation als Erklärung für ein tragisches innerfamiliäres Missverstehen (Elfriede) gegenüber der Generation als politischem Akteur (Dorothea). Dabei wurde deutlich, dass die Form der biographischen Re-Konfiguration, die rhetorischen Strategien der Verortung der eigenen biographischen Figur jeweils in einem bestimmten Verhältnis zu öffentlichen Generationenerzählungen stehen. Wie kann dieser „Identitätszusammenhang" genauer beschrieben werden?

Generationale Gattungen

Inwiefern ist nun die Biographie mit einer spezifisch generationalen Erfahrungs- und Narrativstruktur verbunden, und wie lässt sich diese Verbindung beschreiben? [17] Wer sich mit einer Geschichte identifiziert, ist bekanntlich in sie verstrickt, [18] dies gilt umso mehr für die narrative biographische Selbstverortung. Doch auf welche Weise kann die persönliche Erlebnisschichtung sprachlich und erzählerisch in einen generationalen Erfahrungszusammenhang verwoben sein? [19]

Erzählungen und Sprache sind zunächst auf grundsätzliche Weise mit der Dimension leiblichen Erlebens verbunden. [20] Beim Prozess der Generationen muss man darüber hinaus die historische Expansion der Jugendphase im Blick behalten, in welcher das Motiv der Identitätssuche institutionell und kulturell eingeschrieben worden ist (modellhaft bei Erikson beschrieben [21]). In verschiedenen Formen jugendlicher Vergemeinschaftung werden deshalb einzelne Ereignisse des Zeitgeschehens sowohl leiblich als auch sprachlich als identitätsstiftende Gemeinschaftserlebnisse erfasst; [22] so in Elfriedes Erzählung: „Wir war'n ja noch die Aufbaugeneration." An dieser Stelle muss man jedoch ebenfalls die Wirkungen berücksichtigen, die durch bestimmte Narrative und Diskurse auf die Heranwachsenden wirken. Gesellschaftlich verbreitete Narrative konstituie-

---

17 In den folgenden Abschnitten ist eine Weiterung der Generationentheorie im Hinblick auf die Biographieanalyse angezielt, die sich nicht nur auf das hier angeführte Beispiel bezieht, das nur bestimmte Ausprägungen der „generationalen Gattungen" aufweist. Andere Beispiele und eine breite Einbettung in die Biographieforschung können in diesem Rahmen nicht erfolgen; vgl. Weißhaupt: Grenzen des Selbstverstehens. Generation, Familie und die Widerstände der Biographie (erscheint 2010); Die heutige Biographieforschung kann grob unterschieden werden in 1) Ansätze die biographische Geschichten für einen „ideologischen Überbau" der tatsächlich wirkenden Sozialstruktur halten (klassisch Bourdieu: 1990) 2) Ansätze die von einer „Verarbeitung" der erlebten Wirklichkeit in der biographischen Erzählung ausgehen (u. a. Bude 2000, Fischer-Rosenthal 1995) 3) Ansätze, die der Biographie einen eigenständigen Wirklichkeitsstatus zugestehen und deren eigene innere Strukturen (Reijkonen 1991) untersuchen. Der hier vertretene Ansatz versucht die Erfahrungskomponente, die Strukturen der Verdichtung der Erfahrung in der Biographie und die soziale Verortung der Erzähler in gesellschaftlichen Diskursen aufeinander zu beziehen.

18 Schapp (2004).

19 In der Mannheim'schen Terminologie formuliert: In welcher der Stufen der Generationen greift ein generationaler „Gestaltungsimpuls" in Biographien ein?

20 Koschorke (2003), Lacan (2006).

21 Erikson (2008), dazu vgl. auch Corsten (2002).

22 vgl. hierzu Giesen (2001b) und in diesem Band, Reulecke (2003).

ren und vermitteln die jeweilig erlebte „Generationslagerung" vielfach erst und machen sie diskursiv „drückend." [23] Die Angehörigen bestimmter Altersgruppen „erleiden" jeweils ganz bestimmte narrative Diskurse, die ihre jugendliche Erlebnisschichtung mit formen, inklusive aller leiblicher und als „unmittelbar" wahrgenommener Erlebnisse. [24]

Der in den letzten Jahrzehnten virulent gewordene, öffentliche Diskurs über Generationen gehört nun selbst zu jenen Erzählungen, die die Lagerung von Generationen ausmachen, als eine bedeutende unter vielen. [25] In diesem Diskurs wird explizit, in anderen oftmals implizit, eine Verortung generationaler Identitäten vorgenommen. Ein paralleler Prozess findet zugleich in der Familie statt: die Verortung der Nachkommen in tradierten familiären Erzählungen, die den Habitus der Familie begleiten. [26] Gleichzeitig wird in der Familie der „äußere" gesellschaftliche Diskurs zusätzlich gefiltert vermittelt.

Mit dem „Erleiden" der drückenden Verortung im familiären und im gesellschaftlichen Diskurs geht nun zugleich die *Verarbeitung* und *Aneignung* der eigenen Erlebnisschichtung einher, die die Erlebnisstruktur dann im weiteren Fortgang verändert. Hier soll es primär um die sprachliche Dimension der Verarbeitung und Aneignung gehen: Anhand von sehr vielen kleinen Kommunikationsgemeinschaften in der Jugend können sich bei der Verarbeitung der jugendlichen Erlebnisschichtung

---

23 Mannheim schien dies nicht im Blick zu haben, als er jene „gesellschaftlich formierenden Kräfte" beschrieb, die die Gestalt von Generationen formen. Darauf hat Niethammer (2006) hingewiesen, jedoch mit anderen Schlussfolgerungen. Er konstatiert eine Fokussierung des Mannheim'schen Blicks auf gesellschaftliche Eliten statt auf massengesellschaftliche Diskurse, und verwirft deshalb dessen Generationentheorie als allgemeines Modell für Generationen. Hier soll jedoch in der anderen Richtung argumentiert werden, indem solche Diskurse in das Modell selbst eingeschrieben werden.

24 Eine solche Perspektivierung des Mannheim'schen Modells kann grundsätzliche Geltung beanspruchen, jedoch insbesondere dann, wenn das Drückende der jeweiligen Zeit sich vorwiegend über gesellschaftliche Diskurse und medial verbreitete Erzählungen vermittelt, und nicht etwa über Kriegszustände. Vgl. auch Zinnecker (2003), Maase (2005), Fietze (2009), die die Rolle des gesellschaftlichen Diskurses im Prozess der Generationen auf andere Weise fassen. Zur Kritik an Mannheim vgl. Oliver Neun in diesem Band. Zum Zusammenhang von Erzählung, leiblichem Erleben und Generation vgl. Kraft/Weißhaupt in diesem Band.

25 Damit ist auch das Motto von Matthes Mannheim-Interpretation (1985) eingelöst („Mit Mannheim gegen Mannheim"), jedoch auf andere Weise als dort: Statt das Modell in einer allgemeinen „Mannheim'schen" Perspektive auf die gesellschaftliche Bedingtheit von Deutungsmustern aufzulösen, wird das Mannheim'sche Generationsmodell hier auf sich selbst angewandt.

26 Weißhaupt (2008).

sprachliche Muster entwickeln,[27] die als geteilte Deutungsmuster in der Altersgruppe (und ihren spezifischen Medien) zirkulieren und dadurch deren Welterschließung grundlegend prägen. Das schließt auch die Wahrnehmung der eigenen Zeitlichkeit ein, die sich auch durch Differenzmuster gegenüber der Vergangenheit, und im speziellen durch Abgrenzung gegenüber den Erzählungen „vorheriger" Generationen ausdrücken kann.

Die Peer-Kommunikation bewegt sich insofern im Bereich zwischen den verfügbaren Erzählungen, den noch nicht begriffenen Erlebnissen und dem was ihre Kommunikation aus dieser für sie objektiv gewordenen Lagerung macht.[28] Die öffentlich-medialen und die familiären Erzählungen können sich hierbei überkreuzen (wie in der 68er Erzählung Dorotheas am deutlichsten wird) oder weitgehend getrennt gehalten werden (wie durch die Erzählung Elfriedes), sie sind aber immer auf vielfältige Weise aufeinander bezogen. In den Erzählungen aus dem Fallbeispiel findet sich folgende Beschreibung der eigenen Generation in Sonjas Narration:

„hab' eher das Gefühl, das die heutige Generation relativ desorientiert ist, sagen wa mal, und rein berufliche ganz andere Wege gehen muss, als es früher möglich war. Man muss sich ja … äh, heute hier und morgen dort beschäftigen und solche Sachen.[…] ich hab' so das Gefühl, dass jeder auch wieder versucht, eher die Sachen ins Reine zu bringen mit sich selber und dann eben auch mit der … mit der Familie oder so, also nicht so sehr so, 'die sind die Doofen und wir sind die Guten' oder irgend was … […] irgendwie denk' ich, dass es schon auch 'ne Zeit ist, wo man ja auch merkt … äh, dass vieles so zerbricht oder man muss neue Wege finden …"

Sie beschreibt die Eigenschaften ihrer Generation als eine implizite Abgrenzung von den 68ern. Es steht hier eine stark institutionalisierte, öffentliche Erzählung einer Generation auf der einen Seite einer fragmentierten, kaum institutionalisierten sprachlichen Welterschließung der Nachfolgegeneration gegenüber. Die Letztere stellt hier eine allgemeine

27 Corsten (1999), Schuman/Scott (1989).

28 Entgegen der Analyse von Fietze (2009) kann hier formuliert werden, dass Biographieforschung, die die sprachlichen Mittel der Selbstverortung im Blick hat, durchaus Relevantes zur Generationenforschung beitragen kann, da eine mögliche generationale Kollektivierung von Erfahrung stark von den rhetorisch und ästhetisch dominanten Deutungsmustern in den Altersgruppen abhängt. Vgl. Fietze (2009), hier S. 58-61: „Die Biographieforschung als Scheinlösung für das Problem der Generationen".

Wahrnehmung von Vereinzelung und Unsicherheit dar (im Berufsleben, in Beziehungen), wobei explizit ein auszutragender Generationenkonflikt abgelehnt wird. In den Aussagen ihrer Mutter Dorothea wird dagegen, wie oben dargelegt, ein ganz anders gelagerter symbolischer Raum aufgespannt: Die Welt kann über das Wortfeld des Politischen aufgeschlossen werden, aufgeteilt in klare Gegensätze, die sich auch in Handlungsrationalität umsetzen lassen.

Die zirkulierenden generationalen Deutungsnetzwerke scheinen sich hierbei bis zu einem gewissen Punkt der sprachlichen Entwicklung zu verändern und stellen sich danach als weitgehend unverfügbar dar.[29] So ist die Erzählung Dorotheas auch in der „nach-politischen Zeit" weitgehend von den Sprachmustern und Grundunterscheidungen geprägt, die sie sich in ihrer Jugend aneignete. Auf diese Weise wird durch den Peer-Diskurs ein bestimmtes „Weltwollen" und bestimmte erfahrungsbedingte Begehrensstrukturen in der Sprache eingelagert. Dieses „Weltwollen" liegt in den Metaphernwelten, in den metonymisch verschobenen Wünschen, in den Hypertrophien und Ironien, den Formen und Lücken der generational bestimmten Symbolnetze. Die Verstrickung in generationale Erzählungen hat somit selbst die Dimension der körperlichen Erlebnisprägung, die bis zu einem gewissen Grad an die Sprache gekoppelt ist und zugleich nicht ganz in der Versprachlichung aufgeht.[30]

Geschichten weisen ihren Figuren einen bestimmten Platz in ihrer symbolischen Ordnung zu. Das gilt für die öffentlichen Generationendiskurse, insbesondere aber auch für die familiären. Die Abgrenzung gegenüber der vorigen Generation kann so als eine sprachliche Reaktion auf das Erleiden einer Identitätszuweisung gesehen werden: Die „Identitätszumutung" die sich aus dem Zusammenspiel der öffentlichen Erzählung über die 68er und der familiären Einschreibung dieser Erzählung ergibt, ist im Fallbeispiel bei Sonja besonders deutlich. Hier zeigt sich auch, auf welche Weise Erzählungen einschneidende Wirkungen in der Erlebnisstruktur hinterlassen können, wenn eine schmerzhaft empfundene Ver-Ortung der eigenen Identität damit verbunden wird.

---

29 Zur Thematik der Prägung in der Jugend auch O. Neun: Abschnitt 4 in diesem Band.

30 Insofern unterscheidet sich dieser Ansatz von denjenigen, die davon ausgehen, dass es sich bei sprachlichen Generationenphänomenen nur um identitätspolitisches „generation building", also nur um Sprache als strategisches Mittel zur Mobilisierung handelt. Hier wird deutlich, dass es auch um sprachliche Grundmuster der Welterschließung geht, die jenseits des Instrumentellen liegen und die tatsächlich zugleich Grundlage wie Ergebnis von generational geteilter Erfahrung sind.

„… an das meiste kann ich mich wahrscheinlich auch nicht bewusst erinnern. Da ist so 'n gewisses Gefühl, was übrig bleibt, bzw. eben das, was ich auch aus Erzählungen von meiner Mutter weiß, […] also so mein Nachgeschmack ist dann so, also die Beziehungen waren der Politik untergeordnet …"

Der religiöse Gegendiskurs ist hier eine Reaktion auf das imaginäre Erleben des *sparagmos*, dem Moment der Zerteilung, der Opferung der eigenen biographischen Figur in den Erzählungen der Mutter. Die metonymische, zerteilende Grundstruktur fasst das Wortumfeld des Politischen und der 68er Generation als Kräfte, welche Prozesse des Auseinanderfallens antreiben. Die Grenzfigur der Mutter steht in Sonjas Erzählung einmal innerhalb, und einmal außerhalb der familiären Sphäre, was deren Öffnung für den Einbruch des Politischen bedeutet. Die Analyse der rhetorischen Mittel weist hier eine bestimmte Struktur der Erzählung nach, die zum einen dem Erleiden dieser 68er Erzählung geschuldet ist, und zum anderen Sonjas Aneignung dieses 68er Narrativs, um es dem oben dargestellten narrativen „Prozess" in ihrer Biographie zu unterziehen. Der öffentliche Generationendiskurs kann dabei in Sonjas Erzählung keine positiven Identitätswirkungen bezüglich ihrer eigenen Generation entfalten, jedoch führt die Aneignung und Verarbeitung der Erzählung der Vorgängergeneration zu biographischen Widerständen. Diese verschieben die politische Zerteilung der familiären Sphäre bis sie in eine göttliche Ordnung überführt ist. Diese kann dann die wahrgenommene Fragmentierung der Lebensbereiche rechtfertigen.

Dorotheas biographische Figur hingegen fundiert ihre schon oben angedeutete Konstanz rhetorisch auf ihrem Status als *Grenzfigur* zwischen zwei Zeiten, zwei Gesellschaften, die prinzipiell in Opposition zueinander gesetzt sind: die Gesellschaft vor 1968 und die danach. Diese Zweiteilung in der Form des romantischen Motivs eines Kampfes strukturiert im Hintergrund die Biographie. Dorotheas persönliche Geschichte ist dabei sehr stark in die Vorstellung einer erfolgreichen Neubegründung verankert, die erfolgreiche Überwindung der autoritären Prä-68er-Gesellschaft – auch und gerade wenn persönliche Opfer auf ihrer Seite und in ihrer Familie zu verbuchen sind. Die damals rigiden Haltungen und Übertreibungen in der politischen Aktivität, die Dorothea selbstkritisch festgestellt, und die heute von ihr bedauert werden, werden zugleich als Erbschaft des Vaters dargestellt („er war sehr, sehr kritisch und sehr urteilend und sehr Recht haben wollend *(lacht)* und da drin auch teilweise sehr massiv und sehr verletzend. Also das ist so 'ne Sache, die ich von ihm mitgenommen hab' …"). Auch die sich für ihren Mann aufopfernde Figur Elfriedes wird durch die Struktur ihrer Familienerzählung zur Figur der Abgrenzung und damit Grundlage für das generationale Engagement ihrer Tochter Dorothea.

„ich bin zweimal recht schnell hintereinander eben äh in 'ner Trennungssituation gewesen und die zweite Situation war so, dass äh war so, dass eben 'ne andere Frau ins Spiel kam…und meine Mutter hat dafür votiert, dass ich das einfach toleriere und aushalte. […] Und ich hab', ich bin auch von zu Hause weggegangen mit dem Gefühl, 'ich will nie so leben wie meine Mutter' …"

Dieses Motiv wird anschließend narrativ mit den emanzipatorischen Anteilen der 68er in Beziehung gesetzt. „… [die Feministinnen] haben auch Positionen formuliert, die natürlich auch weiterhin Grundlage meines Lebens sind."

Die im elterlichen Haus erlebte Praxis und der erlittene familiäre Diskurs werden mit den sprachlichen Deutungsmustern der 68er von Dorothea neu angeeignet und in der Biographie verdichtet. Die elterliche Familie bietet also sowohl die Folie für die zu bekämpfende, alte Ordnung, als auch eine Möglichkeit zur Bearbeitung des biographischen Einbruchs nach dem Herausfallen aus der generationalen Bewegung (siehe oben den Topos der Erbschaften des Vaters). Danach kann die Engführung des Politischen mit dem Privaten narrativ mit dem Beruf als Lebensberaterin verknüpft und als Kampf für die richtige Sache weitergeführt werden. Dadurch hat auch eine Art Neugründung der Herkunftsfamilie - als Parallele zur Neugründung der Gesellschaft durch die 68er - stattgefunden: Elfriede, die Großmutter, wurde - wie oben angedeutet - von Dorothea erfolgreich zu Kursen der Lebensberatung, positivem Denken etc. angeregt, was diese in ihr „Lernen aus Leiden"-Narrativ mit aufnimmt. Im Gegensatz zu ihrer Tochter Sonja strukturiert bei Dorothea das Wortfeld des Politischen die Biographie als positiv besetzte Grundkategorie, als grundsätzliche Metapher der Welterschließung, die das Nahe (Körperbejahung) und das Ferne (die befreite Gesellschaftsordnung) verbindet. Diese durchgängige Öffnung der Metaphernwelt stellt hierbei eine der auch generational bedingten, sprachlich verfestigten Strukturen dar, die dazu beiträgt, dass kein positiver Anschluss an das Narrativ ihrer Tochter, die Vorstellung eines geschlossenen und weitgehend außerweltlichen Familienheils stattfinden kann (im Gegensatz zum Welt*aufschluss* durch ein Netz von Metaphern kann man bei Sonja eher einen sprachlichen Welt*abschluss* feststellen). Dorotheas narrative Herstellung von Kontinuität in der eigenen Biographie zeigt insofern den Bruch mit den Eltern aber auch mit ihrer Tochter, deren Vorstellungswelten keinen Platz in der Sprache Dorotheas finden.

Im Gegensatz zum metaphorischen Weltaufschluss in den 68er-Sprachstrukturen ihrer Tochter ist Elfriedes Erzählung mehr von assoziativ-organischen Handlungsverknüpfungen geprägt, welche einzelne Handlungen als Teil einer übergeordneten Entwicklung deuten. Dabei tritt die Erzählung dieser Generation nicht aus dem allgemeinen Wiederaufbaunarrativ nach dem Krieg hervor - die stille Aufbaugeneration bleibt eingebettet in die „Große Erzählung" des Wirtschaftswunders. Diese Form der Synekdoche verbindet und parallelisiert in Elfriedes Biographie verschiedene Elemente, wie das der Versöhnung mit der Tochter und ihren Wiedereintritt in das öffentliche Leben über die Teilnahme an einer Laienspielergruppe, bei der sie einen neuen Partner findet.

Die sprachlichen Strukturen der Biographie bedingen auch hier nur einen teilweisen Eintritt der Figuren der anderen Familienmitglieder, denn was nicht in die familiäre Komödie hineinpasst, wird exkludiert. Die ganze politische Welt Dorotheas wird in dieser Narration ausgeblendet, stattdessen wird die Tochter zu einer Verlorenen, die den Weg aber schließlich wieder zurückgefunden hat.

Sonja, die Enkelin, lebt zum Zeitpunkt des Interviews bei ihrer Großmutter. Sie macht eine neue Ausbildung im Anwaltsbüro des Onkels, das dieser vom verstorbenen Ehemann Elfriedes übernommen hat. Sonjas Erzählung passt sich auf den ersten Blick leichter in die Struktur des Familiennarrativs Elfriedes ein, allerdings muss deren verfestigtes Aufstiegsnarrativ die Wahrnehmung der Weltabgeschlossenheit und das Motiv des Opfers, welche beide Sonjas eigene Biographie bestimmen, verfehlen.

Elfriedes eigene biographische Figur bleibt in weiten Teilen an die integrative Bewegung ihres Narrativs gebunden - ihre eigene Aktivität tritt im Verlauf gegenüber den Fügungen und Entwicklungen des Schicksals in den Hintergrund. Die tragische Handlung der Vergangenheit - der Bruch in der 68er Zeit - ist aus der Perspektive der heute wieder „versöhnten" Familie völlig überwunden. So wird das autoritäre Verhalten des verstorbenen Ehemanns in Kontrast zum heute möglichen Gespräch zwischen den Generationen gesetzt.

„… Un' mein Mann hatte ja dann'ne schlimme Äußerung jemacht,'sie müsste durch Schlimmes jehn un' auf den Kiefern [undeutlich] rutschen un' wiederkommen, also dat fand ich denn auch entsetzlich, ne. […] Da war so 'ne Verhärtung. Der hat nicht hinterher zu seinen Kindern jesagt, 'det tut ma leid'. […] ich kann supergut mit jungen Leuten heute reden. Damals in meiner Krise aber nicht. […] ne un' er war auch nit offen jenug. Ich weiß, die hätten schon ma jern mit ihm jeredet mit siebzehn, achtzehn Jahre. Die … die hatten da Angst."

Soviel zu den drei Erzählungen. Man kann vermuten, dass hier eine Form von „Verstehen" vorliegt. Aber zugleich werden die Grenzen dieses Verstehens in der Erzählung deutlich sichtbar. Die Figuren und Episoden der biographischen Geschichten sind von der Art ihrer symbolischen Rahmung her nicht in eine jeweils andere überführbar, ohne sie der Figuration in der ursprünglichen Erzählung zu entfremden. Zugleich versuchen alle Familienmitglieder mit den Mitteln ihres Symbolhaushaltes und ihren sprachlichen Strukturen die anderen Familienmitglieder auf eine für sie erträgliche Weise in ihrem Narrativ zu positionieren und dabei Elemente von deren Selbstbeschreibung mit aufzunehmen. [31]

Die drei Einzelbiographien in dieser Familie zeigen sich insofern als ein Nach- und Nebeneinander ungleicher und in weiten Teilen inkommensurabler Erfahrungs- und Erzählräume. Teilweise auftretende Vorstellungen von familiärer Kontinuität werden auch gegen die explizite Intention der Sprecher durch sprachlich verfestigte Strukturmuster unterlaufen und so gewendet, dass die generationale Lagerung im Diskurs deutlich wird. Diese Strukturen können kaum mit einem „unbewussten Zwang zur Gestaltschließung“ [32] erklärt werden, sondern verlangen eine Perspektivierung der erfahrungsbedingten Sprach- und Erzählformen im Diskurs.

Unter der Kategorie ‚Gattung‘ werden in der Regel Texte künstlich zusammengefasst, die gemeinsame formale, strukturale oder inhaltliche Merkmale aufweisen. Die hier anhand der Fallbeispiele gekennzeichneten generationalen Gattungen stellen eine sprachlich und leiblich verfasste Differenz der Weltwahrnehmung dar, die sich durch die zeitlich geschichtete Lagerung, sowie die sprachliche Aneignung ungleicher Erlebnis- und Diskursräume bildet. [33]

Die Brüche in den hier behandelten drei Erzählungen sind in den Brüchen der deutschen Nachkriegsgeschichte des 20. Jahrhunderts verankert, vor allem im „Umbruch“ von 1968. Dies bedingt auch zum Teil die Nähe der drei Erzählungen zur biographischen Wende. Die Geschichten dieses

---

31 An dieser Stelle soll kurz der methodische Unterschied zwischen lebensgeschichtlichen Einzelinterviews und „Familieninterviews“, bei denen alle Mitglieder anwesend sind, nochmals verdeutlicht werden. Einzelbiographien sind nicht in gleicher Weise den Machtgefällen, gewohnten Rücksichten etc. ausgesetzt, die bei Familieninterviews vorherrschen, und weisen nicht in gleicher Weise den Hang zu „Glättungsversuchen“ auf, den Familiengespräche zeitigen können. Das soll nicht den Wert von Familienuntersuchungen schmälern, sondern vielmehr die methodischen und letztlich die Unterschiede im Gegenstand deutlich machen: Uta Karstein (2008), hier S. 58, Fußnote, legt berechtigten Wert darauf, festzustellen, dass man bei Familieninterviews sehen kann, wie Familien *fungieren*, und nicht nur, wie über sie geredet wird. Man kann hier entsprechend hinzufügen, dass man bei Einzelinterviews in Familien sehen kann, wie generationale Sprachstrukturen fungieren, und nicht nur, wie über Generationen in Familien geredet wird.

32 Rosenthal (1995).

33 Schon bei Mannheim finden sich Hinweise auf solche generational bedingten Formensprachen: „Auch wird man hier genauer differenzieren und der Frage nachgehen müssen, wie weit die verschiedenen Strömungs- und Generationsimpulse und Formungsprinzipien eine Affinität zu bestimmten *„Gattungen“* haben, und ob sie nicht solche für sich neu prägen.“ Mannheim (1964), hier S. 564.

Fallbeispiels zeigen sich in gewisser Weise als „konversionsaffin" (Dorothea allerdings nur eingeschränkt, da ihre Krisen keine wirkliche Umerzählung der biographischen Figur zur Folge haben). Die Erzählerinnen können bei der symbolischen (Re-)Integration ihrer biographischen Figur nun an gewisse Topoi „Großer Erzählungen" des öffentlichen Diskurses, wie die 68er Erzählung, anschließen und müssen andere ausschließen.

Hier kann man nun auf die Eingangsfrage zurückzukommen: Wie kann der „Identitätszusammenhang" zwischen öffentlichen und privaten Generationenerzählungen verstanden werden? Der Diskurs bestimmt die Lebensgeschichten mit, aber die Erzählungen sind nicht bruchlos in ihn eingebettet. Die Form der Biographie bildet gegenüber ihren Determinanten Widerstände aus. Die Strukturen dieser Widerstände sind jedoch bestimmbar. Das hier ansatzweise entwickelte Konzept der „generationalen Gattungen" stellt eine solche Dimension der Strukturierung dar, die die Verdichtung der Erfahrung in Biographien beeinflusst, und die sowohl die Einbettung, als auch den Widerstand der Biographie gegenüber äußeren Diskursen präfiguriert. Mit den generationalen Gattungen ist eine Potentialität narrativer Strukturierung gemeint, die in den meisten Fällen keinen starken Institutionalisierungsgrad erreicht, sondern einen Möglichkeitsraum zwischen der generationalen Erfahrung und den identitätswirksamen, leiblich und sprachlich verankerten generationalen Stilfiguren und Gestalten absteckt, die in biographischer Strukturierung mitwirken können. [34]

Dabei ergibt sich die prinzipielle Möglichkeit, dass sich eine oder mehrere identitätswirksame generationale Erzählungen in der Gesellschaft verfestigen, die den Möglichkeitsraum zwischen generationaler Erfahrung, generationalen Sprachstrukturen und öffentlicher Erzählung ver-

---

34 Deshalb ist hier nicht eine generationale Wendung des Begriffes der „kommunikativen Gattung" (Luckmann 1986) angezielt, oder ihre Teilmenge der „rekonstruktiven Gattungen" (Bergmann/Luckmann, 1995). „Kommunikative Gattungen" zeichnen sich der Definition nach durch einen starken Institutionalisierungsgrad aus, da sie sich durch wiederholte, ähnlich strukturierte kommunikative Problemlösungen bestimmter kontextueller und situativer Bedingungen allmählich verfestigt haben (sie sind insofern eine kommunikationstheoretische Fassung der Luckmann'schen Institutionentheorie). Dieser Institutionalisierungsgrad wird dabei auch durch die Unterscheidung einer Außen- und einer Binnenstruktur der kommunikativen Gattung erreicht. Bei den generationalen Gattungen geht es aber weniger um eine in pragmatischen Termini fassbare „Problemlösung", sondern um Formen des Umgangs mit der eigenen Erfahrung, die mehr durch eine zeitliche Schichtung als eine Innen-/Außen-Schichtung der Situation bestimmt ist.

dichten.[35] Diese prinzipiell möglichen, aber unwahrscheinlichen Verfestigungen von generationalen Erzählungen dürfen dabei aber den Blick darauf nicht verstellen, was alles im öffentlichen Generationendiskurs *nicht* vorkommt.[36] Der öffentliche Generationendiskurs hegt zudem Differenz ein, er versucht zu übersetzen was nicht zu übersetzen ist, und die Art und Weise der widerständigen Einbettung der biographischen Erzählungen in die „Großen Erzählungen“ zeigt dies. Man kann sehen wie die Sprecher sich an den Grenzen dieser Erzählräume bewegen, wie sie in einem agonischen Prozess mit dem Diskurs der anderen und mit den öffentlichen Erzählungen ringen, um ihre Identität immer wieder neu zu verankern. Insofern leistet die Biographie als „Sinnexklave“[37] der Gesellschaft die Darstellung von individueller Erfahrung. Und dadurch werden Generationen als Grenzen des Verstehens in der Zeit sichtbar.

Literatur

Bergmann, Jörg/Luckmann, Thomas: *Reconstructive Genres of Everyday Life*. In: Quasthoff, Uta (ed.): *Aspects of Oral Communication*. Walter de Gruyter, New York, 1995, S. 289-304.

Bohnenkamp, Björn/Manning, Till/Silies, Eva-Maria (Hrsg.): *Generation als Erzählung. Neue Perspektiven auf ein neues Deutungsmuster*. Wallstein, Göttingen, 2009.

Bourdieu, Pierre: *Die biographische Illusion*. In: BIOS, Heft 3, (1990), S. 75-81.

Bude, Heinz: *Qualitative Generationenforschung*. In: Flick, Uwe (Hrsg.): *Qualitative Forschung*. Rowohlt, Hamburg, 2000, S. 187-194.

Corsten, Michael: *The Time of Generations*. In: Time & Society, Jg. 8, H. 2 (1999), S. 249–272.

Corsten, Michael: *Biographie, Lebensverlauf und das „Problem der Generationen“*. In: BIOS 14 (2002), H. 2, S. 32-59.

Fietze, Beate: *Historische Generationen: Über einen sozialen Mechanismus kulturellen Wandels und kollektiver Kreativität*. Transcript, Bielefeld, 2009.

Erikson, Erik H.: *Identität und Lebenszyklus*. Drei Aufsätze. Neuauflage. Suhrkamp, Frankfurt a. M., 2008.

35 Dies ist allerdings abhängig von der diskursiven Chancenverteilung im Deutungskampf, von der Möglichkeit medialer Zirkulation verdichteter Werke und der (Rück-)Kopplung auf generationale Verbreitungsmedien. Generationale Erfahrung verdichtende Werke könnten insofern in diesem Modell an der Stelle der Mannheim'schen Generationseinheit vorgestellt werden.

36 vgl. Weisbrod (2005) zu den stillen Generationen.

37 Hahn/Willems (1999), hier S. 14 f.

Fischer-Rosenthal, Wolfram (Hrsg.): *Biographien in Deutschland. Soziologische Rekonstruktionen gelebter Gesellschaftsgeschichte*. Westdeutscher Verlag, Opladen, 1995.

Frye, Northrop: *Anatomy of Criticism: Four Essays*. Updated ed., Princeton University Press, Princeton, 2000.

Giesen, Bernhard: *Social Trauma*. In: Smelser, Neil J./Baltes, Paul B. (eds.): *International Encyclopedia of the Social and Behavioral Sciences*. Cambridge University Press, Cambridge, 2001a, S. 14473-14476.

Giesen, Bernhard: *Voraussetzung und Konstruktion. Überlegungen zum Begriff der kollektiven Identität*. In: Bohn, Cornelia/Willems, Herbert (Hrsg.): *Sinngeneratoren: Fremd- und Selbstthematisierung in soziologisch-historischer Perspektive*, Universitätsverlag Konstanz, Konstanz, 2001b, S. 91-110.

Hahn, Alois/Willems, Herbert: *Modernisierung, soziale Differenzierung und Identitätsbildung*. In: Willems, Herbert/Hahn, Alois (Hrsg.): *Identität und Moderne*. Suhrkamp, Frankfurt a. M., 1999, S. 9-32.

Hartman, Geoffrey: *Words and Wounds*. In: Hartman, Geoffrey/O'Hara, Daniel T. (eds): *The Geoffrey Hartman Reader*. Edinburgh University Press, Edinburgh, 2004, S. 273-291.

Jureit, Ulrike: *Generationenforschung*. Vandenhoeck & Ruprecht, Göttingen, 2006.

Jureit, Ulrike/Wildt, Michael (Hrsg.): *Generationen. Zur Relevanz eines wissenschaftlichen Grundbegriffs*. Hamburger Edition, Hamburg, 2005.

Koschorke, Albrecht: *Körperströme und Schriftverkehr*. 2. Aufl., Fink, München, 2003.

Kohli, Martin: *Zur Theorie der biographischen Selbst- und Fremdthematisierung*. In: Matthes, Joachim (Hrsg.): *Lebenswelt und soziale Probleme. Verhandlungen des 20. Deutschen Soziologentages zu Bremen*. Campus Verlag, Frankfurt a. M., 1980.

Lacan, Jacques: *Namen-des-Vaters*. Turia & Kant, Wien, 2006.

Luckmann, Thomas: *Grundformen der gesellschaftlichen Vermittlung des Wissens: Kommunikative Gattungen*. In: Kölner Zeitschrift für Soziologie und Sozialpsychologie, Sonderheft 27, (1986), S. 191-211.

LaCapra, Dominick: *„Traumatropisms": From Trauma via Witnessing to the Sublime*. In: *History and its Limits: Human, Animal, Violence*. Cornell University Press, Ithaca (NY) [u. a.], 2009, S. 59-89.

Maase, Kaspar: *Farbige Bescheidenheit. Anmerkungen zum postheroischen Generationsverständnis*. In: Jureit, Ulrike/Wildt, Michael (Hrsg): *Generationen. Zur Relevanz eines wissenschaftlichen Grundbegriffs*. Hamburger Edition, Hamburg, 2005, S. 220-242.

Mannheim, Karl: *Das Problem der Generationen*. In: Mannheim, Karl: *Wissenssoziologie. Auswahl aus dem Werk*. Luchterhand, Neuwied, 1964, S. 509-565.

May, Christina: *Rentnerkohorten und soziale Ungleichheit. Fakt und Fiktion generationeller Prägungen im Wohlfahrtstaat*. In: Bohnenkamp, Björn/Manning, Till/Silies, Eva-Maria (Hrsg.): *Generation als Erzählung. Neue Perspektiven auf ein neues Deutungsmuster*. Wallstein, Göttingen, 2009, S. 226-242.

Matthes, Joachim: *Karl Mannheims „Das Problem der Generationen", neu gelesen.* In: Zeitschrift für Soziologie, Jg. 14, H. 5, (1985), S. 363-372.

Niethammer, Lutz: *Generation und Geist. Eine Station auf Karl Mannheims Weg zur Wissenssoziologie.* In: Tänzler, Dirk/Knoblauch, Hubert/Soeffner, Hans-Georg (Hrsg.): *Neue Perspektiven der Wissenssoziologie.* Universitätsverlag Konstanz, Konstanz, 2006, S. 209-234.

Rahkonen, Keijo: *Der biographische Fehlschluß. Einige kritische Bemerkungen.* In: BIOS, (1991), S. 243ff.

Rehberg, Karl-Siegbert: *‚Erlebnis' vs. ‚Erfahrung'? Motive soziologischer Krisenbewältigung.* In: Junge, Kay/Suber, Daniel/Gerber, Gerold: *Erleben, Erleiden, Erfahren.* Transcript, Bielefeld, 2008, S. 133-154.

Reulecke, Jürgen (Hrsg.): *Generationalität und Lebensgeschichte im 20. Jahrhundert.* Oldenbourg, München, 2003.

Ricoeur, Paul: *Narrative Identität.* In: Heidelberger Jahrbücher, Bd. 3 (1987), S. 57-67.

Ricoeur, Paul: *Zeit und Erzählung, Bd. 3: Die erzählte Zeit* (1985). Fink, München, 1991.

Rosenthal, Gabriele: *Erlebte und erzählte Lebensgeschichte. Gestalt und Struktur biographischer Selbstbeschreibungen.* Campus, Frankfurt a. M./New York, 1995.

Schapp, Wilhelm: *In Geschichten verstrickt: Zum Sein von Mensch und Ding.* 4. Aufl., Klostermann, Frankfurt a. M., 2004.

Schuman, Howard/ Scott, Jaqueline: *Generations and Collective Memories.* In: American Sociological Review 54 (1989), S. 359-381.

Ulmer, Bernd: *Konversionserzählungen als rekonstruktive Gattung. Erzählerische Mittel und Strategien bei der Rekonstruktion eines Bekehrungserlebnisses.* In: Zeitschrift für Soziologie 17, (1988), S. 19-33.

Weigel, Sigrid: *Genea-Logik. Generation, Tradition und Evolution zwischen Kultur- und Naturwissenschaften.* Fink, München, 2006.

Weigel, Sigrid: *Familienbande, Phantome und die Vergangenheitspolitik des Generationendiskurses. Abwehr von und Sehnsucht nach Herkunft.* In: Jureit, Ulrike/Wildt, Michael (Hrsg.): Generationen. *Zur Relevanz eines wissenschaftlichen Grundbegriffs.* Hamburger Edition, Hamburg, 2005, S. 108-126.

Weisbrod, Bernd: *Generation und Generationalität in der Neueren Geschichte.* In: Aus Politik und Zeitgeschichte 55 (2005), H. 8, S. 3-9.

Weißhaupt, Mark: *Grenzen des Verstehens – Grenzen des Erzählens*, In: Rehberg, Karl-Siegbert (Hrsg.): *Die Natur der Gesellschaft*, 33. Verhandlungen des 33. Kongresses der Deutschen Gesellschaft für Soziologie in Kassel 2006. Teilbd. 1 u. 2. Campus, Frankfurt a. M., 2008, S. 5252-5266.

White, Hayden: *Figural Realism. Studies in the Mimesis Effect.* New Edition, Johns Hopkins University Press, Baltimore (Md.) [u. a.], 2000.

Zinnecker, Jürgen: *„Das Problem der Generationen". Überlegungen zu Karl Mannheims kanonischem Text.* In: Reulecke, Jürgen (Hrsg.): *Generationalität und Lebensgeschichte im 20. Jahrhundert.* Oldenbourg, München, 2003, S. 33-58.

Autorinnen und Autoren

Prof. Dr. Elena Agazzi
ist Professorin für Deutsche Literatur an der Universität Bergamo. Neben ihren Arbeiten zur Generationenthematik in der Literatur forscht sie zum kulturellen Gedächtnis, zur deutschen Literatur nach der Wende und zur Goethe-Zeit.

Prof. Dr. Dr. h.c. Aleida Assmann
ist Professorin für Anglistik und allgemeine Literaturwissenschaft an der Universität Konstanz. Ihre Forschungsschwerpunkte sind kulturwissenschaftliche Trauma-Forschung, das kulturelle Gedächtnis und Generationenbeziehungen in der Literatur.

Prof. Dr. Anne Fuchs
ist Professorin für Modern German Literature and Culture am University College Dublin. Ihre Forschungsschwerpunkte sind Deutsch-Jüdische Literatur und die Literatur der Moderne in Deutschland. In den letzten Jahren hat sie vor allem eine Reihe von Arbeiten zum Thema des kulturellen Gedächtnisses in Deutschland publiziert.

Prof. Dr. Bernhard Giesen
ist Professor für Makrosoziologie an der Universität Konstanz. Seine kultursoziologisch ausgerichtete Forschung richtet sich auf die rituelle Konstruktion von Kollektiven, auf Intellektuellendiskurse und auf den Wandel im nationalen Gedächtnis. In den letzten Jahren forschte er zur Konstitution kollektiver Traumata.

Prof. Dr. Dr. Reimer Gronemeyer
ist Professor für Soziologie an der Justus-Liebig-Universität in Gießen. Neben einer langjährigen Beschäftigung mit der Thematik der Generationen verfasste er u.a. Studien zu Afrika. Derzeit forscht er zu Institutionen der Sterbebegleitung und zur Palliativmedizin.

Dr. Andreas Kraft
ist Mitarbeiter im Projekt „Generationsidentitäten in Deutschland nach 1945" im SFB „Norm und Symbol" an der Universität Konstanz. Seine Arbeitsschwerpunkte sind neben der Generationenthematik die Holocaustforschung und Emotionen in Literatur und Gesellschaft.

Dr. Oliver Neun
ist Mitarbeiter im Fachbereich für Gesellschaftswissenschaften an der Universität Kassel im Forschungsgebiet Soziologische Theorie und Makrosoziologie. Sein derzeitiges Hauptinteresse gilt der Gruppe der *New York Intellectuals* um Daniel Bell, über deren Werk er ein Forschungsprojekt leitet.

Prof. Dr. Jürgen Reulecke
ist Professor für Zeitgeschichte an der Justus-Liebig-Universität Gießen und Sprecher des Sonderforschungsbereiches „Erinnerungskulturen". Seine Forschungsschwerpunkte sind Stadt- und Urbanisierungsgeschichte, die Geschichte sozialer Bewegungen, die Geschichte von Jugend und Alter sowie Generationengeschichte.

Dr. Linda Shortt
hat gerade ihre Doktorarbeit zu Generationen und Formen der Zugehörigkeit in der deutschen Generationenliteratur nach 1945 am University College Dublin bei Prof. Dr. Anne Fuchs abgeschlossen. Zurzeit arbeitet sie am Konstanzer Exzellenzcluster „Kulturelle Grundlagen von Integration" als Forschungsassistentin.

Ana Sobral, M.A.
ist Doktorandin am Lehrstuhl A. Assmann an der Universität Konstanz. Zurzeit arbeitet sie an einem Projekt zum Thema Generationen und Kultromane in der US-Literatur.

Mark Weißhaupt, M.A.
ist soziologischer Mitarbeiter im Konstanzer kulturwissenschaftlichen Forschungszentrum „Norm und Symbol". Er forscht derzeit zu den narrativen Strukturen von mündlichen autobiographischen Erzählungen, zur Generationenthematik sowie zur Rollen- und Kommunikationstheorie.